U0593619

中国能源发展报告

2023

林伯强 主编

厦门大学出版社
XIAMEN UNIVERSITY PRESS

图书在版编目（CIP）数据

中国能源发展报告.2023 / 林伯强编著. -- 厦门：
厦门大学出版社，2024.3
ISBN 978-7-5615-9344-8

Ⅰ．①中… Ⅱ．①林… Ⅲ．①能源发展-研究报告-
中国-2023 Ⅳ．①F426.2

中国国家版本馆CIP数据核字(2024)第064950号

责任编辑　潘　瑛
美术编辑　张雨秋
技术编辑　朱　楷

出版发行　厦门大学出版社
社　　　址　厦门市软件园二期望海路 39 号
邮政编码　361008
总　　　机　0592-2181111　0592-2181406(传真)
营销中心　0592-2184458　0592-2181365
网　　　址　http://www.xmupress.com
邮　　　箱　xmup@xmupress.com
印　　　刷　厦门市竞成印刷有限公司

开本　787 mm×1 092 mm　1/16
印张　20
插页　2
字数　424 千字
版次　2024 年 3 月第 1 版
印次　2024 年 3 月第 1 次印刷
定价　88.00 元

本书如有印装质量问题请直接寄承印厂调换

厦门大学出版社
微信二维码

厦门大学出版社
微博二维码

内容简介

　　《中国能源发展报告2023》紧紧围绕碳中和这一重大命题，以新能源产业发展的机遇与挑战作为开篇，进一步讨论新型电力系统的建设与完善、高耗能产业的改造与升级、生态环境保护的困境与对策，并针对碳中和目标下绿色金融与全球低碳贸易以及绿色"一带一路"与能源协同开发展开论述。同时，本书从宏微观经济层面渗透到产业和企业能源应用领域的各个层面，重点分析了碳中和目标实现路径及其存在的关键问题，并提供了针对性的政策建议。

　　本书能为能源领域相关专业的教师、学生，政府、研究机构的研究人员，以及社会各界对能源问题和政策感兴趣的广大读者提供参考。

前　言

　　随着气候变化不断加剧,人类社会面临着前所未有的挑战和机遇。在全球范围内,应对"碳中和"和"碳达峰"已经成为当今时代最紧迫的任务之一。各国政府、企业和公众都应当肩负起责任,积极参与到全球碳减排行动中来。中国作为全球最大的能源消费和碳排放国家,在应对"碳中和"和"碳达峰"方面扮演着至关重要的角色,中国政府已经制定并实施了一系列严格的政策和法规,鼓励使用可再生能源,提高能源效率,减少化石燃料的使用,推动绿色技术的发展与应用,但仍需要持续采取行动以应对未来的一系列严峻挑战。中国唯有紧密结合自身基本国情,科学合理地规划低碳转型路径,才能为实现可持续发展和全球气候目标作出贡献。

　　《中国能源发展报告2023》立足于中国基本国情,着重聚焦于"碳中和"和"碳达峰"两大重要命题,从多个层面进行深入分析,并提出一系列针对性的政策建议。这些政策建议不仅涵盖了宏观政策的制定,还关注了中观和微观层面的实际操作,旨在为中国能源主管部门提供科学决策依据,为能源企业提供有针对性的指导,以推动能源结构的低碳转型。全书共分为6章,具体内容如下:

　　第1章　清洁替代:新能源产业发展的机遇与挑战。"碳中和"目标的提出为风电、光伏、生物质、储能、氢能等新能源行业带来了发展机遇。聚焦新能源行业的发展前景,本章首先讨论了动力电池梯次利用、光伏行业良性竞争、风光大基地建设和分布式光伏"整县推进"新能源发展模式的现状与问题;其次,剖析了生物经济发展和风电企业布局面临的机遇与挑战;最后,从宏观视角出发分析了新能源产业发展的政策前景以及经济影响。

　　第2章　安全稳定:新型电力系统的建设与完善。受可再生能源大规模并网、极端天气频发等因素影响,中国新型电力系统的安全性和稳定性受到了较大的挑战。围绕可再生能源消纳和电力市场优化等难题,本章从特高压产业发展、绿电交易、电力体制优化、虚拟电厂、多元化并网机制、同步发展CCUS和储能等角度讨论了应对策略,为新型电力系统的建设与完善提供了政策参考。

第3章 低碳转型：高耗能产业的改造与升级。如何在碳中和进程中助力高耗能行业绿色转型，是实现碳中和目标的焦点问题。聚焦高耗能产业的低碳转型，本章讨论了高耗能产业转移与高耗能企业低碳转型的现状、问题与对策，并分析了转型金融、数字基建、区块链技术等配套服务对高耗能产业绿色转型的助推作用。

第4章 体系构建：碳中和目标下的绿色金融与低碳交易。实现碳中和目标不仅需要大力发展新能源，推动电力系统和传统高耗能产业的升级改造，还需要绿色金融的大力支持。本章首先分析了绿色债券发展的困境，探讨了绿色金融如何推动碳交易进程；其次，绿色金融的发展需要政府的支持与监督，政府应科学部署绿色科技投资，促进绿色科技生态体系的正循环；最后，本章从低碳贸易和全球碳市场的角度出发，阐述了中国如何在全球气候合作中发挥关键作用。

第5章 减污降碳：生态环境保护的困境与对策。消费习惯的负面影响可能会进一步造成环境污染。本章首先剖析了食品行业助力碳中和的路径与问题；其次，探究了森林碳汇、环境保护税、水环境治理如何发挥减污降碳的协同增效；最后，论述了公众的积极配合，相关的政策协同、公众参与志愿服务的主动性以及对改善生态环境的重要作用。

第6章 协同发展：绿色"一带一路"与能源合作。本章针对"一带一路"沿线国家的能源转型与协同发展策略展开剖析，受限于经济发展和能源结构转型的两难局面，新能源领域将成为绿色"一带一路"的关键突破点。在全球碳中和的背景下，中国应该加强"一带一路"能源投资，科学规划新能源汽车发展路径，实现能源系统低碳转型。同时，沿线国家之间的合作应在新能源领域的基础上进一步深化，全面推进油气合作开发，以保障能源供应的安全稳定。

"中国能源发展报告"系列于2010年起获得"教育部哲学社会科学发展报告"资助。本书得到福建省能源材料科学与技术创新实验室科技项目计划（项目编号：RD2020060101）在数据采集、分析处理、模型建立等方面提供的大力支持。

本书是团队合作的结果，厦门大学管理学院中国能源政策研究院、福建省能源材料科学与技术创新实验室(IKKEM)、能源经济与能源政策协同创新中心以及厦门大学中国能源经济研究中心的滕瑜强、朱朋虎、张冲冲、白锐、仵荣鑫、关春旭、乔峤、檀之舟、方亚豪、马瑞阳、时磊、苏彤、王崇好、王霞、魏锴、吴楠、朱润清、周一成、贾寰宇、王思泉、杨梦琦、谢嘉雯、潘婷、李旻旸、张乾翔、黄晨晨、刘智威、赵恒松、谢永靖、王志军、张翱祥、郑丽蓉、王优、徐冲冲、兰天旭、宋奕洁、周登利、陈逸扬、徐洁、田为民和刘一达等博士研究生、硕士研究生参与了编写。厦门大学中国能源政策研究院及中国能源经济研究中心的所有教师、科研人员、行政人员、研究生为本书编写提供了诸多的帮助。特别感谢我的学生滕瑜强所做的大量组织和出版协调工作。厦门大学出版社编辑为本书的出版做了大量细致的工作，深表感谢。我们深知所做的努力总是不够，不足之处，望读者指正。

林伯强

2023 年 8 月于厦门

目　录

清洁替代：
新能源产业发展的
机遇与挑战

"双碳"战略下新能源产业发展助推能源结构低碳化转型。巨大的市场供应和需求增长导致梯次利用退役动力电池获得越来越多关注，梯次利用电池如何助推全社会资源循环发展经济体系构建？光伏产业的发展对未来碳中和的实现至关重要，如何遏制恶性壁垒，推动光伏行业良性竞争？国家政策的大力推广使得分布式光伏迅猛发展，分布式光伏"整县推进"试点如何设计和执行？在目前风电退补的大环境下，风电相关企业的生存模式发生了改变，如何调整风电企业的布局与竞争？风光大基地建设与全国性氢交易所筹建等关键政策不断出台，如何抓住机遇发展近零排放氢能产业？新能源产业集聚战略和可再生能源法律政策又该如何设计以适应中国新能源发展现状并达成未来发展目标？

▶ 1.1　梯次利用动力电池，助推"双碳"背景下循环经济体系构建

在发展循环经济的进程中，通过促进有限资源的节约利用来构建完成以废弃资源循环利用为主导的新型产业运行体系，对于实现生态文明建设远景以及助推碳达峰、碳中和目标按时保质实现具有重要的时代意义。《"十四五"循环经济发展规划》以促进报废电动汽车动力电池回收和循环利用为重点行动之一，再次强调了构建循环经济体系在形成全社会资源循环发展经济体系中的战略地位。电动汽车销量激增在未来将带来动力电池退役潮，对退役动力电池进行回收、加工应用于广泛的梯次利用场景中，正吸引着大量商业企业的关注和投资热情。根据相关研究，电动汽车上的动力电池在使用到 80% 时将不再适用于电动汽车而被报废，却仍然拥有宝贵的剩余价值可被进一步开发利用。另外，动力电池中富含镍、钴、锂等稀有材料，在有限资源理论下，如不进行回收利用，势必推动电动汽车动力电池生产原材料价格上涨，从而制约电动汽车产业的规模化发展。目前废旧动力电池梯次利用产业在中国的发展正经历困境期，面临着安全性问题尚未解决、经济性不足、商业模式单一、技术壁垒尚未完全突破以及未形成协同产业链等问题。在未来退役动力电池梯次利用产业发展进程中，需要完善价格机制，充分发挥财政支持政策在产业技术攻坚阶段的核心地位作用，推动产业快速发展；开发梯次动力电池多元化场景应用，着力解决市场供需不平衡问题、深入落实生产者责任延伸制度，破除退役动力电池回收市场乱象；科学制定长效规制战略方案，应对卖方市场向买方市场的转变，同时推动动力电池回收处理技术标准化进程，促进回收处理过程安全性及环保性的提升。

■ 1.1.1　"双碳"背景下动力电池梯次利用的时代意义

（1）退役电动汽车动力电池的梯次利用有望成为未来一个世纪最具商业价值的循环利用产品。通常动力电池的容量会随着使用次数的增加而衰减，当其容量衰减到额定容量的 80% 即不再适用于电动汽车，面临报废，但其仍然具备巨大的再利用潜力。在"双碳"背景下，低碳转型成为社会发展的重要方向，伴随着电气化在各行各业的深入推进，电力结构的清洁化转型成为必要途径，而大规模不稳定的风电和光伏发电接入电网需要规模化的储能设施提供辅助服务，催生电网运行成本以及用电边际成本的上升。并且随着可再生能源电力在总发电量中占比的提高，以风电和光伏发电为代表的可再生

能源电力单位发电需配备的储能设备量呈现递增趋势，使得储能设备在实现"双碳"目标的进程中显得极其重要。通过对退役动力电池进行加工处理，继而再次应用到储能场景中，对于降低电网运行成本、推动风电和光伏发电上网消纳起到重要作用。目前我国电动汽车销量呈现快速上升趋势，图1.1展示了近年来中国电动汽车保有量的变化趋势。

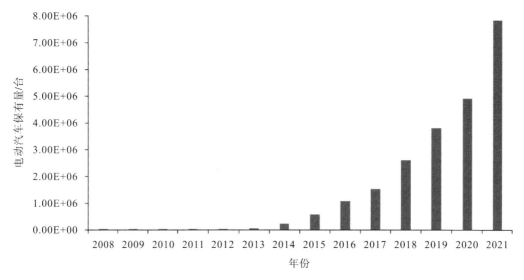

图1.1　2008—2021年中国电动汽车保有量

数据来源：中华人民共和国公安部。

从图中可以看出，自2008年以来中国电动汽车保有量呈现指数型增长趋势，截止到2021年底，全国电动汽车保有量达到784万辆，而这一增长趋势仍在逐年扩大。2022年前三季度，我国电动汽车销量达到456.7万辆，超过之前电动汽车保有量的一半。目前在中国，纯电动汽车占电动汽车市场的80%左右，相比于国外，平均动力电池装车容量更大。并且伴随着动力电池能量密度的提升，电动汽车在达到退役年限时将保留更多的剩余容量，可以经过加工处理重新被应用于其他梯次利用场景中。巨量的供给与需求或可助推退役动力电池梯次利用产业成为未来最具有商业应用潜力的循环产业。

（2）梯次利用退役电动汽车动力电池助力疏通电动汽车产业链协同优化。受动力电池原材料供不应求的影响，动力电池制造环节核心原材料价格快速上涨，2022年用于动力电池生产加工的磷酸铁锂以及碳酸锂价格分别达到15万元/吨和49万元/吨。上游原材料价格飙升导致动力电池生产企业压力增加，并通过新能源汽车产业链传导转嫁给下游整车汽车。在这样的背景下，上游原材料生产企业正在将成本传导给中下游企业，导致即使在电动汽车销量快速增长的情况下其盈利能力不增反降。同样，电动汽车销量的快速增长并没有带来整车企业净利润的增长，以小鹏汽车、理想汽车为代表的多家国内新能源汽车品牌2022年呈现亏损状态。对退役动力电池进行梯次利用，可有效避免稀有金属材料向电动汽车外的储能场景中的应用，缓解原材料供应紧张问题。同时对退役动力电池进行资源回收，回流到动力电池生产企业，对建立国内动力电池原材料使用内循环体系还具有重要的战略支撑意义。此外，电动汽车数量增加还将导致未来某个时间段出现动力电池退役潮，为电动汽车行业带来可观的规模效益。对退役动力电池进行回收和处理并应用于梯次利用场景中，可在一定程度上避免部署新的电化学储能，降低稀有金属需求，并充分发挥动力电池作为储能的功能性作用，同时实现节约稀有资源以及对稀有金属材料的最大化利用。

（3）巨量的供应和需求致使该产业正在吸引企业和政府特别关注。经过特殊工艺加工处理过的退役动力电池可以广泛应用于各种储能场景。被广泛讨论和验证的经济可行的方案包括：作为储能设备参与家庭智能用电系统，结合峰谷分时电价通过套利获利；与风电和光伏等可再生能源电力系统进行耦合，可以有效解决可再生能源间歇性问题；作为储能设备应用于 5G 基站起到备用电源的功能性作用，或经过再加工后的报废动力电池可以直接应用于低速电动汽车等。此外，传统燃油汽车向电动汽车的转变似乎已经成为世界各国共同努力的发展方向。比如，挪威和荷兰提出将在 2025 年全面禁止销售燃油汽车，德国则计划将在 2030 年之后不再销售任何传统内燃机汽车。中国部分地方政府也在明确计划这一时间表，其中海南省为这一举措的试点省份，其计划在 2030 年开始不再销售燃油汽车。另外，北京市也提出了新能源汽车发展的具体目标，截止到 2025 年，北京市新能源汽车累计保有量将达到 200 万辆。另外，多家整车企业也同时发布了禁售燃油车时间表，如宝马、奔驰、奥迪、丰田以及本田分别计划在 2030 年、2035 年、2033 年以及 2030 年停售燃油汽车，国内汽车品牌长城也计划在 2025 年停止销售传统燃油汽车。交通行业的全面电气化，将不可避免地推动退役动力电池数量在未来呈现爆发式增长。根据彭博新能源财经预测，到 2025 年，电动汽车动力电池报废量将超过 185 吉瓦·时 / 年，其中超过一半的退役动力电池可以应用于梯次利用场景中。而这只是该产业发展的初级阶段。可以预见的巨大市场供应和需求增长是梯次利用退役动力电池获得越来越多商业和政府关注的重要原因。

1.1.2　动力电池梯次利用发展现状

退役动力电池的处理和再利用问题正在成为世界各国共同的研究课题。在电动汽车规模化发展之初，不少专家学者就已经开始讨论退役的电动汽车动力电池该如何处理的问题。截至目前，国内外涌现出一批先行者企业正在试点落实该技术的应用，并形成诸多成功的商业案例。比如在日本，4R Energy 公司将本土 LEAF 汽车退役的动力电池循环应用于居民用户以及商业情境下，起到储能的作用；在德国，博世集团动力电池梯次利用产业走在国内前沿，其将宝马汽车报废的电池与大型光伏发电站相结合，起到储能作用，形成了 2 兆瓦级的光储系统。

国内对于电动汽车退役动力电池的梯次利用技术进行推广和应用同样走在世界的前列。根据《上海证券报》援引国家动力电池溯源平台数据，我国退役动力电池的梯次利用规模已经达到 780 兆瓦·时，并且还不包括大量已回收但尚未梯次利用的存量报废电池。根据预测，2025 年我国将有超过 100 万吨的动力电池达到报废退役年限，梯次利用退役动力电池产业将在规模化发展阶段逐渐规范化，进而创造巨量经济价值。目前国内动力电池梯次利用市场正在吸引大量资金涌入，未来将有望形成千亿级的市场规模。

近年来工信部依据我国国情制定了电动汽车动力电池回收利用标准体系，并重点在京、津、冀等地区开展退役动力电池的回收和梯次利用试点。以中国铁塔为例，用磷酸铁锂动力电池作为通信基站的电源是该公司梯次利用动力电池的主要场景。该设备可为通信基站提供 4 个小时的备电，且相对于铅酸电池而言更加环保。截止到 2021 年底，中国铁塔公司已经配备了 50 万个相关设备。长沙公交集团利用公交车退役动力电池结合光伏系统，在站场配备光—储—充系统，为电动公交车充电。除了基站备电和储能之外，退役动力电池的梯次利用场景还包括应用在低速电动车上。比如华友钴业在与顺丰公司的合作中，为顺丰公司用于运输快递的三轮车更换锂电池，试点结果发现，与普通铅酸电池相比，退役动力锂电池体现出重量更轻、动力更强、续航更长以及充电速度更快的特点。

1.1.3 动力电池发展面临的困境与挑战

（1）动力电池梯次应用场景单一与动力电池退役潮带来的动力电池梯次利用产业供需矛盾凸显。电动汽车销量的快速扩张，势必带来动力电池的退役潮，大量的退役动力电池如不进行有效的回收和再次利用而被直接丢弃进自然环境中，将带来土地、空气、河流污染问题，而这一问题将随着大量动力电池逐步退役变得尤为严重。对退役动力电池进行二次加工处理利用和回收是在电动汽车发展过程中必须进行的艰巨任务，是在电动汽车生命周期末端保障电动汽车整体环境效益的关键一环。有限的电动汽车退役动力电池应用场景尚未对动力电池生命周期末端治理提供足够动机。截止到2021 年，退役动力电池梯次产品的应用以通信基站备提供储能电源为主要应用场景。尽管目前已经存在一些新的利用场景，比如应用于低速电动汽车以及与园区光伏系统耦合利用等，但相对于退役动力电池的回收体量而言，梯次利用产品所占比例相对较低。有限和单一的应用场景未能提供足够的市场需求，导致该产业未能形成合理和有效的市场机制和定价水平，使各参与者的参与积极性受到制约。

（2）动力电池回收乱象难止，带来的环境污染和安全性威胁成为现阶段制约产业发展的关键障碍。由于动力电池回收和处理过程极易造成污染和安全性事故，为规范市场行为，工信部发布的《新能源汽车废旧动力蓄电池综合利用行业规范条件》中公布了企业名单，意在推动退役动力电池合法合规回流到具备一定资质的回收企业中。但截止到目前，大约只有不到30%的退役动力电池回流到白名单企业中，大部分通过非正规回收渠道流入到私人运营工坊中。大量的退役动力电池在非正规回收企业回收过程中被暴力拆解，污染物被随意排放，在污染环境的同时，也带来极大的不安全因素。同时，由于私人运营工坊不需要支付大量的规范性工具设备和消防设施，与白名单企业相比具备更明显的成本优势。相关资料显示，目前梯次利用企业动力电池回收成本过高，为2元/（瓦·时），加之运输、筛选和加工等环节的高成本，导致目前合规企业梯次利用产品几乎难以获利。非正规企业的不良竞争正在成为制约合规企业发展的关键障碍。积极落实《新能源汽车废旧动力蓄电池综合利用行业规范条件》发布的动力电池回收与梯次利用白名单制度是解决这一问题的关键手段。

（3）产业链整体协调性不足，短板明显，尚未形成成熟的产业链条。由于动力电池梯次利用产业发展正处于发展的初始阶段，上游回收、中游再制造和下游梯次产品利用三方关键节点企业之间尚未形成成熟的利益分配和协同合作的关系，导致产业链各关键节点均存在明显短板因素和制约因素。供需关系失衡、价格机制不完善导致目前尚未形成科学系统的市场运行体系，是退役动力电池梯次利用与回收产业链的核心特征。具体问题包括：缺乏配套的标准和法律法规体系引导和制约上游动力电池回收企业行为；不完善的价格体系和不成熟的动力电池再制造技术限制中游再制造企业盈利能力；新型储能技术的开发带来成本快速下降以及性能的提升，导致下游企业更多地选择应用新型储能材料而不是退役的动力电池，给梯次利用退役动力电池的应用带来巨大的市场挑战。总体来看，价格机制的不完善是贯穿上、中、下游动力电池梯次利用企业之间协作共赢的关键问题，直接导致产业链条不同企业之间协作性差，成本效益不能实现在产业链不同节点顺利贯穿流通，进而无法形成具有整体协调性的产业链系统，从而制约该产业的进一步发展。

1.1.4　动力电池梯次利用的政策建议

（1）完善价格机制，充分发挥财政支持政策在产业技术攻坚阶段的核心地位作用。尽管目前大量企业正在着手进入动力电池回收与梯次利用行业，但产业链各环节之间由于没有形成完备合理的供需关系，市场机制没能在产业发展中起到重要的作用。在产业发展之初，向退役动力电池回收和梯次利用产业提供恰当的政府财政补贴可有助于相关企业弥补参与动力电池梯次利用企业的财务亏损，提高梯次利用产品的市场竞争力，间接激励和引导更多的相关企业参与行业发展。另外，为引导企业通过技术创新突破退役动力电池再生产相关技术难关，降低产品成本，推动产业规模化发展，政府可考虑设立技术研发专项资金，推动相关技术在安全性能、普遍适用性以及污染控制等方面的进步与突破。同时，补贴政策除了在生产侧发挥关键性作用外，发挥激励政策在消费侧引导和规制电动汽车用户主动推动退役动力电池回流到动力电池回收"白名单"企业，解决退役动力电池市场回收乱象或也可起到关键性作用。由于退役动力电池产业发展刚刚处于起步阶段，梯次产品价格与新型电化学储能价格差异将在较长一段时间持续，政府应做好较长时期的财政支持计划，避免不合理的补贴方案以及政策标准的波动对退役动力电池梯次利用产业发展带来负面冲击，影响产业健康发展。

（2）推动梯次动力电池多元化场景应用，着力解决市场供需不平衡问题。2022 年前三季度，全国电动汽车销量达 456.7 万辆，超过之前电动汽车累计销量的一半。尽管当前阶段退役动力电池数量仍然有限，但电动汽车的快速增长势必带来退役动力电池数量激增，然而目前来看梯次利用产品的应用场景极其有限，在当前趋势下供需失衡会带来梯次利用产品市场价格下降，打击参与主体的积极性。扩大梯次利用场景的多元化推进与开发是当前推动退役动力电池梯次利用发展的关键一步。目前，退役动力电池梯次利用场景集中在基站备电，其他场景的实际应用仍然非常有限。"双碳"目标的提出夯实了电力结构由高比例化石能源向清洁能源的转变，但以风电和光伏发电为主的可再生能源电力由于间歇性特征，其上网消纳需要配备大量的储能设备，并且随着可再生能源电力在发电量中占比的增加，单位可再生能源电力上网需要配备的储能设备容量是边际递增的。在这样的情况下，"双碳"目标的实现就需要配置大量的储能设备，这些储能设备目前主要包括电化学储能、抽水蓄能、氢能等。实际上，退役的动力电池在经过质量筛查、重组之后，合格的产品有希望可以继续与分布式可再生能源电力系统相耦合，提供储能功能，推动可再生能源电力上网消纳和"双碳"目标的实现。除了应用于分布式可再生能源发电系统，退役动力电池梯次利用产品还可以直接应用于消费侧，如与办公楼宇或家庭系统相结合形成微观综合能源系统，提高能源利用效率以及参与峰谷分时电价助力业主降低用能成本。在深度电气化进程中，可探索的退役动力电池梯次利用场景非常丰富，政府应当鼓励退役动力电池梯次利用的终端用户进行新场景、新模式的开发与尝试，及早制定相关战略发展规划，充分挖掘退役动力电池应用潜力，真正实现退役动力电池多梯次场景的应用，实现资源节约的最终目的。

（3）落实生产者责任延伸制度，破除退役动力电池回收市场乱象。近年来，退役动力电池数量逐年增加，在利益驱动下，大量"小作坊"企业涌现，它们非法回收退役动力电池并进行处理加工，排放大量污染物带来巨大安全隐患，成为该产业现阶段面临的棘手问题。生产者责任延伸制度的提出规范了以整车企业进行退役动力电池回收的责任主体地位，但目前来看，制度落实不到位是造成动力电池回收市场乱象的主要原因。基于整车企业销售系统，建立电动汽车退役动力电池回收网点，为消费者提供便捷可行的回收渠道，是防止退役动力电池流入非法"小作坊"企业的首要途径。另外，以整车企业为出发点，开发鼓励其构建完善的动力电池回收链条，在接受消费者退役动力电池的同时，打通与下游第三方退役动力电池加工处理企业之间的商业合作关系，对形成完整的退役动力电池梯次利用产业链系统具有至关重要的作用。政府部门应在一定程度上鼓励整车企业在回收电动汽车用户退役动力电池过程中开发"以旧换新"等创新回收模式，提高消费者主动回流退役动力电池的积极性，并在回收体系中构建退役动力电池质量评估标准办法，实现对退役动力电池剩余寿命、容量等物理信息的准确判断，并建立动力电池全寿命周期溯源平台记录退役动力电池相关信息，方便下游加工处理企业对退役动力电池的监测、拆解和重装工作。以整车企业为关键核心是构建完整动力电池梯次利用产业链的关键，也是推动产业链协同合作创新，共同构建有效的梯次利用市场的有力抓手。

（4）科学制定长效规制战略方案，应对卖方市场向买方市场的转变。目前来看，动力电池回收产业中电动汽车用户拥有更多的主导地位，在决策过程中具有更多的自主选择权，这也是导致目前退役动力电池回收乱象的一个问题。但这种现象的出现是阶段性的，作为一个新兴行业，很多企业正在进入并抢占市场，但随着电动汽车销量的快速增长以及动力电池梯次利用应用场景的有限性，若没有政策干预，未来市场可能走向供大于求的买方市场。极端的买方市场下，退役动力电池供大于求将导致动力电池回收价格大幅下降，可能在一定程度上有利于动力电池梯次利用产业竞争力的提升，是未来动力电池梯次利用规模化发展的前提条件。政府部门应预见到未来退役动力电池数量激增对梯次利用动力电池市场的影响，积极鼓励开发动力电池梯次产品可用场景，在进一步提升产业发展空间的同时，避免大幅度市场波动对交易各方造成的不利影响。

（5）推动动力电池回收处理技术标准化，加强回收处理过程安全性及环保性提升。动力电池回收技术是由化学、机械、工程等多学科构成的复杂系统工程，技术门槛高，同时也处于瓶颈阶段。目前回收的动力电池是第一批进入市场的电动汽车退役得到的，电池规格不一，给流程化作业提出很大的挑战。然而近期，三元锂电池开始越来越多地占据电动汽车市场，而在这些新电池退役回收过程又可能需要不同的回收技术来实现。动力电池技术的更新势必给回收处理技术带来新的挑战，核心的问题就是动力电池标准化回收技术的实现需要企业进行大量的研发投入并往往伴随大量的时间来完成。动力电池技术快速更新迭代过程无疑会降低企业研发投入产出比，降低企业研发投入的积极性。为此，一方面，政府应实施适量的补贴减轻企业研发压力，提高其创新活动的积极性。另一方面，动力电池梯次利用与回收相关企业应意识到技术包容性在技术开发方面的重要作用，着力推动可适应多种物理属性动力电池的监测、拆解以及重组技术的开发，避免只针对单一电池品种进行技术开发导致技术应用年限有限带来研发投入效益不明显问题。

目前，退役动力电池的监测、拆解以及重组工作多为人工作业，且当前市场有大量退役动力电池流入没有正规资质的"小作坊"进行加工作业，加之目前政府部门监管不到位导致加工过程排放大量污染物造成河流、土壤污染，即使对于符合《新能源汽车废旧动力蓄电池综合利用行业规范条件》的白名单企业，在进行退役动力电池加工处理过程中污染物排放问题也要加强监管，推出退役动力电池加工处理规范标准，对企业回收加工行为进行动态检查，排除安全隐患，真正控制退役动力电池加工处理阶段的污染排放问题，是体现梯次利用动力电池产业绿色环保性能的关键。

▶ 1.2   遏制恶性壁垒，推动光伏行业良性竞争

中国自 2020 年正式提出"双碳"目标以来，在煤炭清洁化转型、可再生能源发展以及电力市场化改革等方面进行了全方位布局，充分体现了对"双碳"目标的重视以及积极实现目标的决心。虽然我国目前仍是以煤炭消费为主的能源消费结构，但其定位已经逐渐转向了托底保供，并走向了智能化清洁高效利用的路线。根据国家统计局的统计数据，我国的煤炭消费占比已经从 2012 年的 68.5% 下降至 2021 年的 56%，近 10 年间下降了 12.5%。相较之下，非化石能源的发展则是顺应环境保护的大潮流步入了快车道。2021 年，我国非化石能源装机比重更是首次超过煤电装机比重，达到总发电装机容量的近一半（约为 47%），非化石能源的消纳情况也得到了很好的改善，2021 年非化石能源的发电量较上一年提升了 12%，占到了全口径下总发电量的 34.6%。

可再生能源发电的形式主要包括光伏发电、风电、水电、核电以及生物质发电。其中，水电对地域选址要求较高且建设周期长，对当地的生态可能存在影响；核电出力平稳但出于安全性考虑和散热要求，可选地址有限；而生物质发电的开发潜力存在一定限制。因此，以上形式的可再生能源发电在目前来看还不适宜大面积铺开。光伏发电和风电则在多年的发展中积累了宝贵的经验，近年来更是在各国政策的大力扶持以及全球旺盛的需求市场双重利好下，技术不断突破，规模不断扩大，发电成本得到

了大幅优化。因此，从其经济性的快速上升以及开发潜力来看，将是可再生能源发电系统的绝对主力，而其中又因为光伏产业链上相关技术的不断迭代创新，其发电成本下降尤为明显。据国际可再生能源署统计数据，光伏项目的平准化度电成本由 2010 年的 0.417 美元 /（千瓦·时）下降至 2021 年的 0.048 美元 /（千瓦·时），降幅高达近 89%。另外，国际可再生能源署的预测数据表明，光伏发电未来仍然存在 30% ~ 50% 的降本空间，有望成为所有电源中成本最低的发电形式。由此可见，光伏产业的发展对未来碳中和的实现至关重要。

■ 1.2.1　光伏行业恶性壁垒的成因

以下从光伏产业链各个链节的发展脉络，以及其所面临的国内国际复杂的背景与市场来进行说明。二者以一种相辅相成的方式，从行业特性以及历史背景体现了中国光伏产业的发展方向及壁垒的形成原因。后文的问题分析和政策建议也将以这两部分为基础进行展开。

（1）光伏行业复杂的产业链流程催生出了不同环节中的恶性壁垒。光伏的主产业链主要包括上游的硅原料采集以及其进一步加工成的硅棒、硅片等（目前有单晶硅和多晶硅两个路线），中游的光伏电池片以及光伏组件，下游的光伏电站系统及相关的运营服务（分为集中式地面电站及分布式发电系统）。其中，硅料环节作为光伏产业链中的最上游提供了光伏发电系统的核心原材料——太阳能级多晶硅。太阳能级多晶硅由工业硅提纯而来，当前以生产工艺更为成熟的改良西门子法生产的棒状硅为市场主流。相对产业链上的其他环节而言，硅料环节具有重资本性支出、低周转率、高净资产收益率的特点，其壁垒主要体现在技术壁垒以及资金壁垒。因此，硅料环节的扩产建设周期会明显高于硅片、电池片、组件等其他环节。当下游的装机需求受到补贴政策的激励而大幅增加时，常常因为硅料环节的供给周期与产业链上的其他环节无法匹配，从而使硅料的价格随着这种阶段性的供需错配形成大幅度震荡。而组件环节作为光伏产业链的中游以及制造环节的末端，承担着最终价值变现的重要角色。该环节相对来说轻资本性支出、重运营性支出，过去被认为是进入壁垒低且利润低的环节，然而随着近年来全球光伏发电端逐渐实现平价上网并发展成为一个规模巨大的成熟行业，组件环节的品牌壁垒、供应链壁垒在其对接下游产品市场时就成了极为重要的竞争力。另外，随着各大头部企业进军组件环节完成垂直一体化布局，组件环节的市场集中度进一步提升。最后，逆变器作为产业链下游的核心辅材，其转换效率和使用寿命都会对光伏发电系统产生直接影响，进而影响到整个光伏发电项目的投资收益情况。逆变器环节相对其他环节而言具有轻资本性支出、高周转率以及高收益率的特点。该环节的核心壁垒为技术壁垒，除了需要先进的技术去进行设计及制造外，还需要开发精确的算法来对电站进行智能化运营及维护。

（2）复杂的国内国际双重背景推动了光伏行业恶性壁垒的成型。中国的光伏产业发展始于产业链的中上游，产品为光伏的原材料和组件，其对应的市场则源于国内早期的西部供电背景以及国际上对于本土光伏行业发展的大规模补贴。这两方面的因素均出于大环境下发展光伏的迫切需求。然而，中上游的原材料和组件供不应求，尚未形成企业间的有效市场竞争，故光伏中上游企业林立，单独的原料供应企业以及单独的组件拼装企业技术不成熟、规模效应未能突显，难以形成链节上强有力的议价权，更未能进行纵向一体化发展。此后，美国和欧盟诸国于2011年开启针对中国光伏产业有关的"双反"调查，这是出于贸易保护主义下的贸易壁垒设定的开始。随后，中国政府推出了一系列支持光伏产业升级促进技术研发的举措。这些举措促进了光伏行业的深化拓展，造就了单晶硅与多晶硅的竞争技术路线，提升了光伏组件整合商的技术竞争力。主导技术的逐渐涌现突显了规模效应的作用，并进一步促进了光伏企业的纵向一体化发展，提升了龙头企业的一体化布局能力，推动了企业在产业链多个链节进行拓展布局。目前，光伏市场的国际进出口关系逐渐紧密，使得中国的光伏中上游企业的国际议价能力进一步提升。在国内光伏企业中，头部企业也已基本完成纵向一体化的产业布局，并形成初步的垄断势力。这一市场势力的形成不仅会阻碍光伏中上游环节的进一步发展，还会阻碍新入光伏行业的企业融入产业链。就中国光伏行业的产业链下游而言，在前期装机补贴政策的引导下，布局较早的企业往往已经通过先发优势占据了该行业天然所需的地域资源禀赋，并据此形成了有力的议价权。因此，即使光伏产业中上游价格波动，下游企业仍然可以从其他方面压缩成本，并通过其对于配套设施行业(智能电网系统，储能系统，光伏全生命周期回收系统)的领导性地位挤压其他行业的良性发展空间。

■ 1.2.2 中国光伏产业良性竞争所面临的困境与挑战

中国光伏行业发展已久，且历经了多个发展阶段，但囿于其发展过程之迅猛，政府推动之强劲，致使光伏产业整体方向以及与配套产业的联动发展存在诸多困境，光伏产业链的发展形态出现割裂状况，光伏企业在不同发展路径下存在良莠不齐的情况。尽管当下存在的这些问题与行业发展周期有关，但其细微之处仍值得进一步思考。

（1）中国光伏行业的中上游企业纵向一体化发展下形成产业链壁垒，造成市场割裂、供应链价格震荡。就中国光伏行业产业链中上游而言，产业链壁垒的逐渐形成与产业发展的历史背景有关。一方面，由于中国早期的制造业基础扎实以及国内外的相关政策支持，中国光伏产业在原材料制造业发展较早且无市场竞争压力，这为光伏行业的非良性竞争以及供应链价格震荡埋下了铺垫，且当面临需求冲击时会表现出超高的敏感性。另一方面，当下中国光伏行业的中上游企业普遍存在着产业链内纵向一体化的发展路径。虽然这种发展方式存在着集约经济优势，但如果仅仅是产业链内的高集成度整合而没有配合跨行业的联动，将可能造成市场割裂。具体而言：

从中国光伏产业中上游组件的历史发展过程可以看出，无论是早期中国的西部计划鼓励下的光伏产业发展，还是欧盟补贴政策激励下的中国晶硅的出口，抑或是"双反"背景下的中国政府补贴，均存在着诸多行业内的非商业竞争型利好。虽然这一系列相关利好能够在短时间内有效促进中国光伏行业中上游扩大规模，但这更多的是一种粗放型的增长，未能形成足够的系统内竞争压力，进而在这一较长期的需求大于供给的情况之下，一旦出现需求的波动，极易造成产业链的价格震荡。以 2012 至 2014 年光伏中上游原材料组件价格为例：2012 年，"双反"调查的开启导致光伏原料及组件价格近乎腰斩。与此同时，中国政府也迅速意识到这是由于行业内的产能严重过剩所引起，从而及时纠正了光伏行业的粗放型增长。在紧随其后的 2013 年，中国政府推出了"光伏国八条"等利好政策来维续光伏行业的稳步增长，并助其开拓了一系列国内市场。在此之后，光伏原材料和组件的价格迅速攀升。2018 年，"5·13 新政"为光伏行业无规划性急速扩张踩下刹车，加之同年发生的"双反"事件结束，都引发了光伏行业原材料和组件价格急剧震荡。以上种种均表明光伏行业在外生冲击下长时间暴增的需求，这种需求极易导致行业的原材料和组件规模粗放型增长，且这种形式的需求不确定性很高。因此，在需求发生变动乃至影响需求的政策或者国际环境出现变动时，均有可能导致产业链内供给侧价格出现剧烈震荡。

在一定程度上，中国光伏产业链的历史发展过程也导致了其纵向一体化的发展方式，该方式通过构建产业链壁垒阻止了新进入企业的项目投资。2018 年，欧盟结束了对中国光伏产业的"双反"调查，此时的中国光伏产业链的原材料和组件经过多年的国内市场竞争与发展，已经处于国际领先水平。尽管 2018 年中国政府对于光伏行业的装机补贴已经步入尾声，但从行业预期而言，对这一新兴战略行业的期望丝毫不受影响。在这一阶段，光伏行业即将悄无声息地步入多元化并网下的市场化竞争，且行业的龙头企业均已具备较大的生产规模。在光伏的消纳难题难以解决且需要逐步进行激烈竞争之际，各个光伏企业均迫切需要以除产业规模外的其他方式进行降本增效。纵向一体化便是这个时候在企业间蔓延开来的。以通威股份为例，其核心业务在光伏产业链的上游，主要制造硅料和电池片，为了克服中上游企业的信息不对称问题，降低运营成本，通威通过以并购方式带来的组件制造基础，于 2020 年开始了产业链向下拓展，从而开启了其纵向一体化的进程。产业链各个环节的龙头企业均以纵向一体化来布局，于企业内部而言，可以在一定程度上缓解信息不对称，降低交易成本，并据此铸造产业链壁垒的"护城河"。然而，这种产业链趋同进行纵向一体化的进程极易导致行业内出现市场割裂的情况发生，即虽然各家厂商均掌握了部分核心链节的重要市场和其余链节的部分产能，但却难以在整个产业链下趋向于完全竞争行为，最终导致产业会变得更加无效。

上述背景所导致的供应链价格震荡和市场割裂，未来可能进一步造成光伏行业技术进步迟缓、供需错配和地域性的产业链壁垒。一方面，从当下光伏企业的发展策略和方向而言，光伏产业在研发及装机成本上进一步降低制造成本困难重重，故这很可能导致其缺乏动力去通过研发来构建出技术壁垒的方式来实现企业利润的大幅增长。这对于中国"碳中和"及世界"1.5 ℃"愿景下的长远目标是不利的。另一方面，这种纵向一体化的发展方向容易进一步激化不同技术路线上的市场割裂和地域产业链封闭，即光伏行业在未出现"主导技术"前，纵向一体化的策略将在一定程度上构建出产业链壁垒。然而，主导技术的出现将不可避免地带来行业的又一次洗牌，这同样会导致光伏行业的资源产生较大的浪费。另外，在纵向一体化的发展导向下，企业会进一步压缩产业链上的运输成本并提升产业链的集聚效应，这些行为可能催生出地方保护主义，从而在地域层面形成产业链壁垒。

（2）中国光伏行业的下游企业依托先发优势，囤积地域电站开发资源并影响配套产业协同良性发展。中国光伏产业下游电站装机量的迅猛增加起于 2013 年，当年初次突破年千万千瓦的装机容量，并于 2017 年突破年 1 亿千瓦的装机容量，使得消纳问题变得迫切。对于光伏企业而言，早期的光照、地形探测等方面的积累，以及对于光伏行业发展的高预期更激发了其对于优质地域资源禀赋的抢占。然而，这些优质地域资源的开发速度远超电网目前所能容纳的程度。这一问题主要是由于结构性错配和产业链间未能形成有效联动，具体而言：

一方面，中国虽然幅员辽阔，存在足量地区平均日照强度高，但下游的光伏企业在开展装机项目时考虑更多的是发电效率问题与地价问题。早期为鼓励光伏装机规模的快速发展，中国电网对于光伏项目的并网尽可能采取了较低要求下的保障性并网策略，且对于不稳定的光伏发电采用了全额接收的方式。在这种情况下，企业更多的是考虑了装机项目的直接成本以及后续的现金流收益。其中，直接成本包含了装机的运输成本、地价成本、运营维护成本等，具体的地价成本又差异巨大（这也是中国在西北地区进行大量集中装机以及在部分东部省份的偏远地区进行集中式光伏装机的主要原因之一）。由于现金流收益与地区的自然资源禀赋（诸如云层密度、光照时间和降水量等）有关，但光伏上网标杆电价中对于一、二、三类资源区的划分又降低了自然资源优越地区的现金流回报，从而直接导致光伏装机地点与地区的电力消纳水平存在严重的结构型错配问题。并且，电网的建设规划与地区的电力需求紧密相关，优质装机的开发与并网更应当与电网、氢能等产业的发展相适配，而非新建储能以及改造电网对这一抢装机现象进行反向匹配。因此，在以往的保障性装机导向下，囤积电站、提前占据优势自然资源这一构建商业壁垒的行为不仅极大地抬高了光伏行业后续市场化并网项目的整体成本，还进一步带来了现阶段下的光伏消纳难题。

另一方面，下游光伏企业大多未能形成有效的跨产业良性互动。众所周知，光伏发电所形成的电力是一种极不稳定的电力，具有明显的季节性变化和昼夜变化，并且和云层、降雨等息息相关。因此，光伏下游产业所需要配套的隐性成本支出在未来将成为其主要的成本构成。这些隐性成本与相关产业有关，如储能配套产业、智能电网产业和废弃组件的回收产业。当下中国光伏产业在以往的恶性抢占地域资源禀赋中还未能形成较高标准的配套产业，更毋庸说与相关产业进行联动。虽然这种现象在推出光伏上网的多元化并网机制后有所缓解，但仍然无形中抬高了后续项目的储能成本等，造成了恶性壁垒。另外，光伏下游企业基于其产业互动中的主导地位，后续或迫于配储的成本压力而加配劣质储能，这将不利于储能行业的良性发展。相较于政府在最新的多元化并网方案中所重点提出的配储方向，当前的光伏下游企业仍未与相关的智能电网产业和废弃组件的回收产业产生联动，而这一发展趋势将会是降低光伏发电不稳定性所造成的隐性成本的重点，以及降低光伏项目全生命周期总体成本的关键。

■ 1.2.3 推动中国光伏行业良性竞争的有关建议

基于上述对于中国光伏行业发展脉络的梳理以及对于光伏产业链各个环节的介绍，我们在上一节指出了光伏行业发展中的一些局限性以及在光伏产业链上细节性的不足。尽管中国的光伏产业链已然是世界上最具有规模且最具有市场竞争力的产业链，但面对庞大的电力需求以及中国政府雄心壮志的碳中和目标，仍需要我们对这些不足之处进行深入的思考，以判断中国的光伏行业潜在的发展方向并给予良好的方向引导，且光伏行业在这一激励下所形成的粗放型增长更需要给予合理的规范，故提出以下具体的政策建议：

（1）针对光伏中上游企业的发展需要多方并举，以规范光伏行业的市场秩序、推动光伏产业链各个环节形成良性的市场竞争并避免恶性产业链壁垒的形成为基本原则。在规范市场秩序的同时，需要注意平缓相关政策的大起大落，从而让企业形成合理的市场预期，即不仅需要规避突兀且具有较大影响的需求冲击，还需要避免急切的产业升级，并采用缓和的政策手段来进行引导。与此同时，光伏行业产业链的整体布局与产业链的各个链节之间的市场衔接尚需优化。

首先，加强以促研发为根本的政策指引，通过提升竞争与技术进步来实行稳步的扩产能，保供需。虽然现阶段中国光伏产业链中上游的成本下降明显，但仍有进一步下降的空间。这个下降空间需要投入更大的资金成本与时间成本，故硅料生产商、硅片生产商、组件整合商等均采用当下阶段更具有吸引性的市场化手段来降低成本。然而，这种成本降低的模式适用于发展到一定阶段的产业，而且这是以牺牲部分市场灵活性为前提的资本手段。在碳中和背景下，我国光伏产业的规模仍有数倍提升的空间，当前技术以及产能远不能达到全面铺开的程度。因此，当下阶段的政策虽然从补贴性装机转到市场化引导上，但仍需要以激励研发式引导为主。以往的产业补贴虽然存在诸多弊端，但在电价机制不放开的情况下，仍需要政府投入资金或者推出帮扶政策来促进光伏中上游企业的技术研发创新，这才是扩张产能的根本之处。

其次，把握中国光伏产业链中上游的国际优势，合理采用政策手段平缓国内国外整体的需求冲击。光伏产业链的价格震荡的根源在于供需不平衡。纵观以往，这一不平衡现象的出现多是由剧烈的需求冲击所导致。对于需求侧而言，冲击既可能来源于国际市场的变动，也可能来源于国内政策利好，而对于供给侧而言，仅由中国政府的去产能行为所导致。因此，产业链的价格震荡需要采用多种手段来平衡光伏产业链的需求冲击。那么，避免国内市场的需求冲击主要依赖于稳定平缓的光伏产业政策施行，从而引导市场稳定对于光伏行业的预期。而避免国外市场的需求冲击，则可以在一定程度上采用复合的政策工具，即通过改变国内市场以稳定总体市场的波动。这么做的原因在于，中国在世界光伏产业链的中上游具有举足轻重的作用。虽然这会使得国外光伏装机的需求对国内光伏产业链的价格形成强烈的市场震荡，但同时，这也使得中国可以利用国内和国际两个市场的变动来使用不同的政策手段，复合平衡需求冲击所带来的影响。当需求冲击作为影响光伏产业链价格震荡的主要因素时，需要关注两方面的作用机制：一是需求冲击将通过产业链的市场传导来影响光伏的原材料和组件的市场价格，二是通过资本市场的投资者预期对光伏的中上游企业间接产生作用。虽然这两个方面的传导机制是价格震荡的主要来源，但这两个传导机制的影响途径和传导时间却有所不同，这就为采用不同方式的政策手段提供了充足的空间。

再次，光伏产业的市场化政策引导需要完善反垄断法在该行业的规范性作用。企业经营的目标在于长期或短期利润，降成本和提升营收是抬高利润的方式。如果反垄断等相关规制长期未能出台，将导致企业在纵向一体化整合后存在动机进行囤积居奇、抬高组件和原料价格，抑或是怠于释放产能等行为。而这些行为通过迟滞行业的整体良性循环，将进一步影响新进企业的涌入与光伏产业的壮大。

最后，在规范市场秩序的基础上合理宣传，适当引导相关制造业企业拓宽经营边界，直击光伏业务。光伏行业的产业链相对复杂，组成部分涉及众多制造业业务。例如其中最为紧俏的硅料、EVA 胶膜等原材料，需要更多相关制造业企业拓宽边界进行跨界涌入。另外，这一领域的发展相较于长远预期而言还存在较长距离，远未达到已形成技术壁垒的程度，因此需要政府正确宣传引导具有雄厚资本的传统制造业企业涌入，这不仅有利于传统制造业企业的转型升级，更有利于加剧光伏行业的竞争。

（2）针对光伏下游企业，对并网光伏电站的规划需要根据已并网情况进行统筹规划，且所有电站都应加强相关配套设备的明细要求，促进产业链协同发展。

一方面，约束争夺资源禀赋和降成本为导向型的装机模式，推动地域所需的装机规划目标。针对以下两类抢装机电站的不当行为要进行有力遏制：一是出于短期盈利目的且依赖地域壁垒为盈利方式型的抢装机电站行为，二是出于长期盈利回流目的且依赖地区资源禀赋型的抢装机电站行为。对于这些行为，有效的遏制手段即因地制宜公布拟装机规模，并公开相关明细要求指标进行招标。

另一方面，落实光伏电站相关配套设备的明细要求，促进产业链协同发展。目前我国对于保障性并网的光伏装机电站还较少出台详细的配套要求，且对于市场性并网的光伏装机电站大多仅要求了相关的储能配比，这使得已获得装机指标的拟装机电站存在较大倒卖等操作空间，而且相关配套设备也存在较大的选择空间。因此，当下各级政府在联合电网规划的情况下，对已装机电站和招标电站出台详细的技术指标要求就变得十分迫切。这其中主要包括三个方面：一是电站在全生命周期下的回收问题，二是配备储能的技术指标问题，三是合理采用智慧电网进行预测发电量以及和电网组成交互系统的问题。明晰相关配备的参数与要求不仅可以避免光伏电站滥用不当产品造成相关产业链中劣币驱逐良币的问题，同时还可以避免当下光伏电站降低成本争夺优质并网资源的问题。

▶ 1.3 风光大基地建设与全国氢交易所筹建背景下我国氢能产业发展机遇与挑战

为了实现碳达峰和碳中和的目标，发展近零排放氢能产业是关键环节。国家发改委、国家能源局等九部门联合印发的《"十四五"可再生能源发展规划》将利用风光等可再生能源规模化制氢、推进化工等领域绿氢替代作为未来可再生能源发展的工作重点。氢能是在"双碳"目标大背景下构建清洁能源供应体系的重要载体，对氢能进行大规模商业化开发利用也是我国未来能源行业绿色转型发展的重要支撑。近期，风光大基地建设与全国性氢交易所筹建等关键政策的出台，有望加快氢产业链壮大步伐。本节首先分析了中国氢能产业的战略定位和最新行业政策出台情况，剖析了风光大基地和全国氢交易所筹建对氢能产业发展可能产生的影响，并进一步指出未来氢产业链发展存在的现实困难，最后针对我国氢能产业存在的问题在体制保障与产业整合方面提出了相关政策建议，以期为我国推进氢能产业发展提供参考。

1.3.1 氢能产业战略定位及发展现状

氢能领域的技术创新和应用已成为新一轮全球能源转型升级的重要方向。氢能可以通过基于传统化石能源的化工流程制取，同样也可以利用清洁电力电解水进行生产。由于其在工业、交通和电力领域的广泛用途，或将成为今后建设新型能源系统的重要载体。围绕氢能而展开的一系列产业变革，如氢能在汽车工业以及冶金工业中的发展，已成为新一轮全球能源创新发展的重要过程，对推动新时期的能源变革具有非凡意义。

氢能产业的发展始终是能源行业政策关注的重点。2016 年国家发改委和国家能源局印发《能源技术革命创新行动计划（2016—2030 年）》，其中突出强调了氢能和燃料电池技术创新的重要性，争取实现氢能大规模产供储用一体化发展。2019 年全国两会期间政府工作报告首次提及氢能和氢燃料电池设备。2021 年，氢能作为前瞻产业被正式列入"十四五"规划，各级政府纷纷出台政策鼓励氢能产业加速发展，扶持力度不断加大。2022 年国家发改委和国家能源局印发了《氢能产业发展中长期规划（2021—2035 年）》，明确了氢能产业中长期发展定位和制度体系建设等关键内容。同年 10 月 26 日，国务院发布了《2030 年前碳达峰行动方案》，其中多次提及氢能在钢铁、石化和交通等领域实现碳达峰的关键作用。之后工信部于 12 月发布的《"十四五"工业绿色发展规划》同样对氢能寄予厚望，并指出要加快氢能创新发展，推进氢能利用率提升。

氢能是未来新型能源体系的重要组成部分，目前中国在氢能生产和消费量方面均已达到 2500 万吨，位居全球首位，具有一定先发优势。根据中国氢能联盟的评估结果，预计到 2030 年，中国清洁能源制氢将初步具有经济性。预计到 2060 年，中国清洁能源制氢的产量规模将达到 1 亿吨。未来的新能源体系可能由风电光伏、储能、电动汽车和氢能共同组成。随着"双碳"目标工作的持续深入，未来氢能行业也将进入一个历史性的发展机遇期。

1.3.2 风光大基地建设与全国氢交易所筹建对氢能中长期发展的影响

1. 风光大基地建设为规模化绿氢生产提供有利条件

2022 年国家发改委和国家能源局发布了《以沙漠、戈壁、荒漠地区为重点的大型风电光伏基地规划布局方案》，其中指出在"十四五"时期，将计划建成总装机规模约 2 亿千瓦的风光基地。绿色氢项目的数量和规模均呈上升态势，到 2021 年，国内已规划有 161 个绿氢项目，其中 12 个已投入生产，每年约有 23100 吨制氢能力。

风光大基地的建设对氢能产业的发展将提供许多发展机遇，而氢能行业的进一步成熟也有望反哺风光大基地建设，实现双赢。风光大基地建设耦合氢能发展有不少明显的优点。首先，氢能风电光伏之间进行生产耦合，可以成为可再生能源富余电力的优良载体。风力发电和光伏发电在电力体系中的装机规模和消费规模将不断扩大，风力发电和太阳能发电的脆弱性将促使调峰调频等电力辅助服务需求的快速增加。传统电化学储能作为风力发电和光伏发电出力波动对冲工具的重要性将进一步得到显现。但电化学储能当前的发展规模有限，仅依靠电化学储能或难以满足风光大基地可再生能源电力消纳需求。而氢能可被视为消纳富余可再生能源发电更好的途径。在风电光伏机组出力的高峰时刻，风光大基地的清洁电力可以被用于电解水以制备氢气并将其储存起来，通过规模化利用风能和太阳能来应对弃风弃光和风光出力波动，以提升风光大基地运行稳定性和运营效益。

结合《氢能产业发展中长期规划（2021—2035 年）》来看，2030 年之前，绿氢的发展模式将依托不同风光大基地所处的区位条件，形成以区域化消纳为主、近距离点对点运输为辅的生产消费模式。在这一时间段内，应积极发掘筛选同时具备传统高耗能化工冶金行业转型需求和较好风光资源禀赋的地区，作为建设风光大基地和绿氢生产大基地的重要目标。

而在可再生能源分布不均但需求集中的地区，如华东华北等地，可考虑充分利用沿海风力优势资源，探索集中式海上风电制氢和分布式储运模式。通过促进绿氢生产与现有可再生能源资产耦合，进一步提高可再生能源消纳利用效率，同时初步构建中短程分布式氢能储运网络，满足交通、储能和调峰等领域的用能需求。

2. 筹建全国性氢交易所助力氢产业链拓展与氢商品贸易

氢能产业的发展也将催生新的商品贸易机会。在拥有优质可再生能源资源和低项目开发成本的地区，通过规模化有望实现氢气的低成本生产，并通过与其他不具备资源条件的地区或国家进行贸易，从而实现能源资源的互补和共享。可再生能源制氢的生产活动可以成为一个国家经济的重要贡献者，并创造就业机会。随着氢能的发展和需求的增加，相关的产业链和价值链也将得到发展，从氢气生产到储运、贸易和使用领域都将涉及各种就业机会和经济活动。

氢气在特定的能源密集型工业过程中扮演着重要的角色。例如，氨和甲醇的生产制造以及铁矿冶炼等工业过程都需要氢气作为重要的原材料。此外，氢气还被用于石油化工和生物燃料炼厂的加氢裂化过程，特别是柴油和生物柴油的生产。氢气和二氧化碳也可以作为合成燃料的原料，并且这类合成燃料具有与精炼石油产品相同甚至更好的品质，以上这些与氢产业链相关的产品生产和交易，都将可能形成潜在的氢商品贸易需求。

上海发改委于2022年8月发布的关于建设全国性氢交易所的构想，是顺应氢能商业化发展进程、助推氢能产业成长壮大和促进"双碳"发展目标的有力措施。上海发布的关于筹建全国性氢交易所的构想无疑是推动氢能产业发展迈上新台阶的重要举措，其具体政策内容明确了从交易品种、价格指数到监管溯源的一套市场化交易机制安排，是对氢能源实现市场化交易所开展的一次有益探索和制度创新。同时，全国氢交易所的提出也将对促进不同环节的氢能源技术商业应用、完善氢能源产业链商业模式，以及拓展氢能源相关业务具有非常重要的意义，并可能为解决氢能源在生产制造、储存、运输和销售过程中存在的成本与收益矛盾提供市场化解决方案。

考虑到未来碳市场的行业覆盖范围可能将进一步扩大，以化石能源作为原料制氢的化工相关企业可能将深度参与碳市场，并受到更严格的温室气体排放限制。其中，由可再生能源制取获得的绿氢具备作为核证碳减排项目（CCER）开发的条件。随着氢交易所的成立和交易机制的进一步完善，有望通过氢交易市场与碳交易市场的联动使绿氢项目享有减排带来的市场收益，由此进一步提升大规模可再生能源制氢项目的经济效益。

1.3.3　氢能未来发展路径展望与潜在发展机遇

绿氢是通过可再生能源生产的氢气，是目前唯一可持续的长期氢气供应选择。在最优资源条件下，绿氢的供应与蓝氢相比也具有一定竞争力。并且随着技术进步和规模效应的发展，其竞争力将逐渐扩大。通过利用大规模可再生能源生产氢气的优势，可以实现氢能源的可持续供应，为能源转型提供清洁、可再生的能源解决方案。在能源转型发展的全局中，绿氢应被视为长期的氢能供应选择。

强调协同发展是未来氢能与可再生能源部署的大势所趋。大规模采用氢能源有助于推动可再生能源的快速部署和发展，而可再生能源的规模化发展又将进一步降低绿氢的生产成本。根据国际可再生能源机构（IRENA）的预测，到2050年，可再生电力生产的氢能源潜力预计为 19 艾焦（EJ），并可能增至 80 艾焦，具体数值取决于不同的估算方法。为了满足氢气生产过程所需的可再生电力，需要 30～120 EJ 的可再生电力供应，相当于 4～16 太瓦（TW）的太阳能和风能发电装机容量。这意味着在未来几十年内，需要大规模发展和扩大可再生能源产能，才能满足氢能源生产的需求，而这也给风光大基地发展提供了有利条件并提出了更高要求。

氢能运输领域是关乎未来氢能产业发展的关键环节。现阶段管道运输纯氢气的技术已在多个国家获得可行性证明和相关运营经验，然而现有的氢气管道系统规模有限，无法支持氢能快速扩大应用的需求。在氢能发展的起步阶段，一种可行的方案是利用现有的天然气基础设施来混合运输氢气和天然气。这种混合运输在技术上相对容易实现，并且可以带来双赢的效果。一方面，对于氢能产业而言，利用现有的天然气管道基础设施将有助于扩大可再生能源和电解氢产业的产能规模。另一方面，战略性地利用现有的天然气基础设施可以为传统大型能源公司参与能源转型带来便利，共享新兴能源行业发展机遇，并促进能源转型得到更广泛的支持。对于大型传统能源公司来说，利用现有的天然气基础设施可以为其提供转型和多元化的机会。这些公司已经在天然气行业拥有丰富的经验和资源，通过转向氢能，它们可以扩大自身的业务范围，提高能源组合的可持续性，并在能源转型中发挥领导作用。同时通过促进传统能源企业和氢能产业新参与者的合作，制定共同目标和清晰的路线图，可以减轻快速变革可能带来的不利影响，推动全球低碳能源转型。

在氢能发展的过渡阶段，低比例情况下，可以将氢气混入天然气中实现管道运输，这在技术上并没有显著的挑战。对于大多数现有燃气管道设施而言，比例为 10%～20% 的氢气混掺运输是具有一定可行性的。有研究表明，天然气管道系统可以进行一定程度的改造以适应氢气混掺的管输要求。然而，目前的标准限制了天然气管道系统中可以使用的氢气量。因此，为了进一步推动氢能的应用，需要进行技术创新和标准更新，以允许更高比例的氢气在现有管道系统中传输。

1.3.4　氢能发展的现实困境

1. 缺少系统性的氢能产业发展战略

在能源生产和利用体系中，氢能的位置尚不明确，这将在一定程度上制约氢能在能源转型过程中发挥应有的作用。此外，明确的氢能和氢燃料电池产业的发展目标和落实路径也尚未确定，保障氢能产业发展的产业政策体系也尚未完成，不利于氢能和氢燃料电池产业实现产业高质量可持续发展。

除了超高压电网建设外，氢能或将成为风光大基地所生产的清洁电力外送的又一重要渠道。鉴于氢能行业极具潜力的发展前景，政府有关部门和相关行业协会应结合我国国情和氢能发展实际，明确氢能产业定位，制定更明确、更具实际可行性的发展路线和发展规划，更有效地指导氢能产业的高质量发展，尽快提升国内绿氢产业规模发挥其规模经济的影响，并为构建面向未来新型能源系统的氢能产业链发展创造良好的政策环境。

2. 氢能产业审批与监管框架有待健全

在氢能生产项目可行性分析阶段，完成环境影响评估、项目规划评估、安全性评估，以及在节能、土地利用和经济性等方面的分析之后还要通过住建部门、消防部门、安全生产监管部门等政府职能单位的审批才算完成审批流程，但由于不同职能部门对氢能项目的评估和行政审批缺乏基于实际案例的规范和准则，也缺乏相关的行业技术标准作为指导，因此导致氢能产业项目落地长期存在审批难的问题。因此，行业技术标准、行政审批制度和管理框架的不完善，对于氢能产业的进一步规模化发展也是一个突出的阻碍。

此外，利用现有的高压天然气输送管道输送纯氢也面临一些挑战。首先，转换为纯氢运输可能导致管道脆化问题，进而影响系统的可靠性，这就需要对管道系统进行一定程度的升级和改造。其次，管道系统转换为纯氢运输还面临着监管和安全方面的挑战。由于纯氢具有高度可燃性和易泄漏的特点，因此在转换过程中必须严格遵守相关的安全标准和规定，且需要投入更多的资源和技术来确保管道系统的安全性。

3. 氢能产业关键技术与成本亟待突破

氢能产业链的四个重要环节是生产、供给、储存和消费，在这四个环节之下又可细分出许多分支产业链，并且对技术创新的要求都很高。当前对氢能产业链的总体资金投入尚不足以满足实际需求，从早期研发创新、技术改进到后期生产和维护成本都要求有高昂的资金投入。由于受到相关技术水平不足和生产成本较高的限制，当前国内生产绿氢的规模有限，仅占氢能总生产量的 1% 以下。

储运环节是当前"风光大基地 + 绿氢"模式的关键堵点。一方面，风光大基地连片并拥有较大绿氢生产潜力的地区主要位于西北地区，而有大规模氢能消费需求的地区则分布于东南沿海，这就给氢能的储存和运输带来巨大挑战。为满足氢能大范围、大规模储运需求，需要做好与风光大基地制氢相配套的绿氢储运基础设施的规划、投资与建设工作。另一方面，氢能储运网络尚未成型，氢能的大规模储存和运输具有很大的难度。所以，氢能储存与运输基础设施建设仍是氢能产业发展的薄弱环节，而目前国内的加氢站大体上都尚未形成盈利能力。

就目前技术水平而言，我国已能够实现 35 MPa 加氢站硬件的集成，但在关键技术创新和国产化方面仍存在较大进步空间。部分氢能产业关键基础装备如高压管路和阀门等目前仍完全需要依靠进口，我国对于绿氢生产环节的全流程工艺仍处于探索阶段，有待通过实际的试点和示范性项目对现有工艺的可靠性和经济性进行验证和优化。此外，我国在液氢管输、液氢存储、高压氢储运和加氢站建设等方面依旧缺少行业标准和技术规范。

目前国产氢气储存与运输基本上采用高压气态储运的方式，这种氢能储运形式主要适用于短距离和有限规模的氢能运输，并且存在一定安全风险。在氢能生产成本中，物流运输费用约占全部成本的 30%。因此，要想进行大规模氢能的储存和运输，还需要等待更新的技术进步使成本降低来实现。

而在氢能产业链下游消费环节，国内生产的氢气大多被用作化工原料，在其他领域的应用尚未形成规模。在交通领域，国产氢氧燃料电池车组的商业化规模也不如电动车。相比之下，我国氢氧燃料电池在交通领域的应用与美国和日本等领先国家之间还存在一定距离。

4. 氢能产业横向与纵向延伸整合水平有待提升

到目前为止，大多数绿氢项目都处于试点建设的初始阶段，而对于绿氢项目产品的营销策略和商业模式也都未探索出一条行之有效的道路。即使将政府的财政支持考虑在内，大部分试点项目的经济性水平也远未达到能够令投资方满意的程度。当前氢能的应用集中在交通运输领域，如氢能商务车、氢能重卡和氢能乘用车等。对于冶金、化工等能源密集型行业，以及航空、船舶等重型运输业，氢能也同样在帮助实现深度脱碳方面发挥着不可或缺的作用。但在化工、冶金等其他可以实现氢能对传统化石能源替代的领域，相关应用场景的探索则较为不足，尚未引起广泛的重视。

若要实现氢能对化石能源的逐步替代，现有的绝大多数生产设施都需要同步进行改造或升级，因此需要在国家层面制定一个清晰的路线图，以明确从现有基础设施向纯氢转变的条件，提前研判将触发重大投资的氢气供应比例水平阈值，并为此做好充分准备。此外，整个过渡过程还需要进行投资评估、氢气供需量的评估、时间表的制定以及相应的配套法规的制定。这样的综合评估才能确保过渡过程的顺利进行，并为绿氢的大规模应用奠定坚实的基础。

1.3.5　氢能产业发展的政策建议

（1）完善系统性氢能产业战略发展规划。应尽快完成"绿氢"行业技术标准的制定，明确绿氢产业发展的阶段性规划和阶段性目标，进一步细化绿氢产业规模化推广的具体技术路径。此外，应及时明确绿氢在未来面向"双碳"的能源体系中的定位，将绿氢发展纳入整体能源发展规划中加以考虑，构建可再生能源规模化制氢支持性价格政策，完善氢能市场化交易政策以及用作储能的氢能价格机制等氢能产业政策体系。应尽快完成兼具风光大基地建设资源禀赋和绿氢大规模消纳需求地区的筛选与考察，通过布局大型可再生能源耦合制氢示范项目，激发相关技术创新与转化落地动能，积累生产工艺优化经验，探索可持续的商业化运营模式。

通过共同制定目标和清晰的路线图，现有的传统能源企业和新参与者在可能存在氢能替代机会的领域可以共同推动实施低碳全球能源转型的计划。这样的合作可以加强行业的协同效应，减少不必要的竞争，并确保资源和投资的有效利用。此外，明确的路线图还可以提供计划性和稳定性，减轻快速变革对经济和社会的不利影响，为全球能源转型创造更加可持续和可接受的条件。

（2）依托新能源大基地建设探索新能源耦合制氢商业化发展路径。绿氢的大规模开发与可再生能源电力的充足供应密不可分，大型风电光伏基地建设将为绿氢项目大规模推广提供能源保障。可以预见的是，未来气候环境将更加多变，极端气候发生的频率可能会进一步提高。而由于以风力发电和光伏发电为代表的清洁电力存在不确定性，再加上清洁能源份额的大幅扩张，未来能源系统的不稳定性增加也是无法回避的一个问题。而氢能由于其制备手段、制备原材料的广泛，有望在未来的风光大基地建设中扮演稳定器的角色。

绿氢生产的最大障碍是成本问题，而风光大基地建设带来的可再生能源装机规模快速上升，为绿氢制备成本的快速下降提供了基本条件。通常而言，可再生能源装机规模越大，绿氢生产成本就越低。此外，风光大基地开发也有利于整合可再生能源和绿氢生产企业、上下游供应商、EPC总包商等上下游产业链资源，对项目进行集约式开发，降低项目开发边际成本。同时，对大基地耦合绿氢项目试点的探索，也有利于相关部门积累行业监管经验，并在此基础上形成氢能产业监管规范。

（3）健全行业标准、行业监管框架和项目审批流程。通过加强各级政府部门与行业协会之间的共同协作，尽快完成基于示范性项目的建设经验积累，相关政府职能部门和行业协会应尽快完善出台促进氢能行业长期发展的行业标准。在充分调研论证的基础上，出台氢能项目分级监管措施和项目评估等关键行业监管要素，搭建覆盖氢能项目从前期设计论证到建设验收，以及后期评价全流程的行业监管框架。可参考电动汽车产业的发展历程和经验，尽快形成氢能产业发展指导意见，并因地制宜将氢能基础设施建设纳入城市建设规划。此外，还可在项目审批环节通过立法和行政指令等方式明确主管部门和审批流程。

（4）赋能氢能产业重点技术和基础设施创新研发工作。可考虑参照支持可再生能源发展的经验，从补贴、税收、融资和设定强制性发展目标等层面出台氢能源产业相关扶持政策。积极探索可再生能源离网或并网耦合氢储，推进绿氢产供储销基础技术和基础设施建设工作，逐步提高重型交通和冶金化工领域氢能替代比例。同时加大对催化剂材料、高安全性储运材料等关键技术以及关键装备国产化的科研投入。

增加对氢能相关科技创新工作的支持力度，进一步提升关键节点技术创新水平，是未来氢能行业政策制定过程中所需关注的另一个要点。尽管当前中国氢能产业规模已在全球范围内名列前茅，但中国氢能产业的一部分核心技术创新能力仍落后于世界领先水平，不少氢能产业的核心技术实际上仍需要依赖进口。如果缺乏对氢能产业自主研发和创新能力的培育，未来氢能行业发展受制于人的问题将变得越来越突出。因此，相关行业政策制定者应为氢能行业关键技术研发的推进和创新能力的培养提供助力，以尽快填补国内氢能领域的技术薄弱环节。

（5）鼓励传统能源国企积极参与氢能产业发展。为传统能源国有企业参与氢能行业提供政策激励，有望促进氢能全产业链成本降低。与风力发电和光伏发电产业链相比，氢能产业链对基础设施投入的资金水平要求更大，产业链涵盖的范围也更加广泛。高昂的初期资金投入是当前限制氢能产业商业化的主要因素之一，而相比于民营企业，能源国企拥有更雄厚的资金实力与产业链整合能力。

以"三桶油"为代表的能源国企巨头在输气管道开发、油气储存和运输以及终端零售气站设计和经营方面具有成体系的管理模式，或可为氢能产业链相关环节提供经验借鉴，并使氢能产业链在输氢管网建设、氢能储运设施建设和终端销售站点布局方面降低部分学习成本。由于液态氢储存和运输与液化天然气储存和运输之间具有一定可比性，可基于石油天然气领域的经验积累，快速构建形成氢能储存能力和运输能力。

就加氢站而言，单独新建加氢站需要付出较高的投资成本和建设时间成本。然而，"三桶油"旗下的加油加气站几乎覆盖全国。基于现有加油站加气站资产，对其进行与氢能利用相适配的技术改造，有助于降低氢能产业链终端的投资支出，同时简化加氢站建设用地获取以及审批的流程，并能在国内快速形成氢能终端消费网络，完善我国氢能产业链，推进氢能商业化进程。

氢能产业作为一个新兴产业，需要较高的前期资本投入才能实现产业规模化发展。与风电光伏、电动汽车和电化学储能相比，民营企业由于技术实力和资金实力相对较弱，在开展氢能产业早期布局时需要面对较高风险压力。如果氢能产业未来要想有更大的发展，离不开大型传统能源国企的转型发展作为其主要推动力量。

（6）加强氢能产业与传统化工行业和新能源行业互动，做大做强产业链。氢能产业和可再生能源电力产业加强互动，充分发挥各自的行业优势，实现产业间的耦合互补。可再生能源发电企业拥有绿电资源，氢能企业则拥有制氢专业技术、管理和安全风险控制等方面的优势，二者间具有天然的互补关系。相关政策可以以增进新能源产业与氢能产业间的交流为出发点，强化技术创新，共同推动绿氢产业向规模化发展目标前进。此外，高耗能的化工产业也与氢能产业有着紧密联系。西北地区有许多大型化工企业对清洁低碳转型有着迫切的需求，这也为绿氢在化工领域实现原料替代作用奠定了基础。同时，西北地区作为风光大基地项目密集区，同样可以开发绿氢资源并实现就地消纳。在拥有丰富可再生能源和绿氢需求的地区布局绿氢项目，实现绿氢的就地生产和消纳，从中短期来看是推进绿氢产业发展的重要选项之一。

▶ 1.4 分布式光伏"整县推进"试点的现状、挑战与对策

近年来，随着中国电力系统转型的不断深化，光伏产业链持续完善，相关技术逐渐成熟，光伏发电发展步伐也在逐年加快。数据显示，自 2010 年以来，中国光伏发电装机持续高速增长。2010 年底，全国累计装机数量仅为 86 万千瓦，而到 2021 年，仅一年的装机就达到 5493 万千瓦，累计装机数量 30656 万千瓦。从光伏电站种类上看，2021 年前集中式光伏电站更受青睐，分布式光伏装机数量相对较少。2021 年，分布式光伏迎来"里程碑"式发展，全年装机数量首次超过集中式光伏，占到总装机量的55%。2022 年上半年，3088 万千瓦新增装机中，更是有近 2/3 为分布式光伏。分布式光伏的迅猛发展不仅有市场选择与资本注入的影响，更是因为国家政策的大力推广。

2021 年 6 月，国家能源局综合司下发了《关于报送整县（市、区）屋顶分布式光伏开发试点方案的通知》，其中提出，充分调动整合零散屋顶资源，发挥各县区资源优势规模化开发分布式光伏，扩大分布式光伏装机，助力能源系统转型目标的实现。从实现 2060 年碳中和目标和中国社会经济发展全局来看，"整县推进"试点有助于保障农村电力能源供应，助力中国能源安全体系建设，加速释放分布式光伏市场潜力，倒逼电力市场进一步完善，在推动能源系统转型的同时促进农村经济发展。分布式光伏"整县推进"试点是分布式光伏建设与乡村振兴建设的有机结合，能让农村民众得到实惠，让当地企业获得收益，让清洁电力的产出进一步增加，拓展广大农村地区创造稳定营收和社会价值的渠道，具有广阔的影响潜力与发展空间。

然而，目前"整县推进"试点推进过程并不顺利，政策实施状况与政策目标的预期存在一定差距。因此，本节将立足于分布式光伏"整县推进"试点政策的愿景与目标，梳理当前试点的进展与现状，之后基于现实情况分析试点政策正在或未来可能会面临的挑战与困境，最后针对问题剖析寻找解决问题的相应对策，以期为"整县推进"试点推进及未来分布式光伏产业发展提供有益参考。

▓ 1.4.1　分布式光伏"整县推进"试点的现状与进展

1. 分布式光伏

分布式光伏电站是一种分散建立在用户所在地周围的规模较小的利用光电元件将太阳能转化成电力的发电装置，通常会接入较低电压等级的电力网络，并由公用电网供电给邻近用户。其中户用式光伏是分布式光伏的一种，具有发电量小、安装点多的特点，通常安装在居民住宅屋顶上，为居民日常生活供电。分布式光伏具有较多优点。第一，分布式光伏具有良好的经济效益。传统的集中式光伏发电具有较强的波动性，对电网要求较高，通常需要配合大规模电力外送设备，依靠规模性保证其经济性。分布式光伏电站可以直接安装到居民密集地区，从根本上解决了电力运输损耗问题，实现自给自足、余量上网，对电网冲击较小。电站采用模块式结构，便于按需求调整规模，经济效益受规模性的影响不大，尤其适合土地资源有限的地区，在兼顾灵活性的同时也保证了较高的投资回报率。第二，分布式光伏清洁无污染，具有较好的环境效益。光伏电站在发电运营期间不会产生废水废气，减噪减震处理后噪声同样能够得到有效控制。只要施工与回收处理得当，也不会产生额外的碳排放，是碳中和目标约束下能源结构改革的重要助力。第三，分布式光伏在一定程度上填补了用电高峰缺口。一般而言，白天居民用电较多，而分布式光伏电站在白天发电功率最大，与用电曲线相契合，能够在一定程度上缓解调峰压力。

中国分布式光伏装机发展时间较短但崛起迅速。2007 年前，中国累计装机容量仅87 兆瓦，光伏行业尚处在起步阶段，商业化程度极低。2007 年后，中国光伏行业开始向市场化迈进。政府先后启动了"金太阳示范工程"与"太阳能光电建筑应用示范工程"，通过补贴的形式激励企业与个人使用清洁能源。从效果上看，2009 年至 2012 年四年间，"金太阳示范工程"与"太阳能光电建筑应用示范工程"累计招标光伏项目6.6 吉瓦，客观上推动了分布式光伏产业的发展。此后，国家政策开始向分布式光伏倾斜。2017 年《关于可再生能源发展"十三五"规划实施的指导意见》发布，各类分布式光伏发电项目不再受限。2017 年后，分布式光伏装机量迅速增加。如图 1.2 所示，2017 年中国分布式光伏电站累计装机容量为 29.66 吉瓦，到 2021 年底已突破 100 吉瓦，达到 107.51 吉瓦，约占所有光伏装机量的 1/3。

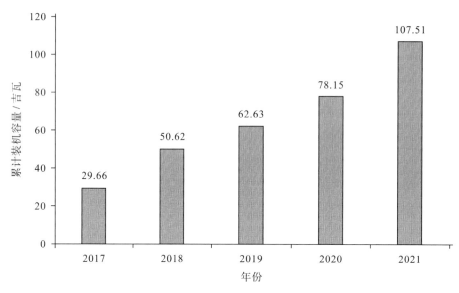

图 1.2   中国分布式光伏电站累计装机容量

数据来源：国家能源局。

2. "整县推进"试点

为进一步推动分布式光伏发展，实现能源结构转型，助力碳中和目标的实现，2021 年国家能源局发布了《关于公布整县（市、区）屋顶分布式光伏开发试点名单的通知》（以下简称《通知》）。《通知》提出，各地此前报送的 676 个县市区均设为分布式光伏 "整县推进" 试点，整体开展光伏发电项目开发建设。为了保证 "整县推进" 试点顺利实施，《通知》要求各地政府依据 "自愿不强制、试点不审批、到位不越位、竞争不垄断、工作不暂停" 五项原则开展工作，力图塑造有序高效的新能源营商环境，控制光伏系统的非技术成本，减少开发单位的投资压力。同时，试点期间不能因试点影响其他项目立项备案及接入电网。如果在试点阶段不落实相关政策，导致企业发展和建设成本增加，将会被取消试点资格。

在政策发布初期，各省市响应积极，围绕试点县市区开展分布式光伏建设工作。然而，在试点逐层推进的过程中，政策执行逐渐出现偏差迹象。例如，2021 年 7 月 29 日，浙江省浦江县发布《浦江县整县推进光伏规模化开发争取试点工作方案（征求意见稿）》，其中内容包括 "每引进固定资产投资 3 亿元的制造业投资项目，换取 10 万千瓦左右的光伏开发资源""建议选择由浦江开发区下属国有公司投资或合资企业优先承建，其他区域鼓励选择浙江省推荐参与整县推进光伏投资建设企业"，将分布式光伏屋顶资源作为投资筹码，扰乱产业营商环境，违反 "到位不越位、竞争不垄断" 原则。2021 年 11 月 22 日，河南省商丘市发改委下发通知，提出风电、光伏项目产生的碳指标必须归商丘市所有；已签署开发合同但尚未施工的项目，在配套产业落地前暂停实施；未来签署的项目也必须配套相关产业或有补偿。这一通知违反了"到位不越位、工作不暂停"原则，大大增加了开发企业负担。2021 年 12 月 10 日，云南省安宁市政府下发文件，在未经市场竞争的情况下，直接指定安宁当地某公司作为整县推进项目的承接主体，违反了"竞争不垄断"原则。

为了保证"整县推进"试点顺利实施，遏止个别地方政府对国家政策理解不到位、追求地方经济增长而忽视大局、扰乱市场秩序等现象的发生，各省市发布政策通知，督促县市地方政府排查"整县推进"试点推进中的问题。例如，河北省发改委于 2021 年 12 月发布《关于开展户用光伏和整县（市、区）屋顶分布式光伏开发试点工作问题排查的紧急通知》。在多方努力下，违反"五不"原则的错误政策在发布后逐一得到纠正。截至完稿，"整县推进"试点政策落地已逾一年，参与到"整县推进"的市县数量也增加到超过 2800 个，预计到 2030 年，将新增加 1200 吉瓦分布式光伏装机容量。然而，尽管"整县推进"参与市县数量增长势头喜人，但整体工作进展较为缓慢。在上述项目中，目前已经公告推进的项目约 700 个，仅占总体比重的 1/4 左右。而在已公告的项目中，实际真正开始执行落地的项目也并不多，试点市县面临不同程度的困境与挑战。因此，有必要总结目前"整县推进"试点面临的困境，反思"整县推进"试点存在的问题，以探寻新的解决思路和有效的破局之道。

1.4.2　"整县推进"试点的问题与困境

通过对"整县推进"试点现状进行分析可以发现，"整县推进"工作进展较慢是由于多方利益主体各有隐忧，各自尝试在规则框架之下最大化自身利益并降低风险。地方政府意图抓住试点机会发展地方经济，完善产业链，同时需要解决分布式光伏的安全性问题；大型能源国企和央企需要利用谈判优势占据更多市场；而中小民营企业则需要应对市场格局变化，在夹缝中生存发展。综合来看，"整县推进"试点推进面临的问题与挑战主要有以下三点。

1. 多方博弈，建设模式确定面临难题

"整县推进"试点推进面临的首要问题是分布式光伏建设模式确定，而建设模式难以确定的背后是多方利益整合的困难。首先，对于地方政府而言，"整县推进"试点是发展地方经济、完善产业链条的大好时机。因此，以屋顶资源为筹码换取其他配套产业资源是短期内更加"经济"的做法。为此，能源局从全盘考虑提出"五不"原则，但仍有部分县市铤而走险，推出违反原则的政策。尽管相关政策已得到迅速修正，但在后续实际推进中，仍可能出现"阳奉阴违"的现象。同时，从保障施工质量和便于管理的角度考虑，大型央企国企资金实力更加雄厚，在整合全县屋顶资源、解决开发成本等方面更具优势，因此地方政府更倾向于与大型央企国企直接签订开发协议，即采用"一企包一县"的建设模式。然而，部分政府在实施时并未遵循市场主导和充分竞争的前提，这将扰乱分布式光伏市场的正常运转。

其次，对于央企国企而言，利用自身优势获取优质屋顶资源是其第一诉求。央企国企资金较为充裕，又有政府信用背书，在分布式光伏资源的谈判中相对更加主动。"整县推进"中的分布式光伏资源大致可分为四类。第一类是成规模的可以批量安装的空地、坡地、水面；第二类是整体化园区的屋顶；第三类是党政企机关单位的屋顶及附属空地，如医院、学校等；第四类是相对分散的农户住宅与小区附属地。其中，第一类和第二类资源密集且成规模，央企国企更加青睐，而第三类和第四类资源分散且安全隐患较大，央企国企投资热情并不高，但迫于"整县推进"要求，第三类和第四类资源也必须兼顾。此外，尽管在与政府谈判时能够占据一定优势，但在工程实施落地时央企国企也面临股权投资和固定资产投资管控风险、整合零散资源难度较大、民众配合和社会舆论压力等问题，导致"整县推进"进度慢于预期。

最后，对于中小民企而言，如何从"整县推进"项目中分到一杯羹，保障自身生存与发展则是重中之重。中小民企由于体量较小，周转不易，在"整县推进"的"圈地运动"中往往处于劣势。尤其在此前"一企包一县"的建设模式下，更是难以与大型国企央企正面竞争。此外，上文提及的第三类与第四类屋顶资源较为分散且单体规模偏小，在建设开发前期，若不对整县建设进行科学的规划和有效的协调，将很难发挥其规模效应。因此，中小开发企业将面临更高的成本，政府对于项目后续的运维和管理难度也更大。由此可见，尽管"整县推进"试点吸引了多方力量进场，但在建设模式的确定上，政府、央国企和民营企业都面临各自的难题。

2. 市场骤变，民营企业生存难以保障

在"整县推进"试点推行之前，集中式光伏装机量远超分布式光伏，能源央企国企关注的重点也都集中于大型集中式光伏电站，而分布式光伏由于项目琐碎、体量小且管理难度大，一直都由民营企业深耕，央企国企鲜有涉足。此前，主营分布式光伏的民营企业探索出了较为成熟的全款模式、贷款模式或租赁屋顶的商业模式，然而，在"整县推进"试点政策出台后，多家央企国企进军分布式光伏领域，分布式光伏市场环境骤变。

央企、国企由于实力雄厚，且更具品牌信誉和资金保障，便于政府后续项目管理，更容易受到地方政府青睐，因此，大型央企、国企在下场后，能够凭借自身优势迅速"攻城略地"；而没有屋顶可开发的小型民营光伏企业，很快将面临生死存亡的压力。为了维系自身生存，民营光伏企业只能被迫寻求与大型央企国企合作。然而，企业资源与能力的不对等地位使得合作偏向于"一边倒"，民营企业大多只能从事市场开发和安装业务，此前的商业模式直接被推翻，加之央企、国企的抽成，利润空间更低，民营光伏企业生存难以得到保障。

此外，一些"历史遗留问题"也在持续困扰着民营光伏企业。由于早期分布式光伏市场秩序较为混乱，部分地区尤其是农村地区曾多次出现"光伏骗局"，即口头承诺屋顶户主仅提供屋顶资源即可享受太阳能发电，但在安装过程中要求户主垫付费用并收取诸多杂费，如拒绝安装还将收取违约金。而且，安装的分布式光伏设备质量较差，维修仍需二次收费，甚至还有农民贷款投资深陷"光伏贷"的案例，造成了极为恶劣的影响。因此，地方政府更愿意在"整县推进"试点中选择信用更好的大型国企和央企，以建立良好的市场秩序。这也间接导致了民营光伏企业不得不吞下苦果，生存环境更加恶劣。

3. 事故多发，分布式光伏安全性亟待确认

伴随着"整县推进"试点的不断推进，分布式光伏将进入千家万户。在不久的将来，中国地区的广大县城、乡镇乃至市区都将见到分布式光伏的身影，分布式光伏可能会成为新的"时代标志"，融入居民的日常生活中。在分布式光伏市场不断扩大与完善的同时，分布式光伏电站的安全性和稳定性尤为关键。一方面，分布式光伏产品的工作场景与公众日常生活场景高度重合，电站的质量与安全问题可能会直接威胁到用户的生命财产安全，分布式光伏产品也将不可避免地被质疑，口碑和声誉受到影响。另一方面，分布式光伏产品质量的不稳定会加大电站运营维护的压力，增加运营成本，降低投资者的收益，从而影响分布式光伏产业的可持续发展。

然而，从现有情况来看，由光伏组件产品质量、运输损伤以及防护缺失等原因所导致的分布式光伏安全事故时有发生，经媒体报道的事故就超过 20 次。分析现有案例，常见的分布式光伏安全事故主要有两类。第一类是由直流电弧等原因产生的火灾。例如 2021 年 6 月 11 日，苏州某屋顶光伏设备发生火灾，由于直流电弧施救难度极大，设备燃烧了数小时，造成了较大的财产损失；同日，美国亚马逊公司屋顶光伏设备发生同类火灾，造成了约 50 万美元的损失。直流电弧是引起分布式光伏电站火灾的常见原因，由接点故障、线路老化、接地不良等多种原因引起，且由于直流电弧不存在过零点，一旦引起火灾将持续引起燃烧，危险性极大。第二类分布式光伏安全事故多是由自然灾害或极端天气引起的分布式光伏设备损坏。例如 2021 年 11 月 7 日，襄阳某居民区的分布式光伏电站因大风天气被吹落，光伏组件设备损坏严重，坠落刮伤砸毁数辆轿车，预计造成了数十万元的财产损失。此类安全事故多是由分布式光伏电站设计不够合理、支架强度没有达标或系统配重过轻所致。

此前，分布式光伏设备在生产设计等方面缺乏明确规范，建设施工的安全标准也并不明晰。同时，分布式光伏项目所处环境往往比较复杂，与居民居住区重合，人口密度也更高。投资商面临抢装潮时，为了加快工期和降低成本，在选材、设计、施工等方面可能会出现瑕疵。为了使人民的生命财产安全得到更好的保障，国家能源局综合司于2021年11月发布了关于公开征求对《关于加强分布式光伏发电安全工作的通知（征求意见稿）》意见的公告，意图明确分布式光伏安全生产标准和后续运维责任，强化分布式光伏发电安全性，为"整县推进"试点扫清隐忧。

1.4.3 "整县推进"试点的建议与对策

基于上述"整县推进"试点中的挑战与问题，本书将针对"整县推进"试点建设模式确定、分布式光伏市场形势变化及光伏设备安全性问题，依据国家和各地政府的官方政策，结合分布式光伏产业现实状况，进一步分析"整县推进"试点面临之困境的破局之道，提出有益的政策建议与问题解决方案。

（1）汲取先进省市经验，实现建设模式创新。保证"整县推进"试点顺利推进的首要任务是确定分布式光伏建设模式。合理的建设模式需要整合多方利益，在保证政府、央国企和民企利益不受损害的同时，推动分布式光伏产业的可持续发展。在试点的进程中，部分省市创新性地提出了一些优秀的方案和政策，可以作为试点案例供各地区因地制宜进行学习改进。例如，河南省发改委提出的"1+1+X"光伏建设整县模式。与传统的"一企包一县"模式不同，"1+1+X"模式是在保证市场主导和充分竞争的前提下，由一家大型能源企业作为牵头企业，负责地方项目的资源整合与统筹规划，配合一家政策性银行，为企业提供资金支持，同时与若干地方中小公司合作，完善产业链和后续运维服务。这为"整县推进"试点建设模式的创新提供了新思路，民企与央企合作开发可能是更优的建设模式。

类似建设模式的优势在于，既能充分利用央企国企的资金和资源，也能有效发挥民营企业的灵活性和服务多样性，同时有助于政府完成"整县推进"试点工作并完善地方产业链，加速当地户用项目的滚动开发。因此，建设模式创新的关键在于正确认识各市场主体的商业价值。央企、国企在资金与商业信誉上有优势，但在分布式光伏项目上的开发经验不足，项目落地可能会出现困难。民营企业对项目业务更为熟悉，且配置的人员多为当地人，更有利于深入乡村群众开展工作，但在体量上处于劣势，不利于统一监管。新的合作模式能够在发挥央企国企资金与商业信誉优势的同时，策动深耕分布式光伏的优质民营企业，各取所长，促进分布式光伏市场健康发展。

此外，对于地方政府而言，应当严格遵守"整县推进"试点工作的"五不"原则，做分布式光伏市场的"引导者"与"监管者"，而不是市场化规则的"破坏者"。对于分布式光伏市场中的不规范操作及不良现象，地方政府应及时通报并严肃处理，维护健康稳定的营商环境，保障"整县推进"试点工作的持续推进。在具体工作落实时，可以采取"首批示范项目建设先行"的方式，将政府机关、公共设施等的屋顶资源作为示范项目建设，积累总结经验后进行后续推广。

（2）加强政策引导，保障民企生存空间。"整县推进"试点推动了分布式光伏产业的快速发展，但在客观上也打破了分布式光伏产业原有的商业逻辑与市场结构，民营企业的生存空间被压缩。在当前分布式光伏的市场格局中，国企央企往往能"攻城略地"占尽先机，而民营企业处于竞争劣势，即使在与央企、国企的合作中往往也缺乏话语权。从项目管理和市场秩序建立的角度出发，国企和央企也更符合地方政府对"整县推进"试点项目的期望。尽管央国企与当地政府、国家电网体系更为匹配，自身资金与商誉优势可以解决很多民营企业难以处理的问题，但民营企业同样具有自己的优势和价值，其拥有更完善的渠道网络，也能够为分布式光伏市场提供更多的竞争和活力。因此，为了保证分布式光伏市场的健康发展，国家及地方应该给予民营企业更多的政策支持与保护，以保障民营企业的生存空间。

因此，地方政府应避免非市场化的"一企包一县"模式，而应该释放政策机会，引导央国企与民营企业合作，通过诸如成立国有民营合资公司等渠道，实现央企与民企的"强强联合"。央企与民企的商业合作与资源共享，既能够保证投资收购的顺利完成，也有助于后续分散化运维的稳定执行，发挥民营光伏企业的渠道能力和开发经验优势，实现低成本、高效开发。市场化的合作与竞争关系也有助于分布式光伏行业的健康成长与发展，部分商誉不良、管理混乱的民营企业将被淘汰，而质量过硬、技术先进、服务意识更强的民营企业更有机会生存下来。作为民营企业，则应当整合自身品牌与下沉渠道优势，结合企业运营经验，与国央企优势互补，完善分布式光伏营商环境，为能源转型创造更多价值。

（3）严格规范质量要求，建立监督机制。由于"整县推进"试点项目与居民住宅区重合度较高，项目的安全性直接关系到广大人民群众的生命财产安全，因此需要分布式光伏设备具有更高的安全标准。为此，国家能源局于 2021 年 11 月发布了《关于加强分布式光伏发电安全工作的通知（征求意见稿）》（以下简称《通知》），要求严格落实分布式光伏项目主体责任，明确项目投资企业或自然人作为安全生产责任主体，应保证设备运营安全；要求强化规划选址管理和项目设计管理，因地制宜确定项目容量并严格按照标准规范进行方案设计；要求加强施工安全、并网安全及运维安全管理，保障项目施工、竣工和维护安全稳定；要求进一步提高电网消纳能力，加强应急系统、安全制度体系、安全监督制度建设与安全教育培训，为分布式光伏安全管理与后续发展扫平障碍。整体来看，《通知》从选址、设计、参与单位资质等各方面制定了严格的规范，表明了国家对于分布式光伏安全性的高度重视。

在这一背景下，地方政府应该从政策上进行引导，落实安全技术和优化装置的推广，以保证设备的技术安全性。对于分布式光伏的安全事故，应当追根溯源，对事故发生率较高的生产企业和运维单位予以警告。此外，还可以在"整县推进"试点县市中设立部分区域为安全工作监察试点，督促地方政府成立分布式光伏安全监督小组，明确项目的运维责任，落实安全责任追究制度。同时，可以对分布式光伏的重要部件进行抽检，抽检结果与企业信用挂钩，从融资资金层面督促企业重视产品质量安全。同时，应当同步重视电网数字化与智能化发展，未来还可以基于智能电网构建可视化运营平台，利用数字技术检测并定位潜在的安全风险，防止因直流电弧等原因引起的火灾事故发生，从而实现分布式光伏运营维护服务和安全水平的提高。

▶ 1.5 "双碳"目标下生物经济发展面临的机遇和挑战

2020 年 9 月，中国明确提出碳中和目标。在此背景下，我国不断出台新的政策积极推动生物能源的发展，生物质能源作为储量丰富的清洁能源，其发展面临着机遇和挑战。2022 年 5 月 10 日，国家发展改革委发布了我国首部生物经济的五年规划《"十四五"生物经济发展规划》，其中提到要培育壮大生物经济支柱产业，加快生物技术赋能能源、环保等产业发展。生物能源相关的政策多集中于生物质能高效利用以及乡村振兴方面，部分政策对生物质发电提出了具体的要求，也有部分政策要求生物质能的多方面综合利用，不仅要使生物质能在电力领域发挥重要作用，还要推进生物质能在非电领域的应用。

生物质能具有广阔的应用前景，其本身所具有的低碳、可持续性，以及技术经济性都为生物质能的发展提供了新的机遇。生物质能可以通过生物液体燃料、生物质发电、生物制气（沼气、生物制氢）等多种方式实现清洁化利用。生物液体燃料在中国的发展较慢，随着"双碳"目标的提出，新能源汽车发展速度加快，生物液体燃料的发展进一步放缓 [1]。在碳定价的背景下，生物质直燃发电的成本与煤电的成本差距将会减少，且随着生物质发电技术的成熟，生物质直燃发电将会得到进一步的发展 [2]。生物制气，尤其是规模化沼气，将有利于农村生物能源的分布式利用，并且未来沼气将朝着规模化、标准化的方向进一步发展 [3]。生物制氢可以提供绿色清洁的氢能源。但是，生物质能也面临着挑战：生物液体燃料短期内无法商用，并且生物质原料受限，技术水平限制了生物制氢以及生物质发电的能源转换效率低。新能源汽车冲击了生物液体燃料的发展，除此之外，生物液体燃料对内燃机技术提出了较高的要求。对于大部分燃料乙醇和生物柴油企业而言，尚不能实现大规模盈利，这导致生物液体燃料的发展受到阻碍。生物能源的大规模利用受到生物质资源的制约，为保证粮食安全，现有的生物液体燃料大都通过非粮食作物进行生产。生物技术水平也制约了生物能源的发展，现有的生物液体燃料制造技术、生物制氢技术都存在转换效率低的问题。生物质直燃发电技术需要生物质资源的大量供应，且生物质直燃发电的效率也较低。

本节基于碳中和目标的要求、生物能源发展的现状以及其面临的挑战，对生物能源的发展提出相关建议。在生物液体燃料方面，研制新型生物酶并开发新型低碳化技术，提高生物质能源转换效率。此外，在新能源汽车高速发展的情况下，应重点关注生物航煤的发展。在生物质发电方面，应发展分布式生物能源发电，在生物能源发展的同时助力乡村振兴。生物发电应采用热电联产的方式来提高能量转换效率。在生物制氢方面，应大力发展生物制氢技术，提高生物制氢效率。在生物质资源方面，应拓展生物质原料，保证生物质原料的大规模、稳定经济的供给。国家政策应进一步发力，推动生物能源的广泛使用，充分发挥生物能源的节能减排潜力。

1.5.1　碳中和目标下生物能源发展现状

生物能源不同于常规的化石能源，又不同于其他类型的新能源。生物能源可以像传统化石能源一样进行储存和运输，但是其本身又具有碳中和的特性。生物能源和其他类型的新能源一样都是清洁能源，但是生物能源又可以通过多种形式进行利用，如生物质制气、生物质直燃发电、生物液体燃料等，而风光等新能源只能通过转化为电能的方式得以利用[4]，因此生物能源具有广泛的应用空间。目前生物能源已被广泛应用于交通、电力、供热等不同的领域。

1. 交通领域的生物能源利用

生物能源在交通领域的运用主要是通过生物液体燃料的方式，具体包括生物乙醇、生物柴油、生物航煤等[1]。国内生物乙醇产量相对较低，但目前正在积极推广生物乙醇。与发达国家相比，我国生物乙醇的产量还处在较低的水平。美国 2020 年生产燃料乙醇已达到 4217 万吨，而中国的产量仅为 290.5 万吨。生物乙醇由淀粉基的粮食作物、非粮作物或者纤维素基生物质通过物理及生物化学或热化学的方法转化而成。生物乙醇比传统燃料更加清洁，和汽油相比，其造成的二氧化碳排放可以减少 20%～50%。许多国家正在做出努力，积极推广生物乙醇的应用。中国、加拿大、印度等国的燃料乙醇消费量近年来有明显的增长。截至 2020 年 12 月，中国已有黑龙江、吉林等 12 个省份使用乙醇汽油（如表 1.1）。

表 1.1　截至 2020 年 12 月我国推广使用乙醇汽油地区

省区市	推广区域
黑龙江	全境封闭使用
吉林	全境封闭使用
辽宁	全境封闭使用
安徽	全境封闭使用
河南	全境封闭使用
广西	全境封闭使用
天津	全境封闭使用
湖北	武汉、襄樊、荆门、随州、孝感、十堰、宜昌、黄石、鄂州 9 地市封闭使用
河北	石家庄、保定、邢台、邯郸、沧州、衡水 6 地市封闭使用
山东	济南、枣庄、泰安、济宁、临沂、德州、聊城、菏泽 8 地市区域封闭使用
江苏	淮安、宿迁、徐州、连云港、盐城 5 地市使用
内蒙古	乌海市、巴彦淖尔市、阿拉善左旗 3 市（旗）区域封闭使用

资料来源：中国生物产业发展报告。

　　生物柴油是继生物乙醇之后得到大规模应用的重要液体生物能源，但其在中国的发展并不顺利。为推广生物柴油的使用，一些主要的生物柴油生产国在近几年都大幅度提高了生物柴油强制添加比例。美国不同州的生物柴油添加比例规定为 5% ～ 20% 不等。巴西从 2018 年 3 月起将生物柴油的强制混掺比例提高到 10%，且每年增加 1%，直至达到 15%。美国、欧盟的原料油供应充足，其可以采用食用植物油（大豆油、油菜籽油等原料）来大规模生产生物柴油。2018 年，全球生物柴油消费量约 4000 万吨，在 2017 年的基础上增加了 12.4%，2019 年又增长了 10% 左右（如表 1.2）。2019 年，欧盟和美国的生物柴油消费量达到 1350 万吨和 743 万吨，总消费量接近全球总消费量的 50%。然而，为保障粮食安全，我国的生物柴油原料油供应受到限制。

表 1.2　主要国家及地区生物柴油消费量

单位：万吨

国家及地区	2015 年	2016 年	2017 年	2018 年	2019 年
欧盟	1237	1268	1355	1330	1350
美国	472	621	613	714	743
印度尼西亚	122	318	292	520	745
巴西	346	333	375	466	515
阿根廷	181	266	287	250	250

续表

国家及地区	2015 年	2016 年	2017 年	2018 年	2019 年
其他地区	596	605	658	744	825
合计	2954	3411	3580	4024	4428

资料来源：中国生物产业发展报告。

2. 发电供热领域的生物能源利用

我国生物质发电方式主要包括生物质发电、垃圾焚烧发电和沼气发电[3]。我国的农林生物质发电和垃圾焚烧发电规模均居世界首位，但供电效率较低。此外，我国的生物质发电装机容量在世界上处于较高的水平。截至 2021 年底，全国生物质发电新增装机 846 万千瓦，累计装机达到 3798 万千瓦（如表 1.3）。但目前发电方式多为生物质直燃发电，且其装机容量多为低效率小机组，供电效率一般低于 30%。

表 1.3　中国生物质发电容量

年份	2015 年	2016 年	2017 年	2018 年	2019 年	2020 年	2021 年
生物质发电容量 /万千瓦	1031	1214	1467	1781	2408	2952	3798

资料来源：中国生物产业发展报告。

2016 年以来，生物质发电量表现出较为明显的上升趋势。2020 年生物质发电量为 1326 亿千瓦·时（如图 1.3），全国生物质发电替代约 7000 万吨标准煤，并且在一定程度上减少了二氧化碳排放。

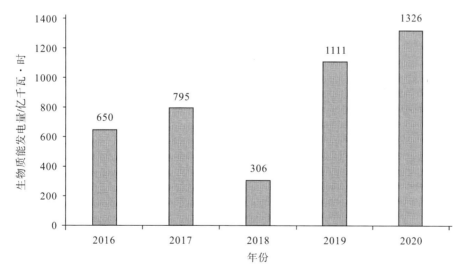

图 1.3　2016—2020 年中国生物质能发电量

数据来源：国家能源局。

生物质发电项目需要有稳定的发电时长来维持项目的基本运营收益，从 2007 年至 2019 年，农林生物质发电项目的等效利用小时数逐渐增加[5]。2019 年，等效利用小时数为 7649 小时，结合表 1.4 可以发现，2019 年仅有 33.6% 的发电项目等效利用小时数超过了 7000 小时，这意味着现阶段农林生物质发电项目仍然面临亏损问题。

表 1.4　2019 年全国运行的农林生物质发电项目等效利用小时数

年等效利用小时 / 小时	0 ~ 1000	1001 ~ 3000	3001 ~ 5500	5501 ~ 7000	> 7000
项目数量 / 个	35	97	62	49	123
项目占比 /%	9.60	26.50	16.90	13.40	33.60

数据来源：笔者根据文献（朱孝成等，2022）整理。

在供热领域，生物质的利用方式有生物质成型燃料、生物燃气等方式。生物质成型燃料目前主要用于农村居民炊事取暖、工业锅炉等，目前，生物质成型燃料的年利用量达到 800 万吨[3]。生物燃气则主要通过沼气的形式利用。未来，生物能源或许将会更多地用于高温环境的工业中，如水泥制造；而在中低温环境中，生物能源可以用于造纸业、食品制造业、非能源密集型工业等领域。通过单一方式利用生物能源存在效率较低的问题，为提高能量利用效率，目前我国也开始采用热电联产的方式利用生物能源[6]。

1.5.2　碳中和目标下生物能源发展面临的机遇

1. 生物质资源丰富

生物质能来源丰富，如有机废水、都市废弃物中的有机组成部分、农业剩余物、林业剩余物、畜牧业剩余物等。通过将这些废弃物中的生物质能充分利用，可以提供大量的生物能源。此外，粮食作物以及非粮食作物也可作为生物能源的来源。中国是传统的农业大国，具有丰裕的生物质能资源，年可利用农作物秸秆量为 7.9 亿吨左右。除此之外，中国的玉米生产比较稳定，从 2016 年至 2021 年每年的总产量在 2.6 亿吨左右。农作物秸秆等可以用来直燃发电，而玉米等作物则可以用来生产生物乙醇，大规模的农作物生产可以保证充足的生物能源供应。

2. 生物能源利用方式多样

为应对气候变化和能源短缺问题，经济社会应坚持可持续、绿色低碳发展。碳中和目标的提出对经济发展提出了更高的要求。长期以来，我国的能源消费结构以煤炭等化石能源为主，而生物质能等可再生能源占比较低。虽然我国也正在朝着能源结构更加清洁的方向努力，但 2021 年中国清洁能源消费仅占能源消费总量的 1/4。化石能源的可耗竭性使得能源短缺问题成为世界各个国家应该关注的重要问题，而清洁能源的进一步发展则可以在一定程度上缓解能源短缺难题，其中，生物能源、风能、太阳能等在自然界中储量丰富，是值得重点关注的能源。现阶段，我国的新能源发展主要集中在风能和太阳能，事实上，生物能源具备很大的发展潜力。

与风电、光伏相比，生物质能则具备稳定供应的潜力。由于风电、光伏更多地受到自然条件，如气候、季节等因素的影响，使得风能和太阳能发电存在供应不稳定的问题；而生物质发电则可以保证稳定的供应。此外，生物质也可以制成液体燃料，还可以制造沼气、氢气等实现生物能源的清洁利用。生物发电技术可以将废弃物进一步利用，减轻垃圾造成的环境污染。生物液体燃料（生物柴油、生物乙醇）可以被广泛应用于交通领域，减少汽油等化石能源消耗。生物沼气以及生物制氢也具有很大的发展潜力。

3. 国家政策导向积极

国家政策重点关注生物经济和生物质能消耗，其被认为是实现碳减排的重要因素，并且生物经济的发展可以减少空气污染、温室气体排放以及酸雨等环境问题[7]。2022年初以来，多部门发布生物质能相关的产业政策（表1.5），促进生物质能发展，其中大部分政策重点关注生物质能利用以及乡村振兴。生物质能大多分布在广大的农村地区，推进生物质能的利用，不仅可以实现生物质能的清洁高效利用，而且可以在一定程度上促进农村发展。如2022年1月21日，国家发展改革委等7部门发布《加快生物质能在农村生活中的应用》，其中提出要推进生物质能在农村生活中的应用，包括清洁供暖方面；也有部分政策关注生物质发电项目，如《关于完善能源绿色低碳转型体制机制和政策措施的意见》《林草产业发展规划（2021—2025年）》《"十四五"生物经济发展规划》。生物质能产业相关政策如表1.5所示。

表 1.5　生物质能产业相关政策

发布时间	政策文件	发布机构	相关内容
2022年1月5日	《加快农村能源转型发展助力乡村振兴的实施意见》	国家能源局、农业农村部、国家乡村振兴局	加快农村生物质能利用，助力乡村振兴
2022年1月21日	《加快生物质能在农村生活中的应用》	国家发展改革委等7部门	推进农村地区清洁取暖，加快生物质能在农村生活中的应用
2022年1月30日	《关于完善能源绿色低碳转型体制机制和政策措施的意见》	国家发展改革委、国家能源局	对生物质发电项目给予鼓励，拓展生物智能发电项目收入渠道
2022年2月10日	《林草产业发展规划（2021—2025年）》	国家林草局	到2025年农林生物质直燃发电新增装机500万千瓦，生物质成型燃料利用量达3000万吨

续表

发布时间	政策文件	发布机构	相关内容
2022年3月22日	《"十四五"现代能源体系规划》	国家发展改革委、国家能源局	推进生物质能多元化利用，因地制宜发展生物质能清洁供暖
2022年4月25日	《关于做好2022年农作物秸秆综合利用工作的通知》	农业农村部	建立600个秸秆综合利用展示基地，强化示范带动作用，确保全国秸秆综合利用率稳定在86%以上
2022年5月10日	《"十四五"生物经济发展规划》	国家发展改革委	明确要培育壮大生物经济支柱产业，推动生物能源产业发展。要有序发展生物质发电，推动向热电联产转型升级
2022年6月1日	《"十四五"可再生能源发展规划》	国家发展改革委、国家能源局等9部门	推动生物质能多元化开发，到2025年生物质燃料等非电利用规模达到6000万吨标准煤以上

数据来源：笔者根据公开资料整理。

■ 1.5.3 碳中和目标下生物能源发展面临的挑战

1. 生物液体燃料发展受阻

碳中和目标下国家政策积极推动液体生物燃料的使用，但生物液体燃料的发展仍受到其他因素制约。2013年开始，国务院发布的《政府核准的投资项目目录》逐步将生物燃料乙醇项目的审批放宽。2017年，国家发展改革委、国家能源局等15部门联合印发了《关于扩大生物燃料乙醇生产和推广使用车用乙醇汽油的实施方案》。这些政策都在推动燃料乙醇的应用。2022年《"十四五"生物经济发展规划》的公布进一步推动了生物技术、生物产业的发展。然而，仅仅依赖相关的政策并不能实现燃料乙醇的大规模应用，因其大规模使用不仅依赖于制造燃料乙醇的生物能源的充足供应，而且要求汽车发动机技术的改进。此外，生物能源的充足供应和粮食安全之间存在着矛盾。从全球范围来说，生物乙醇主要来自各国国内生产的生物燃料作物，这些生物能源大约占用全球农业用地和用水的2%～3%，而这些土地和水生产的粮食可以满足全球约30%的营养不良人口的粮食需求[8]。Searchinger、Beringer和Strong认为，不应为了扩大生物质资源的供给而在已有用途的土地上发展能源作物和生物能源[9]。

生物液体燃料短期内仍无法顺利进入国有成品油销售渠道，此外，生物液体燃料因存在成本高的问题，不能保证相关的企业健康发展。生物质能具有较高的技术经济性，生物柴油企业具备盈利能力，但生物乙醇基本不存在盈利空间。国内较低的设备费用及人工成本使得生物能源投资更具优势。我国主要以非食用油脂为原料生产生物柴油，而欧美地区对高品质柴油的需求增加，2019 年，我国出口欧洲的生物柴油售价达 8400 元 / 吨，这一售价保证了生物柴油企业可以获得较高的利润。虽然国内低成本的设备及人工可以使得我国以较低成本建成燃料乙醇装置，但是较低的技术水平使燃料乙醇的成本较高。我国纤维素乙醇的研究起步较晚，并且存在较高的亏损风险。2019 年纤维素乙醇的成本为 8381 元 / 吨，而燃料乙醇的结算价格为 6691 ～ 7411 元 / 吨，远低于纤维素乙醇的生产成本。

如今新能源汽车的发展进一步对生物液体燃料造成了冲击。新能源汽车相比内燃机车可以进一步减少二氧化碳排放，且具有更高的能量转换效率。根据 2019 年能源转型委员会与落基山研究所联合发布的报告《中国 2050：一个全面实现现代化国家的零碳图景》，电动车比内燃机车具有更高的效率，即超过一半的内燃机车消耗的能量会以热量的形式损失掉，而且随着与电动车相关的能源基础设施建设的逐渐完善、电池技术的发展，电动汽车的成本将低于内燃机车。

2. 生物发电面临的问题

生物质发电、热电联产等具有相对成熟的技术和广泛的市场前景，但生物质发电也存在一些问题，如原材料不能高效供应、电厂的区域性布局不合理、热量供应和需求不匹配、补贴不足等，导致生物发电不能很好地发展[10]。对于大型的生物质发电而言，其原料供应需要在较大的范围内进行搜集，这会导致发电系统的效率降低。热电厂的布局不合理会导致区域内电厂数量较多，进而导致区域内的生物质原料过度损耗。热量供需不匹配是指生物质资源在夏秋季节比较丰富，但是热量的需求却多集中在冬季，这就导致生物质热电厂的设备资源浪费。生物质发电需要在很长的期限内才能收回前期的投资，实现净收益，若补贴不足，就会导致生物质发电企业存在较大的经营压力。此外，生物质发电可能并不能满足碳中和目标的要求：生物质发电替代火力发电会使得能源性植物大规模种植，在这一过程中，土地利用方式的改变和植被的更替可能会使得原来土地中储存的碳被排放到大气中，最终使生物质发电无法实现净零排放[11]。

3. 生物制氢面临的问题

生物制氢技术符合低碳可持续的时代要求，但工艺流程仍有待改进。生物制氢有很大的发展空间。氢能作为一种热门能源，目前主要是通过化石燃料生产，这种依赖不可再生资源生产氢气的方式会造成环境污染。利用生物质能等可再生能源生产氢能是环保低碳的，并且生物质能来源广泛，所以生物制氢可以成为今后氢燃料的主要来源之一。但生物制氢存在转换效率低的问题：生物制氢技术中光解水主要依赖微藻的光合作用产氢，光解水过程中产生的氧气会降低制氢的效率；光发酵制氢的光转换效率低，产氢效率低；暗发酵制氢则会产生大量副产物抑制产氢（如表1.6）。三种制氢技术都存在转换效率低等问题，生物制氢技术仍有待进一步的改进。

表 1.6　几种生物制氢方法的比较

生物制氢方法	产氢效率 / [mL/（L·h）]	底物类型	优点	不足
光解水	低（2.5～13）	水	底物为水，清洁，低成本	效率低，依赖光
光发酵	较高（12～83）	小分子有机酸、醇	降解有机酸废水，底物来源广	光转换效率低，产氢效率低，依赖光
暗发酵	高（10～10000）	碳水化合物（葡萄糖、淀粉、蔗糖等）	产氢效率高，底物转化效率高，底物来源广泛	产生大量副产物抑制产氢，系统易酸化

资料来源：《中国生物产业发展报告2020—2021》。

1.5.4　碳中和目标下促进生物能源发展的建议

生物能源在交通、电力和供热领域具有很大的发展空间。生物液体燃料、生物质发电、生物质供热都是值得关注的重要领域。就生物液体燃料而言，应通过生产过程的清洁化和低成本化来进一步推动其发展。第一，研制新型生物酶催化剂，保证生产过程的绿色清洁。生物柴油发展的趋势之一是如何依靠技术突破，高效利用废弃油脂，提高生物柴油的竞争力。化学法生产生物柴油的过程会造成严重污染，并伴随废酸、废碱排放。而生物酶催化剂则反应条件温和、无污染。应加快研发生物酶催化剂，推动生物能源生产过程绿色清洁化发展。第二，开发新型工艺，降低生物柴油成本。生物柴油的制备技术对设备要求极高，设备投资过高，这使得生物柴油无法正常进行商业化生产。应加大研发投入，进一步降低生物柴油技术对设备的要求，推进生物柴油的大规模商业化生产。生物柴油的发展在"双碳"目标下会受到新能源汽车发展冲击，可以考虑重点发展生物航煤，促进航空业的绿色发展。

在生物质发电供热领域，应大力推进生物质能分布式利用。生物质资源在我国的分布较为分散，这决定了生物质能的发展方式应以分布式为主[12]。我国的经济发展水平在东、中、西部存在较大差异。东部地区的农村居民生活水平较高，传统的生物质能，如秸秆、柴薪等已经不是主要的生活能源，这使得大量的生物质资源被遗弃。而中西部地区的农村居民仍使用传统的生物质作为主要的生活能源。为实现碳中和目标，农村的生物质能应采取分布式利用的方式，并通过清洁化的方式利用生物能源，并使用热电联产技术，提高生物能源使用效率。生物质直燃发电技术在我国发展较快，但相对国外而言，我国的相关技术仍有较大的缺陷。而且生物质直燃高效发电要求生物质资源的集中分布，虽然我国生物资源储量丰富，但是分布分散，因此生物能源发电应采取规模较小的分布式发电系统。为了最大化地利用能源，同时减少碳排放，应采用生物质能热电联产技术，提高供电供热效率。此外，生物质资源大多集中在农村地区，生物质能的清洁利用不仅可以助力碳中和，而且可以在一定程度上满足农村的能源需求。与生物能源利用配套的设施建设，以及生物电厂的运营也可以带动农村就业，提高农民收入，并最终助力乡村振兴。小规模的生物质能利用可以促进中国农村的能源节约，并促进当地的可持续发展[13]。

另外，应大力发展生物技术，提高生物制氢的转换效率。生物制氢技术的转换效率较低，这需要国家投入人力物力来改进制氢技术，改造生物制氢工艺，解决暗发酵制氢的反馈抑制问题。除此之外，还可以进一步探究新的制氢方式，如人工混菌发酵、构建合成菌群体系、利用纳米材料等，强化生物制氢的可行性，提高生物制氢的效率。同时拓展可用于发展生物能源的新型廉价高效原料，降低制造成本。生物制氢的经济优势在于可再生的广泛存在的生物质资源、农林废弃物、废水等，应进一步筛选采用廉价高效的原料。促进生物柴油产业可持续发展的关键是以非食用油脂原料进行生物柴油的制备。欧美国家已经在为原料拓展做出努力，其限制使用粮食基生物燃料，鼓励使用新的原料油。

最后，国家政策发力，进一步助力生物产业发展。在生物质能转换技术成熟后，国家应制定相应的政策措施来保证生物产业的健康发展，如扩大生物液体燃料替代石油份额，提高生物液体燃料在石油中的混掺率。随后，政府还应出台相应的措施来保证汽车工业的发展，加紧研发推广灵活燃料汽车，保证生物液体燃料的市场份额。在生物质发电方面，政府应在生物发电厂建设初期为生物质发电企业提供一定的补贴，保证生物质发电领域的健康发展。除促进生物能源在交通、电力领域的使用外，也应出台相应的政策，促进生物质能在其他领域的发展。

1.6　风电企业在风电产业发展过程中的布局与竞争

1.6.1　风电产业发展背景

在过去的几十年间，中国的风电产业得到了迅速发展，而在产业繁荣的背景下，企业竞争也日渐激烈。尤其在目前风电退补的大环境下，风电相关企业的生存模式发生了改变，利润空间的压缩意味着对于企业精细化管理的要求越来越高，同时也要求企业自身具备一定的融资能力。另外，海上风电的兴起和大型低风速风力发电机的出现也对企业的创新能力和专业化提出了高要求。这些变化，对部分小型风电企业来说，无疑是一个巨大的挑战。

我国风电产业中的主要参与者分为两类，分别是风机整机制造企业以及风电的开发运营企业。风电的制造企业主要负责叶片、电机、中控、其他零部件的采购以及整台风机的组装制造；而风电运营企业属于发电系统的一部分，一般来说多是专业的发电集团，主要包括中央电力集团、中央所属的能源企业、省区市所属的电力或能源企业以及民营、外资等其他企业。

1.6.2 上中游风电设备制造企业

风机制造是风电产业中非常重要的一部分。近年来风电产业的蓬勃发展带来了巨大的需求，而中国是制造业大国，因此对于风机整机制造的投资热度持续高涨[14]。

中国从 20 世纪 70 年代开始并网风力发电技术的研究，但在起步阶段，中国的风机制造技术落后于其他国家。从 90 年代开始，中国风机制造行业的发展战略从自主研发向技术引进转移，通过建立合资企业以及购买许可等方式，引进了先进的风机制造技术[15]，并在之后的几十年内实现了跨越式的发展，风电机组的主流也从小于 1 兆瓦逐渐增大为 1.5 兆瓦、2 兆瓦以及更大单机容量的机组。

1. 市场竞争现状

（1）风电产业发展早期风电制造企业竞争力的证据。2002 年以前，中国风电项目主要使用的是进口的风电机组。国内整机制造水平较低，无法实现兆瓦级以上风机的整机制造。而 2003 年起，国家对于风电项目提出了国产化的要求，促进了风电装备的进口转国产的进程。从 2004 年至 2008 年期间，合资的整机制造商在我国的市场份额逐渐增大，而纯外资的市场份额在减少。根据中国风能协会发布的《2008 年风电装机容量统计》中的数据，至 2008 年，合资企业的累计市场份额占 61.8%，首次超过外资企业。而从 2008 年起，中国风机市场被外资占据的市场格局也开始发生改变。

也有学者对这一阶段的中国风机制造企业的竞争力做了研究。谢传胜等利用景气指数对起步阶段的中国风电制造企业的竞争力进行了研究[14]。研究发现，2003—2005 年我国风机制造企业的竞争力度是逐渐增强的。2005 年，中国提出了一系列风机制造的政策及规范，从上网电价、建设方案、技术方案、融资能力等多方面对投标人进行综合评价，并要求风机设备制造国产化率达到 70%。这使得 2005 年出现了竞争高点。而 2005—2007 年，风机制造的竞争力强度出现了明显的下降，在之后的 2008 年有所上升后，2009 年又略微下调，这表明了风机制造企业在这期间的竞争力强度是震荡上升的。这种趋势说明了中国风机制造业有效竞争的形成。而 2008 年的全球经济危机也促进了我国风电制造产业的迅速发展。最终，研究总结，虽然因为政策以及其他不可控因素的制约，竞争力的波动是不可避免的，但经过几年的竞争过度及无序竞争后，部分实力雄厚的企业（以国企为主）占领了主要市场，使得中国的风机制造产业粗具规模。

（2）目前风电整机制造企业的竞争格局。目前中国的风机已经实现了国产化，且风机制造业的集中度还在不断提高，目前风电的退补也增强了这一集中效应。风电场的建设中，大部分的成本来源于设备的购置费。一般来说，风力发电机占整个风电项目投资的 75% 左右。补贴的退坡降低了风电产业的利润，不仅对于风电运营企业的盈利产生了影响，也会通过压缩成本将压力传导至风机制造企业，这对风机制造厂商的专业度和成本也提高了要求。

单个大功率的机组可以提高风能的利用率，增加发电量，有效降低成本。同时，单机容量大的风电场，需要的风机总数就会减少，从而缩小了建设面积，也减少了风机塔价及配套线路的相应成本。而能制造大功率风力发电机，就成为风电制造厂商赢得市场份额的关键。大型风力发电机对于产品质量、稳定性和效率的要求很高，要求设备制造厂商有较强的技术研发能力。

因此，在退补的影响下，部分技术落后的企业被逐渐淘汰，使得近年来风机制造企业的头部集聚更加显著。我国的《风电发展"十三五"规划》也明确提出要建立风电行业内优胜劣汰的市场竞争机制，鼓励风电制造企业的并购重组，提高市场的集中度，实现企业的规模化的生产，提升企业的技术创新水平。

在产业集中度上升的同时，风机制造的头部企业是比较稳定的，前五名分别为：金风科技、远景能源、明阳智慧能源、运达风电和上海电气（如表 1.7 所示）。产业集中度的提高以及稳定的头部企业都表明了行业内技术标准和规范性的提高，即对企业创新性和管理效率的提升提出了更高的要求。因此，这种产业格局的集中也是必然的趋势。

表 1.7　2019—2020 年中国主要风机制造企业及市场份额统计

排名	2019 年			2020 年		
	企业	新增吊装容量/吉瓦	市场份额/%	企业	新增吊装容量/吉瓦	市场份额/%
1	金风科技	8.01	28	金风科技	12.33	21
2	远景能源	5.42	19	远景能源	10.07	17
3	明阳智能	4.50	16	明阳智能	5.64	10
4	运达风电	2.06	7	上海电气	5.07	9
5	上海电气	1.71	6	运达风电	3.98	7

续表

排名	2019 年			2020 年		
	企业	新增吊装容量 / 吉瓦	市场份额 / %	企业	新增吊装容量 / 吉瓦	市场份额 / %
6	中国海装	1.46	5	中车风电	3.84	7
7	东方电气	1.42	5	三一重能	3.72	6
8	联合动力	1.08	4	东方电气	3.11	5
9	湘电风能	0.77	3	中国海装	2.92	5
10	中车株洲所	0.65	2	联合动力	2.20	4
/	其他（含国外整机制造商）	2.5	6	其他（含国外整机制造商）	4.92	9

数据来源：彭博新能源财经（BloombergNEF）前瞻产业研究院整理。

（3）中国风机的国际市场竞争。尽管中国在 2012 年就已经获得了风电装机容量的世界第一排名，且风机基本实现了全部国产化，但是国产整机设备在国际市场的市场份额却依然较低。目前整机的出口主要依靠的是国内资金的海外项目投资。根据 2021 年彭博新能源财经公布的全球风电整机制造商市场份额排名，全球排名前十的企业里，中国企业有 6 家，但这 6 家公司全部的海外市场占有率不足 10%，这从侧面反映了中国的整机制造商的海外市场有足够大的发展空间。

影响中国风机出口的原因主要是风机认证的问题以及融资困难。以欧盟为例，新的机型在进入欧盟市场之前，风电机组需要进行一系列的认证，认证的周期为 2～4 年。认证是对风机质量的保证。国外的经营商对于机组的质量和认证更为重视，而对于价格的敏感度不足，这使得性价比较高的国内机组不能吸引海外的投资者。近年来，认证造成的壁垒逐渐打破，2019 年，北京鉴衡认证中心（CGC）的叶片测试实验室通过了国机电工委员会全球可再生能源认证体系（IECRE）的评审，成为国内首家获得认可的本土风机叶片认证机构，可为出口海外的机组提供风机设备检测认证服务。

从融资的角度来说，中国本土的融资成本比美国欧盟等国家高很多。风电项目从中国的银行获得的融资成本大约为 7%，而在美国风电项目的融资成本仅有 3% 左右。因此，在海外直接获得融资可以为厂商提供更高的投资回报空间。目前中国投资海外的风电项目大部分采用的是 EPC（设计—采购—施工）总承包模式，而这种模式更适宜如上海电气、中国核电等有央企背景的企业，这些央企实力雄厚，资金充足，可以在项目总包的设备采购阶段带动中国国产风机设备出口。但以金风科技为首的非央企在以自行投资自己供货的方式来进行海外投资时，更低的融资成本就成为盈利的关键。目前，民企在海外的拓展非常有限。比较成功的案例就是金风科技。

金风科技于 2009 年在美国注册成立了全资子公司。2017 年其通过 Rattlesnake（响尾蛇）项目实现了在美国本土的融资，成为第一个在美国生产税减免政策下获得税务投资的中资企业。另外，金风科技也在澳大利亚进行了风电项目的开发和设备的出口，项目获得了澳大利亚国家银行及其余四家中国银行提供的约 2.5 亿澳元的项目融资，并于 2014 年发电投产。金风科技的案例为中国的民企开拓海外市场带来了一些经验和启示，迈出了中国的风机制造走向海外非常成功的一步。

2. 总结

风机制造企业在国内的市场份额有充足的保证，而有能力进行大型风机制造的企业主要是拥有资金实力和技术的头部企业，因此目前国内的市场竞争较为稳定。也正因如此，尽管国内风机的制造水平已经达到国际要求，但整机制造商的商品出口意愿和对国际市场份额的占有率并没有明显的提升。但在风电退补完成后，风电的发展将进入一个良性的平稳期，不会再出现补贴带来的爆发式的抢装潮。因此，在未来中国市场稳定的情况下，对海外市场的拓展是中国风机制造企业布局的关键。

中国的风机制造企业在海外市场竞争的优势是价格。2021 年维斯塔斯陆上风机的销售均价为 5203 元 / 千瓦，而金风科技的销售均价约为 2938 元 / 千瓦。中国的风机制造的弱势是风机的质量认证以及融资成本。经过多年的经验累积以及技术的研发，目前中国风机的产品质量已经达到国际水平，且部分获得了国际认证，因此突出的价格优势可以帮助中国的风机制造商进行海外市场的探索。

此外，融资是限制中国风机出走海外的另一个关键问题。解决融资的途径有两种，一个是降低国内的融资成本，更多地提供绿色金融产品，帮助风电企业进行低成本的融资；另一个方式则是鼓励风电企业进行海外融资，这样可以最大限度地降低融资成本，同时获得海外市场的准入资格。

1.6.3　下游风电经营开发企业

1. 市场竞争现状

目前，中国风电开发商主要有 4 种类型：中央电力集团、中央所属的能源企业、省（直辖市、自治区）所属的电力或能源企业以及港资、民营和外资企业。中国的风电项目开发企业主要是中国企业，外资企业在中国的风电经营产业的投资很少。

从历史数据来看，开发经营风电项目的企业数量稳步增长，民营企业参与度逐渐提高。2003 年以前，全国参与风电经营的企业低于 10 家，之后数年逐渐增长，到 2013 年，参与风电开发的企业超过 80 家，其央企和地方国企共 43 家，民企 41 家。到 2015 年，参与企业总数超过 110 家，其中民企数量突破 60 家，首次超越国企数量。但是从风电经营企业的历年装机容量来看，国企和央企始终占据着市场的主导地位。据统计，2014 年末，国有企业（国有控股和国有独资企业）累计并网容量 7938.75 千瓦·时，占比 81.68%；民营企业累计并网容量 550.43 千瓦·时，占比 5.66%；外商独资及中外合资企业累计容量共 1230.08 千瓦·时，占比 12.66%。从数据可以看出，2015 年左右，参与风电开发的民营企业数量呈现上升趋势，但在并网容量上，央企始终是风电场投资经营的主力选手，占据主导地位。

另外，风电开发企业自 2017 年起出现了显著的头部聚集效应。自 2016 年起，国内前十名的风电运营企业的新增市场份额比例逐渐增加；至 2019 年，头部运营企业的新增装机占比从 59% 增长至 69%。根据 2019 年的统计数据，国家能源投资集团新增容量占比为 17.7%，位居第一。第二、三名分别为华能集团（9.6%）、大唐集团（8.3%）。前十家风电运营企业中，只有一家天润新能源为股份有限公司，其他 9 家企业均为央企。而根据 2020 年前瞻产业研究院的调研数据显示，中央直属的五大发电集团所属的风电装机容量在总容量中的占比在 65% 左右；包含中广核、中海油、中节能等中央所属的能源企业在风电装机的累计容量占比大约为 15%。各个省（直辖市、自治区）所属的能源企业如京能集团、鲁能集团、福建投资等在风电总装机容量中份额占比同样约为 15%。而之后的民营企业、港资或外资企业等占比的总份额只有 5% 左右。从数据可以看出，在下游的风电经营企业中，中央所属的五大发电集团始终占据着最大的份额。尽管近年来五大集团在风电新增容量中整体呈现出下降趋势，但其市场优势始终不减，而民企因为资金和开拓能力等问题，尽管企业数量上超过了央企，但容量上却始终处于弱势。

2. 民营风电场存在的困难

风电项目投资的特点是前期投入比例大，资金的运转周期长，也正因为风电项目的投资体量大，资金不足，使得民营企业无法与国企竞争。同时，民企融资困难也加剧了民营企业在风电投资方面的生存难度。民营资本是一个优质的市场主体，因为民营企业作为独立的法人，在运营上能够实现自主经营以及自负盈亏，且民营企业的约束机制和奖励机制完善，因此对于投资的论证更为充分、客观。但在中国，民营企业投资的风电项目占比一直远远落后于国企。2010 年初，在民企有政府电价补贴的阶段还可以依靠补贴生存，在之后十几年内，风电的成本随着技术进步而不断降低，但这也使得风电项目逐渐具备了规模化的可能。有较大投资体量的国企可以建立大型规模化的风电站，因此在市场上具备了更多的竞争力。同时，技术进步伴随着政府补贴的逐步削减，最终对风电上网实施平价上网政策，这个过程使得小投资体量的民企更加无法与大型国企竞争，从而失去了更多的市场份额。许多民企因此只能通过转卖股权或资产的方式与国企进行混改，从而求得生存。

如前所述，民营企业在风电项目投资折戟的最重要的一个问题是融资困难。我国新能源相关产业的融资途径主要为银行贷款、股票融资、债券和部分风险投资等。造成风电项目融资困难的最主要原因是风电项目投资较大，同时资金回报的周期长，且前期回报率低。风力发电属于典型的资本密集行业，其项目的初始投资巨大。以云南能投涧水塘梁子风电场项目为例，50 兆瓦的风电站大概投资 3 亿左右；而风电场的建设过程中，总成本的大部分来源于风电设备等固定资产购置，约占总成本的75% 左右。

另外，投资规模大也就意味着需要更多的融资。但风电项目建设周期比较短，大部分都是一到两年内项目投产，同时在建设阶段就需要投入大部分的资金，这也就意味着企业融资的准备时间较短，这更加增加了融资的难度。而一般来说，风电项目的贷款年限在 10 ～ 15 年左右，但风电的回款周期比较长，需要 10 年左右才会收回成本。项目回报慢以及贷款利率高对企业财务的压力非常大。即使有补贴，长期来看，对民企来说也是一个沉重的负担。

融资困难的另一个原因是企业的经营风险较多。这类经营风险主要源于风电产业自身存在着一些问题，如消纳不足导致的弃风弃光问题以及风电出力不稳定造成的安全风险等。弃风率高意味着风电场的盈利能力差。风电与火电不同，其理论发电小时数依赖其所处的自然环境和风力资源。内蒙古地区的平均利用小时数在 2500 小时左右，这也就意味着风电本身的发电量就低于火电，而弃风弃光的问题使得投资的回报率相较更低。2015 年，中国平均弃风率达到 14.6%，其中甘肃省弃风率高达 47%。中国自 2017 年开始，弃风率显著下降。图 1.4 为 2017—2021 年中国弃风率年度变化曲线及弃风电量柱状图。从图中可以看出两点：首先，2017 年中国的弃风率依然处于较高水平；其次，虽然过去的五年中弃风率逐渐下降，但是从 2019 年至 2021 年，弃风电量并没有显著的下降。这说明中国弃风问题依然存在。这也说明了目前的电网结构对新能源消纳的饱和。即使政府存在部分保障性收购，但弃风问题依然给风电产业的投资回报带来了风险和不确定性。

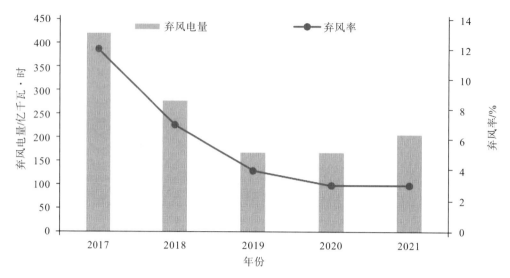

图 1.4   2017—2021 年中国弃风电量及弃风率统计

数据来源：国家能源局。

　　最后，民企的融资渠道受阻也是融资困难的原因之一。大型国企央企可以通过银行贷款、股权融资、股票上市融资等方式获得大量资金。然而，通常来说，规模较小的民营风电企业在融资市场和渠道上就处于劣势地位。银行贷款是最直接的融资方式。但目前针对风电项目的贷款利息高周期短，对于前期投资大、项目回报周期长的风电项目来说，这种贷款会给企业带来极大的财务压力。除银行贷款外，市场融资尤其是股票上市融资也是小型风电企业可以融资的一种方式。但在中国，股票发行需要的审批和监管要求较为严格，因此，过去很多民营资本也很难通过融资来缓解财务压力。但近年来，中国新设了科创板等新板块，重点支持包含新能源企业在内的各类市场认可度高的科技企业，设置了更加包容的企业上市要求，这也在一定程度上为民营资本的直接融资提供了条件。

1.6.4　风电企业发展的政策建议

　　（1）积极推进风电保险项目的落实，减少民营企业的投资风险。风电产业的快速增长意味着资金投入，但是投资就意味着风险，如自然风险、运维风险、经营风险以及政策风险等，而多样化的保险服务可以降低和分散企业面临的风险，保障公司的财务状况。另外，保险公司具备的风险排查以及风险管控能力可以帮助企业排查风险并提前采取相应措施，降低风险发生概率。

　　目前大部分风电投资首先面临的就是自然灾害风险。风电的开发地区已经逐渐从风力资源充沛、开发容易的地区逐步向靠近能源需求的区域或者其他风力充沛但开发困难的区域转移。我国大城市是能源需求的中心，因此在靠近大城市的地方进行风能开发有利于能源的消纳和平衡负荷需求。但许多负荷中心都靠近地震频发或峰值阵风过高（过高的风速可能会损害风力发电机）的地区，也因此在建设和运营过程中存在着很大的事故发生的可能性。在风电行业，单个风机受损导致的经济损失也相当巨大。而保险业务可以帮助运营商及供应商转移这部分风险，来保证项目的建设及运营正常。另外，由天气异常导致的发电量不足，也可以由保险来解决。例如，天气指数保险可以承保由风资源缺失导致的发电量不足的风险。这一系列类保险的存在都可以降低企业的风险，增加企业尤其是小规模民营企业的风险承受能力。

（2）大力发展分散式风电项目，降低民营企业的投资成本。分散式风电项目是相对于集中式而言的、风电开发的另一种模式。根据国家能源局的文件要求，分散式风电项目一般是指位于地区负荷中心附近、不以大规模及远距离传输为目的、产生的电力可以就近供给当地负荷进行消纳的风电项目。分散式的风电项目具有更好的灵活性和适应性，对风电场的管控也更加容易，因此是一种良好的风电开发模式，尤其适合民营企业来进行开发建设。

首先，分散式风电具有规模较小、开发方式灵活等特点，因此更加适合民营资本进行开发。其次，民营企业资金储备有限，运营能力不足，无法在规模化的风电场建设和运营中与国有企业竞争。而分散式风电因靠近需求负荷，发出电量可以就近消纳而较少有弃电产生，可以保证投资收益的稳定性，从而降低企业的风险。再次，分散式的风电场投资远低于集中式风电场，对企业的财务压力小，也因此更加适合民营企业来经营。

近年来，政府也制定了扶持分散式风电项目的一系列政策。"十二五"期间发布的国能新能〔2011〕374 号中要求"探索分散式风电开发的新模式"，形成了风电开发从"规模化集中化"到"规模集中和分散式同步进行"的新模式。另外，《可再生能源发展"十二五"规划》中也明确提出了鼓励分散式风电并网，以实现对于风能的就近利用 [16]。2017 年 6 月，国家能源局下发《关于加快推进分散式接入风电项目建设有关要求的通知》，通知要求各地严格按照"就近接入、在配电网内消纳"的方式开发分散式风电项目。2018 年 4 月，国家能源局印发《分散式风电项目开发建设暂行管理办法》。2021 年，国家能源局就在《关于 2021 年风电、光伏发电开发建设有关事项的通知（征求意见稿）》中提出，要启动"千乡万村驭风计划"和"千乡万村沐光行动"，积极推进分散式风电建设。

（3）以 PPP 框架为基础，带动民营资本对风电产业的投资。PPP 全称为 public-private partnership，是指政府与社会资本合作开发的项目，是一种主要用于公共基础设施建设的项目运作模式。PPP 项目的目的主要是通过引入民营资本来减轻政府在基础设施建设上的财政压力。而民营资本的目的则是为了通过项目获得收益。PPP模式里，政府是政策的制定者，负责项目框架搭建，制定项目目标，同时对于项目参与者进行监督指导；而民营资本需要与政府有关部门签订协议或合同来确保项目的顺利进行和达标[17]。

PPP项目具有投资大、时间久、合同关系复杂等特点。经营时间长意味着项目经营期间可能会发生各种政策冲击或其他由经济发展或环境变化导致的问题。这样的项目由民营企业全部运营可能会因投资者遭受损失，从而使得项目无法顺利进行。而投资大则提高了企业的准入门槛，将大量优质的企业因资金不足排除在产业之外。而PPP模式在风电项目中的运用即打破了风电产业的垄断现象，也解决了风电产业竞争中存在的如效率低、管理经验不足等问题。

2014年，发改委发布了《关于创新重点领域投融资机制鼓励社会投资的指导意见》，明确了PPP项目的范围，其中就包括风电项目的建设。PPP机制的推行使得政府逐渐放宽了对于风电运营的准入限制。这种模式有效缓解了风电开发运营所需的资本，使得更多的民营资本能够进入风电产业。

另外，PPP模式不仅降低了风电经营项目的准入难度，同时也降低了民营资本的运营风险。风电项目的建设以及运营阶段都会面临诸多的风险如自然灾害风险、设备损坏风险、政策风险等。政府和其他企业根据各自的收益和对项目风险的态度及认知，承担有差异的风险。风险分担的重点在于，让最适合的人来承担相应的可能存在的风险，这样可以降低风险发生的概率，降低管控风险所要付出的成本。风险分担的基本原则为有效控制风险以及风险成本最低。有效控制风险是指，让相应的风险分担给最有可能控制风险的一方。例如，政府比私人企业在制度管理方面的风险管控更为突出，因此应当将相应的制度风险分配给政府，而其他风险则分配给其他企业或投资者。而风险成本最低则是指通过分配风险使得生产成本、交易成本以及风险承担成本最小。这种风险的分担方式使得更多的优质企业能够更多地参与到风电项目的经营中去。

PPP项目通过引入民营资本，减小了政府的财政压力，为项目带来了更多优质的经营主体。另外，政府的参与也为民营企业的风电项目运营提供了政策保障，为民营企业的融资带来了一些便利。

▶ 1.7 新能源产业集聚赋能地方经济发展

2022年3月，国家发展改革委、国家能源局印发《"十四五"现代能源体系规划》，提出大力发展非化石能源，全面推进风电和太阳能发电大规模开发和高质量发展。各地加快营造可再生能源发展的良好环境，新能源产业迎来历史发展的黄金时期。新能源产业发展前景好、技术要求高、环境价值优，今年多个城市凭借新能源产业的较早布局，实现了经济高速发展。如何发展新能源产业集聚，赋能地方经济的绿色低碳发展，需要进一步研究和明确。一方面，对地方发展而言，大力推进新能源建设，有助于减少对化石能源的依赖，提高能源安全能力。另一方面，通过研发投入带动相关技术发展和应用，实现技术上的弯道超车，有望将新能源技术和设备出口到国外，以应对未来新能源市场的广阔需求。本节基于当前新能源产业集群的现状和问题，分析新能源产业崛起对地方经济发展的拉动作用，并根据现有成功经验，基于中国各地可再生资源及传统产业的禀赋优势，提出新能源产业集群发展的建议。

1.7.1　新能源产业集聚赋能地方经济的现状

在积极应对气候变化的背景下，发展新能源产业已成为各地政府实现经济、能源、环境协同发展的重要途径。中国在经济快速增长的过程中，能源消耗不断增加，由于中国以煤炭为主的能源结构，经济发展一度以牺牲环境为代价，发展新能源产业是解决经济发展和环境保护矛盾的重要手段。为促进新能源产业和环境保护的发展，中国政府在宏观层面制定了一系列政策，2010 年就将新能源产业确立为战略性新兴产业。特别是在碳中和目标提出后，各地政府进一步研究制定实现碳达峰与碳中和的时间表和路线图，如北京、上海、深圳等城市率先推出本地碳达峰行动方案，大力推动新能源产业的研发与应用，为碳中和目标的实现打好基础。

新能源产业集聚能够发挥规模优势，提高产业效率，进而有效推动新能源对传统能源的替代。中国新能源产业在政策的大力推进下已经实现了跨越式发展，新能源汽车产销量连续 7 年世界第一，在整车制造和动力电池领域已形成全球领先的企业；光伏产业无论在装机规模还是产品制造方面都稳稳占据全球首位。作为全球重要的光伏制造中心，2021 年中国光伏年产值已超过 7500 亿。然而，尽管新能源产业发展势头良好，但相对于传统制造业而言，其规模经济较不明显。产业集聚有利于实现新能源产业的规模经济，缓解研发和推广成本的限制。深入研究新能源产业集聚发展，对于判断当前新能源产业的困境具有重要作用。

复杂的经济形势下，新能源产业集聚对地方经济的拉动作用凸显，推动当地经济崛起。2022 年上半年，中国面临日益复杂的国内国际形势，全国 GDP 同比增长仅 2.5%，而福建宁德、广东惠州、江苏盐城等城市凭借当地新能源产业发展的优势，实现了亮眼的 GDP 增速。2022 年上半年，福建省的 GDP 实际增速为 4.6%，而宁德市则达到了 9.6% 的增速，这得益于宁德市在新能源产业的较早布局。以宁德时代为代表，宁德市形成了当地的新能源产业集群。宁德市四大主导产业——锂电新能源、不锈钢新材料、铜材料、新能源汽车的增加值同比增长 31.8%，占全市规模以上工业增加值的 81.5%。而广东惠州市集聚了亿纬锂能、恒泰科技等新能源企业，当地政府与亿纬锂能年初签订合作协议，共同打造千亿级新能源产业集群。

▓ 1.7.2 新能源产业集聚的发展前景

1. 新能源产业规模及发展趋势

新能源产业是一个广泛的概念，指对太阳能、风能、生物质能、地热能、海洋能、氢能等不同类型新型能源的开发利用。对不同地区而言，新能源的发展可以从供给和需求两方面分为新能源制造业和新能源消费。从供给方面来看，新能源产业包括新能源利用方式的研发、原材料制造、零配件制造和整体设备制造等，其发展基于各地的研发实力、科技创新实力和制造业基础实力等。从需求方面来看，新能源的发展主要是指对当地新能源资源的开发利用，建设光伏、风电、生物质能等清洁能源发电机组，促进本地新能源对化石能源消费的替代，减少能源消耗造成的环境影响。

中国新能源产业近年来发展迅速，得益于政府和市场的双重支持。中国政府对新能源产业的支持不断加强，通过出台规划、制定标准、给予补贴、推动产业集聚等措施促进产业发展。中国的新能源技术研发能力得到政府的大力推动，新能源创新能力得到加强，成本大大降低。除了政府支持之外，中国新能源产业还受益于国内外投资者的高度关注。近年来，中国新能源项目获得的投资规模不断扩大，上市的新能源公司数量逐年增加，投资市场的关注和支持为中国新能源产业的发展注入了巨大的动力。

本节从新能源制造业的视角来关注新能源产业的发展，与新能源的消费相比，制造业对当地的经济发展影响范围更大，对税收、就业和产业结构发展都有促进作用。由于新能源产业在全国仍属于较新的产业，没有专门的产业代码，缺少官方直接的统计数据，所以部分研究把通用设备制造业、电气机械及器材制造业两个行业的产值和作为新能源产业近似的行业产值。个别研究通过整理企业工商信用信息来分析地区内的新能源企业状况。考虑到新能源制造业的代表性并便于分类分地区比较，本节选取主营业务中包括新能源的上市公司来进行分析，并根据申万行业分类、东方财富和万得概念股将新能源企业划分为新能源汽车、光伏、风电企业。

截至 2022 年 11 月底，新能源企业的总体市值超过 10 万亿元，在 A 股中占据重要地位，如图 1.5 所示。其中新能源汽车行业总市值 5.07 万亿元，光伏行业总市值 2.75

万亿元，风电行业总市值最少，不足 1 万亿元。其他新能源企业的主营业务包括新能源综合服务、新能源材料、新能源咨询、新能源运营等，不属于新能源汽车、光伏、风电中的特定一类，其总市值为 1.78 万亿元。从市值方面看，新能源汽车的总市值最大，其次为光伏行业，风电产业的总市值最小。从图 1.5 可以看出，近十几年来新能源企业的市值变化可分为三个阶段：2015 年之前为初始发展阶段，新能源企业的总市值逐月上升，但在 A 股中占比较小。2015 至 2020 年为波动发展阶段，新能源企业的总市值首先迎来快速增长和下跌，之后略有波动，但整体维持在 3 万亿至 4 万亿元，比重不足当时 A 股的 5%。2020 年之后为迅速发展阶段，特别是 2020 年 9 月"双碳"目标确立后，新能源产业市值成倍增加，当前已超过 A 股市值的 10%。

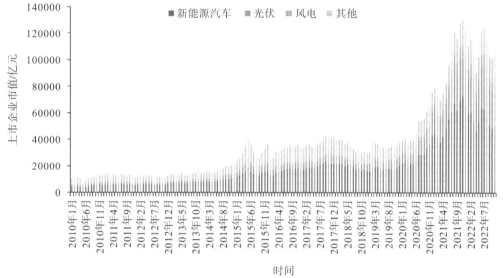

图 1.5　2010—2022 年新能源上市企业市值

数据来源：CNRDS 中国研究数据服务平台。

彩图扫二维码

　　从上市企业数量来看，截至 2022 年 11 月底，新能源汽车企业数量最多，达到 121 家，其次光伏企业数量达到 71 家，风电企业数量最少，为 37 家，如图 1.6 所示。其他类的新能源企业虽然总市值低于新能源汽车企业，但数量较多，达到 148 家。从图 1.6 可以看出，新能源上市企业的数量整体保持着相近的增长态势，并未有明显的快速变化时期。这与中国的上市制度有关，也与新能源企业整体的盈利水平有关。在各类新能源企业中，新能源汽车企业盈利能力最强。

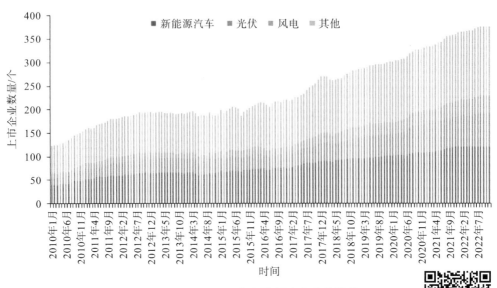

图 1.6　2010—2022 年新能源上市企业数量。

数据来源：CNRDS 中国研究数据服务平台。

彩图扫二维码

2. 新能源产业的空间分布特征

在空间上的集聚是新能源产业发展的必经阶段。第一，新能源企业地理上的集聚可以加强企业之间的联系合作，加快产业链供应链的完善，在生产方面产生规模效应。第二，新能源企业集聚可以促进相关制度的优化，吸引更多企业进入。第三，新能源企业集聚的加强有助于提高企业科研创新能力的外部性，更好地发挥有限资源的作用，提高企业的生产效率。因此，新能源企业在发展中会逐渐集中于特定空间区域，不断加强合作，呈现出生产效率提高、制度环境持续完善的特点。

新能源产业主要分布在中国较发达的东部沿海地区，部分基础产业较差省份在新能源产业集聚方面呈现上升趋势。根据国务院发展研究中心提出的中国八大综合经济区，本节分析新能源产业在不同经济区的空间聚集特征，时间选取为 2022 年 11 月底，如表 1.8 所示。包括广东、福建、海南在内的南部沿海地区和包括上海、江苏、浙江在内的东部沿海地区是中国新能源产业发展的领航者，无论是在总市值还是在企业数量上，南部沿海和东部沿海均远高于其他经济区。南部沿海和东部沿海六省的新能源企业市值约占全国新能源产业市值的 60%，其本身就是中国经济发展最为活跃的主要地区，无论是技术、资金、人才、产业链配套还是制度方面，都有助于促进新能源产业的快速发展和集聚。北部沿海包括北京、天津、山东和河北，有较为雄厚的工业基础，在一个或两个新能源领域有优势。长江中游（包括湖北、湖南、江西和安徽）中的安徽省借助新能源产业趋势大力发展相关产业，可谓异军突起。

表 1.8　中国新能源上市企业在八大综合经济区的分布

地区	新能源汽车		光伏		风电		其他		总市值 / 亿元	
	市值 / 亿元	数量	市值 / 亿元	数量	市值 / 亿元	数量	市值 / 亿元	数量	市值 / 亿元	数量
南部沿海	23973.19	34	1561.60	8	963.56	4	3955.45	41	30453.80	87
东部沿海	10821.73	46	10781.07	36	1384.74	14	5461.43	49	28448.97	145
北部沿海	4181.31	14	3663.52	8	4036.71	9	3324.54	19	15206.08	50
长江中游	3617.91	13	4081.29	8	330.34	2	1032.50	11	9062.04	34
大西南地区	4921.81	7	2264.86	3	338.97	2	771.31	10	8296.96	22
黄河中游	1400.97	4	3679.35	4	215.30	1	1212.57	9	6508.18	18
大西北地区	1373.97	2	1133.03	3	654.79	1	1008.08	6	4169.88	12
东北地区	409.17	1	324.64	1	242.71	4	1065.60	3	2042.12	9
总计	50700.06	121	27489.37	71	8167.12	37	17831.49	148	104188.05	377

数据来源：CNRDS 中国研究数据服务平台。

　　分类别来看，新能源汽车、光伏和风电的主要集聚区分布在不同经济区，且在各经济区的集聚程度有所不同，如图 1.7 所示。新能源汽车企业市值的近一半位于南部沿海，主要有福建的宁德时代和广东的比亚迪两个新能源企业巨头，且广东还有汇川技术和亿纬锂能两个市值过千亿的新能源汽车企业，如表 1.9 所示，这些新能源汽车的标杆企业都在当地形成了较强的产业集聚和带动作用。在光伏方面领先的为东部沿海地区，其中江苏和浙江都有表现突出的光伏企业。此外，位于陕西西安的隆基绿能市值超过 3000 亿元，为光伏产业的技术领袖，其实现了光伏成本的大幅降低，并且利用其地理位置优势，加快了光伏在中部和西部的应用推广。北部沿海经济区在风电市值方面占比过半，这与部分清洁能源总部位于北京有较大关系。风电还主要集中在南部沿海和东部沿海，未来海上风电的建设将给这两个地区风电企业带来更多发展机会。

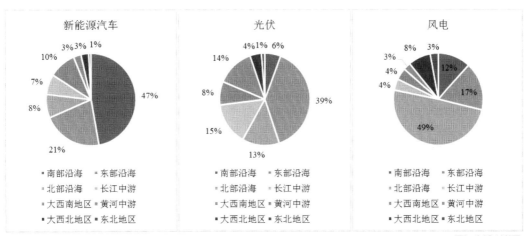

图 1.7　分类别新能源上市企业市值在中国八大综合经济区的分布

数据来源：CNRDS 中国研究数据服务平台。

彩图扫二维码

表 1.9 分类别新能源上市企业市值前十位一览表

新能源汽车			光伏			风电		
市值 / 亿元	简称	省份	市值 / 亿元	简称	省份	市值 / 亿元	简称	省份
9403.68	宁德时代	福建	3470.89	隆基绿能	陕西	1659.93	三峡能源	北京
4705.47	比亚迪	广东	1950.14	通威股份	四川	995.78	龙源电力	北京
1972.52	长城汽车	河北	1707.97	阳光电源	安徽	608.24	明阳智能	广东
1867.85	汇川技术	广东	1508.00	晶科能源	江西	397.27	金风科技	新疆
1773.55	上汽集团	上海	1399.21	天合光能	江苏	389.08	三一重能	北京
1575.05	亿纬锂能	广东	1370.85	晶澳科技	河北	307.29	川能动力	四川
1373.97	盐湖股份	青海	1343.43	TCL 中环	天津	272.30	广宇发展	天津
1331.31	天齐锂业	四川	1133.03	大全能源	新疆	262.24	节能风电	北京
1306.75	赣锋锂业	江西	843.72	晶盛机电	浙江	255.24	天顺风能	江苏
1113.68	长安汽车	重庆	800.13	福斯特	浙江	254.88	湘电股份	湖南

数据来源：CNRDS 中国研究数据服务平台。

1.7.3 新能源产业集聚赋能地方经济的挑战

1. 新能源产业集聚的机理分析

从全国新能源产业的时间进程来看，2010 年之前和 2020 年之后是其高速发展时期。2010 年之前，中国政府已通过大量举措促进新能源产业的发展，新能源上市企业的市值和数量迅速增长，形成新能源企业集聚的基础。2010 年之后，新能源产业的发展速度与之前相比明显放缓，一方面原因是新能源产业已形成一定的规模优势，政府政策支持和补贴力度减少；另一方面原因是新能源产业在经过初期的政策扶持后，具备了一定的技术水平，市场竞争力大大增强，新企业进入市场的难度和风险加大；此外，受国外 2012 年对我国光伏产业打压的影响，新能源产业在这一阶段的发展受到限制。2020 年之后是新能源产业发展的关键时期，发展新能源产业是中国现阶段的重要方向，既有助于能源结构转型，又能满足经济发展，助力解决发展中的环境问题，企业的市值较之前有相当大的增加幅度。

从新能源产业的空间分布来看，制造基础、知识与研发水平、政策引导、消费市场、传统能源等多种因素都对新能源产业的发展造成影响。新能源汽车产业的空间布局与传统汽车产业基本保持一致，主要集中在南部沿海、东部沿海和大西南地区，东北地区和北部沿海的新能源汽车生产规模远小于传统汽车的生产规模。广东、福建、江苏、浙江等南部沿海和东部沿海省份都有较好的经济基础，特别是工业体系完备，制造能力强，就业人口多，交通条件便利，科研实力强，能够在原有制造业基地的基础上，发挥较强的先发优势。

政府干预与新能源产业的发展息息相关，严厉的环境管制以及优化能源结构的目标都有助于新能源产业的发展，且政府的正向促进作用主要体现在新能源产业发展的初期阶段，在发展成熟阶段过度的政府补贴会造成供给过剩从而引起市场资源错配。东部沿海和南部沿海地区都出台了一些支持新能源产业发展的政策，如针对新能源汽车的补贴，以及对光伏并网电价进行补贴等，都对当地的新能源产业有重要的推动作用。

技术对新能源产业的发展具有重要的推动作用。近年来光伏产业的崛起与大量引进海外技术人才关系密切，海归人才创办或管理规模较大、技术领先的光伏企业，极大程度上推动了产业发展和技术研发。新能源产业龙头企业的发展在技术上有溢出效应，有助于带动新能源上下游相关零配件产业，并促进产业集群的出现。无论欧盟还是中国的经验，法律法规、税收、金融等政策对新能源产业的发展都有极大推动作用。相关制度的完善，融资的便利，以及风险投资都可以促进企业创新能力的发展。

是否靠近潜在消费市场，也是新能源企业在生产基地选址时的关键原因。例如，新能源汽车需要考虑消费地区的充电基础设施的完善程度，以及当地居民的消费意愿和消费能力。南部沿海和东部沿海地区经济基础好，产业结构合理，市场化程度高，无论是商业、工业还是居民，对新能源的支付能力都较强，有比较旺盛的工业需求。

2. 产业集聚对当地经济的影响

新能源产业是中国战略性新兴产业的代表，在推动经济增长、调整产业结构和转变经济发展模式上具有重要作用，且对于低碳经济的建设具有重要意义。有研究表明，南非、罗马尼亚及亚太经合组织成员的新能源产业发展对当地经济发展动能起到了提升的作用。新能源产业集聚对当地经济发展的主要效应体现在：

首先，新能源产业的集聚能够优化生产要素的资源配置，提高企业的分工效率。新能源产业集聚能够吸引资本、人力等重要生产要素，促进当地的固定资产投资和就业水平的提高。同时，吸引产业链上下游企业，使上游材料供应商、中游设备制造商和下游需求方可以在同一地理空间上加强联系，便于新能源企业与科研院所和政府机构的沟通，让新能源产业的相关企业便捷地获得生产要素和相关服务。如安徽合肥，其本身具有江淮汽车和安凯客车两个传统造车企业，产业链完备，有较好的汽车制造基础。加之当地合肥工业大学在新能源汽车制造领域优势强，中科大在汽车工程、信息管理、电气工程等方面科研实力居于全国前列。蔚来汽车作为新能源汽车近几年发展迅速的代表，与当地新能源汽车产业相得益彰，展现出旺盛的生命力。此外，新能源汽车的进入要求较高，资本、人力和配套产业都需要长时间的积累，企业投产后扎根于本地，会产生长久的正向促进作用，推动当地相关产业的发展。在新能源产业的集聚地区，各生产企业能够发挥各自比较优势，促进合理分工，通过在产品上的合作，降低各自的生产成本，提高整体利润水平。

其次，新能源产业的集聚可以使企业之间的创新能力相互促进，扩大知识的外溢性。空间上的集聚可以减少企业之间沟通的成本，提高信息和交易的效率。产业链上不同企业的集聚可以增强企业采购与售卖的便利性，降低运输成本。企业之间的近距离可以增强信息的可信度，减少因欺诈等不诚信行为造成的损失。新能源产业的集群内的信息流动还可以促进知识的扩散，加强已有知识技术的巩固发展，有助于新知识技术的产生和突破，并再度传播新知识形成良性循环，且具有一定同质性的企业，在集群内可以有更强的竞争意识。有研究表明，企业之间的竞争能够促进企业的创新，加强企业进行技术创新降低成本的动力，从而形成更有竞争力的企业，提高新能源产业集群的整体效率。

再次，新能源产业的集聚可以发挥品牌效应，凭借知名度进行产品推广和招商引资。例如，当前福建宁德时代已形成一定规模，并凭借自身知名度带动周边宁德市锂电产业的发展，吸引上汽新能源汽车制造厂落户宁德，将其作为新能源乘用车主要生产基地之一。新能源企业在发展初期往往缺少知名度，加之新能源企业存在一定的乱象，不能够在客户心中树立良好的形象，但宁德时代抓住了核心组件企业发展的关键窗口期，迅速崛起成为动力电池的龙头企业，并形成了一定的标准，增强了客户对其产业链企业的认可度。当周边其他企业借助宁德时代的名气进行推广时，宁德时代便可以通过品牌效应在发展初期获得一定的市场。产业集群能够在当地促进基础设施、公共服务和专业化劳动力的形成，而且具有经济上的正外部性，这些都是招商引资中吸引工业企业的重要因素。宁德市充分发挥宁德时代的带动作用，在当地建成了全球最大的锂电新能源电池生产基地，形成上、中、下游全覆盖的全产业链模式。因此，如果能够发展良好的新能源产业集群，形成当地竞争优势，便可以扩大本地影响力，获得"1+1>2"的额外收益。

3. 新能源产业集聚发展的困境

新能源产业前景较好，但存在一定程度的盲目发展情况，分别体现在产业链的上游供应、中游制造、下游应用等方面。多地政府都提出要把新能源产业作为支柱产业，但普遍存在整体规划不足的问题。部分地区的产业没有形成集群优势，大量企业进入新能源市场，加之原材料涨价，严重挤占了新能源产品的利润空间。当前产业布局对禀赋资源利用不足，如光伏产业链上游的多晶硅生产集聚在华东地区，而多晶硅的原料主要产自西北和西南地区。在产业链下游，新能源项目的应用与当地资源的有效利用、经济效益、环境保护等存在矛盾。风电建设需要大面积连片的地域，如果建设在能源需求较大的东部沿海地区，还需要协调耕地保护、水土保持、海洋资源等多种问题。风电和光伏由于装机容量占比较小，对当地的财税贡献较低，且随着风光平价上网的实施，单位产值降低，经济效益便成为一个必须考虑的问题。此外，新能源项目还会遇到环境审批、噪声扰民、光污染、废弃产品处理等环境问题。

■ 1.7.4　新能源产业集聚的发展建议

坚持人才战略，推进技术创新，有助于增强新能源产业集群的长期竞争力。中国新能源产业近年来发展迅猛，并逐渐占据全球领先地位，离不开其对核心技术的不断研发。对新能源企业的发展而言，技术创新和进步是关键，而技术创新必须坚持人才优先战略，把技术和知识作为首要生产要素。因此应促进新能源产业与高校及科研院所的对接合作，因高校及科研院所不仅能够为新能源技术研发提供支撑，还可以吸引更多专业人才的集聚，激发企业研发的活力，增强市场竞争力。新能源核心技术的研发是产业建立的根本，产业集群能促进技术和知识的溢出，并通过技术扩散效应形成研发集聚中心。

有序推进配套政策的建设，完善新能源产品市场，逐步调整政府与市场的角色，发挥新能源产业集群的优势。可借鉴欧盟经验，在新能源行业的核心技术取得一定突破后，即有序推进标准制定、产品认证、绿色标签等新能源产品的制度，并结合碳中和背景下碳交易、碳税、碳配额等政策的出台，用市场化手段体现新能源的经济和环境价值，充分发挥市场优化配置资源的作用，利用市场机制整合新能源产业链上下游。逐步增强新能源产业集群化程度，发挥新能源产业规模报酬递增的优势，提高利润率，吸引资本进入，进一步完善产业链。

培养品牌企业，发挥行业领军企业对当地新能源产业集群发展的推动作用。新能源产业的规模经济特征明显，产业发展初期投入大，资金回收慢，产业链长。当产业规模达到一定程度时，产业集群内的企业可以通过共享知识成果、交易成本降低、规模报酬递增等效应，提高利润率和竞争力。产业集群还可以通过市场传导到上游和下游企业，提高产业链相关企业的规模和技术水平。新能源行业具有明显的中心—外围特征，如宁德时代、蔚来、特斯拉等行业领军企业都对当地的新能源产业集群起到了极大推动作用。因此，重点培育品牌企业，并辐射到集群内的其他企业，能大大提高当地新能源行业的核心竞争力。

因势利导，发挥各地产业基础和资源禀赋等条件，加强地区间产业集群的合作交流。对于当前新能源产业集聚水平较高的东部地区，应大力发展风电、光伏等资本技术密集型的产业，进一步巩固全球领先地位；而对于中西部集聚水平较低的地区，重点发展当地资源密集型的新能源产业集群，同时加强政策引导，通过税收减免、财政补贴、信贷优惠等方式，减轻企业经营的负担和风险。可依托发展较快的新能源产业集群，组织产业交流平台，促进经验和技术的交流，加强区域间的合作，扩大优势地区新能源产业集聚的辐射范围和强度，且中西部地区应主动交流合作，共享先进的发展模式和技术。

■ 本章参考文献

[1] 张胜军，门秀杰，孙海萍，等."双碳"背景下生物液体燃料的机遇、挑战及发展建议 [J]. 现代化工 ,2022,42(6):1-5.

[2] 张东旺，史鉴，杨海瑞，等.碳定价背景下生物质发电前景分析[J].洁净煤技术,2022,28(3):23-31.

[3] 田宜水，单明，孔庚，等.我国生物质经济发展战略研究 [J]. 中国工程科学 ,2021,23(1):133-140.

[4] 张迪茜.生物质能源研究进展及应用前景 [D]. 北京：北京理工大学 ,2015.

[5] 朱孝成，窦克军，王振中，等.中国农林生物质发电项目经济性分析 [J]. 全球能源互联网 ,2022, 5(2):182-187.

[6] 马隆龙，唐志华，汪丛伟，等.生物质能研究现状及未来发展策略 [J]. 中国科学院院刊 ,2019, 34(4):434-442.

[7] WANG C, RAZA S A, ADEBAYO T S, et al. The roles of hydro, nuclear and biomass energy towards carbon neutrality target in China: A policy-based analysis[J]. Energy, 2023(262): 125303.

[8] RULLI M C, BELLOMI D, CAZZOLI A, et al. The water-land-food nexus of first-generation biofuels[J]. Scientific reports, 2016, 6(1): 1-10.

[9] SEARCHINGER T D, BERINGER T, STRONG A. Does the world have low-carbon bioenergy potential from the dedicated use of land?[J]. Energy policy, 2017(110): 434-446.

[10] 单明 . 生物质能开发利用现状及挑战 [J]. 可持续发展经济导刊 ,2022(4):48-49.

[11] ELSHOUT P M F, VAN ZELM R, BALKOVIC J, et al. Greenhouse-gas payback times for crop-based biofuels[J]. Nature Climate Change, 2015, 5(6): 604-610.

[12] 吴创之，阴秀丽，刘华财，等.生物质能分布式利用发展趋势分析 [J]. 中国科学院院刊 ,2016, 31(2):191-198.

[13] SHAN M, LI D, JIANG Y, et al. Re-thinking China's densified biomass fuel policies: large or small scale?[J]. Energy policy, 2016(93): 119-126.

[14] 谢传胜，华生萍，徐欣，等.我国风机制造业竞争力强度研究：基于景气指数分析法 [J]. 技术经济 ,2011,30(2):61-65.

[15] 崔学勤，王克，邹骥.中国风机制造技术转移模式与技术进步效果评价 [J]. 中国人口 · 资源与环境 ,2011,21(3):64-70.

[16] 祁和生，胡书举.分布式利用是风能发展的重要方向 [J]. 中国科学院院刊 ,2016,31(2):173-181.

[17] 张明明 . 我国风力发电项目融资问题研究 [D]. 大连：东北财经大学 ,2010.

第 2 章

安全稳定：
新型电力系统的
建设与完善

能源结构转型如火如荼，我国新型电力系统建设面临诸多挑战。在新形势下，如何把握中国电力体制改革的最新进展，保障电力供应安全？在电力系统迈向高比例可再生能源过程中，为了提升新型电力系统的稳定性，应当如何发挥安全可靠的特高压输变电线路的载体作用？在促进"电—证—碳"衔接联动的机制下，如何完善绿色电力交易机制？在风电、光伏消纳的困境中，如何推进完善多元化并网机制？为了以最低的成本和最高的效率为电力系统的整体低碳转型提供支持和保障，如何同步发展"CCUS+煤电"和"储能系统+风光"的组合？

2.1　迈向高比例可再生能源过程中特高压产业发展研究

2.1.1　中国特高压产业发展现状

在实现"双碳"目标的进程中，发展可再生能源是根本，因此发展大风电、大光伏可以说是必由之路。但是随着可再生能源装机容量的不断增加，大量弃风、弃光、弃水现象发生，使得消纳成为制约中国可再生能源发展的主要问题。为了解决新能源的消纳问题，中国在"十三五"期间就明确指出，今后影响新能源开发布局的主导因素由资源约束转向消纳约束。政策一方面引导优化新能源的开发布局，另一方面督促电网企业进一步挖掘和提高运输调节能力。如何提高电网输送和调节潜力？2022 年 1 月 24 日，国家主席习近平提出，要加大力度规划建设以大型风光电基地为基础、以其周边清洁高效先进节能的煤电为支撑、以稳定安全可靠的特高压输变电线路为载体的新能源供给消纳体系。同年 3 月，国家发展改革委、国家能源局印发《"十四五"现代能源体系规划》亦有相同表达。这说明我国未来将构建"大风电"和"大光伏"为基础的新能源供给体系、清洁煤电为支撑的新能源稳定体系，以及特高压输电为载体的新能源消纳体系。

特高压输电工程是指交流 1000 千伏和直流 ±800 千伏及以上电压等级的输电工程。相比较于高压和超高压输电工程，特高压输电工程电压等级更高，因此输电损失小，具有输送距离长和输送容量大的优势。中国并不是最早提出和建设特高压的国家，早在 20 世纪，苏联、日本和一些西方国家已经开始建设特高压工程，但是其到最后都未真正得到发展。中国特高压从提出到现在已有将近 20 年的发展历史，其目前特高压技术位列世界第一。在中国，按照特高压发展不同阶段，可以将其细分为四个阶段，分别为设计阶段、试验阶段、初步发展阶段、快速发展阶段。2004 年 12 月 27 日，国家电网公司党组会议提出发展特高压技术，并建立以特高压为核心的坚强电网的战略构想，这可以看作是试验阶段的开始。虽然在此之前中国已有相关特高压技术研究的科技计划，但是并未得到足够重视。2005 年 5 月，国家电网正式启动交流特高压试验示范工程相关设计。2006—2010 年是中国特高压建设的试验阶段，在此期间，中国建设的全球首条交流特高压工程"晋东南—南阳—荆门"特高压交流试验示范工程正式开工，并于 2009 年正式投产运行。在特高压的试验和设计阶段，中国电网也正处于快速发展阶段。那时的中国电网还比较薄弱，往往是哪里需要用电就在哪里发电，而发电的重要原材料煤炭主要靠运输到各地发电厂。此时受到运力的限制，电力供需吃紧，导致用电高峰期的周期性限电和缺电现象。所以，中国第一条特高压线路输送的电力是由煤炭大省山西发出的火电。

2010—2017 年是中国特高压的初步发展阶段，在该阶段我国已经建成了世界第一大电网系统。从发展速度来看，可以将这一阶段进一步分为 2011—2013 年和 2014—2017 年。图 2.1 和图 2.2 展示了中国特高压线路和中国特高压投资规模的变化趋势。可以看出，2011—2013 年，中国特高压投资规模较之前略有提升，其相对的特高压长度增速不快。2014—2017 年，中国特高压投资规模相较于前三年呈现翻倍增长，这使得特高压线路长度也趋于急速增加。之所以称之为初步发展阶段是因为在此乃至之前的阶段，中国对是否真的需要大规模部署特高压工程意见不统一。在特高压得以初步发展的阶段，一个重要的支持背景就是《大气污染防治计划》。根据人口分布情况，我国在地理上有一条有名的分界线叫做"胡焕庸线"，在该线以西地区能源丰富但人口稀少，该线以东能源贫瘠但人口密集。煤炭能源往往从西部运到东部发电，从而产生了人口密集区严重的环境污染问题。因此，特高压在 2012 年被列入《大气污染防治计划》。我国在"十二五"期间核准了"六交七直"，并开工"两交三直"特高压线路工程。事实上，早在 2004 年，我国就已经成为世界上水电装机容量最多的国家，起因是水电丰富的西南地区因为电力无法远距离送出而出现的大范围的弃水现象。水电是清洁能源，在此期间，更多运输水电的特高压线路，如"云南—广东""溪洛渡—浙江"等特高压线路投产运行。2018 年至今，特高压正进入快速发展阶段，仅 2018—2020 年特高压工程投资就超过 2000 亿元，并且"十四五"期间国家电网拟投资 3800 亿元。随着更多关于未来中国能源规划方案的提出，如能源互联网和智能电网，以及考虑到特高压对于中国能源系统的清洁化的优势会使得特高压对于中国先进能源系统的重要性愈发突显，国家能源局在 2018 年印发的《关于加快推进一批输变电重点工程规划建设工作的通知》规划了"七交五直"12 条线路。2020 年 2 月，中央全面深化改革委员会第十二次会议提出大力发展"新基建"，包括 5G 建设、特高压、新能源汽车充电桩、工业互联网、城际高速铁路和城际轨道交通、大数据中心及人工智能七个领域。2020 年 9 月，习近平主席在第七十五届联合国大会上提出碳达峰和碳中和目标。这些将推动更多密集的促进特高压发展的政策落地。截至 2021 年底，中国已经建成 15 条交流、18 条直流特高压工程，且相关电气设备实现高度国产化，中国特高压技术标准已成为世界技术标准。

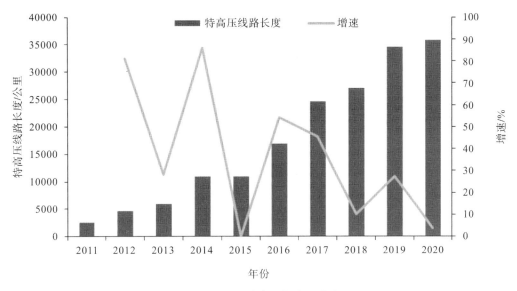

图 2.1　中国特高压长度及增速

数据来源：中国电力统计年鉴。

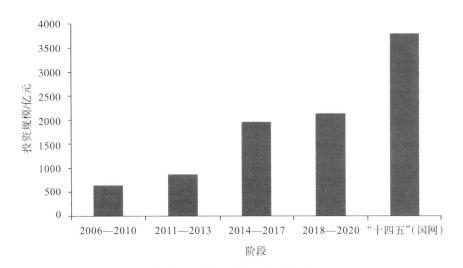

图 2.2　中国特高压投资规模

数据来源：国家电网。

2.1.2　特高压发展面临的挑战

正如前文所提，中国能源生产中心和负荷中心严重不匹配。中国的煤炭资源集中在山西、陕西、内蒙古、新疆等地；水资源集中在四川、云南、西藏等地；风能集中在东北三省、内蒙古、新疆、甘肃、青海、西藏等地；太阳能集中在西藏、新疆、青海、甘肃等地，而用电负荷中心却主要集中在东部和南部。整体来说，我国

76% 的煤炭、80% 的风能、90% 的太阳能都分布在西北地区，80% 的水能分布在西南地区，70% 的电力消耗集中在中东部地区，从能源富足的西部到用电量高的东部距离 1000 ~ 4000 公里左右，这时专门解决 3000 ~ 5000 公里输电问题的特高压就显得尤其必要了。这一点在逻辑上合情合理，但特高压未来的发展仍然存在一些挑战。

首先就是关于特高压的成本问题。特高压技术在全球都是一种先进的电网技术，没有先迹可寻，因此往后每一步技术的突破可能都要付出比以往更加高昂的成本，并且伴随高昂的建设成本，可以发现特高压产业的进入壁垒比较高。为了支持碳中和目标的实现，我们需要高比例的可再生能源接入电力系统，而作为相对稳定的高品质水电因受地理因素的影响，未来发展规模有限。因此，在可再生能源中，不稳定的风电和光伏势必占取更高比重。国家电网希望通过特高压线路工程来建成更大的电网，通过数字化程度的提高来提高电网的灵活调节能力，进而增强电网韧性，取得联网效益。但是，任何一种解决能源系统问题的方案都要与其他备选方案进行比较，进而考虑综合成本。除了发展特高压这一方案，还有一种方案是通过大规模储能来应对风光电力的波动性。但是储能无法解决风光资源分布不均的问题，因此特高压和储能并不是对立的能源解决方案，而是互补的能源解决方案。除了储能方案外，另一种方案是将东部的高耗能产业向西部进行转移，以平衡能源生产和负荷差异。的确，近几年西部地区的电力消耗快速上升，但是东部和南部地区随着第三产业的发展，用电量也在不断增长。因此，产业转移只能尽量平衡能源生产和负荷的差异问题，并不能解决。所以从这一点上来看，通过特高压远距离输送西部风光资源仍旧是必需的。并且随着经济的增长和用电量的增加所带来的规模化优势，当前特高压的技术和建设成本将会随着时间的增长被不断摊薄。

其次就是特高压的发展是否促进了可再生能源电力的消纳。图 2.3 展示了由国家电网和南方电网报送的中国主要特高压线路近些年的输电量情况。可以看出，近年来国家电网运营的特高压线路的输送电量呈现递增趋势，而南方电网运营的 4 条特高压线路呈现递减趋势。之所以递减，考虑可能有两方面原因，南方电网运营的特高压线路输送的很大一部分电力是由西南地区送往广东地区的水电，一方面可能是西南地区经济的发展导致自身消纳的增加，一方面可能是疫情对于经济发达地区造成的冲击所致。表 2.1 展示了近些年中国主要特高压线路输送的电量中可再生能源电力占比。根据 2020 年度全国可再生能源电力发展监测评价报告完全统计（2021 年报告统计不全），全国可再生能源发电占总发电量的 29.1%，其中比重最大的是水电，全年累计发电 13552 亿千瓦·时，占总发电量的 17.8%，其次是风电和光伏，分别是 4665 亿千瓦·时和 2611 亿千瓦·时，二者合计占总发电量的 9.5%。截至 2020 年底，国家电网运营的 18 条特高压输送电量达 4559 亿千瓦·时，其中可再生能源电量 1682 亿千瓦·时，占输送电量的 37%，可见特高压线路输送的大部分电量还是火电。在众多特高压输电线路中，输送可再生能源电量最多的 3 条线路分别是锦苏直流（374.2 亿千瓦·时）、宾金直流（329.8 亿千瓦·时）和复奉直流（306.9 亿千瓦·时），所以在特高压输送的可再生能源电力中绝大多数都是水电。南方电网运营的 4 条特高压线路输送的全部是可再生能源电力，它们都是西南地区的水电输送通道。2020 年 7 月，由国家电网建立的中国第一条以输送风光电力为主的特高压输电线路——青豫直流正式开展运营，截至年底也仅输送了 34.1 亿千瓦·时电力。由此可见，目前特高压线路输送的绝大多数都是火电，而在可再生能源中水电又占绝对比重。另外，从表 2.1 中也可以看出，2021 年中国 23 条主要特高压线路输送的电量中，可再生能源的占比相比较 2020 年仅有 4 条线路，即雁淮直流、锡泰直流、鲁固直流、吉泉直流输送的可再生能源电量占比得到提升。可见，随着输电量的增长，特高压线路规模化高比例输送风光大基地电力仍旧存在一定的挑战。

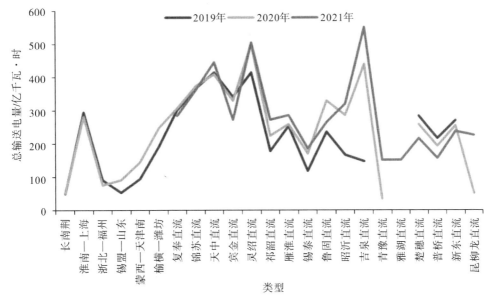

图 2.3　近年中国特高压工程总输送电量

数据来源：全国可再生能源电力发展监测评价报告。

表 2.1　中国交流和直流特高压线路输送电量情况

单位：%

序号	线路名称	2019 年	2020 年	2021 年
1	长南荆特高压	26.20	29.30	-
2	淮南—上海	0.00	0.00	-
3	浙北—福州	0.00	0.00	-
4	锡林郭勒盟—山东	0.00	0.00	-
5	蒙西—天津南	0.00	0.00	-

续表

序号	线路名称	2019	2020	2021
6	榆横—潍坊	0.00	0.00	–
7	复奉直流	100.00	100.00	100.00
8	锦苏直流	100.00	100.00	100.00
9	天中直流	50.20	40.70	35.80
10	宾金直流	99.90	100.00	99.90
11	灵绍直流	26.30	17.10	23.10
12	祁韶直流	30.90	27.30	26.10
13	雁淮直流	0.80	13.70	17.60
14	锡泰直流	0.20	0.30	22.40
15	鲁固直流	39.30	17.10	38.00
16	昭沂直流	36.10	47.50	33.70
17	吉泉直流	22.30	18.30	31.40
18	青豫直流	/	100.00	98.30
19	雅湖直流	/	/	97.00
20	楚穗直流	100.00	100.00	100.00
21	普侨直流	100.00	100.00	100.00
22	新东直流	100.00	100.00	100.00
23	昆柳龙直流	/	100.00	100.00

注：项目 1～6 为交流特高压线路，项目 7～23 为直流特高压线路，项目 1～19 为国家电网报送，项目 20～23 为南方电网报送。"/"表示线路新投产等原因数据缺失，"–"表示线路未统计等原因数据缺失。数据由笔者根据全国可再生能源电力发展监测评价报告整理所得。

最后就是特高压对于受端地区用电的稳定性问题。特高压线路至今未能接入很多绿色电力，还有一些技术方面的原因。目前大多数线路不能单独输送不稳定的风电和太阳能，而是需要和煤炭、水电等更加稳定的能源捆绑在一起。纯绿色能源的组合存在较高的风险，而该风险可能引起电力供应突然下降，进而威胁电网稳定。在这种多能互补中，风电所占的比例较低，通常占 1/3 左右。另一种不稳定性产生的来源是特高压线路的单一化。前文说到，特高压具有远距离和容量大的优势，具体又可以细分为直流特高压和交流特高压。直流特高压通常超过 1000 公里，因为更远的距离其才相对于交流特高压更具成本优势。但是直流特高压通常都是点对点式连接，联网效益不高。结果就是，一条远距离的直流特高压就可以满足受端地区相当大比例的电力消费，受端地区对于该特高压的依赖程度越高，那么一旦线路受损，对于受端地区的用电就是毁灭性打击。比如，向家坝到上海的直流特高压输电线路最大输送容量为 640 万千瓦，长度高达 1900 公里，可以满足上海 40% 的电力消费。如果该条线路承担过多的上海电力供应，那么任何故障都有可能导致上海电网的崩溃。

▇2.1.3 特高压产业链剖析及发展建议

图 2.4 对特高压产业链上游、中游和下游主要组成部分进行了梳理，同时对特高压产业链的中游成本进行归纳（以目前主流的特高压直流输电工程为例）。特高压产业链的上游主要是原材料的提供商和电源控制端，包含四大部分，分别是金属材料、传感器、绝缘材料和电子元器件。其中金属材料占主要成本，并且近些年铜、铝、铁等原材料的价格的波动，将直接影响特高压产业链中游电气设备制造成本。但是在特高压产业链上游，原材料资源丰富，并且来源广泛。因此特高压产业上游企业较多，议价能力弱。特高压产业链中游主要由特高压工程建设的相关企业构成，包括基建、线路、铁塔和站内设备。特高压中游可以说是特高压产业链的关键组成部分，因为特高压工程投资巨大。其中土地基建投资占比最高，大约占特高压成本的 40% 以上。特高压工程的基建主要包括工程设计机构和施工承包单位，设计机构主要由中国电力工程顾问集团下的六大区域电力设计院和其他省级电力设计院组成，施工单位主要由省级送变电公司和中国能建集团下的省级电力建设公司承担。中国的基础设施建设水平在世界具有一流的竞争力，这也使得特高压工程建设在基建层面具有成本竞争力。特高压铁塔和线路成本占特高压工程投资成本的 25% 左右，并且在这一环节中国生产企业众多，竞争激烈，行业壁垒相较其他环节较低，资源流动性好。中国目前的生产铁塔和线路的企业除知名的中国铁塔和特变电工等上市公司外，还有几十家非上市公司提供类似产品。而线路环节与铁塔环节类似，国内供应商较多，竞争格局较为分散，议价能力较弱。与铁塔和线路行业形成鲜明对比的就是特高压的站内设备行业，站内设备涉及各种特高压电器的制造类企业，往往具有更高的盈利水平，毛利率超过 30%。具体来说，关于直流特高压电器设备制造业，其制造的核心设备为变压器和换流阀，其成本占特高压站内设备总成本的 80% 左右。对于交流特高压电器制造业来说，其制造的核心设备为变压器和 GIS，占特高压站内设备总成本的近 50%。特高压工程站内设备制造行业技术壁垒较高，资源流动性不好，竞争比较集中，市场份额往往把持在头部前五的生产制造商手中，并且这样的发展态势正在逐步加剧。特高压产业链的下游主要是两大电网（国家电网和南方电网）和用户，由于其在市场中的垄断地位，所以在整个产业链中议价能力最强。特高压工程投资巨大，整个产业链中国企和央企数量较多，基本上可以说，整个特高压产业链是在政策引导下由下游两大电网投资来驱动的。

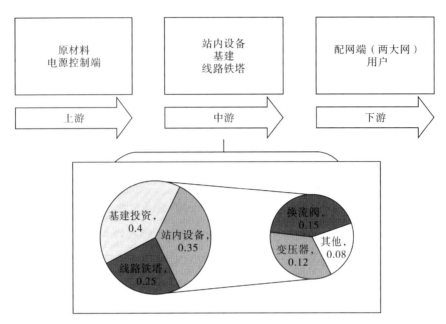

图 2.4　特高压产业链解析

资料来源：笔者根据公开资料整理。

通过对特高压产业链的分析可以看出，两大电网在整个产业链中占据主导地位，并且不同行业的竞争格局和盈利能力差异较大。在中国强大的资源禀赋和基建能力的保障下，核心设备行业利润高，竞争更为集中，资源往往集中在头部优势企业手中。而非核心设备行业竞争分散，毛利率较低，资源分布均匀。总的来说，特高压产业链的发展应首先从两大电网入手引导整个产业链的良性发展，同时兼顾打破行业壁垒以及促进资源在不同行业间的流动效率。首先，未来电网进行特高压线路工程规划时应综合考虑特高压对于风电和光伏可再生能源的消纳能力。目前特高压线路还未进行大量的风光能源输送，在很大程度上有技术方面的原因。目前，两大电网建成运行的绝大部分特高压线路无法单独运输风光这类不稳定的电力，必须与其他稳定类电力打包一起运输，例如火电和水电。单纯运输不稳定电力会导致电力供应的不稳定，进而影响电网的平稳运行。目前的特高压输送的多能互补电力中，风电和光伏大约能够占到1/3左右。想要依靠建设大电网来提高电网的调节能力，需要电网对各点之间能够互相联系，从而产生联网效益。交流特高压的确能够兼具输电和组网的功能，但是其仅限于解决800公里以内的输电问题，更远距离（超过1000公里）的电力输送需要依靠直流特高压，经济成本更低也更安全。但是，直流特高压输电的组网功能不强。所以，一方面，特高压需要通过多能互补或者大规模储能来确保电力的稳定输送；另一方面，针对常规直流特高压输电的不足，应大力发展柔性直流特高压输电技术。柔性直流输电技术在于解决常规直流输电无法组成联网效益的问题，可以多点输送，组网功能更强。综上所述，电网可以综合考虑各方案的经济型，选取"多能互补 + 特高压""储能 + 特高压""常规 + 柔性直流特高压"等组合方案。

其次，加快特高压产业链中游相关"卡脖子"技术突破。中国特高压技术在全世界处于顶尖位置，带动中国特高压设备处于净出口状态。特高压的发展对于中国未来在能源领域的优势地位十分重要，是打造未来能源互联网的支撑。这使得中国在技术领域的突破很少有他国经验的参考，只能注重自身的创新。虽然我国常规直流和交流特高压技术世界第一，相关电器设备已经实现完全自主化，但关于更先进的柔性特高压直流输电技术依然有部分元件受制于人。其中，最为关键的就是半导体器件——IGBT 元件，又被称为绝缘闸极双极性电晶体。在柔性特高压直流输电工程中，需要用到大量的 IGBT 元件，而在半导体领域，我国主要依靠进口。前面提到，中国未来特高压工程的建设要注重消纳能力建设，是因为当前的普通特高压直流输电工程无法输送高比例的风电和光伏资源，导致输送电力的不稳定。目前解决这一问题的主流方案就是多端柔性直流输电技术来改善电力的输送质量和分配效率，例如我国建设的世界首条 800 千伏特高压多端柔性直流工程——昆柳龙直流工程，实现输送电力的 100% 清洁化且更加稳定。考虑到 IGBT 市场长期被国外大型企业垄断，地缘政治因素也限制了柔性特高压直流输电工程的发展。特高压产业链中的关键技术往往属于站内设备。从特高压项目的整体成本来说，站内设备成本占比大约为 30%，其中与关键技术有关的设备成本大概不会超过 50%。这样大致算下来，关键技术的成本占整个特高压工程成本的比例可能不会超过 15%。但是，特高压产业链从上游到下游涉及原材料，到制造业，再到电网和消费端，产业链涉及经济的方方面面。关键技术行业属于高精尖行业，对于其他行业的带动效应也更加显著，只有关键技术产业链实现完整自主化，才能更好地发挥特高压对于经济的带动作用。这就需要未来相关企业加大关键技术的投资力度，进一步提升自身的创新能力。但是，有关站内设备的产业链中企业集中度较高，往往是少数几家企业把握着市场非常大的份额，行业壁垒较高，资源流动性较差，需要注意可能存在的因竞争不足而影响技术创新效率的问题。同时，政府也要做好相关政策支持，营造良好的创新生态环境，提供专项金融服务支持等，来支持创新全过程。

最后，应加快完善特高压输电价格机制，实现特高压线路与开放的电力市场耦合。中国目前新一轮的电力市场化改革主要涉及输配电价机制改革，这对于未来电力市场的可持续化发展十分重要。随着特高压线路输送电量的不断提升，建立合理和规范的特高压输配电价调整机制对于中国特高压产业未来的发展不可忽视。特高压线路输电往往涉及跨区域、跨省份输电问题，但是当前中国跨区域输电交易价格机制并不完善，辅助服务市场交易价格机制仍处于缺失状态，而之所以特高压线路至今未能接入大量绿色电力，除了考虑到不稳定因素和技术因素外，也有一部分相关价格机制的因素。目前，特高压线路输电仍旧是根据长期发用电计划，以固定价格和数量输送电力。虽然当前中国电力市场化改革正在如火如荼地进行，各省份也正逐渐展开电力市场化交易。但是现状是，无论各省份电力市场如何，均需保障一定数量的特高压输送电力的消纳，这就导致线路运营忽视了供需两端的变化情况。目前，中国特高压电网运行时间较短，还未实现更大的规模化经营。但是，中国拥有目前世界上最完善、成本最低的特高压产业链，因为特高压项目的成本中有 25% 左右来自线路和铁塔，40% 左右来自基础设施建设，并且线路和铁塔产业链中企业众多，基础设施建设公司经验丰富，这些都使得中国特高压产业链具备先天的成本竞争优势。可以预见的是，随着产业链不断发展，未来特高压项目成本势必还会不断下降。特高压线路输配电价参数的调整将直接影响到特高压工程建设的投资回报，以及相关产业链上企业的研发力度。现在应该做的就是进一步为特高压产业做好成本疏通工作，这就要规范和完善特高压输电价格管理机制，提高特高压线路输送电力价格的灵活性，以便能更好地调节政府、电力企业和用户之间的关系，实现电力资源在跨区域范围的优化配置，满足特高压电网未来的可持续化发展。

▶ 2.2 绿电交易"电—证—碳"衔接联动的机制、问题与对策

全球典型国家绿色电力交易制度的发展基本经历了"财政补贴→配额制＋绿证→市场化绿电交易"的过程。我国绿色电力交易还处于试点探索阶段，面临着与其他政策衔接不完善的问题。2022 年 1 月，国家发展改革委等七部门发布《促进绿色消费实施方案》，提出"做好绿色电力交易与绿证交易的有效衔接"。2022 年 11 月，国家发改委等三部门发布《关于进一步做好新增可再生能源消费不纳入能源消费总量控制有关工作的通知》(以下简称《通知》)，指出要"以绿色电力证书作为可再生能源电力消费量认定的基本凭证"，要求"积极推进绿色电力证书交易市场建设，推动可再生能源参与绿色电力证书交易"。推动"电—证—碳"衔接联动是绿电发展的重要方向，其面临的问题及应对措施都需要深入讨论。

▮2.2.1 "电—证—碳"发展现状

1.绿色电力证书的发展现状

绿色电力证书是可再生能源电力消费的唯一凭证。一个绿色电力证书对应 1 兆瓦·时可再生能源电力。绿色电力证书交易包括单向挂牌和协议转让两种方式。这两

种交易方式都可以提升新能源发电企业收益，减弱财政压力，也可以帮助绿色电力证书需求方消纳可再生能源配额。绿色电力证书价格包含电能价值和环境溢价两部分。绿色电力证书交易为新能源企业提供了环境溢价变现的渠道，直接增加了发电企业的收入水平。随着可再生能源装机容量的持续增长，绿色电力证书交易可以进一步增加发电企业利润，使在建发电项目能够按期建成和投产，并按中长期计划推进新项目落地，最终实现可再生能源的健康持续发展。中国于 2017 年开启绿色电力证书交易市场，但目前成交的绿色电力证书大多是企业出于满足出口要求或履行 ESG 责任的目的而认购，绿证市场持续低迷。虽然核发数量逐步增多，但交易率较低，处于"有量无市"的阶段。据中国绿色电力证书认购平台统计，截至 2022 年 12 月 8 日，中国风电和光伏绿色电力证书核发量分别为 3707.14 万张和 1887.96 万张，交易量却只有 230.58 万张和 448.67 万张，交易率均处在较低的水平。

2. 绿色电力交易的发展现状

2021 年 9 月，国家发改委、国家能源局复函国家电网和南方电网，在部分省份推动绿色电力交易试点。绿色电力交易的交易标的为附带绿色电力证书的风电、光伏等新能源上网电量。首批绿色电力交易电量 79.35 亿千瓦·时，溢价约为 0.03 ~ 0.05 元/（千瓦·时）。随后，京、津、晋、渝、湘、辽等多地发布相关政策支持绿色电力交易，扩大了绿色电力交易范围，绿色电力交易电量逐步增加。根据广东电力交易中心披露的交易数据，广东 2022 年绿色电力交易成交电量 6.79 亿千瓦·时，成交均价较煤电基准价高 0.06 元/（千瓦·时）。目前，中国的绿色电力交易以自愿交易为主，并没有实行"配额强制 + 自愿"交易的制度，绿色电力市场需求较弱。环境溢价会增加大部分用电企业的成本，在全社会尚未形成绿色消费习惯的情况下，大部分中小型用电企业支付环境溢价的意愿仍较低。囿于高发电成本，绿色电力不具价格优势，若环境溢价无法变现，那么发电企业的收益无法得到保障。此外，区域壁垒和绿色电力错配都导致了较为严重的市场化难题，不利于市场机制发挥作用。在交易机制不完善和供需不匹配的情况下，某些地区出现绿色电力价格低于煤电的状况。例如，江苏省电力交易中心披露的数据显示 2022 年绿色电力交易均价约为 0.47 元/（千瓦·时），较火电成交均价低 0.4 分/（千瓦·时）。这导致发电企业难以通过提高下游产品价格获取溢价收入。

3. 全国碳交易市场运行现状

碳交易是推动实现碳中和的市场化手段。中国碳排放交易市场的建设可分为两个阶段：第一阶段：2011—2020 年，开展碳交易试点；第二阶段：2021 年以来，全国碳排放权交易市场于 2021 年 7 月 16 日正式启动。碳配额的发放形式以免费分配为主，纳入碳交易市场的电力企业应该在规定的履约期内，根据实际排放的 CO_2 总量向主管部门清缴配额。图 2.5 显示了全国碳交易市场上线后成交总额和成交均价的变化趋势。

据统计，交易首日（2021 年 7 月 16 日）成交总量约 410 万吨，成交均价为 51.23 元 / 吨，但随后价格有一次波动下降的过程，且市场交易活力维持在较低的水平。在 2021 年底，即在第一个履约期末，碳交易成交量迅速增加，价格也有所上升。在履约期结束后，市场迅速归于平淡，碳价维持在 50 ～ 60 元 / 吨的范围内。碳交易具有明显的履约性，交易量集中在履约周期的最后一个月，其他时间交易的活跃度和流动性都较弱。可供交易的碳配额大都集中在控排企业手中，这些企业主要目标就是履约，交易意愿低迷，难以吸引其他市场参与者。

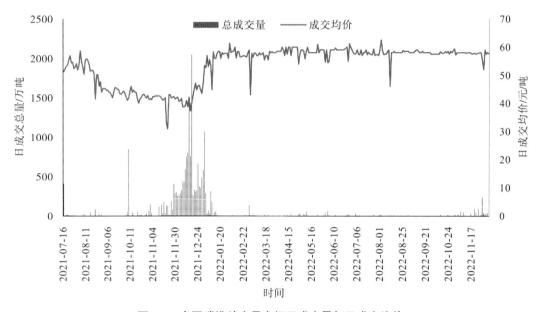

图 2.5　全国碳排放交易市场日成交量与日成交均价

数据来源：CSMAR 数据库。

■2.2.2　"电—证—碳"衔接联动的机制

绿证交易、绿电交易与碳交易三类市场的关系涉及多个市场主体、多个价格、多类交易方式，利用多交易市场的联动机制推动能源转型，可以突破各类市场之间原有壁垒，有利于在未来建立统一的碳中和大市场。三类市场的具体衔接机制可见图 2.6。

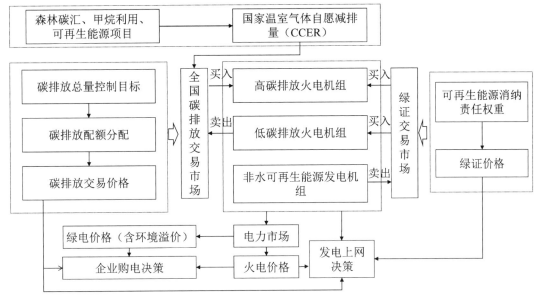

图 2.6　"电—证—碳"衔接机制图

资料来源：笔者根据公开资料整理。

1. 绿色电力与绿色电力证书的衔接机制

目前，绿电与绿证存在"证电分离"和"证电合一"两种交易方式。2022 年上半年，《南方区域绿色电力交易规则》和《北京电力交易中心绿色电力交易实施细则》相继发布，两大电网公司发布的文件均明确了"证电合一"的绿电交易方式，使绿电购买者拥有唯一、确定的环境价值所有权。《通知》也进一步强调绿色电力证书是可再生能源消费的唯一凭证。绿电交易实现了"证随电走、证电合一"。按照《通知》规定，绿证原则上可转让，这说明企业购买绿证并不意味着企业实际使用了相应的绿电，目的是消纳可再生能源配额或满足国外客户需求。发达国家大多采用"证电分离"的方式，主要方式是发电企业将与可再生能源发电量对应的绿证进行第三方认证，再将绿证卖给有需求的企业，因此，用户企业在没有消纳绿电的情况下获得了绿色电力证书。目前，在新能源发电占比增加的情况下，电力系统的安全性和稳定性面临更大的挑战，而"证电合一"要求电网必须做到实时的消纳和调度，这会使运营成本大大提升。因此，现阶段"证电合一"和"证电分离"仍是并存的两类交易方式，但随着可再生能源技术的发展和电力系统调节能力的提升，"证电合一"将成为主流的绿电交易方式。

2. 绿色电力交易与碳交易的衔接机制

中国的绿色电力市场与碳交易市场的协同主要体现在以下几个方面。

就价格联动机制来看。碳电价格传导机制是联系绿色电力市场和碳交易市场的重要机制。在火电行业被纳入全国碳市场后，面临碳排放配额的约束。在发电企业碳排放量高于原始配额时，企业需要在市场上购买碳排放配额以实现履约。购买配额的这部分支出将由发电企业承担，这提高了发电成本，进而抬升电价。此外，为降低碳排放，企业会增加投入以实现技术水平的提升，进而提高企业能源效率。这部分的研发成本将被内化，提高企业发电成本。在火电价格提升的情况下，绿色电力的价格劣势相对减弱，绿色电力与火电的价格差距进一步缩小，有利于提高企业购买绿色电力的积极性，继而增加绿色电力需求和新能源发电企业收益。

就市场主体来看。电力企业同时参与绿色电力证书、绿色电力和碳市场，在碳排放配额或可再生能源消纳权重的约束下，需要统筹制定发电上网决策。随着电力企业被纳入碳交易市场，度电边际成本势必会持续上升，火电的成本优势将被弱化，因此，电力企业将倾向于可再生能源发电项目投资，推动电力系统结构优化。新能源发电企业同时参与绿色电力证书和 CCER 项目。企业投资可再生能源发电项目，既可以通过绿色证书售卖获得环境溢价收入，也可以通过参与 CCER 项目获得收入，因此电力企业更有动机开发风电场、光伏电厂等新能源项目。

绿色电力的零碳属性是建立绿色电力与碳排放配额互认机制的基础。如果在企业购买绿色电力（带证）时，对绿色电力证书的零碳属性予以充分认可，并用以抵扣部分碳排放量，那么将会增加企业购买绿色电力的积极性，扩大绿色电力需求。若对应相同碳减排量的绿色电力环境溢价支出小于碳配额支出，购买绿色电力将比购买碳配额更具经济性，那么用电企业将倾向于购买绿色电力。随着火电行业被纳入全国碳排放交易市场，碳配额约束进一步收紧，加强了高碳排放企业购买绿色电力证书的积极性，并且未来更多的高排放行业将被纳入碳市场，绿色电力证书需求将进一步增加。按电网排放因子计算，消费 1 兆瓦绿色电力意味着减排 0.581 吨二氧化碳排放，绿色电力证书记录了绿色电力详细的属性信息，是现成的、精确的碳减排量核销方式。若绿色电力证书的碳减排属性得到官方认证，那么绿色电力证书交易就可以与碳交易市场形成良好的衔接。特别是在未来欧盟碳边境调节机制（CBAM）的影响下，碳配额核算标准将进一步统一，绿色电力证书与碳配额的互认和抵扣对于提高出口企业竞争力愈发重要，绿色电力证书碳减排量的国际互认有助于激发企业购买绿色电力的积极性。

■ 2.2.3 "电—证—碳"衔接联动面临的问题与挑战

（1）可再生能源电力运输技术当前尚不成熟，无法实现大规模绿色电力输送。"证电合一"意味着绿色电力证书这种二次分配手段需要受制于电网空余的输送能力。目前，亟需绿色电力的企业大多分布在经济发达的长三角、珠三角和京津冀地区，而绿色电力和绿色电力证书的供给方主要集中于"三北地区"。因此，"证电合一"需要解决远距离输电的难题。目前，已有输电通道均为历史规划，并配套有长期供应的传统电源，并无充足的空余输送能力用于大规模可再生能源电量的输送。因此，"证电分离"仍是必要的交易方式，绿色电力证书销售不需要受制于物理电量的输送能力，便于东部发达地区的企业获得绿色电力证书，完成可再生能源配额消纳。但随着市场交易制度及配套电网技术的完善，通过"证电合一"方式"把电变绿"只是时间问题。

（2）碳电价格传导机制不畅，电价信号作用未得到充分发挥。电力市场化是碳电价格传导机制发挥作用的保障。目前电力市场采用"基准价＋上下浮动"的电价策略，受政府调控影响比较明显，电力市场化程度较低，这导致碳成本并不能很好地通过电力市场传导至消费端，进而导致以下两个问题：一是，碳价上升造成的成本增加主要由火电企业负担，若电价低于煤电，则会出现成本倒挂现象，企业发电的积极性将降低，若出现火电机组的关停现象，可能危及电网安全，导致大规模停电，不利于电力系统向清洁化方向平稳过渡。例如，2021 年第四季度，受电力需求增长、能耗"双控"和煤炭价格上涨等多类因素的影响，东北地区、广东等多地纷纷"拉闸限电"，导致企业停工停产，给居民生活带来了极大的不便。在可再生能源发电占比上升、碳电价格传导不畅的情况下，保障用电安全成为能源转型最重要的约束条件；二是碳电价格传导不畅就无法很好地向电力市场传递碳价信号，无法缩小火电与绿色电力的价格差距，弱化绿色电力的市场需求。如碳成本得以通过电价传导，则碳市场、电力市场、绿色电力市场可形成良性循环，一方面有利于电力系统的稳定运行，另一方面也可以向消费端传递价格信号，以市场机制培养消费者的绿色消费习惯，增加消纳可再生能源电力的意愿。

（3）绿色电力的零碳属性缺乏官方认证。目前，各省份仍缺乏确定绿色电力零碳属性的官方文件和核算方法，导致电力消费的碳排放核算不能体现出绿色电力的零碳属性，无法建立起绿色电力市场与碳市场的关联机制，企业购买绿色电力的意愿将大打折扣。购买带绿证的绿色电力不能使企业在抵扣碳排放量方面享受益处，就无法通过扩大绿色电力需求来增加新能源发电企业的收益，也就无法刺激新能源发电项目发展。其次，外向型企业购买绿色电力证书或绿色电力更多是为了满足采购方的要求，提高企业国际竞争力，若国外碳关税对国内绿色证书的零碳属性缺乏认可，那么外向型企业购买绿色电力证书的意愿将被削弱，如何实现国内绿色电力证书和国际碳关税的互认是政府、企业以及相关机构未来需要考虑的问题。此外，各区域间的电力间接排放因子并不统一，这也不利于绿色电力交易与碳市场之间的衔接，根据 2019 年度电网排放因子，各区域之间排放因子存在较大差异，例如，南方区域电网为 0.66 吨 CO_2/（兆瓦·时），而东北区域电网为 0.87 吨 CO_2/（兆瓦·时）。但在全国碳市场中，核算电力间接排放时使用电力平均排放因子，最新版数据为 0.57 吨 CO_2/（兆瓦·时）。可见，不同区域、不同电力市场的排放因子差异较大，这不利于贯通全国绿色电力交易与碳市场的衔接。

（4）绿色电力证书价格高昂且国际认可程度不高。当前国内绿色电力证书价格仍较高，这意味着更高的碳减排成本，不利于增强国内用户的支付意愿。根据绿色电力证书认购平台数据显示，2021 年中国光伏和风电补贴绿色电力证书的平均单价分别为 647.9 元 / 个和 195.4 元 / 个，光伏和风电平价绿色电力证书的单价分别为 49.7 元 / 个和 46.4 元 / 个。其他两种在中国最为流行的国际绿色电力证书分别为 APX 和 I-RECs 国际绿色电力证书，APX 绿色电力证书的价格一般维持在 20 ~ 30 元，I-RECs 绿色电力证书更为便宜，一般为 3 ~ 4 元 / 张，远低于中国绿色电力证书的价格。因此，有绿色电力证书需求的企业更青睐国际绿色电力证书。早在 2020 年，中国绿色电力证书已完成与 RE100 倡议（Renewable Energy 100%）的互认工作。但如果外向型企业购买国际普遍认可的绿色电力证书，那就不需要向客户多做解释，但是如果购买的是中国绿色电力证书，可能需要支付"解释成本"。国内绿色电力证书是否能与国际接轨是确认绿色电力证书零碳属性、增加国内绿色电力证书购买需求、树立用户企业绿色形象的关键。

（5）环境价值的界定标准与核算机制尚需完善。目前新能源发电企业环境价值变现的途径包括出售绿色电力、绿色电力证书或 CCER。目前国家和地方政策未明确规定或限制企业的变现方式，导致新能源发电企业可能将对应相同碳减排量的 CCER、绿色电力证书、绿色电力卖给不同的企业，导致环境溢价重复计算的问题。这可能会造成后续的纠纷，也不利于准确把握全社会碳减排情况。"证电合一"和"证电分离"并行的交易方式难以排除新能源发电企业重复售卖环境价值的可能性。此外，新能源企业使用一份发电量实现多份收益，容易造成重复激励，导致新能源发电项目的盲目投资，在电网消纳能力和调度能力较低、储能基础设施不足的情况下，可能影响电网的安全稳定运行。随着《通知》的颁布，绿色电力证书的核发范围进一步扩大，在 CCER 重启之前，需要对同一项目是否能同时申请 CCER 和绿色电力证书做出明确规定，以避免碳减排量的重复计算。

■2.2.4 促进"电—证—碳"衔接联动的政策建议

（1）促进各类市场协同发展，推动碳减排量互认抵扣。目前绿证、绿电和碳交易的协同发展框架初步显现，需要统筹考虑三个市场的顶层设计，加强绿证、绿电、碳交易机制之间的有机融合，通过设计科学、合理的互认机制和抵扣方式将绿电（带绿证）的购买与碳排放核算联系起来，使绿证成为企业抵扣碳排放量的重要证明。同时，要厘清 CCER 项目与绿证重复的部分，在未来 CCER 重启时，应明确 CCER 与绿证的边界，规定企业只能选择一种方式来获得环境溢价的变现，耦合两者的核算体系，促进信息互通，避免碳减排量重复计算。2022 年 10 月 28 日，深圳市发布《关于促进绿色低碳产业高质量发展的若干措施（征求意见稿）》，首次开展了绿色电力消费与碳减排量抵扣的工作，提出"将绿色电力交易对应的二氧化碳减排量（与 CCER 不重复核证）纳入深圳市碳交易市场核证减排量，用于抵销重点排放单位不足以履约部分的当年度碳排放量"。其工作可以为其他地区以及全国碳市场未来的碳减排量抵扣工作提供借鉴。

（2）强化绿色电力证书的标识功能，鼓励绿色电力购买与使用。在"证电合一"的趋势下，要进一步强化绿色电力证书作为绿色电力消费标识的功能。第一，进一步扩大绿色电力证书核发范围。将分布式新能源、海上风电等逐步纳入绿色电力证书核发范围，可在绿色电力证书上标注发电类型，以供消费者根据需要选购。第二，要优化核发机制。利用数字技术实现绿色电力证书交易平台与电力交易平台数据的共享和互通，根据上网可再生能源电量直接生成绿色电力证书。第三，增加销售渠道。目前绿色电力证书只能通过绿色电力证书认购平台交易，渠道单一，可以将各电力交易中心拓展为绿色电力证书交易平台，有效衔接绿色电力交易、超额消纳量交易等；也可将碳资产管理机构拓展为绿色电力证书分销渠道，有效衔接碳市场。第四，建立健全认证体系。构建绿色电力证书的核发、交易、核销全生命周期追踪机制。对绿色电力产品进行绿色低碳认证，使环境效益传导至消费端，为用户企业带来绿色形象。第五，加强宣传力度。普及绿色电力证书知识，培养绿色消费意识，引导全社会参与绿色电力消费。

（3）厘清环境价值核算边界，避免重复计算。要统筹考虑绿色电力市场与碳市场建设，厘清电、碳市场各种交易界限，由此实现多种交易机制有效的衔接融合，避免环境价值在不同的市场被重复计算和交易，确保环境权益的唯一性，增强绿色电力消费证明的可信度。在进行 CCER 机制设计时，需要注意与绿色电力证书交易的衔接，要厘清 CCER 项目与绿色电力证书重复的部分。在未来 CCER 重启时，应规定企业和第三方机构在申报和评估项目时应明确报告 CCER 项目是否具有重复计算的问题；政府可以出台 CCER 与绿色电力证书重复计算或使用的惩罚措施，杜绝不法企业的投机行为；核算平台应加强信息互通，耦合两者的核算体系，避免碳减排量重复计算。

（4）提高输电通道利用率，完善绿色电力交易体系。绿色电力市场的发展依赖于集中式和分布式风光等新能源的开发。目前，我国集中式新能源仍占主体地位。因此，"三北"地区应优化推动大型综合能源基地的建设。中东部地区应推动分布式风光开发，推动绿色电力就近开发消纳。未来需要不断提升输电通道的利用效率和可再生能源电量占比。与可再生能源电力输送效率较高的欧洲国家相比，中国有着独特的国情，即可再生能源电力的输电距离较长，存在绿色电力错配现象，亟须探索出符合中国国情的可再生能源输配方案。要实现绿色电力与绿色电力证书的"证电合一"，就必须不断提升电力大通道的运行效率，在确保用电安全稳定的前提下，加大可再生能源电力跨区域输配能力。同时，需要重视支撑性煤电的开发，促进西部地区的新能源外送，在确保能源安全的前提下，促进可再生能源的消纳。如前文所述，在跨区域市场交易机制不完善和区域壁垒的影响下，绿色电力并没有实现更大范围的优化配置，也尚未形成统一定价机制。因此，需要探索进一步建立健全跨区域绿色交易机制，并行推动绿色电力就近消纳和跨区域绿色电力交易，有效构建全国统一市场下的绿电交易机制和绿电价格形成机制，实现绿色电力的优化配置。

（5）疏通碳电价格传导机制，充分发挥电价信号作用。疏通碳电价格传导机制，需要优化碳价形成机制和推进电力市场化进程。首先，碳排放配额的设定和分配对碳价形成具有显著影响。因此，需要不断完善配额分配制度，目前我国采取的分配方式是自下往上加总得出配额总量后进行免费分配，未来随着市场机制建设的日趋完善，应逐步实行碳排放配额有偿拍卖机制。电力市场化建设是碳电价格传导的机制保障，在保证电力稳定供应的前提下，应继续提高电力市场化程度，提升碳价向电力市场传递的效率，促进碳成本向消费端转移，逐步提高绿色电力的相对优势，激发绿色电力需求。目前，需要进一步完善分时电价机制，稳步推动电力市场化改革，为新型电力系统提供机制保障，逐步实现电力系统低碳转型。

（6）充分利用数字化技术，推动绿色电力证书国际互认。首先，厘清环境价值的归属需要建立环境价值形成、核算、售卖的全程追溯机制，充分利用区块链等技术加强绿色电力、绿色电力证书和碳交易三类市场的耦合发展和数据共享，明确绿色价值交易和归属的唯一性，避免数据造假和重复交易。其次，要充分利用数字化和标准化技术，对新能源发电企业的发电数据进行核证，并报送国际绿色电力证书核发结构，推进绿色电力证书国际对接，提高国际认可度。未来，在欧盟碳边境调节机制（CBAM）的影响下，碳配额核算标准将进一步统一，国际绿色电力证书与碳配额的互认和抵扣对于提高出口企业竞争力愈发重要，要积极推进绿色电力证书碳减排量的国际互认，使消费绿色电力的企业享有更大的国际竞争力，激发消费绿色电力的积极性。

▶2.3 优化电力体制机制，保障电力供应安全

近年来，受新冠疫情冲击、经济转型发展、能源结构调整、国际地缘冲突多重因素影响，能源短缺频繁在全球各地上演。其中，电力短缺的发生频率最高，影响覆盖

面也最为广泛。虽然全球各地出现电力短缺的原因及程度不一，但都对工业生产、民生保障产生了或多或少的不利影响。

新形势下，虽然中国电力市场化改革持续推进，但电力生产和消费结构的持续转变还是导致了局部地区缺电现象的不时出现。2021 年，为缓解用电紧张态势，多个省份实施有序用电方案。如 1 月"三九天"时期的江苏、浙江等 8 个省份和 7 月"桑拿天"时期的广东、广西、河南等 12 个省份。2022 年叠加极端天气影响，更多省份出现电力紧缺现象，东北地区甚至出现居民限电行为。目前，作为电力供应"压舱石"的火电行业利润空间有限且多为负值，电力供应积极性严重受损，市场上电力供应不足，由此导致各地政府不得不拿起"错峰用电""拉闸限电"等有序用电方案维持通常情况下的电力需求，但电力供应依然捉襟见肘，面临着新的挑战。

究其原因，一方面，国内能源结构转型如火如荼，我国电力系统面临新旧能源转换等诸多阵痛因素；另一方面，疫情后复产复工需求、极端天气等气候因素不时导致用电高峰，挑战电网系统运行。在此背景下，把握中国电力体制改革的最新进展，预判新形势下电力系统面临的挑战阻碍，借鉴国内外电力系统安全保障经验，剖析电力体制机制改革的重点与难点，对于新型能源体系下的电力供应安全及政策优化设计具有重要意义。

2.3.1　中国电力市场化改革的新进展

2015 年 3 月中央发布的《关于进一步深化电力体制改革的若干意见》被认为是中国电力系统改革进入新阶段的标志。本轮改革的目标在于核定输配电价和放开增量配网市场和售电市场。2015 年以来的"电改"对提升企业效率和强化激励和约束机制等起到了良好的促进作用。

电改 9 号文以来，我国电力市场日益完善，市场上电力越来越成为一种"商品"，市场竞争性有所强化，电力价格对资源配置优化作用也逐渐增强，电力市场中的交易主体和交易规模显著增加。具体来讲，主要包括以下几方面。一是交易机构独立规范运行，组建了北京、广州等 35 家交易机构，实现各省份全覆盖。二是发用电计划有序放开，经营性电力用户发用电计划全面放开，价格形成机制不断完善。三是电力市场化交易机制不断完善，中长期交易体系全面建立，首批电力现货市场建设试点进入结算试运行。四是输配电价改革持续深化，监管体系基本完善。五是配售电业务加快放开，鼓励社会资本投资运营增量配电网，向社会资本放开增量配电业务，形成多买多卖的市场竞争格局。六是辅助服务市场建设稳步推进，运营规则持续完善。

2022 年 1 月中央发布的《关于加快建设全国统一电力市场体系的指导意见》被认

为是我国 2015 年开始的新一轮电改迈入新征程的标志。另一个新变化，则是强调要加快建设一个符合我国资源禀赋条件、促进新能源消纳的全国统一电力市场体系。目前，我国已经初步形成空间、时间周期完善的现货交易市场和交易品种多样的市场体系，辅助服务市场也基本建立。

2023 年 7 月，中央全面深化改革委员会第二次会议审议通过《关于深化电力体制改革加快构建新型电力系统的指导意见》，强调要科学合理设计新型电力系统建设路径，在新能源安全可靠替代的基础上，有计划分步骤逐步降低传统能源比重；健全适应新型电力系统的体制机制，推动加强电力技术创新、市场机制创新、商业模式创新；推动有效市场同有为政府更好结合，不断完善政策体系，做好电力基本公共服务供给。

2.3.2　新形势下电力供应面临的挑战

电力系统的清洁低碳转型是实现双碳目标的关键一环。除了电源供给侧的结构转型外，需求侧的新趋势也给电力供应安全带来了诸多挑战。

（1）风光等新能源发电具有随机性、波动性、不确定性等硬性缺点，出力稳定性较差。新型电力系统要求新能源发电逐渐占据主体地位，这对电网安全稳定运行带来了较大挑战。首先，新能源"靠天吃饭"的特征明显，具有显著的"极热无风、晚峰无光"特点，难以充分满足用电负荷高峰期的需求。不管是风电、光伏还是水电，极端天气下，经常出现负荷需求激增和发电出力急降的尴尬局面。举例来看，长期的阴雨天气将降低光伏发电能力，如南方的梅雨季节；长期的干旱将伴随着无风，从而降低风电发电量；猛烈的台风则不仅会影响光伏出力，还会损毁暴露在屋外的光伏和风电设备，使固定资本被迫提前折损。也就是说，无论是以天为维度还是以月、年为维度，新能源的出力曲线波动性都较大，且极易受到外界因素的影响。在曲线的低谷期，就需要可操作性强的电源对电力需求进行满足，实现电力平衡；而在曲线的高峰期，电力供给大于需求，又会使资源产生浪费，这就对消纳能力和储能技术提出了新的挑战。

其次，新能源电压和频率稳定性不足，大规模并网消纳存在技术水平的客观制约。并且，新能源比例越高，电网侧的系统稳定压力越大。电力供应的环节有发电、输电、配电和售电四个，且各环节对基础设施均具有较高的依赖性。传统电源的发电网络由大量特性相近的同步发电机组成，由此才能实现电力的功率平衡和频率稳定。新能源发电则追求最大化利用现有发电能力，未考虑消纳和系统平衡等因素，电网稳定性面临风险。未来新能源发电比例的增加和传统电源的逐步退出，将使同步发电机数量下降，系统惯性水平和一次调频资源逐渐减少。可以预见，在储能尤其是长时储能技术尚未达到成熟时，我国电力供应将在较长时间内面临着电压和频率波动巨大、并网消纳矛盾凸显等问题。

最后，新能源供需两侧存在时间和空间上的不匹配，输配电网建设改造需要过程。从时间上来看，新能源供需错配主要体现在日间高峰负荷上。为此，需要将储能设备纳入电网建设的关键。从空间上来看，我国风光资源主要分布在西北地区，而负荷需求集中在东南沿海地区。风光资源则主要分布在东北、华北、西北"三北"地区，如内蒙古、冀北、新疆、青海、甘肃、宁夏等地区都拥有大量的风光资源。随着风光大基地建设提速，将进一步加大电力外送地区（三北和西南）的新能源消纳压力。针对区域间的不匹配问题，不管是就地消纳还是跨区域运输协调都需要相应的基础设施建设加以解决。需求与出力时间上的不平衡则需要储能技术的进步与大规模部署才能实现。其中长距离运输主要依靠特高压线路来完成，但特高压建设周期较长，未来输配电网等基础设施的建设压力仍较大。

（2）煤电受制于煤炭价格倒挂、能耗双控、让路新能源等众多约束，发电出力受限。煤电市场的固有矛盾叠加新能源发电出力的硬性缺点，导致了煤电的低碳转型之路更加波折。首先，煤电市场上煤炭价格倒挂矛盾凸显，煤电亏损降低了发电积极性。我国的煤炭价格总体由一年签订一次的煤炭中长期合同（中长协）决定，但每月可以随运输距离、运输方式和煤炭质量的不同而相应调整。由此导致煤炭价格仍随着市场供需而改变，是"市场决定"的。但就电力价格而言，其标准往往由国家统一给出，电网企业难以随煤炭上涨导致的发电成本上涨而相应地调整终端电力的价格，即是"计划给出"的。"市场决定"煤价和"计划给出"的电价使煤炭价格高涨时，发电企业难以采取涨价措施消化高昂的成本，从而发电多少亏多少。近年来不断推动的电价改革确实可带来火电企业发电收入的增加，但在煤价上涨幅度过大时仍会存在上浮电价无法覆盖成本的问题。当前，中国电煤价格高涨，而煤电价格的传导机制仍然不够顺畅，不少电厂仍处于亏损状态。

其次，双碳目标下的能耗双控等管制措施限制了煤电的发电出力。双碳目标下，煤电节能降耗考核指标严格，不少电厂出现考核前"抱佛脚"现象，发电积极性不高，影响电力供应安全。能耗双控是指对能源消耗的强度和总量的控制。我国的能耗双控政策是从 2021 年开始的，并随时间逐渐严格、层层加码。2021 年下半年，发改委提出各地方政府要"采取有力措施，确保完成全年能耗双控目标特别是能耗强度降低的目标任务"。面对如此紧张的半年期目标要求，地方政府纷纷采取强硬手段，"一窝蜂""一刀切"拉闸限电。在此背景下，火电装机量占比不断降低，稳定性电源发电出力大幅度下降，而新建的风光机组受其装机容量不足和自身劣势限制，难以弥补庞大的电力缺口。

最后，新型电力系统要求煤电逐渐让位于新能源发电，但没有给予煤电转型的足够动力。实现双碳目标，需要我国在大力发展清洁新能源的同时逐步减少煤电产量，煤电市场必须让位给新能源电力市场。但考虑到新能源发电的随机性、波动性和不稳定性等固有短板，煤电机组在很长一段时期内仍要发挥压舱石和稳定器作用，对煤电的调峰调频等应急需求不降反增，这就要求煤电机组的运行小时数大幅降低，固定成本占比增加，利润相应减少，需要更多的资金来弥补这一缺口。煤电转型除了要突破资金难关外，还要考虑技术限制。由于市场上仍必须保留部分煤电出力，对所留煤电机组的煤耗和灵活性标准要严控，可以通过技术突破提升机组参数，达到降低煤电机组能耗、加大深度调峰能力和快速启停能力等目标。双碳目标的两大阶段对我国煤电要求的侧重点有所不同——碳达峰阶段，应快速退出高能耗、低效率、小规模等燃煤电厂，降低煤电机组碳排放；而在碳中和阶段，应对煤电机组加装 CCUS 等负排放设施，实现煤电机组的净零排放。简而言之，当前煤电不仅要完成节能降耗改造、供热改造、灵活性改造的三改联动，还要尽早进行碳捕集、封存与利用等前瞻性布局，才能在更好服务新能源的同时降低沉没成本，这都需要大量的资金和技术。

（3）产业结构转型、新型用电业态、极端天气等因素导致的电力需求侧冲击愈加明显。首先，后疫情时代的经济复苏叠加产业结构转型升级，催生了数据中心、综合能源系统等众多新型用电业态，"数字经济"、"宅经济"等新型经济形态迸发，用电需求增加。并且，数据信息技术的极大进步使得需求侧呈现出数字化、智能化的发展态势，微电网、虚拟电厂等新型用能方式也大大提高了用电侧的融合程度。这意味着需求侧资源存在整合优化的空间，对电网的平衡调节能力提出了更高要求。

其次，气候变化加剧背景下，极端天气出现的频率及影响程度不断加大，以新能源为主的新型电力系统更容易受到电力供需两侧的双重冲击。进入 21 世纪以来的前 20 年，与 20 世纪末的后 20 年相比，全球高温、干旱、强降水、沙尘暴等极端灾害天气发生次数均有所上涨，其中以高温增加最多，超过 300%。极端天气频发使新能源发电出力波动性加剧，影响电力供应的稳定性。一方面，极端天气下新能源发电能力显著下降。在高温和干旱天气下，往往伴随着无风，即风力发电出力几乎为零；而在强降水和沙尘暴天气下，太阳辐射少，从而会使光伏发电成为不可能。另一方面，极端天气下对电力的需求会显著提升。如面对高温热浪的侵袭，电力需求就会随对空调、制冷等需求的增加而增加；面对严寒时则随对取暖、制热需求的增加而增加。也就是说，极端天气复杂化了电力的供给和需求，使二者的矛盾进一步尖锐。当前电网尤其是输配电网的智能化建设程度落后于电源供给侧的智能化程度，迫切需要智能化、数字化建设匹配供给侧的结构性转变。

2.3.3 国内外典型电力市场保供经验

近年来，电力短缺频繁在国内外出现。国外方面，美、欧、英等国电力市场形成了一些保障电力供应的经验做法，借鉴性的吸收对于我国电力系统供应安全具有重要意义。

电力交易市场方面，美欧等发达电力市场探索更大范围内的资源优化配置，并通过完善中长期交易体系平抑电力价格波动。电力交易市场是电力市场化的直接体现，交易价格的波动程度则体现电力市场的稳定性。当前，世界各国的电力交易市场都面临着新能源高比例消纳、交易主体更加多元、交易范围更加广泛的变化趋势，这大大增加了电力价格的波动性，也给电力交易市场提出了更多要求。为此，美欧等发达国家逐步扩大电力交易市场边界，构建多区域协同的交易市场，优化完善中长期交易机制，很好地降低了价格剧烈波动导致的风险，提高了电力系统供应的稳定性和安全性。

容量市场建设方面，国外电力市场积极探索稀缺电价、容量补偿、容量电价等机制补偿常规能源出力，保障电力系统充裕性。面对高比例的新能源电源的接入，国外也意识到煤电、气电等常规能源机组对于电力系统稳定的重要性。但是，低碳转型背景下，常规能源发电面临着投资改造、成本回收等资金问题。为此，美欧等发达国家逐渐探索稀缺电价、容量补偿、容量电价等机制保障电力系统的充裕度，提高了电源结构变化趋势下的可靠性。

需求侧管理方面，各国加强电源供应和负荷需求方面的协调互补以发挥需求侧资源的调节潜力，缓解供需矛盾，提高系统效率。国外很早就意识到需求侧管理的重要性，并通过峰谷电价、实时电价、阶梯电价、差别电价等价格手段引导用户需求，以改善电网负荷压力。面对新形势下的需求冲击，当前正在进一步探索分布式电源和负荷中心的耦合互补，并注重提升用户需求侧响应的积极性。此外，鼓励电网企业探索需求侧管理下的商业新模式，更好服务用户需求的同时实现新的盈利点。

国内方面，为应对日益频繁的电力紧张或短缺问题，江苏、浙江、四川、广东等地区采取有序用电等措施应对电力紧张问题，并形成了一些重要有效经验。

首先，传统能源发电仍是保障电力可靠供应的主体，要建立一次能源供应监测体系。以煤电为代表的传统电源具有稳定性强、灵活性高、调峰调频效果优等新能源发电所不可替代的优势，是维持电力供应安全的有效保障，在长期内仍将居于我国电力系统的重要位置。故而，我国应健全对以煤炭为代表的一次能源的预测预警机制。加强全国以及分级分类的能源生产、供应和消费信息系统建设，建立跨部门跨区域能源安全监测预警机制。

其次，稳定新能源出力，提高并网消纳能力对于电力保供具有重要意义。未来以新能源发电为主的新型电力系统要求新能源发电的快速发展，但新能源发电的随机性、间歇性等弊端难以有效克服，势必会对我国电力供应的安全性带来巨大风险。此外，极端气候频发对能源供需平衡带来额外的考验。提高新能源装机容量的同时，要推动新型储能高质量发展，支撑新型电力系统建设。

再次，充分发挥电网资源配置作用，加大跨区跨省余缺互济力度。科学安排运行方式，强化输电线路巡检和设备运维，加大电网建设力度，确保电网以全接线、全保护运行。像江苏、浙江、广东这样的能源消费大省，积极争取区外资源，通过区域间"电力置换"，加强各省区间电力合作，才能更有效地提高电力保供能力。

最后，电网保供与需求响应齐抓，努力实现用电负荷精准调节。对于电网企业而言，应以用户优先，及时反馈用户需求，优化电网服务流程。健全完善各项预案，加强实战演练，提升应急能力。加快推进新型负荷管理系统建设。要配合政府强化电力需求侧管理，引导用户合理错峰避峰，保障电力供应平稳有序。要大力开展能效提升、智慧用能服务，倡导全社会节约用电。

2.3.4 中国电力体制机制改革的重点

深化电力体制改革是电力市场化改革的根本任务，顺应电力系统供需两侧的变化趋势，建立完善相应市场化机制是未来的改革重点。

（1）不断优化电力交易机制，促进新能源在更大范围内的消纳并网和优化配置。新能源的大比例并网消纳不仅面临技术上的难题，还面临供需层面区域不平衡的现实困境。扩大市场交易范围、创新市场交易模式、优化价格激励手段正是解决这类资源优化配置问题的有效措施。首先，加快建设完善跨区域的电力交易市场，扩大新能源的并网消纳范围，也是对区域电力市场的有效补充。其次，通过完善中长期交易模式平抑现货市场日益增长的价格波动，降低市场参与主体的经营风险。最后，通过市场化的价格激励手段促进电网侧消纳新能源的技术难题攻坚，同时注重储能技术的研发应用，设置储能技术的市场化收益机制，从根本上解决新能源并网消纳的现实困难。

（2）逐步建立完善容量机制，保障煤电作为保障性电源和灵活性电源的收益补偿。中国的煤电装机庞大且长期占据供电主体地位，其功能定位的转变必然面临更多的困难和阻碍。首先，通过继续完善煤电联动机制来理顺煤炭－煤电价格，解决煤电市场的内部成本问题。在此基础上，煤电转型过程中的沉没成本和改造成本需要新的补偿机制加以分摊。煤电让路新能源的过程中还要投资清洁低碳以及灵活性改造等，面临电量收益下降和新增投资成本的双重压力，这些都迫切要求煤电新的盈利增长点的出现。在我国电力市场建设的早期阶段，可以探索容量补偿和电能量补偿的两部制定价方案，积累容量机制建设经验。随着电能量市场和辅助服务市场的逐步完善，再探索以市场竞争方式形成容量电价的容量市场。

（3）加强电力需求侧资源管理，应对高比例新能源电源结构下的不确定性冲击。为应对新能源天然的不稳定性，必须认识到需求侧资源的重要性。需求侧资源作为重要的灵活性调节资源，不仅可以事前防范短期电力供应短缺的发生风险，还可以降低电力短缺的事后影响程度。事前防范方面，通过对电能服务商、负荷集成商、售电主体、分布式能源间的整合互补实现资源的协调利用，进而在促进新能源消纳的同时缓解电力供需矛盾，提高全社会用能效率。事后调节方面，可以通过对电力用户间的协调实现有序用电，防止电力短缺的事态扩大，最大化降低不利影响。同时，相关电力运营服务商也可以通过大数据、云计算等技术更好地预测电力需求，在平抑电力负荷剧烈波动的同时实现盈利模式的创新。

2.3.5　中国电力供应安全的政策保障

优化电力体制机制，保障电力供应安全，是中国在"双碳"目标约束下和后疫情时代经济平稳健康发展的关键和前提。中国保障电力供应安全必须同时运用且要运用好政府和市场的"有形的手"和"无形的手"。

（1）扩大交易范围，深化建设全国统一电力市场。与政府调控的"有形的手"比起来，市场机制这一"无形的手"是优化我国电力资源配置的最佳手段。在政府制定或完善其他政策机制前，首先应做到的是深化建设全国统一的电力市场，扩大交易范围和交易主体，增强市场流动性，恢复价格的信号传递作用，使电价能进一步反映电力供求的真相。要推动多层次的全国统一电力市场建设，提升建设灵活性，遵循"宜省则省，宜区域则区域"原则，因地制宜发挥全国统一电力市场灵活性。全国统一电力市场建设应充分考虑未来以新能源发电为主体的新型电力系统，调整交易周期和交易频次。要完善煤电价格补偿机制，健全辅助服务市场，提升市场建成后电力调度权的公平性和独立性，公平分摊新能源发电产生的系统性成本。要合理定价新能源绿色价值，要进一步明确绿电市场、绿证市场和碳市场的功能定位，构建协同的绿色交易体系。

（2）完善容量成本补偿机制，探索容量市场建设。根据国内外电力市场的实践经验，保障发电容量充裕性的机制主要有稀缺电价机制、容量补偿机制和容量市场机制三类。首先，完善容量价格补偿分摊机制。通过现货偏差电费给容量提供资金，可能存在容量补偿不确定性高，补偿标准无法覆盖容量投资成本等问题。容量充裕性的受益者是所有的用户，因此其成本也理应由所有用户分摊。可以制定动态调整的补偿方案，提升容量补偿标准，并将容量补偿费用向用户和售电公司进行分摊。其次，探索建立容量市场机制。参考国内试点现货市场的现状，可以在未来尝试探索建立容量市场拍卖机制。通过定期开展容量拍卖，同时对新建容量进行政策性的倾斜，增加容量投资的积极性。最后，鼓励新型储能等多种资源参与容量市场。储能作为灵活性资源，对于削峰填谷，缓解尖峰负荷具有重要的作用。在新能源快速发展的情况下，为了提升电力系统的灵活性，应该将新型储能纳入到容量市场或容量补偿机制中，加快新型储能的应用。

（3）整合需求侧资源，建立完善需求侧管理机制。国外对需求侧相应机制的建立较早，已经能够实现电网侧和用户侧的双赢。对我国而言，需求侧响应机制起步较晚，其建立首先要拓宽可调节负荷资源。可调节负荷资源种类多样，包括工业、电动汽车、商务楼宇、城市照明景观建筑等。目前我国可调节负荷资源以工业为主，未来可以进一步考虑其他可调节负荷资源，尤其是电动汽车和商务楼宇。其次要完善需求侧响应的政策体系。政策要明确需求侧响应主体的市场地位，保障需求侧响应主体的合法权益，为需求侧响应主体参与现货市场、容量市场和辅助服务市场提供动力。最后要完善各主体参与需求侧响应的激励机制。国外经验表明，在需求侧响应政策实施初期，若能够对各主体提供一定的价格补偿，可以更快推动需求侧响应市场的发展。待需求侧响应市场主体足够多时，可以采取补贴退坡等机制，使市场逐步放开。

▶ 2.4 推动虚拟电厂建设，提升电力系统稳定性

"双碳"目标下，构建新型电力系统成为电力系统的重点任务之一。随着能源转型的持续推进和新型电力系统的构建，煤炭将逐渐退出能源系统，取而代之的是大比例的具有不稳定性和反调峰特性的新能源。新型电力系统中的参与主体逐渐多元化，能源品种更加丰富。分布式电源正在迅速发展，未来将大规模并网，可能对电网的运行形成干扰。风电、光伏、氢能、储能、电动汽车等能源的加入以及市场主体的逐步放开都令调度和电能平衡更加复杂，对能源保供和稳定高质量的能源供应造成了威胁。除此之外，电能替代的进一步推进也使得全社会的用电需求逐年抬升。随着产业结构的优化与升级，用电结构逐渐向服务业和居民用电倾斜。用电负荷的峰谷差逐渐拉大，

对电网的调度能力和调峰调频能力都提出了严峻的挑战。而未来在客户端又存在大量电动汽车、分布式电源等可调节负荷的利用空间，如果将其纳入市场交易，可以减少资源浪费、提高能源利用率。

发展虚拟电厂（virtual power plant，VPP）是解决上述问题的有效措施之一，虚拟电厂对于新型电力系统的意义非凡。2022 年 3 月发布的《"十四五"现代能源体系规划》指出要推动虚拟电厂参与辅助服务，同年 6 月发布的《科技支撑碳达峰碳中和实施方案（2022—2030 年）》提出要建立一批适用于分布式能源的"源—网—荷—储—数"综合虚拟电厂。各省市纷纷出台支持性政策推动、鼓励虚拟电厂的研发和应用。2019 年国内首个虚拟电厂在河北投入运行，上海、广东等地陆续开展虚拟电厂试点。2022 年 8 月 26 日，国内首家虚拟电厂管理中心在深圳成立。目前，我国虚拟电厂尚处于起步阶段，厘清虚拟电厂的内涵和发展现状，分析当前发展阶段面临的挑战，对于积极推动虚拟电厂建设、提升电力系统的稳定性具有重要的理论意义和现实意义。

为此，本书将着眼于对虚拟电厂这一新兴业态的分析，从阐明虚拟电厂的内涵与优势开始，分析虚拟电厂的经济效益和社会效益，总结归纳虚拟电厂的发展现状。从我国虚拟电厂发展的现实情况入手，深入剖析现阶段虚拟电厂建设面临的挑战和存在的痛点、难点，在此基础上，提出推动虚拟电厂建设的政策建议，以期为新型电力系统的安全稳定运行提供参考。

2.4.1　虚拟电厂的内涵

电力系统运行面临的环境日益复杂，面临越来越多的威胁与挑战。一是气候变化背景下极端天气发生频率增大，能源电力供应与电力需求的不确定性和预测难度增加。气候变化引起的极端高温和极寒天气导致消费者对电力的需求激增，对能源储备和电力调度造成严峻考验。2022 年夏季的持续高温导致多省用电需求显著增长。极端天气引发的干旱问题会对供电造成冲击。2022 年，四川水电受到持续干旱天气的干扰发生"腰斩"引起电力短缺。高温天气同样给欧洲的电力生产造成冲击，引起法国水电发电量减少，冷却水的减少还导致内陆核电骤减。此外，莱茵河水位下降导致煤炭运输能力下降加剧了欧洲一些国家的供电压力。极寒天气会阻碍风力涡轮机的工作，例如在 2021 年，极寒天气导致美国得克萨斯州风力发电系统大规模停止工作，引起严重电力短缺。极端高温也会对光伏组件造成伤害。上述情况均会造成电力供需缺口。二是能源转型和能源革命是推动环境可持续发展的关键举措，而在实现"双碳"目标导向下，电力系统面临着一系列挑战。新型电力系统将经历间歇性可再生能源比例的大幅增加，这意味着电力供应将更加依赖于太阳能和风能等不稳定的能源来源。同时，优质稳定电源的比例将下降，这可能导致电力系统的可靠性和稳定性受到威胁。电网的调峰调频压力增大，整个系统的可观性、可测性和可控性都将降低。尤其在新型电力系统构建过程中电力保供的任务更为艰巨，系统调节能力和电网安全将受到严峻考验。三是在政策支持和产业发展的推动下，分布式电源正在迅速崛起成为电力系统中不可或缺的一部分。分布式电源的特点是能够在离散的地点产生电力，例如太阳能光伏系统和小型风力发电机。然而，大规模分布式电源的并网可能对电网运行产生干扰，并对电能质量构成威胁。这主要是由于分布式电源的波动性和不确定性，可能引起电网频率和电压的波动，给传统电力系统的稳定性带来挑战。在面对各种挑战时，电力系统的灵活性变得尤为关键。为确保系统的稳定性和可靠性，必须采取适当措施来适应和整合分布式电源，发展虚拟电厂的意义日渐凸显。

虚拟电厂是一套智能的电力管理系统，被视为颠覆性技术，其框架如图2.7所示。虚拟电厂的内涵可归纳为聚合性、智能性和灵活性。其一，聚合性。"聚合"是虚拟电厂的基础，虚拟电厂通过将系统中的多种可调节资源，例如分布式电源、柔性负荷、储能、电动汽车等，聚合在一起来实现其核心功能。因此，虚拟电厂的组成中包含发电部分、负荷部分、储能部分和信息通信系统。其二，智能性。虚拟电厂在电力系统中扮演着智能管家的角色，通过软件系统和信息通信技术实现对资源的智能调控和协调优化，利用大数据技术实现数据处理和电能预测，在维持电力系统的供需平衡的同时提高新能源电力的利用率。其三，灵活性。虚拟电厂可根据需求在"源""荷"的角色之间切换，既可以作为向电力系统供电的"源"，又可以作为消耗电力的"荷"。因此，虚拟电厂具备灵活的"削峰填谷"功能。在电网侧，虚拟电厂为电网提供了调峰、调频和备用负荷的功能，有利于缓解电网阻塞问题，优化电网的调度能力。在用电侧，虚拟电厂可以为用户提供节能方案和电源服务，同时还可以提供衍生增值服务，为用户参与市场创造了条件。在发电侧，虚拟电厂可以帮助对分布式电源的管理，通过先进数字技术实现智能调控从而减少能源供应缺口出现的风险。总之，在信息通信技术等先进技术的赋能下，虚拟电厂拥有了能够灵活调度的功能，可以同时扮演"荷"和"源"的角色，能用于应对新型电力系统面临的挑战。因此，虚拟电厂将在新型电力系统中扮演重要角色，是可再生能源的未来发展方向。

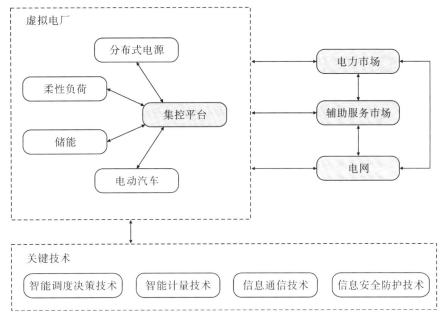

图 2.7　虚拟电厂的内涵

资料来源：笔者根据公开资料整理。

2.4.2　虚拟电厂发展现状与前景

1. 发展现状

虚拟电厂的概念最早在 1997 年提出，发展历程如图 2.8 所示。在 21 世纪初期虚拟电厂已受到了包括德国、英国、法国在内的欧洲多国的关注。从 2001 年起，欧洲多国开展虚拟电厂的研究项目，将中小型分布式发电纳入研究范围。2006 年起，欧美发达国家陆续建成多个虚拟电厂示范项目和商业项目，具有代表性的有欧盟的 FENIX 项目、德国的 Next Kraft-werkr 项目、美国的 ConEdison 项目等。亚洲国家中，日本在 2015 年正式发布推广虚拟电厂的政策，关西虚拟电厂在 2016 年投入运行。随着信息通信技术、智能调度算法技术、智能计量技术等技术的发展，虚拟电厂的技术也日渐成熟。欧美各国已形成一批运行成功、商业模式较为成熟的小规模示范项目可供借鉴。

总结国外的案例来看，国外的虚拟电厂发展拥有先发优势，具备以下几个特征。在技术上，国外已初步掌握虚拟电厂的核心技术，能够实现数据收集、协调控制各类资源、提供增值服务和技术方案的功能。依托技术优势，国外的虚拟电厂聚合的资源包括了源、储、荷各类资源。以 Next Kraft-werkr 项目为例，该虚拟电厂包含了发电侧和需求侧的资源以及储能，调控对象中可再生能源的占比最高。该项目可以实现资源管理与优化、调峰调频服务、电力交易服务，并且为工商业提供需求响应。在市场环境上，国外的电力现货市场和辅助服务市场均较成熟，为虚拟电厂营造了良好的市场交易环境。在运行模式上，国外虚拟电厂已进入商业化阶段，虚拟电厂项目可以通过提供电力交易服务、提供调峰调频服务、提供辅助服务获得收益。

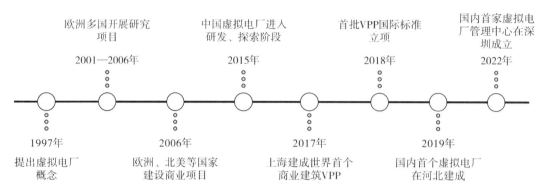

图 2.8　虚拟电厂发展进程

资料来源：笔者根据公开资料整理。

我国的虚拟电厂起步较晚，开始于"十三五"期间。从现实开展情况来看，国内还未进入市场化阶段，目前的运行方式仍是由政府主导的邀约型方式。上海、江苏、河北等地陆续开展了一些试点项目。随着数字技术的发展和新型电力系统的问题凸显，虚拟电厂受到的关注度与日俱增。与国外虚拟电厂不同，国内的虚拟电厂项目相对落后。在技术上，国内尚不能实现对分布式电源的控制，协调控制技术尚不成熟。因此，国内的试点项目多以实现负荷侧调控为主，在调控主体中可再生能源的占比较少。在运行模式上，我国未形成商业发展模式，虚拟电厂收益模式还在探索中。

在市场环境上，国内虚拟电厂市场参与度低，配套的电力现货交易市场和辅助服务市场均发展不成熟。但是，相关市场在政策支持下已经在逐步推动。如图 2.9 所示，尤其在 2021 年和 2022 年，在国家发布的能源系统建设相关政策文件中均提到虚拟电厂，表明了国家鼓励和支持虚拟电厂建设的政策导向。与此同时，深化电力市场改革、建设辅助服务市场和电力交易市场的政策体系也在完善中，为虚拟电厂行业的发展提供了有利的政策环境。《"十四五"现代能源体系规划》（发改能源〔2022〕210 号）等多个政策文件均鼓励开展各类资源聚合的虚拟电厂示范。除了直接鼓励虚拟电厂的政策之外，其他领域的政策都为虚拟电厂的发展提供条件。其一，新型电力系统的建设有序推进。新型电力系统相关政策频发，新型电力系统的各组分，包括风电、光伏、储能、电动汽车等均获得了政策的大力支持，随着各部分的有序建设，构成了虚拟电厂发挥作用的阵地。其二，政策支持电力现货交易市场的建设。《省间电力现货交易规则（试行）》已得到批复，《电力现货市场基本规则（征求意见稿）》也已发布，电力现货交易的标准和规则逐渐完善，各省相继开展现货交易试点，现货市场的全面运行已提上日程，将极大丰富虚拟电厂的应用场景，虚拟电厂将从中受益。其三，辅助服务市场的建设加速。各区域、各省陆续发布辅助服务市场相关政策文件，明确市场主体，扩展辅助服务品种，完善市场交易细则。在有效的政策支撑和利好的信息导向下，虚拟电厂有望实现跨越式增长。

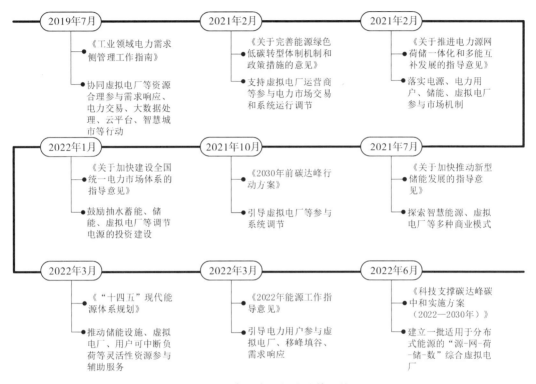

图 2.9　虚拟电厂相关政策文件

资料来源：笔者根据公开资料整理。

2. 发展前景

（1）虚拟电厂参与电力市场兼具经济效益和社会效益。虚拟电厂在先进数字技术的加持下可以整合不同种电源、调配不同负荷，为电网提供调峰调频等辅助服务。虚拟电厂在中长期市场中与大用户进行直接交易，以获得收益。它们可以承担售电企业的角色，可以通过购买发电权或向电力用户销售电力的方式，实现对能源资源进行优化管理。在实时市场中，虚拟电厂可参与现货交易和辅助服务交易获得收入，也可以开展需求侧响应业务获取经济效益。在现货交易市场中，虚拟电厂可在"源""荷"角色之间切换，既可以帮助平衡电能需求又能够借助电价差获取收益。在辅助服务市场中，虚拟电厂由于具有聚合性和灵活性，可充分发挥调峰调频功能，在需要的时候能够及时调控系统中的能源满足电力系统的需要。在需求侧响应市场中，虚拟电厂由于装备了智能技术能够快速获取信息并做出响应和决策。虚拟电厂的灵活调度能力和智慧管控能力也意味着电力系统可以适当降低装机备用率，减少不必要的冗余，节约建设投资，降低用能成本，提高资源利用率。因此，虚拟电厂拥有着独特优势，可在这两个市场中通过提供服务和价格补偿机制获利。

（2）虚拟电厂的市场前景广阔。首先，发电侧结构的变化增大调峰需求。在发电侧，电网的调峰调频需求随着新能源比例的增大而提高。风电、光伏的发电存在明显的反调峰特性、波动性和与用电需求季节错配的特点。风电光伏的大比例接入使电网高比例新能源和高比例电力电子装备的特征越发明显，电网受到干扰的风险增加。同时，在夏季和冬季的用电负荷高峰时段，供电风险也会增加。此外，我国分布式发电正处于爆发期，截止到 2022 年前三季度我国分布式光伏发电累计并网容量为 142.43 吉瓦，已经是 2017 年的 4.8 倍。据国家电网预测，到 2030 年时，其经营区下的分布式电源装机可能达到 290 吉瓦。大规模分布式电源的接入将会干扰电网运行，由此导致对电力系统中备用电源的需求增加。

其次，用电侧结构的改变抬升峰谷差。在用电侧，我国的电气化程度不断提高。电能替代进程逐步推动，我国的用电需求在短期内仍将上升，负荷曲线的尖峰可能会更加突出。伴随着产业结构的调整，服务业和居民用电的比例逐渐抬升。同时，电动汽车、储能等可调节负荷资源数量提高，用电负荷曲线的峰谷差距将拉大。根据估计，"十四五"期间，电网负荷的最大日峰谷差率可能达到 36%，这将对电网的调峰带来较大压力。这意味着虚拟电厂的负荷平抑功能将发挥更重要的作用。如果虚拟电厂技术得到成熟发展，它将能够更大程度上优化电力资源配置，提高电力系统的运行效率。

最后，电网侧面临着调峰能力发展滞后、灵活性调节能力不足的情况。灵活性较高的燃气机组在我国占比较少，抽水蓄能发展缓慢并且受到建设条件制约，煤电灵活性改造启动较晚，电化学储能的投资成本较大，总之，电力系统的调峰调频能力有限。在市场需求潜力得到释放的前提下，虚拟电厂将存在极大的业务发展空间。随着技术的成熟，虚拟电厂市场规模将会迅速扩大，成为能源领域的蓝海市场。

2.4.3 虚拟电厂发展面临的挑战

尽管虚拟电厂的概念在 20 世纪 90 年代就已经提出，但是近年来由于电力供需矛盾日渐凸显，虚拟电厂的功能正好可以满足这种需求，因此获得了关注。欧美国家起步相对较早，加之欧美国家的电力市场化程度较高，虚拟电厂的建设环境相对友好，已经形成一批运行成功的示范项目。我国虚拟电厂投入研究的时间相对较晚，目前尚处于试点阶段。根据我国虚拟电厂的建设实际来分析，目前还需要解决以下几点难题：

（1）亟须尽快完善顶层设计，助力虚拟电厂发展。当前，我国虚拟电厂刚起步，在此阶段最需要的是尽快完善顶层设计。尽管已发布的文件中提到了推动虚拟电厂参与电力市场，但是还缺乏虚拟电厂的专项政策。市场准入标准、参与交易机制等等均需要构建一套科学合理、符合我国国情的政策体系来指导虚拟电厂行业的发展。各省已出台的政策中也没有统一标准。现阶段辅助服务市场和电力现货市场也均处于建设阶段，尚不能体现虚拟电厂的商业价值。辅助服务市场的规模小，缺少丰富的辅助服务品种，尚不能给虚拟电厂提供盈利空间。电力现货市场试点中多数为发电侧单边市场，虚拟电厂参与受限，未能发挥实际功能。虚拟电厂各类资源的准入标准、并网标准、调度标准等均未出台。市场缺乏系统的监管体系，虚拟电厂如何参与交易、需要遵守哪些规则都缺乏明确的规定和规范。

（2）需加快研发投入，补足技术短板。虚拟电厂在电力系统中提供多种应用场景，包括需求侧响应和调频服务，以及用户的能效管理。此外，在电力市场中，它们还提供电力辅助服务和参与电力市场交易等活动。为了实现这些功能，虚拟电厂必须具备即时响应能力、智能性和可靠性。实现这一目标需要关键技术，如实时快速响应的协调控制技术、先进的人工智能和大数据技术等。随着虚拟电厂的进一步发展，其运行条件将变得更加复杂，需要管理大量分布式电源和调控大规模资源，同时确保安全性和稳定性。当前，我国虚拟电厂还受限于技术，尚未完全掌握对大规模分布式电源的控制技术，协调控制技术还有较大的进步空间，预测精准性有待继续完善。受限于技术，我国目前的虚拟电厂示范项目中基本只包括了负荷侧资源，缺乏对分布式电源的聚合。提供增值服务与参与市场的整套程序也未成熟。

（3）虚拟电厂的商业模式尚不清晰。国外已经将虚拟电厂建设推向商业化阶段，虚拟电厂可在电力交易、调峰调频和辅助服务业务中获得收益。而目前我国虚拟电厂在市场交易方面仍处于探索阶段，不仅没能吸引足够多的关注，市场活跃度低，调控参与方也较少。其主要业务仅包括辅助服务和电力现货交易等。当前，多地正在试点建设虚拟电厂，但仍依赖政府补贴来获得收益，尚未能够从市场交易中获得充分的价值认可。辅助服务业务的市场需求不足，电力现货交易业务的发展尚未成熟，导致虚拟电厂在市场中未能实现充分的价值认可。目前，虚拟电厂面临着较大的盈利难度。此外，市场机制严重影响着虚拟电厂的可持续发展，电价对虚拟电厂的盈利能力产生重大影响。而目前我国的电价机制未进入全面市场化阶段，电价不能完全传递市场供需信息。如果没有电价改革的配合，虚拟电厂的预期盈利空间恐会大打折扣。

■2.4.4　推进我国虚拟电厂发展的有关建议

在"双碳"目标约束下，新能源电力在电力系统中的比例将大幅提升，新能源出力的波动性对电网运行造成冲击。电力系统客户端又存在大量的难以控制的可调节负荷无法参与电力市场交易。而在气候变化形势下，能源安全与能源保供形势更加严峻。传统的提高预测精度、提高系统备用率等解决方案存在成本高和难度大的缺点。"清洁化、经济性、可靠性"的"能源不可能三角"问题不可忽视。虚拟电厂有望成为有效的解决方案。新型电力系统需要虚拟电厂赋能，虚拟电厂也将在新型电力系统中展现价值。结合我国现阶段虚拟电厂发展面临的挑战，提出了以下几点政策建议：

（1）将顶层设计尽快提上日程。需要尽快启动虚拟电厂发展蓝图的制定，以完善顶层设计工作。相关部门应组织起来，制定虚拟电厂建设的行业标准，明确虚拟电厂的内涵、发展规划、实施策略以及并网运行标准等。同时，应合理定位虚拟电厂的作用和功能，完善参与电力市场交易的虚拟电厂机制设计和各项规则，明确虚拟电厂参与市场交易的全过程业务流程。优化市场机制，对现有的能源市场机制展开评估，提出优化和改进方案，促进市场开放和公平竞争，减少壁垒，制定合理的市场规则，为虚拟电厂的发展提供良好的市场环境，助力虚拟电厂有效、灵活地参与市场交易与需求响应。制定长期战略规划，明确虚拟电厂的发展路径，制定阶段性目标，确定虚拟电厂在新型能源体系中的定位和未来角色。有序构建和完善政策体系，制定相关的法规和政策，例如降低行业准入门槛、提供财政补贴、制定财政激励政策等，推动"绿证"机制和可再生能源配额机制的完善，构建虚拟电厂发展的政策支撑，促进虚拟电厂的运营和建设。完善法律和监管框架，确保虚拟电厂的运营环境，保护利益相关者的合法权益，完善市场规范，同时构建监管体系，维护市场秩序。

（2）加快推动核心技术研发。加快推进协调控制技术、分布式能源可控可测技术、光伏发电技术、储能技术等的研发，增强虚拟电厂对资源的调节控制能力，提高虚拟电厂的运行效率。在调度优化方面，综合考虑将来市场的复杂情况，例如电力现货交易的不确定、碳交易政策加持、多品种调控资源的异质性等等情况对调度带来的影响。推动数字技术的深度融合，例如数字孪生、区块链等技术与虚拟电厂的有机结合。借助大数据、人工智能、云计算等新兴数字技术提高系统预测能力、协调控制能力，结合天气因素、历史因素、用户用电习惯等构建精准的负荷预测模型。在信息通信方面，注重信息安全和稳定体系的建设，提高信息网络的可靠性和防御能力。在协调控制方面，增大对协调控制技术的研发投入，攻克大规模分布式电源难控制的技术难题。尽快实现对分布式可再生能源的协调控制，为大规模分布式电源接入电网打好技术基础，从而实现我国可再生能源装机的规模效益，提高电力系统的安全稳定运行能力。同时，政府应加大对虚拟电厂核心技术和创新的研发投入，提供研发资金，设立激励机制，从而加速技术创新，加快研发成果的转化和应用。搭建产学研合作平台，牵头创建实验室或联盟，与企业、高校形成联动机制，促进企业与高校的信息交流合作、技术共享和人才培养，通过鼓励科研课题和推动试点示范项目的推广促进核心技术的研发。

（3）构建激励多方积极参与的商业模式。虚拟电厂的发展离不开电力现货市场和辅助服务市场提供的支持与互动。需探索包括服务方、消费者、电网企业等相关方积极参与的合作机制。应深化电力体制改革，有序、稳定地推动电价改革，通过分时电价引导消费者行为，使虚拟电厂的供应与负荷波峰相匹配，提高能源利用效率。推动省间电力交易，完善区域电力市场，打破地域限制有助于虚拟电厂提高供应能力和响应能力，增加虚拟电厂参与交易的机会。逐步降低政府干预，有效发挥市场机制的作用。逐步推动现货市场、中长期交易市场和容量补偿市场对虚拟电厂的接纳，完善这些市场与虚拟电厂市场的互动机制，为虚拟电厂提供多样化的交易机会，充分发挥虚拟电厂的灵活调节功能，提高虚拟电厂的盈利能力和投资吸引力。提高辅助服务市场的建设速度，为虚拟电厂的建设与运营奠定基础。应丰富虚拟电厂的服务品种，优化市场机制，激发市场活力。应加强对虚拟电厂的宣传和技术科普，虚拟电厂概念在消费者中的普及程度还十分有限，没有消费者的积极参与无法充分实现虚拟电厂的功能。因此，政府可通过举办研讨会、培训和组织宣传活动等形式提高消费者对虚拟电厂的认知，充分介绍虚拟电厂的概念、优势和运行模式，鼓励更多的消费者参与市场交易。应构建清晰的激励机制，虚拟电厂建设尚处于起步阶段，需要政府的资金扶持。政府应通过包括优惠定价等激励机制吸引各方参与市场，给予参与者利好的信号，从而提高市场交易活力。此外，应加强国际合作，国外的虚拟电厂发展较早，已经有一些成功的案例和行之有效的商业模式，政府应促进与国外的交流合作，可以在借鉴国外管理经验的基础上结合我国国情进行设计，实现虚拟电厂价值共享和多方共赢。

2.5　理解风电光伏消纳难题，完善多元化并网机制

中国的风力和光伏发电自二十一世纪初就如火如荼地展开，这是一项高瞻远瞩的能源战略。它始于解决中国西部地区地广人稀且地形复杂情况下的电力供给问题，而在对应环保低碳的时代，风电、光伏的技术逐步成熟，规模逐步扩大，成为具有一定市场竞争力的重要电力供给来源。中国国家能源局于 2021 年指出当年既是"十四五"的开局之年，又是风电、光伏新发展阶段下进入"平价上网"的初年。并于当年开始推进行业的市场化机制，提出了建立一个多元化的风电、光伏并网机制的指导性文件。在接踵而来的 2022 年，各省市相继推出了当地市场化并网的要求，这一要求可视为光伏、风电市场化竞争的指导方向。它主要针对建设配套的储能规模，也有部分省市对于风电机组的单机容量，多晶硅电池组件和单晶硅电池组件的光电转化效率提出了不

同的要求。这一系列的市场化并网要求相较于以往保障性并网的风电、光伏而言无疑是跨越性的一大步，对于要求配置一定比例的储能更是有助于从风、光电力不稳定的根源上来解决电网的成本问题并抑制"弃风弃光"现象的发展。但其中仍存在着更多细节与展望需要进行进一步的思考探究。这需要我们从理解风电、光伏的消纳难题的原因入手，并进一步理解当下以及今后发电企业、电网、地方政府将在风力、光伏大规模发电情况下扮演何种角色，以此为基础将能推动我们思考如何推进完善多元化并网机制这一市场化的开端之举、重要一招。

■2.5.1 风电、光伏与电网交织联系的几点特性

（1）理解风电、光伏的消纳难题，其关键在于了解风电光伏发电的原理以及在电网系统中光伏风能的真实电力成本。众所周知，风电光伏以其"靠天吃饭"的能量来源特性，虽然随着科学技术的发展已然进入能源发展的重要一环并必将由于其绿色环保的特性走向能源系统的主舞台，但是在驯服这一大自然不稳定的能源供给时仍需要综合考虑到现行社会的能源供给系统以及不稳定的能源需求。这意味着在考虑光伏、风电提供能源的同时不仅需要思考其背后的发电技术以及降本增效的问题，还需要思考这一新形式的能源若作为能源系统的主体将会面对其对电力系统造成何种冲击的问题以及如何更新电力系统来平缓这一冲击所造成的影响。这一影响即为动态平衡的电力系统中新形式供能的不稳定性与不稳定的能源需求之间的差异。

以往在面对风电和光伏等新能源时已经经历了研发公关、发展技术、市场应用等诸多阶段，使其能依赖行业特性走入能源市场参与发电的成本竞争。尽管这一步骤经历了诸多的政策扶持，诸如巨额的装机补贴、高昂的上网电价等。在这一阶段大家关注的往往是这一能源形式的平准化度电成本，即考虑了从原材料组件环节到装机的成本，以此来评估一个光伏或者风电项目后续每发一度电所需要的成本。但是随着这种能源形式进入能源体系的主舞台，我们则不得不结合电力系统的特性来考虑这种发电是否可以如普通商品一般仅仅考虑其制造成本。答案显然是否定的，由于电力系统的平衡效应注定了这种特殊的商品其时效性趋近于零，这一特性也决定了风力和光伏发电的主要成本将逐渐由这种"时效性"或者说是对电网冲击程度来决定。这意味着随着风电光伏在电力系统中的占比提升，为获得这一电力使用所需要的成本将远超于线性增长。进一步而言，解决这一形式发电的不平稳性的辅佐手段将成为决定风电光伏成本的关键，这亦是解决光伏、风电消纳难题的关键。

（2）优化风力、光伏的真实发电成本更需要进一步理解地方政府、电网、发电企业这三方将在电力系统中所需要扮演好的角色。就当下中国这一无比庞大且极富创造

性的电力系统而言，更需要理顺电网和地方政府能在无形中做到的统筹资源，优化长期布局的优势。电力的生产由发电企业进行，而电力的传输绕不过电网，电力需求的优化调控离不开地方政府。

中国的电力生产企业中最主要的是火力发电，这占据了能源供应的半壁江山，尽管火力发电被认为是不够清洁的能源，但其仍将在长期内承担起足量的调峰能力以及保供的作用，在电网的多元化调峰下则可以更好与风力、光伏发电相动态协同，更好地以一个较低的成本保障能源稳定和充足的供给。除此之外，中国的电网由于其所具有的多种超高压、特高压技术以及跨区域的电力调度能力，决定了其能够在电力系统的整体布局与统筹规划上减少风力、光伏等发电形式对电网造成的总体冲击。

电网的调节作用不仅来源于发电侧的多元化，更源于其是一个极具整体调度能力的大型电力覆盖网络。区域性的闭合电力网络所面临的变化极其陡峭的电力需求曲线可以通过大电网的固有优势而有较大平缓，而中国的工业用电占比极高，这亦有助于从整体层面平缓电力需求曲线。此外，极其依赖自然资源禀赋的风力、光伏发电侧的电力供给曲线的叠加亦能够在大电网内有更好的表现，尽管改变不了其昼夜和季节的发电特性，但在短时间内的瞬时发电的叠加将更加平缓。

而地方政府在消纳光伏、风电的前期已经表现出了极强的调控能力，一方面就其直接性调控而言可以在一定程度上吸引新能源整体产业链的引入、推进风力和光伏项目的建设，另一方面就其间接性调控而言可以依赖其对地区自然资源禀赋的了解以及对地域资源的调控来直接影响到风电、光伏的直接发电成本、产业链运输成本和金融成本等，这既由于风力光伏发电受到自然资源禀赋的限制，又由于其主要组件依托于多个制造业环节。尽管三者之间在理论上存在着极强的相互作用，但是我们需要更深层次地理解其中联动。

（3）多元化并网机制的设定与探索已然成为多方联动下解决消纳难题的关键。多元化并网机制的设定与运行已在多个省市全面铺开运转，以风力、光伏发展的资源优势地区亦是重点发展地区为例：内蒙古在其 2022 年 3 月份所发布的《推动全区风电光伏新能源产业高质量发展的意见》中就明确提到了要对新的风电、光伏并网项目进一步提高准入标准。一方面其对风电的单机机组容量要求为四兆瓦以上，而对于光伏并网项目则要求了其核心组件的光电转换效率，即单晶硅电池组件的转换效率需高于18%，而多晶硅的电池组件则需要超过 20.5%。另一方面区分了保障性并网项目和市场化并网项目，对其配储比例均要求了 15%，尽管对两类项目的储能时长要求不同，分别为 4 小时和 2 小时以上。而准入标准的确立给市场化并网亦明确了配备的方向。

就目前的多元化并网机制而言，其一方面主要是对风电和光伏机组所运用的组件提出了更高的要求，诸如单机容量和光电转化效率等要求，这是针对这一发电形式的直接电力生产效益提出了更高的要求，虽然这会拉高风电光电的直接生产成本，但是这有助于推动这一产业链的升级与优质组件的研发，而且这是形成发电企业和地方政府联动的基础，通过地方政府因地制宜地提出市场化并网的要求，这明确了发电企业的竞争方向与发展方向，而且有利于后续一系列的智能电网建设中二者的互动以及地域资源的调控优化。其另一方面是对光伏和风电的直接配储规模提出了初步的要求，这是电网在新形式发电方式下转移不稳定性电力供应的压力，亦是对风力、光伏发电的生产效益提出了更高的要求。但这一要求的提出初步体现了电网与地方政府之间的协同作用，并且利于地方政府和电网在后续集中配储或分布式配置中进行更灵活的调配。总而言之，这两方面的要求既表现出了政府在规范风电光伏发展中的指导作用，激励了发电企业在明确的方向上降本提质，又体现了这一新形式能源在对电网造成冲击所形成的成本在转回方式上的探索。

中国关于风电、光伏发展的推动已然极具成效，其在仅考虑直接成本的范围内已然可以达到平价上网仍有强势的市场竞争力，但如若作为主体发电尚需要承担各方面的隐性成本，风力、光伏发电的消纳难题即是在这一背景下突显而出。而多元化并网的指导方向也正是由此应运而生，尽管这一方针在宏观发展的把控上极其富有洞见，然仍有诸多细致亟待进一步完善与思考，这最终都会关系到多元化并网机制的具体设定与有的放矢、因地制宜的实施。第二小节将详细探讨多元化并网机制作为解决风力、光伏大规模发电的重要机制存在的可改善之处，而第三小节将根据这些可供优化的细节来提出对应的政策建议。

2.5.2 风电、光伏多元化并网面临的困境与挑战

尽管基于中国风力、光伏发电的发展背景与消纳难题，当下的政策方向已然指明了确切的方向且形成了多方联动的趋势，但激流勇进之下的多元化并网方案仍处于初步探索阶段，需要更进一步思考其中因地制宜的细则、多方交互的联动发展方向，以及风力、光伏发电与储能的关系如何有的放矢地推进，以下将从这三部分详述可以进一步优化之处。

（1）各地区市场化并网机制虽提出明确要求，但仍需进一步因地制宜考虑。目前，各地区的市场化并网要求中虽大多提出了明确的储能配比要求，却大同小异，大多要求在 10% ～ 20% 之间，仅部分省份在储能配比的要求中按照不同的分类进行了较为明细清晰且合理的规定。以陕西省为例，陕西省纬度覆盖较广，其中榆林和延安属于光伏发电的二类资源区，其余地区属于三类资源区，不同资源区内的自然禀赋差异较大，即地区间的日照时长与日照强度差异较大。需分别配置储能的规模与容

量，故陕西省以省内资源区类别来规范储能配比。另一例则是河北省，其地处枢纽之处，以省内地区所联通的电网公司的不同来确定储能配比要求。尽管部分省份已然按照其地区特色考虑了部分因素，但较多省份仍实行统一的配比政策要求与导向，且这一政策要求导向大多相近，这意味着因地制宜的省市级政策仍需要进一步考虑地区多元化的发电情况、地区用电负荷、地区自然资源禀赋、电力外送力度等。

首先，中国幅员辽阔，在纬度上覆盖范围广，且同时存在诸多高山大川，地势差异巨大，又存在广袤的临海地区，这就造成了不同地区的自然资源禀赋存在较大的不同，也导致了各省市电源侧的供电现状不同，如四川、云南、湖北等省份由于地势变化大且水能资源禀赋优良等，导致其可再生水电资源丰富，故可以在较大程度上既能利用低价的水电来参与能源系统的构建，又可以使用其来辅佐调峰。而内蒙古、山西等省份依赖交通或煤炭资源禀赋等因素，存在着较大的火力发电量，广东、福建等沿海省份依托于产业链的便利以及沿海地区便于冷却处理等优势，已颇具核能发电的规模。各省现有电源侧的多元化状况可以有利于其接纳风电、光伏时对不稳定性的可承受能力和降低这一不稳定性对电网冲击所造成的隐性成本，故这些特性将直接影响该地区对风力和光伏发电的接纳能力。

其次，中国各省市的工业发展程度不同，用电负荷情况既存在季节性的不同又存在着单日峰谷值的时间点不同，这需要结合地区的自然资源禀赋来考虑对风电、光伏的目前可消纳量，并且这还决定着不同地区所需的储能配比规模与储能容量，因为云层厚度、风力强度、光照强度与降雨等也存在单日变化与季节性变化，故需要结合地区用电负荷和地区自然资源禀赋来统筹考虑。

最后，制约地区可消纳风电、光伏的发电量以及配储量涉及大电网的调配输送能力，特高压等已建成的跨区域电力输送能力应当纳入范围进一步考虑。

（2）现行的风电、光伏多元化并网要求仅考虑电力的非平稳性，未形成三方的交互化探索。在非水电可再生能源发电侧、电网侧与各级政府之间，虽然在《关于 2021 年风电、光伏发电开发建设有关事项的通知》的指导下有了市场化的探索，即主要针对储能配比提出了要求，少数省市对于风电机组单机容量和光伏发电的光电转化效率提出了规范，但仍未能形成三方间有效互动的长效机制。电网未能给出各地区风电、光伏并网负荷的指导性意见，发电企业未能建立智能预测系统反馈给地方政府与电网，政府未能形成对于非预期风、光发电的规制措施。

首先，电网侧一方面了解地区的电力负荷曲线，另一方面可预期跨地区间的电力输送能力与承载能力。故其可以整体权衡上述二者，并可预期不同时期的地区和不同时点的新能源可消纳能力，并可据此给出地域装机和储能配比以及发电小时数的指导性规划。

其次，一方面企业装机导向仍围绕产业链输送，地域风力、光热资源禀赋，地区上网电价等成本与盈利因素，即使增加了储能配比等要求，对企业而言仍旧只是成本的增加，缺少电网的指导性规划。另一方面，企业在完成项目装机后，仅考虑运维成本与发电小时数，而未能有效建立智能预测，未能有效将可发电预测曲线等数据有效反馈给当地政府与电网。这两方面原因造成了企业在交互上的盲目性，即盲目性装机与适配规模储能，装机后听从盲目性指导性发电。

最后，各地区政府与电网未能出台相关发电预期要求与规制方案。在风电、光伏企业的发电预期上，电网应当充分结合发电预期与用电预期统一筹划其发电小时数与发电时间，并灵活调节其储能配置比例，而政府也应当出台相关规制性措施以规范企业预期发电的准确性。

（3）项目配储要求难以发挥储能的规模化优势与电源侧的多元化优势。在各省市的配储指导性文件中，对于多元化并网方案中均要求风电、光伏项目配比一定量储能，并未提出多元化配储的方案。这既可能对储能产业提出严峻的考验，又可能会抬升区域配储的整体成本。

首先，配备的储能设备利用率低与配备储能给企业带来的成本陡增可能导致储能产业出现劣币驱逐良币的现象。一方面如内蒙古等部分省（区、市）在保障性并网时已根据项目所配储能比例进行优先并网，而这些项目虽然配备了储能，但相关储能设备的利用率较低而且项目的审核也主要针对储能的关键数据参数，这将有可能导致风、光发电企业有动机仅仅为了满足并网的要求而配备规格较低、寿命较短的储能设备。另一方面企业出于成本以及并网压力的考虑也可能存在短视的行为，即其可能配备成本较低的储能设备，尽管这种行为在短期内所造成的安全隐患或者对配套的储能市场形成的冲击或许不会突显，但是长期将可能造成空有与风光装机相配比的储能系统，但系统的实际情形难以估计，这也将影响到将来在需要储能来发挥重要作用时难以形成稳定的发电。

其次，由于风力发电主要依赖于风力水平，光伏发电主要依赖于云层厚度、光照强度，而水力发电取决于降雨量。就自然因素而言风力水平、云层厚度、降雨量等均相互联系，就日夜变化而言光、风、水也能相互平缓。故项目配储要求相对于区域集中配储极大降低了储能设备的利用率。

最后，项目配储难以发挥整体配储所能发挥出的规模化优势。规模化配储既可以综合考虑储能的安全问题、参数问题，还可以发挥规模化安装与维护等作用，更可以在综合调配与发电预期曲线下灵活调整储能规模。

■2.5.3　风电光伏并网的政策建议

基于本章在第一小节对风电、光伏上网消纳问题的剖析以及第二小节对目前已在推行的多元化并网方案指出的诸多可供完善之处，本节将进一步提出这些细节的优化建议以及更细分且具体的发展方向。

（1）基于电源多元化平价上网的前提是发挥政府引导作用，完善风、光发电侧竞价上网的地区差异化、架构差异化。随着风电、光伏平价上网的持续进行，政府对风光企业虽然已经从补贴引导式的装机思维转变为市场化竞争思维，但仍需要进一步了解风、光企业的思维导向并据此进一步对不同地区和不同装机方式进行差异化引导与规划。

首先，政府既要发挥引导作用，又要发挥规划作用。一方面，政府需要考虑到企业以成本和利润为导向的特点，也要理解发电企业出于地域资源禀赋进行布局和出于地域壁垒进行发展的特性，从并网指导文件出发传导出更多信息来发挥引导作用。另一方面，各地方政府与电网需要对域内发电情况、地区用电负荷、地区自然资源禀赋、电力外送力度等进行整体评估，并动态评估诸多因素的发展趋势，做出充分规划。

其次，政策引导更需要推进同一发电方式下的竞价上网。对发电侧企业而言，自然资源禀赋，运输成本，产业链关系等在不同地区千差万别。唯有地区出台实际透明的市场化竞价上网机制才能规范化企业间的竞争，推动企业从成本与可规划性利益中进行权衡取舍。

最后，需要进一步因地制宜地考虑分布式与集中式发电方式的发展缓急，以及风电光伏装机的相对配比。出于全国幅员辽阔、地价差异大和自然资源禀赋差异大等原因，各省市的集中式风电、光伏发展迅速，这一问题在西北等地过于突出，因此需要地方政府综合考虑电力输送等因素的发展。而分布式发电架构虽极具前景，但出于成本以及引导等因素，尚欠缺成熟的市场布局。故对于分布式和集中式的发电方式需要综合考虑当下各省市的实际情况，进行差异化推进；同时，对于风电和光伏装机的比例，也需要进行差异化推进。

（2）基于并网方案的多元化转变同步推进建立政府、电网、发电企业三方交互的智能电网雏形。风力、光伏以其发电的不稳定性作为其众所周知的特性，且发电企业和电网在发电侧和用电侧存在极大的信息不对称，解决二者信息不对称的关键在于地方政府，规制发电企业的相关措施实行也在于地方政府。

首先，基于前期的风力、光照、云层、地形等地理条件调研，发电企业对于相关上马的风、光项目的精确发电曲线能够形成预期，而这一预期随着气象和气候条件等的变化又可以进行优化调整，做到日前预期的相对精确。这一企业侧的发电量预测系统的精确度与及时度异常重要，这可以作为三方交互解决的基础。而这一系统的建立需要地方政府联合电网来进行规范，系统的有效性方面也需要地方政府与电网形成共享联动的机制来对企业提供信息的不精确性以非及时性进行惩戒，尽管这一相关机制在欧洲的部分地区早已小规模推进施行，但面对中国大面积大规模的风力、光伏发电，仍需要制定更为详尽更符合国情的政策。

其次，电网虽然对用电负荷和输电能力等相关用电侧以及电网侧的信息明晰，但从各省风电、光伏的大体利用率可知，其对风、光发电侧的理解仅限于对电网造成的不稳定性以及这一不稳定所呈现出来的大致的日夜变化以及季节变化，这使得在并网要求上可能导致发电企业配备更多利用率低的储能设备，也会引发更多非适配负荷性的弃风弃光现象。而解决这一问题的关键在于电网需要与地方政府形成联动，在引导企业建立发电预测系统的同时进行有效反馈，即整合发电预测信息并建立用电预期曲线，建立对风电、光伏的最优利用机制，形成长期规划、短期微调的长效方案。

最后，三方交互式的方案对于发电企业配储的行为而言也是成本的上升，而且二者都可以抬升风电、光伏的可预期发电量，降低弃风弃光率。但这存在着两个方面的优势。一方面，交互式方案更有利于形成长效机制，而且这一长效机制也降低了对电网所造成的不稳定性冲击，而配储仅仅只是在短期内将风、光发电不稳定性成本转移回发电侧。另一方面，相较于配储而言，风、光项目的早期探索已经给企业积累了充足而翔实的预期发电曲线的基础数据，即这一部分成本可以与项目装机进行摊销，这相对于配储更适宜在当下风、光装机成本还不够低的时候实施。

（3）建立多元化配储机制，形成电源侧和电网侧配储齐头并进的探索模式。风、光发电所带来的不稳定性导致其发展中必将需要配备储能来共同应对用电侧的变化，而随着能源改革向着碳中和目标推进，配储比例可以稳步推进，但是配储方式却需要权衡多种配储模式的优劣，即建立多元化的配储机制，并在多元化配储机制中逐步探索并权衡利弊。

首先，电网侧配储与电源侧配储的关键点在于选择配储是集中式抑或是分布式，二者间没有绝对明晰的界限，地域性的集中配储容量并非一定高于大型装机项目的分布式配储容量。故在这两种方案的选择上需要因地制宜，而因地制宜的基础上尚需考虑调配比例，即如何能更好满足地域的用电波动，故这一因地制宜需要根据电网统筹划分，而非行政区域的划分。

其次，多元化配储模式既要考虑集中配储的施行问题，也要兼顾部分发电企业自行配储的优势。对于电网侧配储，可以集中配备，对发电企业采用类似于租赁收费等形式，这一方式可以根据地区需要进行灵活调节储能设备规模，最大限度提升储能设备利用率。而对于电源式配储的项目，可以让有相关储能优势的企业发挥集约优势，允许其存在可以规制集中配储的非效率结果。

最后，多元化配储需要树立新型的能源安全意识。随着风、光发电量的增长，储能配备将呈现出大规模的增长，电网侧配储一方面可以解决多配储能设备规模不一致以及劣质储能设备可能带来的安全隐患，另一方面也可能导致储能设备过于集中。随着风、光发电量的不断攀升，集中的储能左右着地域的供电保障程度，故需要进行多元化配储方案的探索，在齐头并进中找到满足经济性与可控性的最优解。

2.6　同步发展 CCUS 和储能，助力电力系统低碳转型

电力系统是维系社会生产和居民生活的重要基础能源系统，中国拥有世界上体量最为庞大的电力系统，安全稳定的电力供给保证了中国社会的平稳运行和经济的持续快速发展。在碳中和目标提出后，低碳转型也成为电力系统的发展方向。中国电力系统的低碳转型需要在面对持续增长的电力需求压力情况下完成供给侧由化石能源为主转为清洁能源为主的颠覆性改革，其过程将面临很多困难与挑战，具体的转型方案也需要进行综合的成本分析及可行性分析。

CCUS 和储能系统是已经逐渐走向成熟和商业化应用的新型技术，"CCUS+煤电"和"储能系统 + 风光"的组合也能够作为灵活性电源为电力系统的整体低碳转型提供支持和保障。对于中国的电力系统来说，CCUS 和储能系统都具有各自的成本优势时期和成本之外的部署必要性。综合考虑，应当同步发展 CCUS 和储能，才能以最低的成本和最高的效率实现电力系统的整体低碳转型。

2.6.1　中国电力系统现状

中国的电力系统具有整体体量大、波动起伏大、地域差异明显等特点。面对碳中和约束，中国的能源系统整体都需要进行低碳转型，电力系统作为中国能源系统重要的一环，面临着需求侧、供给侧、输配侧等多个方面的转型压力。整体来讲，中国电力系统体量庞大、电量高、配套设施庞杂且分布于全国大面积地区，且中国的电力需求主要来自第二产业，未来仍有较大的增长空间。电力供给目前仍然是煤电为主，可再生能源发展迅速，但总体占比仍然有限；输配侧来看，当前中国电力供需均存在着地理和时间两个尺度上的错配，电力输配能力仍然有待改善，电网调峰调频能力也亟待提高，面对未来愈加复杂的电力系统，一个韧性更强、更智能的电网系统也必不可少。简而言之，中国的电力系统需要在应对不断增长的电力需求的同时完成供给侧由

煤电为主转为风光等可再生能源为主的颠覆性转型，同时要平衡不断增加的可再生能源给电网带来的不稳定性风险。

1. 电力需求增长形势及需求结构

从需求侧看，2022 年中国全年电力需求总量 8313 亿千瓦·时，较上年增长 10.3%，其中第一产业用电量占比 1.2%，第二产业用电量 67.5%，第三产业用电量 17.1%，城乡居民生活用电量 14.1%；从地区来看，东部地区用电量 3937 亿千瓦·时，占比 47.4%，西部地区用电量 2379 亿千瓦·时，占比 28.6%，中部地区用电量 1546 亿千瓦·时，占比 18.6%，东北地区用电量 451 亿千瓦·时，占比 5.4%。整体来说，中国电力需求增长迅速，用电主要集中在第二产业和东部地区。2021 年 10.3% 的增速相较前几年有较大增长，疫情后各行业逐渐复苏，且碳中和目标下电气化水平也将进一步提高。中国当前电气化水平及居民用电仍然处于低位，未来产业发展需要、电气化水平提高、居民用电水平提高等多方面影响，预计电力需求将会进一步拉高，且保持较高的增长速度。

中国的电力需求侧管理在实现碳中和目标的道路上需要得到重视。为达成电力系统低碳转型目标，在供给侧大力发展可再生能源的同时，需求侧也将会对整个低碳转型进程产生重要影响。近年来电力需求持续快速增长，虽然风、光等可再生能源装机增长迅速，但由于电力需求也在快速增长，所以整体电力结构并未向清洁绿色方向转变，甚至火电占比还在增加。风、光等可再生能源的增长速度即使能够追上电力需求的增长速度，也会因其电力供给的不稳定性而难以满足不断增长的电力需求，因此对于火电的需求仍将居高不下，甚至需要更多的新建煤电机组来保证电力供给的稳定。为控制煤电的增长并进一步推动煤电退出，从而推动整体电力系统低碳转型，需要在需求侧也进行管理，控制整体电力需求增长速度，为电力供给侧的结构转型减轻压力，保证碳中和进程的平稳推进。

2. 电力供给结构及演变趋势

从供给侧看，就发电结构而言，2021 年中国全年发电量 8534 亿千瓦·时，较上年增长 9.7%，其中火电发电量 5806 亿千瓦·时，占比 68.0%，火电中煤电发电量 5030 亿千瓦·时，占总发电量的 58.9%；水电发电量 1339 亿千瓦·时，占比 15.7%；核电发电量 407 亿千瓦·时，占比 4.8%；风电发电量 656 亿千瓦·时，占比 7.7%；太阳能发电量 327 亿千瓦·时，占比 3.8%。从装机结构来看，2021 年全国全口径发电装机容量 2377 吉瓦，较上年增长 7.9%，其中火电装机 1297 吉瓦，占比 54.6%，其中煤电装机量 1110 吉瓦，煤电装机占电力总装机量的 46.7%；水电装机量 391 吉瓦，占比 16.4%；核电装机量 53 吉瓦，占比 2.2%；风电装机量 329 吉瓦，占比 13.8%；太阳能装机量 306 吉瓦，占比 12.9%。

中国的电力供给一直以来都是以煤电为主，长期以来依托丰富的煤炭资源和分布全国的先进煤电机组，中国的煤电系统为中国经济快速发展提供了基础的用能保障。未来为了实现碳中和目标，产生大量碳排放的煤电机组注定要逐渐退出，煤电退出问题将成为中国在碳中和道路上独有的问题。一方面，煤电要作为稳定供电角色保障电力供需平衡；另一方面，煤电要寻找适合自己的逐步退出道路，即以高效低成本的方式退出，同时还要探索煤电与风光等可再生能源合理的配合方式，保证电力系统整体低碳转型进程的平稳高效。在可再生能源中，水电发展较为成熟，当前中国的大水电资源已经基本完成开发，西南地区仍然存在一定的小水电资源，但关于小水电与生态环境之间的关系目前尚存争议，未来中国水电将基本保持现状，略有增长，发展方向将主要转向抽水蓄能；核电具有清洁高效的特点，但受限于选址约束、建设周期、民众接受度等问题，中国核电天花板较低，未来将会稳定在 100～200 座核电机组之间，因此难以成为未来的主力供电角色；风电光伏近年来快速发展，其单位成本已经降低至与煤电同一水平，且风、光较为丰富。综合来看，未来中国的电力供给侧结构发展趋势将会由煤电为主逐渐转为风电光伏为主。

从供给侧结构来看，当前煤电为主的火电仍然是电力供给的主力，2021 年煤电装机量已经低于 50%，风光装机占比也已超过 20%，风光发电占比超过 10%，电力系统低碳转型的趋势已经逐渐清晰。虽然风光在电力结构中的占比越来越高，但风光发电的发电量占比与装机量占比差距明显，风光装机的快速增长并不能直接反映到发电量中去。风、光发电受天气影响较大，其电力输出在不同季节、不同时段都有较大波动，难以长时间稳定供电，当前风电机组年平均利用小时数不足 2000 小时，光伏机组年平均利用小时数不足 1100 小时，相较于煤电 4500 小时以上的年平均利用小时数，风、光发电在稳定性和可靠性方面的不足非常明显。此外，由于中国的优质陆上风、光资源大多集中在西北地区，而用电负荷大多集中在东南沿海地区，这样的错配关系导致"弃风弃光"现象长期存在，且风、光发电的成本将由于输配难度的提高而进一步上升，如今风、光补贴基本退坡，未来更多风、光电力接入电网带来的高成本如何消纳也将会是电力系统低碳转型中的重难点问题。

3. 碳中和目标下的供需平衡问题

总的来看，目前中国电力需求仍处于快速增长阶段，且以重工业为主的第二产业仍然是主要用电行业，从地区上来看，用电量主要集中于东部地区。从供给侧来看，近年来风电光伏装机量增长迅速，但风、光的实际出力占比并不高，电力供给仍然以煤电为主，水电核电相对较为稳定。未来需求侧将保持较长时间的快速增长，第三产业和居民用电占比都将提高。同时，第二产业由于电气化水平的逐渐提高，电力需求量也会有较大的增长空间。未来供给侧将会由煤电为主逐渐转向风光等可再生能源为主，现有煤电将会逐渐走向退出转型，在供给结构中的占比将会逐渐下降，水电核电将在现有基础上有一定增长并逐渐趋于稳定，风电光伏则会有较大增长空间，逐渐成为供给侧的主力。

碳中和目标下，需求侧和供给侧的发展趋势已经逐渐明晰，但供需的平衡问题将成为未来电力系统低碳转型过程中的一个新的重要问题。当前电力系统中电力供给主要由稳定的煤电提供，风、光发电占比较低，水电主要为季节性波动，供给侧整体较为稳定；需求侧工商业和居民用电占比较低，第二产业用电负荷较为稳定且可预测性较强，需求侧的负荷变动所需要的电网调节容量不高。未来供给侧低碳转型要求煤电占比逐渐降低，不稳定的风电光伏将会占据越来越高的比例并逐渐成为供电主力。风电光伏的出力受季节、昼夜、天气影响很大，年有效出力小时数较低，这意味着电力供给将会越来越不稳定；未来需求侧电力需求总量不断增长的同时，由量变带来的质变也会增加电力需求的整体波动，同时由于第三产业和居民用电将会占据越来越高的比例，这部分用电的不确定性也会进一步加剧电力需求的波动。综合来看，电力供给侧和需求侧的波动性都将逐渐增强，电网在平衡供需时将面临更大的调节压力。

电力供需平衡问题将成为电力系统低碳转型过程中全新的重难点问题。在供给侧结构转型和需求侧管理之外，电力供需平衡也同样是电力系统迈向碳中和的重要关注点，这一点在此前的电力系统发展中，受益于较低较稳定的需求和煤电为主的供给结构，并未产生较大的问题，而今后面对越来越高且越来越复杂的需求，以及越来越不稳定的供给，如何保障电力供需的稳定将成为一个重要问题。碳中和的关键问题就是成本问题，实现碳中和的方法和路径很多，如何以最低的成本、最高效的方式实现碳中和才是重点。在电力系统低碳转型过程中，如何低成本、高效地解决转型过程中的电力供需平衡问题是值得思考和关注的问题。

2.6.2　电力系统低成本转型机遇及方案

电力系统的低碳转型将以供给侧由煤电为主转向风、光等可再生为主和需求侧管理为主，而未来以低成本实现碳中和，电力供需的平衡也将成为电力系统低碳转型要考虑的重点问题。要平衡不稳定的电力供给和需求，需要在电力系统中加入一定容量的灵活性电源，或是提高现有电源的灵活性，通过提高供给侧整体的调节能力来提高对风、光等可再生能源的消纳能力。

以风、光为主的可再生能源的不稳定性是电力供需平衡的主要困难，电力供给侧需要在面对不断增长的电力需求压力的同时，将电力供给的主力由稳定高效的煤电转为不稳定的可再生能源。要实现这一目标，需要大规模部署灵活性电源用以对冲可再生能源的间歇性和不稳定性风险，以保障电力安全稳定供给。同时也要做好煤电转型退出的具体规划，短时间内电力系统仍然需要煤电提供充足稳定的电力供给，长期来看现存的煤电资源也具有很高的利用价值，不应被浪费。煤电的问题是碳中和目标下中国独有的问题，中国拥有世界上最为庞大最为先进的煤电系统，为了实现整体碳中和过程的低成本，并提高可行性，需要通过合理的路径设计让煤电成为碳中和进程的助推剂而非拦路石。

总的来说，目前的灵活性电源方案主要有储能系统和煤电灵活性改造两种。储能设施尤其是电化学储能搭配风、光等新能源可以有效改善风光发电的输出质量，储能设施也可以单独部署在输配侧作为灵活性电源，还可以部署在需求侧降低需求负荷的波动。煤电方面，CCUS 技术搭配煤电可以解决煤电的碳排放问题，同时经过灵活性改造后，煤电也能担任灵活性电源的角色，从而以更为平稳的方式，即逐步降低的运行小时数来退出。未来低成本的电力供需平衡方案主要是"储能＋风光"和"CCUS＋煤电"两种方案的合理选择和组合。

1. 大规模储能系统协助消纳可再生能源

储能系统可以作为电力系统中的灵活性电源为电力系统的稳定运行提供保障。储能系统从技术上讲可以分为传统的抽水蓄能、压缩空气储能、飞轮储能等以及新型的电化学储能，目前各类储能技术均已基本成熟，且都有商业化运行的案例。从中国电力系统的当前及长期发展趋势来看，新型的电化学储能以其快速响应能力及相对要求较低的建设条件等优势，很可能会成为中国电力系统储能设施的首选。电化学储能系统由电池及配套的变压设备等组成，可以在电网需求较低供给较高时充电，将富余的电力储存起来，在电网需求较高供给较低时向电网放电，实现电力负荷的调节功能，还可以在电网出现调频等需求时快速响应出力，实现电网辅助服务的功能。

电化学储能系统可以搭配风、光等发电设施布置在发电端，形成"储能＋风光"的组合，电化学储能系统可以有效地改善风、光等可再生能源发电方式的出力稳定性，提高风、光输出电力的整体质量，降低风、光电力接入电网带来的额外成本，目前已经有很多地区出台相关政策要求新建的风光电站搭配一定比例的储能系统；电化学储能系统也可以部署在输配侧，作为电网中单独的运行主体，作为"虚拟电厂"使用，其能够根据电网的运行情况参与到负荷调节的工作中，也能以其快速响应能力参与辅助服务，提高电网整体的安全稳定性和运行效率；电化学储能系统也能以较小的体量部署在用电侧，形成分布式储能系统，在用电侧实现电力负荷的智能管理，这样的部署一方面能够为电力用户节约成本，另一方面也能对地区电力负荷管理起到帮助。

"储能＋风光"目前已经逐渐从概念阶段走向了产业化运营阶段，储能设施，尤其是电化学储能已经有越来越多成功的商业运行案例。风光发电方面，目前各地政策也越来越多地开始要求新建风电光伏机组要搭配一定比例的储能设施来提高电力输出的平稳性。目前，电化学储能的成本主要包括电池成本、配套设施成本、运行维护成本等等，其中电池成本是影响电化学储能设施成本水平的关键，在目前的技术水平下，各类型电池成本仍然处于高位，使得电化学储能设施整体成本缺乏竞争力，难以吸引大规模投资，现有项目多为示范性项目。此外，电池安全问题也引发了越来越多的重视，已建成的电化学储能电站已经数次发生爆炸事故，电池安全问题也将成为制约电化学储能设施大规模部署的一项关键问题。在电池技术有所突破之前，电化学储能设施整体成本很难有较为显著的下降。为推动大规模储能设施的建设，需要在市场机制和补贴政策方面发力，如在电力市场中给予储能合适的独立运营身份，调整调峰调频补偿标准，增加容量电价机制等，提高储能设施的经济性，吸引更多投资进入，助力电力系统低碳转型。

2. CCUS 搭配煤电构成低成本灵活电源

CCUS（carbon capture, utilization and storage），即碳的捕捉、利用和封存技术，近些年已经引发了越来越多的关注。CCUS 技术是当前为数不多较为成熟的负碳排放技术，捕集方面能够搭配碳排放工业设施使用，也能进行直接对空气的碳捕捉，封存目前主要采用地质封存及容器封存等，利用方面可以用于工业原料、食品加工等。CCUS 技术在中国已经有数个成功运行的商业示范案例，证明了 CCUS 可以参与到实际的能源系统运行中来。在电力系统低碳转型方面，CCUS 可以搭配煤电组成"CCUS + 煤电"的组合，能够吸收燃煤发电产生的二氧化碳，实现煤电的清洁化改造，让煤电在碳中和目标的约束下仍然能够参与到电力生产中去。

传统的煤电机组灵活性较差，虽然具有一定的负荷调节能力，但难以应对大规模风电光伏等不稳定可再生能源接入带来的负荷波动，且变负荷运转会大大增加煤电机组的成本和损耗。煤电的灵活性是煤电机组适应大幅负荷波动、响应电力供需变化的能力，主要包括启停时间、调峰深度、变负荷速率等，增加调峰深度，让机组能够在更低的负荷水平运转，减少变负荷运转的额外成本和损耗是煤电灵活性改造的主要目标。经过灵活性改造后，煤电机组可以在更低的负荷水平下运转，变负荷速率也会有一定提升，同时机组产生的额外成本和损耗也有所降低，煤电机组能够更快更好地响应电网的负荷变化，逐渐将角色由主力供电转向灵活性电源和备份电源。

"CCUS + 煤电"的组合除了能够帮助煤电实现清洁转型外，还能对整个电力系统低碳转型起到很大的作用。中国当前拥有大量的显存煤电机组，且这些煤电机组平均服役年限仅十几年，如果能将大量先进年轻的煤电机组加以合理利用，不仅不会给电力系统低碳转型带来负担，还会推动整个碳中和发展进程。当前我国的电力供给仍然很大程度上依赖于煤电，且煤电也同时承担了负荷调节的任务，短期内风光和储能的配置难以满足快速增长的电力需求，煤电仍然要在一段时间内担任主力供电和调峰调频的任务。煤电经过灵活性改造，再搭配 CCUS 后可以形成"CCUS + 煤电"的灵活性电源，能够在降低二氧化碳排放的同时，让煤电在碳中和目标约束下更好地担任调峰调频工作，同时中国大量的现存煤电机组在加装 CCUS 系统后，也可以在长期中作为备份电源，以应对可能发生的极端天气和电力短缺等情况。

目前 CCUS 技术虽然尚处于研发和示范阶段，但已有数种 CCUS 技术能够实现商业化示范运行，也有数个搭配煤电站或煤化工的 CCUS 示范项目投建运营。CCUS 的成本主要按流程分为捕集成本、运输成本和封存成本，如果后续能够加以利用，还会存在一定的利用收益。短期来看，CCUS 的各流程成本均处于高位，虽然煤电灵活性改造的成本较低且能够带来额外收益，但 CCUS 的高成本让"煤电 + CCUS"的方案在短期内难以与"储能 + 风光"竞争。未来随着技术的进一步成熟，捕集成本将会受益于已有经验和规模效应而逐渐降低，运输成本则会随着源汇匹配日渐成熟，以及管道货运路线的建立而逐渐降低，封存成本也将同样受益于产业链的成熟而逐渐降低。因此，长期来看，CCUS 的技术瓶颈并不严重，从长期来看存在很大的由产业链成熟带来的成本下行空间。

3. 灵活电源方案选择

"储能 + 风光"和"煤电 + CCUS"两种灵活性电源方案从技术可行性上看都能够有效应对大量风光等可再生资源给电网带来的不稳定威胁，且二者各有特点，"储能 + 风光"响应迅速，清洁程度高，调峰调频能力强；"煤电 + CCUS"依托现有大量煤电资源，能够保证煤电的平稳退出，同时也不受天气等因素影响，较为稳定。从成本角度来看，短期内可再生发电占比仍然较低，依靠储能即可满足电网调节需求，且"储能 + 风光"在短期内的成本也低于"煤电 + CCUS"；随着可再生能源占比逐渐增高，如继续采用"储能 + 风光"方案，则所需配备的储能设施容量将会大幅增长；同时由于电池成本居高不下，"储能 + 风光"方案将会逐渐失去成本优势。"煤电 + CCUS"方案将会受益于中国现存大量成本归零的煤电机组，即使可再生能源占比越来越高，其成本也并不会快速增长，而且收益与产业链的成熟和市场机制的建立，"煤电 + CCUS"方案将会随着可再生能源占比的增高而逐渐显现出成本优势。

2.6.3 未来电力系统发展建议

电力系统是关乎国计民生的基础能源系统，电力系统低碳转型的前提是保证电力供给的安全稳定，在保障供给的基础上，能够以最低的成本和最高的效率实现整个电力系统的清洁化和绿色化，建立一个全新的绿色环保低碳电力系统。在供给侧，中国的整体电力生产形势决定风光将成为未来的主力发电方式，而风光的不稳定性决定未来的电力系统中必须配备大量的灵活性电源用以对冲风光发电带来的风险。因此，未来的电力系统低碳转型发展路径需要从灵活性电源的成本对比和技术必要性等角度出发。

短期来看，可再生能源在发电侧的占比仍然较低，对电网带来的不稳定性冲击不大，且碳排放目标仍然有较大的空间，此时电力系统对于灵活性电源的需求可以由少量的电化学储能系统满足，电力供给也仍然以煤电为主，搭配了储能系统的风光等可再生能源为辅。CCUS 系统由于尚未形成较为成熟的产业链和市场环境，短期内成本相对储能系统来说更高。

长期来看，风光等可再生能源将逐渐成为电力供给侧的主力，大量的风光接入将给电网带来极大的电力供给波动和安全稳定威胁，电力系统对灵活性电源的需求也会大大增加，此时如果仅仅依靠储能系统，将会极大地增加储能系统的配置规模，且作为电化学储能系统核心的电池也会长期面临不断更新淘汰的问题，使储能方案的整体成本上升。而依托现存大量煤电系统建立的"CCUS＋煤电"的灵活性电源方案将会受益于煤电固定成本"归零"的优势，整体成本在长期内相较"储能＋风光"的组合更低。

综合来看，在短期内应当主要采用"储能＋风光"方案，长期则要逐渐发展"煤电＋CCUS"方案来应对高比例可再生占比情况下的电力系统。这需要政策和市场环境的推动。具体而言，可以分为以下几点：

（1）储能方面，寻找储能在电力系统和电力市场中的独立角色定位，将储能作为电力市场独立主体来参与市场运营，同时优化调峰调频补贴规范，随着可再生能源占比的增加，灵活性电源的重要性势必越来越大。可考虑建立容量电价机制，为灵活性电源提供更多的市场竞争机会。

（2）CCUS 方面，虽然目前 CCUS 发展仍然处于初期，但相关的政策导向和市场风向应当努力向利好 CCUS 方面发展。"煤电＋CCUS"系统将在高比例可再生能源时发挥其经济性和稳定性优势，这就需要从现在开始努力推动 CCUS 项目的建设，以便在未来能有一个成熟的"CCUS＋煤电"系统来应对未来的电力系统。

"CCUS＋煤电"和"储能＋风光"有各自的成本优势期，短期内储能更划算，而长期内 CCUS 则具有明显的成本优势。在成本考虑之外，CCUS 和储能系统也都有各自的部署必要性。整体而言，中国在实现碳中和的过程中应当同步发展 CCUS 和储能，尽早建立成熟的产业链和市场环境，以保证各自成本优势期到来时能够有成型的灵活性电源系统，同时保证电力系统低碳转型的整体低成本和高效率。

第 3 章

低碳转型：
高耗能产业的
改造与升级

为了按时完成"双碳"目标，高耗能产业的低碳转型势在必行。清洁高效地实现高耗能产业的改造与升级，需要有机结合相关政策与新兴技术。产业政策与环境政策如何在高耗能产业转移中持续发力？高耗能企业的低碳转型路径如何选择？转型金融政策体系如何助力我国煤电高耗能行业转型？数字基础设施的建设为高耗能行业绿色发展带来怎样的机遇？区块链技术又该如何深入高耗能产业的转型与能源产业的发展？

▶ 3.1　高耗能产业转移：产业政策和环境政策应当如何发力？

近年来，随着中西部地区基础设施建设的日渐完善和东部地区产业结构升级的迫切需求，我国东部地区和中西部地区之间进行了大规模的区域间高耗能产业转移。这一方面促进了中西部地区的经济增长，减小了区域之间的经济发展差距；另一方面也给中西部地区的节能减排和污染治理工作带来了较大的压力。同时，在产业转移的过程中也暴露出了一系列问题，例如西部地区低效的环境监管导致的污染天堂、产业转移过程中效益分配不均衡导致的区域发展差距增大等等。这些都需要通过对现有环境和产业政策的调整来纠正。

在本部分的讨论中，我们首先会对近 10 年来各地区之间的高耗能产业转移的趋势和规模进行一个概述，明确东部、中部、西部地区之间高耗能产业转移的基本情况；然后，结合我国当前高耗能产业转移的趋势，进一步明确产业转移过程中面临的核心问题；最后针对过去相关产业政策落实和产业转移实践过程中出现的各种问题，提出政策建议，明确产业政策和环境政策在未来应当如何助力中西部地区更高效、更绿色地承接高耗能产业转入。

▋3.1.1　高耗能产业转移的定义及发展现状

所谓产业转移，指的就是由于地区之间的产业发展条件（如市场环境、经济发展阶段、生产要素价格、各生产环节的成本或是产业政策）发生变化，导致的企业的生产功能在地区之间成规模迁移的现象。产业转移是政府力量和市场力量共同驱动下的企业的生产功能在地理布局上的再分配，是产业布局形成的过程，也是各地区之间相关行业的产业环境或比较优势变化所产生的必然结果。

产业转移广泛存在于不同地区之间，并对区域经济发展和生态环境有着重要的影响。国家间的产业转移主要通过国际投资和国际贸易来实现。例如：20 世纪 60 年代东南亚部分地区的出口导向性策略引发的产业内流创造了著名的"亚洲四小龙"经济奇迹；21 世纪初中国加入世界贸易组织之后引发的制造业大规模内流也是中国经济奇迹的一个重要原因。除了国家之间的产业转移，一国之内不同地区之间的产业转移也广泛存在，尤其对于中国这种幅员辽阔、区域经济差异较大的国家来说，产业转移更是一种平衡区域经济发展、促进资源优化配置的重要手段。

在中国区域间产业转移的结构中，高耗能产业转移占有很大的比重。这是中国产业转移进程中的一大特色，也是由我国自身的产业结构决定的。高耗能产业长期以来都是国内社会生产中一个重要的组成部分，涉及基建、房地产、能源等多个重要领域。以2021年为例，虽然我国的第三产业增加值在国民经济结构中的占比已经达到55%左右，但该比重与世界平均水平仍然相差10%左右，而第二产业增加值仍然能占到国民生产总值的38%。首先，从第二产业的内部结构来说，金属冶炼、电力及热力生产、石油炼焦以及化学品制造等高耗能产业也占有很大的比重；其次，高耗能产业在具有高能耗、高排放等特征的同时，也往往具有劳动密集、资本密集等属性，这就使得地方性的高耗能产业往往直接关系到当地的就业、税收等经济命脉，也使得经济落后的中西部地区非常乐意于引进这些产业来发展地方经济；最后，由于能源成本和环境成本不断提高，一些之前经济发展相对落后但资源丰富的偏远地区逐步拥有了发展这一类产业的比较优势，这就使得高耗能产业具有向这些地区转移的驱动力。在这些因素的综合作用下，高耗能产业往往在我国区域间产业转移中占有很大的比重。而相比之下，农业和服务业等部门由于自身产业发展的特征，在区域间产业转移的规模并不大。

具体到各个地区的特点，我国高耗能产业区域间转移的驱动因素主要有以下几点：

1. 东部地区发展需要自身高耗能产业的迁出

由于政策优势，东部沿海地区是我国经济发展起步最早的地区，同时也是工业基础建设起步最早的地区，因此在改革开放的初期，中国形成了"东重西轻"的产业格局，即中国的东部沿海地区和东北三省等工业老区是当时中国高耗能产业的主要聚集地，而广大的中西部地区则是主要的农业地区。在多年的发展过程中，东部地区的经济实现了快速增长，同时当地的土地价格、人力资本以及其他生产要素的价格也随之水涨船高，这在一定程度上提高了当地高耗能产业的生产成本；同时，居民生活水平的不断提高和环保意识的增强也使得东部地区的环境监管和环境规制日趋严格，尤其是江苏、浙江、上海、北京等发达地区，已经建立起了相对完善的环境监督管理机制，从而导致当地工业部门以及高耗能产业部门的环保成本增加。这些因素给当地的高耗能产业的发展带来了巨大的成本压力，并使得高耗能产业的边际资本收益不断下降。此外，在长期的经济发展过程中，东部地区也在不断调整和升级自身的产业结构，不断推动自身工业从劳动密集型向技术密集型和资本密集型的方向过渡。就目前来看，东部地区的产业升级进程是比较成功的，根据国家统计局公布的数据，截止到2021年，福建、浙江、江苏、上海四个省级行政区的第三产业占GDP的比重基本都已经超过60%，而这些地区的第二产业也大都集中在汽车制造、电子及通信设备制造、专业设备制造等高端制造业。这种产业结构使得当地经济更加依赖于第三产业和高端制造业，但对本地区高耗能产业的依赖程度较低。在这些因素的综合作用下，东部地区整体上已经不再适宜兼具劳动和资源密集型属性的高耗能产业的发展。

2. 中西部地区具有较好的承接高耗能产业迁入的基础

相比之下，中西部地区的经济发展起步较晚，经济建设相对还比较落后，相当一部分中西部地区目前还处在工业化的中早期阶段，这也使得中西部地区具有一定的产业后发优势。具体来说，首先，中部地区是我国人口密度和人口总量最高的地区，如山东、河南、江西、安徽等几个省份，其地势也比较平坦，能够为工业发展提供充足的劳动力、工业用地以及相对低廉的运输成本；其次，对于部分西部地区如新疆、内蒙古等省份来说，其自身拥有丰富的能源和矿产储量也能够为当地的高耗能产业发展提供充足的能源和原材料供应；此外，由于中西部地区的经济发展起步较晚，因此许多地方政府更多将经济发展作为地方建设的首要目标，而对环境保护等方面的管理相对比较宽松，因此中西部地区整体的环境成本也比东部地区更低。因此，在生产成本、资源禀赋这些方面，中西部地区相较于东部地区更加有利于高耗能产业的发展。

而从中西部自身的发展角度来说，高耗能产业的迁入往往也能够与这些地区自身的经济发展阶段相匹配。不同于东部地区加速的产业结构升级和环保成本高企，中西部地区的经济建设还比较薄弱，很多地区的工业发展和经济建设还相当落后。高耗能产业这一类劳动和资本密集型产业的迁入往往能够快速高效地促进当地的就业、人均收入、税收，甚至是促进基础设施建设的发展。这也使得很多中西部地区的地方政府乐于接受和引进高耗能产业。在过去的 20 年间，在中央政策和地方政策的双重支持下，中国的中西部地区承接了大量的来自东部地区的能源密集型产业的流入。产业转移一方面有效促进了中西部地区的经济增长，改善了当地人民的收入和生活水平，完善了当地的基础设施建设；但另一方面，这一过程也给这些地区的碳减排和环境保护带来了不小的挑战，很多中西部重工业城市都面临着较为严重的环境治理问题。

3. 高耗能产业转移能够促进整体效率的提升

虽然东西部之间这种大规模的高耗能产业转移对各地区的影响有利有弊，但是从全国整体的发展角度来看，高耗能产业转移的整体影响依然是积极的。根据经济学中的比较优势原则，当生产要素向边际收益更高的一方转移时，整体的生产效率（或者说福利）也会向着帕累托最优的状态移动，这一比较优势理论也是国际贸易和经济全球化的理论基础。对中国的产业转移过程来说，高耗能产业转移这一过程使得（高耗能）企业能够从边际收益率较低（或边际生产成本较高）的东部地区向边际收益率较高（或边际生产成本较低）的中西部地区转移，这一方面促进了中西部地区生产要素（包括劳动、资本、生产材料等）边际收益的提高，另一方面也能够为东部地区的产业升级腾出发展空间，使其可以更加专注于高端产业的发展。这种区域化的专业分工是当前许多欧美发达国家所处的阶段，也是生产效率向更高阶段发展的一个必经阶段。

虽然中国区域间高耗能产业转移在平衡区域经济发展上具有积极作用，同时也是产业发展的必然阶段，但是在我国现阶段的产业转移过程中仍然存在许多问题，明确这些问题形成的原因将会对下一阶段产业转移政策的实施和调整具有重要的现实意义。因此，在第二部分我们将对中国现阶段高耗能产业转移进程中所面临的问题进行全面的梳理和分析。

3.1.2 高耗能产业转移面临的问题

在中央政府的统筹安排下，近年来，我国高耗能产业转移一直在有序进行，东西部核心省份的年转移规模基本保持在 5000 亿元以上，东西部地区之间的产业分工和产业布局逐步统一化、协调化，具有地区特色的产业集群不断出现。但是，我国的产业转移进程仍然面临着一些问题和挑战。

1. "双碳"目标和能耗要求下中西部地区高耗能产业未来仍面临着较为严峻的发展前景

随着全球变暖和环境恶化，世界各国相继提出了自身的节能减排和减碳目标。作为世界上碳排放总量最高的国家，也是世界上最大的发展中国家，中国面临着巨大的减排压力，如何协调好经济发展和节能减排之间的关系已经成为中国当前亟待解决的问题。作为一个负责任的大国，中国自"十一五规划"以来就开始设定明确的能源强度目标，在随后的"十二五规划"、"十三五规划"以及"十四五规划"中，中国的能耗控制目标体系又得到了进一步完善，碳强度目标、碳排放总量目标、面向碳达峰和碳中和等新目标被相继纳入其中。"碳中和、碳达峰"这一新的"双碳"目标的提出，更是给未来中国各地区的能耗控制提出了更高的要求。

考虑到二氧化碳排放的核心来源是化石能源的燃烧和消耗，因此控制二氧化碳排放的本质就是调整产业和能源消费结构，控制化石能源的消费。因此，广大中西部地区在承接大规模的高耗能产业迁入之后面临的一个核心问题就是这些高耗能产业未来的发展前景问题。一方面，现阶段我国区域之间的能源强度和碳强度就已经出现了较大的区域差距，中西部地区如新疆、甘肃、宁夏等地区的能源消费结构更多以煤炭为主，地区能源强度和碳强度均远高于东部发达地区。2021 年 8 月，发改委就针对我国各地区的节能减排任务的完成情况发布了《2021 年上半年各地区能耗双控目标完成情况晴雨表》，10 个西部省份（四川、甘肃、广西、云南、重庆、陕西、青海、贵州、宁夏、新疆）中，就有 4 个省份（青海、宁夏、广西、云南）由于能源消费总量控制不达标而被列为能耗控制形势严峻的一级预警地区；新疆和陕西则因为能源消费总量控制未达标被列为二级预警地区；还有 6 个西部省份（青海、宁夏、广西、新疆、云南、陕西）因能源消费强度控制不达标而被列为一级预警地区；3 个西部省份上半年能耗强度降低率未达标，被列为二级预警地区。这些都反映了中西部地区的能耗控制所面临的严峻形势。另一方面，这些地区还面临着较大的经济发展压力，许多中西部地区的经济建设正处于上升阶段，地区经济增速在近年来均位居全国前列，而经济增长必然伴随着对能源产品更高的需求，因此，这些省份地方经济发展任务与能耗控制任务之间的矛盾日趋尖锐。

从本质上来看，产业转移只是生产要素在地理空间上的再分配。虽然这种再分配能够在一定程度上发挥中西部地区的比较优势，并提高整体的要素利用效率，但是这种提高并不足以改变高耗能产业自身高能耗特征。也就是说，东部地区的高排放企业转移到中西部地区之后依然会保留其高排放的特征。而在我国"碳达峰、碳中和"以及能耗控制形势日趋严峻的背景下，中西部地区迁入的高耗能产业将面临巨大的转型压力，并且这种转型压力最终也必然会传导到当地的经济发展和民生层面。许多高耗能产业流入地区的地方政府将被迫面临着两难的境地：一方面地方经济建设需要引入高耗能产业，另一方面能耗控制目标又需要控制高耗能产业的发展。因此，从长远来看，高耗能产业迁入对中西部地区的经济发展的支撑作用还存在很大的不确定性，在接受了大规模的高耗能产业迁入之后，中西部地区的节能减排和能耗控制将会面临更大的挑战。

2. 产业转移过程中的价值分配不均的现象

产业转移即是企业的生产功能在地理空间上的再分配，同时也是各地区之间产业价值链的再分工。而在以往的产业转移过程中，价值分配的不均衡一直是一个突出的问题。在产业转移涉及的利益再分配的过程中，中西部等高耗能产业的主要迁入地区长期都处在弱势一方，并不能够从产业转移的过程中拿到适当的份额，这就造成了一种"中西部欠发达地区"向"东部发达地区"逆向输血的现象，即中西部地区在付出了相对应的人力成本、环境成本以及资源成本之后，仅能够获得产业转移过程中收益的一小部分，而东部地区只需要用一小部分收益就可以换取到中西部地区的廉价生产资料和环境成本，并将能耗控制的沉重负担转移到中西部地区。这种产业转移过程中的分配不均衡的现象可能会造成东西部地区经济发展和减排负担差距的进一步拉大，并使得全国整体的节能减排变得更加复杂。

以西电东送为例。受政策影响，目前西南地区（主要包括云南、贵州、四川）和西北地区（主要包括新疆、内蒙古，青海）已经成为中国两个最大的电力输出地区，其中西南地区主要以输出水电为主，而西北地区则以风电、光电为主。根据国家电网公布的数据，2020 年西北电网的外送电力达到 6271 万千瓦·时，是全国电力输出最多的地区。但在这种大规模的电力外输的过程中，西南和西北地区的电力企业获利却很少，一些西南地区的电力企业甚至长期处于亏损的状态。造成这种反常现象的一个重要原因就在于：在电力区域转移的过程中，电力价格并不是由西部发电企业决定的，电网和东部购电端在这一过程中拥有绝对的议价能力，这就使得西部地区的发电成本并不能直接反映在电力价格上，而东部地区的低电价在某种程度上又会造成对电力资源的不合理利用甚至过度消费。除此之外，类似煤炭、粗钢等资源产业也都存在这一问题，即相对较低的能源价格和原材料价格使得西部地区的生产端和东部地区的消费端发生脱节。这种机制很可能会使得东西部地区之间的经济发展差距进一步拉大，扭曲经济结构，进而阻碍经济的高质量发展。

3. 东西部地区之间的营商环境和政府效率还存在一定的差距

营商环境泛指企业在当地的经营活动中所面临的市场、政务、人文以及法治等环境的综合，涉及地方政府的行政效率、管理水平、廉洁程度等多个方面，对企业的经营和发展具有重要影响。而我国区域经济发展不均衡的背景也注定了东西部地区之间的营商环境还存在较大的差距，这种营商环境的差距会直接反映到一个地区在产业转移过程中的竞争力上，影响其产业承接的规模和未来的产业发展前景。

在我国，营商环境对地区经济发展的影响尤为重要。但就目前来看，西部地区的营商环境与东部地区相比仍然有较大差距。2020年，全国工商联基于上万家民营企业的评价发布了《2020年"万家民营企业评营商环境"报告》，其中我国营商环境评分最高的几个省份基本上都属于东部省份，而广大的中西部地区的营商环境普遍较差，仅四川和重庆分别属于领先和先进水平，10个省份中有5个都属于营商环境落后的地区，广西和西藏的营商环境更是排名最后。更具体一些，中西部地区之间的营商环境差异还表现为西部地区整体的市场化水平较低，地方政府往往会对当地的市场经济进行过度的干预，相关的衍生问题还包括模糊的市场政策、政府部门较低的协调程度以及较低的行政效率，这些都在一定程度上阻碍了中西部地区的市场经济和产业转移的健康发展。

4. 西部地区目前还缺乏完善的环境监管机制

高耗能产业之所以大规模迁入西部地区，一个重要的原因就在于西部地区相对低廉的环保成本。高耗能产业转移的过程实质上也是企业从环保成本相对较高的地区流向环保成本相对较低的地区的过程。但是这种转移并不意味着环保成本的消失。实际上，中西部地区更加宽松的环境监管甚至还可能使得流入的高耗能企业进一步扩大自身的生产规模，从而促使排放量进一步扩大。但由于环境监管体制的不完善，这一部分隐性排放并不能够被很好地衡量。然而，目前西部地区仍然缺乏一个相对完善的环境监管机制，这就意味着西部地区的环境变化无法有效检测和控制。在我国"双碳"目标和能耗控制目标日趋严格的要求下，西部地区需要建立一个相对完善的环境监管机制，再借鉴东部地区先进的生产技术和环境治理经验，实现经济增长和排放控制的"双赢"目标。

▓3.1.3 关于高耗能产业转移的政策建议

（1）建立科学合理的利益分配机制，实现区域经济发展的均衡化和合理化。为了防止东西部地区之间"逆向输血"现象的发生，核心在于设计科学合理的产业转移过程中的利益分配机制。这一过程涉及对西部地区（能源密集型产品）生产端和东部地区（能源密集型产品）消费端的双向调控。政府应当建立合理的定价机制，既全面涵盖西部地区在产品生产过程中产生的包括环境成本在内的一系列隐性成本，又能防止由于价格扭曲导致东部地区相关产品的过度消费。此外，对于市场机制无法估计的部分，政府还需要采取多元化的政策手段，通过转移支付、财政补贴、税收优惠等方式支持西部地区，弥补其在承接高耗能产业转移过程中需要承担的隐性成本，促进西部地区的经济发展和全国经济结构的均衡，为相关地区提供足够的资金以投入自身的能耗控制和环境保护中。

（2）积极引导高耗能产业转移进程，实现产业布局的特色化和协调化。高耗能产业的大规模转移离不开政府的有力支持和引导，尤其是涉及东西部区域之间的大规模产业转移，单凭市场力量难以兼顾整体过程，这就需要中央政府的密切关注和积极引导。中国各地区的产业结构、资源储量、技术水平以及经济发展阶段存在着巨大差异，政府应基于各地区的比较优势，形成具有地区特色的产业集群。在引入和建设自身产业集群时，各地应根据实际情况，发挥自身的比较优势，引入更具竞争力和生产率优势的产业。同时，为避免不同地区之间的重复建设，应努力实现区域产业的互补和错位竞争，形成各地区分工明确且整体上统一协调的产业布局，确保经济有序发展。

（3）密切关注高耗能产业转移的环境影响，避免走"先污染、后治理"的老路。政府应密切关注高耗能产业转移的环境影响。作为高耗能产业的主要流入地区，北部沿海地区、中部地区以及西南地区未来可能承担较大的环境治理和碳减排压力。随着碳排放约束和环境规制水平的提高，这种污染转移很可能阻碍当地经济发展。考虑到产业转移驱动的污染和排放并不会消失，中西部地区必将成为全国环境治理的重点。政府应密切关注高耗能产业迁入对中西部地区环境保护、经济发展以及产业结构转型的影响，建立完善的环境监管和预警机制。要促进中西部地区高耗能产业迁入和环境治理的同步进行，避免走"先污染、后治理"的老路。

（4）加强产业转移的技术迁移属性，从根本上帮助中西部地区实现可持续发展。政府应鼓励扩大东西部地区之间的经济合作，建立有利于技术转移的制度创新。事实上，我国各地区在产业效率、生产技术、管理效率以及环境治理经验方面存在较大差异，东部地区领先于中西部地区。中西部地区要想更好地承接高耗能产业，关键是提高当地产业的技术水平，提高企业对能源要素的利用效率，而产业转移本身就是很好的技术转移路径。东部企业可以通过产业迁移将先进的管理和生产经验转移到中西部地区，提升当地的技术水平。因此，政府应通过产业政策和财税政策鼓励东部地区对中西部地区的技术援助，加强不同地区企业的信息交流，通过产业转移促进东西部地区之间的技术转移和共享，从根本上提高中西部地区的全要素生产率，帮助中西部地区实现高质量、可持续的发展。

▶ 3.2 高耗能企业的低碳转型：投资转移与技术改造

自"双碳"目标提出以来，摸索和制定适合各自发展模式的碳中和实现路径已经成为各省工作的重点。其中，如何在碳中和进程中助力高耗能行业绿色发展，推动高耗能企业低碳转型，无疑是实现碳中和目标的焦点问题，也是对各地政府制定发展方案能力的关键考验。关于高耗能行业的范围，本报告依据《2011年国民经济和社会发展统计公报》注释，"六大高耗能行业为石油煤炭及其他燃料加工业、化学原料和化学制品制造业、非金属矿物制品业、黑色金属冶炼和压延加工业、有色金属冶炼和压延加工业和电力热力生产和供应业"[1]。由上述行业分类可见，高耗能行业多是位于产业链上游的原材料行业，涉及下游行业原材料和基础性能源产品的供给。因此，高耗能行业在产业链中处于较为重要的位置。实现工业化强国建设的平稳发展和构建我国自主高效的全产业链体系离不开高耗能行业向绿色低碳发展模式的高质量转变。碳中和作为一种倒逼机制，既倒逼新能源产业快速发展，又倒逼高耗能产业低碳转型。可以说，新能源产业和高耗能产业是实现碳中和目标的两大重点领域。然而，两个产业却面临着完全不同的待遇和局面。新能源产业总是受到各地政府的青睐，参差不齐的新能源项目纷纷上马。反观高耗能产业却不尽如人意。随着地方政府碳减排压力的逐步增加，局部地区对高耗能企业实施"一刀切"关停的措施造成市场供需失衡，严重影响了下游制造业的正常运转。对此，地方政府必须认清高耗能行业在产业链和供应链中的重要地位，切忌采取急于求成的减碳行动损害高耗能行业的健康发展。国家发改委也明确指出，"高耗能行业的高耗能属性是由产品性质和生产工业决定的"。在不出现颠覆性生产革命的情况下，当下最先进的生产设备亦无法改变高耗能特征。如何在碳中和进程中实现高耗能行业的高质量发展才是摆在我们面前的关键难题。高耗能行业的低碳转型，归根结底需要落脚到高耗能企业。就如何实现高耗能企业兼顾效益和减碳的绿色转型，本报告提出技术改造和投资转移双管齐下的低碳转型路径，即"高碳能源＋技术改造"和"新能源＋区位转移"。

■ 3.2.1 高耗能企业低碳转型的路径选择

（1）"高碳能源＋技术改造"

在短期内，能源供给结构很难发生大的改变，高耗能企业在生产活动中所投入能源的高碳属性亦无法改变。只有通过持续的节能减碳技术改造，不断提高单位能耗的产量或者降低单位产量的碳排放，从末端实现低碳转型。

（2）"新能源 + 区位转移"

实际上，尽管能源供给结构很难快速改变，但高耗能企业可以选择向清洁能源丰富的地区转移，提高新能源就地消纳水平，从而实现"高能耗高排放"模式向"高能耗低排放"转变，做到"碳能分离"，从而从源头实现低碳转型。以上两种低碳转型路径在不同的发展阶段和所处环境差异下各有优劣。在碳中和进程初期，技术改造的节能减排空间十分充足。出于利润最大化的考虑，高耗能企业自然选择技术改造以实现节能减排。然而，随着技术改造进程的不断推进，技术改造的边际成本持续增加，当超过企业区位转移的成本之后，区位转移的减碳效果逐步占优。因此，在整个碳中和进程中存在一个理论拐点。当越过这个拐点之后，高耗能企业选择区位转移就要优于技术改造。

具体而言，将两种低碳转型路径放在整个碳中和进程中考虑，在实现碳中和的进程中，能源供给结构必将发生翻天覆地的变化，形成以清洁能源为主的能源供给结构是历史必然。然而，在当下历史阶段，新能源在能源供给结构中占比较低，高耗能企业无法改变投入能源的高碳属性，但可以通过节能减碳技术改造提高能源利用效率，挖掘节能降碳潜力，推广绿色低碳的技术和工艺设备。在不改变造能源供给结构的情况下，要想实现碳减排，必须持续加大技术改造投资力度。总体而言，"高碳能源 + 技术改造"治标，属于末端控制碳排放；而"新能源 + 区位转移"治本，属于源头控制碳排放。高耗能企业选择向新能源丰富的地区转移，不仅有助于高耗能企业的低碳转型，还可以提高新能源就地消纳水平。低碳能源对高碳能源的替代，实现高耗能企业从"高耗能高排放"向"高耗能低排放"模式的转变。再考虑到新能源丰富的地区往往是西部等经济欠发达省份，高耗能企业的转移还能够为当地经济发展提供新动能。由此可见，推动高耗能企业的区位转移可谓是一举三得。

鉴于现有统计资料对技术改造和产业转移的统计有限，本报告通过整理高耗能行业上市公司年报，统计高耗能企业技术改造和异地项目投资转移数据，分析高耗能企业技术改造和投资转移的现状和趋势。本报告以高耗能企业技术改造和投资转移的现状和趋势为依托，总结高耗能企业技术改造和投资转移的特征事实，发现潜在问题，并提出有针对性的政策建议。

▓ 3.2.2　高耗能企业低碳转型面临的困境

1. 高耗能企业技术改造困境

2022 年 2 月 11 日，国家发展改革委等 4 部门联合发布了《高耗能行业重点领域节能降碳改造升级实施指南（2022 年版）》，围绕水泥、钢铁、金属冶炼等 17 个行业，出台了以上行业节能降碳技术改造的方向和目标[2]。顶层设计对各细分行业设定不同的能效目标，既能有效避免对高耗能企业的一刀切政策，又为地方政府未来的精细化管理和分类施政提供了方便。这不仅体现了国家对高耗能行业低碳转型的重视，更体现了技术改造作为高耗能行业低碳转型的重要作用。本报告通过分析 2011—2020 年高耗能企业技术改造投资得到以下几点特征事实。

（1）高耗能企业技术改造投资力度持续加大。如图 3.1 所示，2011—2020 年高耗能企业技术改造投资占项目总投资比重基本保持在 30%～40% 之间，且呈波动上升趋势。2011 年技术改造占比 29%，到 2020 年这一比例已达 41%，年均增长 1.2 个百分点，年均增速为 3.9%。这说明高耗能企业对技术改造的重视程度逐步增强，对技术改造的投资力度持续增强。不可否认高耗能企业在清洁生产的意愿已有所增强，重经济、轻环境的意识已有所改观，但更重要的原因当属地方政府对生态环境重视程度的提高和环境规制强度的增加。样本期间，2020 年技术改造投资占比增幅最大，比上年高 7%，这表明 2020 年碳中和目标的提出切实让高耗能企业感受到了减碳压力。无论是高耗能企业预期将受到中央和地方政府的碳监管，还是地方政府在节能降碳上给辖区高耗能企业加码，在数据上都表现为高耗能企业技术改造投资占比的增加。

关于技术改造占比 30%～40% 这一数字，需要说明的是，工信部在"中国这十年"主题新闻发布会上称"2012 年以来的技术改造投资占工业总投资的 40% 以上"。本报告统计的高耗能行业上市公司数据与之相差不大。相比官方数据，本报告的优势是聚焦高耗能行业，可以得到更有针对性的结论。但同时遗憾的是，本报告仅包含有高耗能行业上市公司的数据。

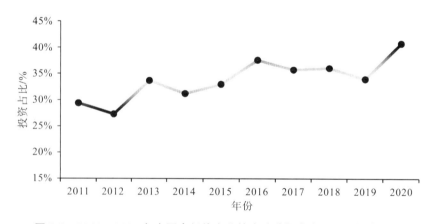

图 3.1　2011—2020 年中国高耗能企业技术改造投资占项目总投资比重

数据来源：高耗能行业上市公司年报。

（2）东部地区技术改造投资占比普遍较高，西部地区占比普遍较低。图 3.2 展示了 2011—2020 年十年内各省份高耗能企业技术改造投资的平均值。如图 3.2 所示，东部地区技术改造投资占比普遍较高，而西部地区技术改造投资占比普遍较低。从技术改造投资占比相对水平来看，技术改造投资占比最高的三个地区依次为上海、辽宁、河北，这三个地区皆属于东部地区。而技术改造投资占比最低的三个省份依次为西藏、四川和贵州，这三个地区皆属于西部地区。这一方面说明东部地区高耗能企业对技术改造投资的重视程度较高，技术改造的意愿高于中西部地区。另一方面也反映出东部地区对新落地项目和流入资本的绿色门槛较高。从经济发展的角度来看，西部地区多为欠发达省份，需要高耗能企业的项目投资以带动当地经济增长。这无疑给了部分西部地区政府降低环保要求以吸引企业转入的现实动因。从技术改造投资占比绝对水平来看，上海技术改造投资占比已超过 80%，而反观技术改造投资最低的西藏仅有 3%。可能的原因是，上海的经济发展水平较高，基础设施建设和营商环境都相较领先，已从追求经济的快速发展转向经济的高质量发展，对高耗能项目的环保要求较高。因此，新建高耗能项目和外来资本绿色落地上海都面临着较高的绿色门槛。后文有关高耗能企业投资转移的数据也说明，上海属于高耗能企业项目投资净流出最多的地区。

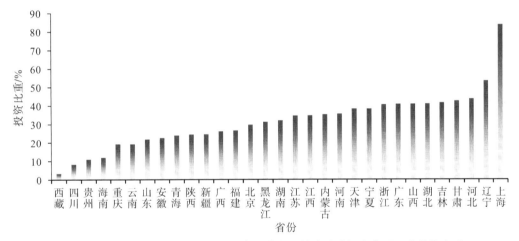

图 3.2　2011—2020 年中国各省份高耗能企业技术改造投资占项目总投资比重

数据来源：高耗能行业上市公司年报。

2. 高耗能企业的投资转移困境

我国作为经济大国的优势不仅体现在需求侧庞大市场的内需潜力上，更体现在供给侧产业链和供应链的完整性上。长久以来经济的蓬勃发展，使我国东部地区在高耗能产业规模和技术等方面均表现出突出优势。随着全国各地经济结构的变化，在要素和市场需求等共同因素作用下，高耗能行业已逐步向中西部地区转移。如何在高耗能行业转移过程中维持产业优势，是保证我国产业链和供应链自主可控的一大挑战。虽然早在 2016 年国家能源局发布的《2016 年能源工作指导意见》就指出，"东中部地区加快高耗能产业转移，支持西部地区实施高耗能产业布局优化工程，提高能源就地消纳比例，降低对远距离能源输送的依赖"[3]。但是 2020 年碳中和目标的提出，无疑对高耗能产业转移提出了新的要求。本报告通过分析 2011—2020 年高耗能企业项目投资转移现状和趋势得到以下几点特征事实。

（1）高耗能企业项目投资转移总量不断增加，但投资转移量占项目总投资的比重并没有明显提高。图 3.3 描述了高耗能企业异地项目投资的绝对量（左轴）和异地项目投资占总投资的比重（右轴）。从异地项目投资量来看，2011—2020 年异地项目投资额呈波动上升趋势。这似乎说明高耗能企业异地投资热情在增加，但是从异地项目投资占总投资的比重来看，事实并非如此。高耗能企业异地项目投资占项目总投资的比重自2015 年之后几乎保持不变。这说明增加的异地项目投资并非高耗能企业对投资转移的偏向增加，而是项目总投资的增加所致。为何高耗能企业没有明显的区位转移趋势，我们认为主要有以下两点重要原因：第一是营商环境。东西部地区营商环境存在着巨大差异。多年的市场化改革使东部地区一直走在全国前列，也随之形成了相较良好的营商环境。全国工商联发布的《2020 年"万家民营企业评营商环境"报告》显示，西部地区只有四川进入全国前 10 位。[4]东部地区高耗能企业享受着较好的营商环境，而向西部地区转移必然要放弃这一外部优势条件，西部地区相对较差的营商环境无疑限制了高耗能企业的转移。第二是产业生态。高耗能行业多是原材料行业，高耗能企业也都拥有各自完整的供应链体系。企业的投资转移势必须脱离原有的产业体系，建立新的供应链关系。这无疑也是制约高耗能企业转移的一大重要因素。东部地区已经形成相对成熟和完整的高耗能产业链和产业体系，一旦选择向西部地区转移，必然要重构现有的上下游供应链，而西部地区尚未形成高耗能产业集群这一现状又会增加转入高耗能企业重构供应链的难度。

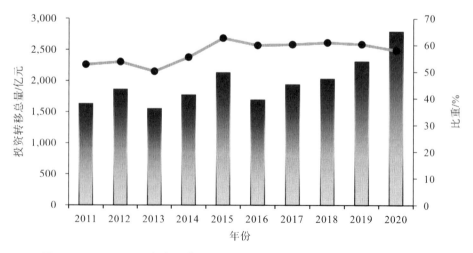

图 3.3　2011—2020 年中国高耗能企业投资转移总量与其占项目总投资比重

数据来源：高耗能行业上市公司年报。

（2）东部地区是高耗能项目净流出的主要地区，西部地区是高耗能项目净流入主
要地区。值得一提的是，东部地区中江苏、福建和河北也处于高耗能项目净流入状
态。图 3.4 展示了 2011—2020 年我国各省份高耗能企业项目投资净流入的平均值。
从各地区净流入流出状态来看，全国 10 个省份处于净流出状态，21 个省份处于净
流入状态。具体地，上海、辽宁、北京、山东和广东为全国高耗能企业项目投资净
流出排名前 5 的省份，且皆位于东部地区。东部地区的环境污染治理力度较大，高
耗能企业为规避环境成本选择向环境门槛较低的西部地区转移，在整体层面表现为
高耗能产业的产能西迁。以节能目标为例，国家"十二五"和"十三五"分配给各
省份节能目标就存在明显的"鞭打快牛"特征，能源强度较低的东部地区承担着较
高的节能目标，而能源强度较高的西部地区又承担着较低的节能目标。这从理论上
来讲，将导致高耗能产业从节能减碳目标较高的东部地区向节能减碳目标较低的西
部地区转移。

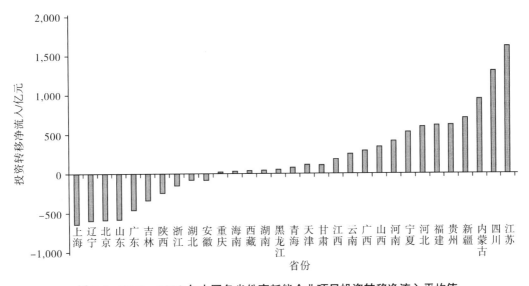

图 3.4　2011—2020 年中国各省份高耗能企业项目投资转移净流入平均值

数据来源：高耗能行业上市公司年报。

　　既如此，为何江苏、福建和河北等东部地区省份依旧保持着较高的高耗能企业的
项目投资转入？结合以上省份的产业结构，我们认为江苏和河北作为我国的高耗能大
省，已经形成了良好的高耗能产业生态体系，相对更完整的产业集聚和产业链更能够
满足高耗能企业生产活动所需的上下游配套。因此，尽管环保门槛逐步在提高，高
耗能上市公司项目落地的意愿有所减弱，但依旧表现为高耗能上市公司项目投资净流
入状态。对于福建而言，其经济发展落后于其他东部地区，尽管近年来工业发展速度
较快，但承接东部地区其他省份的高耗能产业是其促进工业发展的主要方式。关于福

建高耗能产业转入的结论，罗良文和赵凡（2020）[5]也如上解释。除了以上现实原因，这还可能源于我们仅报告了 10 年来的净流入平均值，受篇幅所限，本报告并没有详细展示各省每年的净流入，这样做无疑会将部分地区先净流入后净流出的趋势抹除，而只保留了平均状态。另外，对于净流入和净流出不等的解释主要是由于许多高耗能项目投资转移到国外，而该报告并没有统计国外高耗能项目的转入。

3. 高耗能企业在投资转移进程中开展技术改造的挑战

虽然以上两部分详细讨论了高耗能企业技术改造和投资转移的现状和趋势，然而事实上，技术改造和投资转移往往是同时发生的。换言之，面对技术改造和投资转移两条路径，高耗能企业不是二选一，而是双管齐下。放大到高耗能行业来看，不同高耗能企业的选择也往往不同。考虑到如此现实，联合考虑技术改造和投资转移就显得尤为必要。高耗能企业投资转移过程中技术改造的现状和趋势如何？本报告通过分析 2011—2020 年高耗能企业项目投资转移过程中的技术改造投资，得到以下几点特征事实。

（1）高耗能企业在转入地的技术改造投资涨势可观，但仍低于转出地的技术改造投资占比。图 3.5 展示了 2011—2020 年中国高耗能企业项目投资转入中技术改造投资占比的平均值。从 2011 年至 2020 年，高耗能企业对异地投资的技术改造力度持续加大，各地高耗能企业项目投资转入中技术改造投资占比的平均值由 20% 提高至 45%，年均增长 2.5 个百分点，年均增速为 9.4%。以上数据说明，高耗能企业在持续加快对异地投资的技术改造力度。究其原因，随着环保意识的增强和中央政府对环保工作的要求，各地政府有意提高转入高耗能项目的环境门槛。这直接导致一部分高排放高污染的项目被拒之门外，另一部分高耗能项目被迫增加技术改造投资，提高项目绿色化程度以满足当地政府的要求。对比图 3.1 展示的高耗能企业技术改造占总投资比重可以发现，除了 2020 年以外，向异地项目转移的投资中技术改造占比均低于当地的技术改造占比。这至少说明了以下两点现象：第一，高耗能企业更愿意对当地高耗能项目进行技术改造。这可能是因为一开始高耗能企业选择技术改造的成本要低于投资转移的成本，只要技术改造还能够满足地方政府的环保要求，高耗能企业便会更多选择技术改造。当技术改造成本过高时，高耗能企业才会选择投资转移。而两条曲线之间的差可以理解为高耗能企业选择技术改造和投资转移的效用差。另一个原因可能是高耗能企业与当地政府的关系较好，更容易获得政府对技术改造的补贴，技术改造成本的下降自然提高了高耗能企业技术改造的意愿。第二，高耗能企业确实通过投资转移替代了一部分技术改造投资。高耗能项目转入地环境门槛确实低于投资来源地，高耗能项目的转入规避了一部分转出地的环境成本。

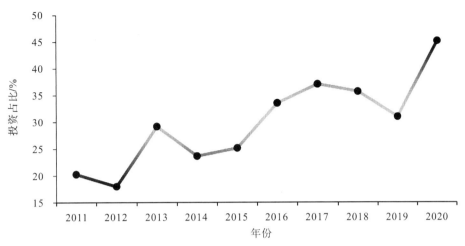

图 3.5　2011—2020 年中国高耗能企业投资转入中技术改造投资占比平均值

数据来源：高耗能行业上市公司年报。

（2）各省高耗能项目转入中技术改造投资占比呈现"东高西低"的特征。图 3.6 展示了 2011—2020 年转入各省份的高耗能项目中技术改造投资占比的平均值。如图 3.6 所示，技术改造占转入高耗能和项目投资总额的比重基本呈现东、中、西递减的趋势。具体而言，转入辽宁的高耗能项目技术改造投资占比最高。东部地区中河北、浙江、山东、天津、广东和江苏的高耗能项目转入中技术改造投资占比都在 35% 以上，高于全国平均值。西部地区中西藏、四川、贵州、青海、重庆、云南、广西和新疆的高耗能项目转入中技术改造投资占比都在 25% 以下，低于全国平均值。以上事实进一步说明，东部地区各省份对高耗能项目的环境门槛较高，因此转入高耗能项目的技术改造投资力度也较高。而西部地区各省份对高耗能项目的环境门槛较低，转入高耗能项目的技术改造投资占比也较低。

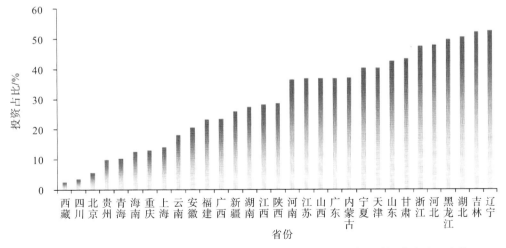

图 3.6　2011—2020 年中国各省份高耗能企业投资转入中技术改造投资占比平均值

数据来源：高耗能行业上市公司年报。

▌3.2.3 高耗能企业低碳转型的政策建议

就如何实现高耗能企业兼顾效益和减碳的绿色转型，本报告提出了技术改造和投资转移双管齐下的低碳转型路径："高碳能源＋技术改造"和"新能源＋区位转移"。能源供给结构很难在短期内发生大的改变，或者说不可能，所以高耗能企业在生产活动中所投入能源的高碳属性亦很难在短期内改变。我们只有通过持续的节能减碳技术改造，不断提高能源效率，降低能源强度，从末端实现低碳转型。不过，尽管能源供给结构很难快速改变，但是高耗能企业可以选择将高耗能项目向清洁能源丰富的地区转移，提高新能源就地消纳水平，从而实现"高能耗高排放"模式向"高能耗低排放"转变，做到"碳能分离"，在源头实现低碳转型。通过对 2011—2020 年高耗能行业上市企业技术改造和投资转移现状和趋势的分析，本报告发现高耗能企业通过技术改造和投资转移实现低碳转型仍存在诸多问题，总结为以下几点，并提出针对性的政策建议。

（1）高耗能企业技术改造投资力度普遍较低，这一现象在西部地区尤为突出。除上海和辽宁等投资力度较高的地区外，我国其他地区的高耗能企业技术改造投资力度均呈现疲软态势，各地区的技术投资改造在总投资的占比均在 40% 以下，且在近 10 年间增速缓慢，其中西部地区发展尤为缓慢，其占比均值低于 20%。对此，西部各地区政府应重视当前高耗能高污染的发展模式对经济可持续发展带来的重大隐患，今天的环境保护必然比未来的环境治理更容易。西部地区应从东部地区环境破坏和污染治理的实践中汲取经验，尽管国家分配到西部地区的节能减排目标低于东部地区，但各地政府应该未雨绸缪，加强对当地高耗能企业对环境影响的关注。相关部门应积极引导高耗能企业开展技术改造，鼓励金融机构向高耗能企业节能降碳增效的重点项目提供资金支持。

（2）高耗能企业依靠产能转移来规避环境成本，西部地区相对较低的环境门槛是吸引高耗能项目转入的重要因素，由此形成"产能西迁"。由上文数据可以看出，西部地区大部分省份都处于高耗能项目净流入状态，且转入高耗能项目中技术改造投资占比明显低于当地高耗能项目中技术改造占比。这一情况必须引起西部地区地方政府的重视。高耗能项目的转入固然可以带动西部地区的经济增长，但是以降低环境门槛的方式来吸引高耗能项目落地是不可持续的。一味靠降低环境门槛，只能吸引高排放和产能落后的高耗能项目转入。优化西部地区自身的营商环境，为承接高耗能产业转入提供相对完善的产业配套体系才是吸引优质高耗能产业转入根本动力。对此，西部地区应结合地方经济发展特征，吸引符合地方经济发展优势的高耗能产业入驻，形成特色产业集聚。同时，政府应大力支持转入高耗能项目的技术改造工程。

（3）高耗能企业产能西迁过程中技术改造投资严重不足，在带动经济增长的同时势必会损害西部地区生态环境。2011—2020 年间，异地高耗能项目的技术改造力度普遍低于当地高耗能企业项目，向环境门槛较低的地区转移确实是高耗能企业转移的趋势。在国家顶层设计引导高耗能产业转移的背景下，西部地区具备依托自身新能源禀赋承接高耗能产业转移的优势，在实现碳中和目标的进程中应积极培育低碳发展竞争力，以低碳发展竞争力吸引优质高耗能产业转入。西部地区以新能源优势吸引高耗能企业区位转移，不仅提高了新能源就地消纳比例，还可以进一步打造"新能源 + 区位转移"的高耗能企业低碳转型示范项目，为高耗能行业实现"碳能分离"提供现实依据，为高耗能企业低碳转型提供模板，高耗能产业转移进程也得以加快。

▶ 3.3　加快构建转型金融政策体系，助推中国煤电行业低碳转型

在全球经济低碳转型的浪潮下，中国政府提出"2030 年前实现碳达峰、2060 年前实现碳中和"，这一宏伟目标为社会经济体系的全面绿色低碳转型按下了"加速键"吹响了"冲锋号"。作为关乎国家经济命脉和国计民生的关键基础设施，中国的电力系统仍以煤电为主体，如何实现电力系统的低碳乃至脱碳转型，将密切影响着中国能否如期达成碳中和目标。当然，基于经济性和安全性考虑，电力系统的脱碳必须立足于中国的基本国情。换言之，简单、粗暴地将煤炭等高碳能源淘汰掉的做法，既不安全，又不经济。因此，必须坚持"先立后破"的总体思路，循序渐进地推动煤电功能定位由主体电源逐渐转变为基础电源，这将是煤电发展的必由之路。

煤电从电力系统"主力军"到"压舱石"功能定位的巨变，必将引起行业内外颠覆性的变革，并催生出海量的投融资需求。可以发现，煤电的"棕色产业"标签为其低碳转型增添了诸多融资障碍，当前的绿色金融体系对煤电等高碳行业低碳转型的投融资支持还远远不够。转型金融的出现恰好能够有效地填补碳密集型行业低碳转型所面临的资金缺口。因此，在中国煤电行业迫切需要向清洁低碳转型的现实背景下，亟须加快谋划和布局转型金融政策体系建设，通过转型金融机制助推煤电行业稳妥、有序、公正地开展低碳转型。

■3.3.1　国内外转型金融发展现状

1. 转型金融概念的提出

全球能源变革和低碳经济转型催生了大量投融资需求，转型金融应运而生。低于 2℃并逼近 1.5℃的全球温控目标成为全球各经济体向绿色低碳转型的努力方向。因此，

高碳领域如何实现深度脱碳，是全球经济社会系统优化升级进程中不得不面对的重大难题。彭博新能源财经的估算数据显示，未来 30 年的时间将会有近百万亿美元的资金涌入低碳转型领域。积极应对气候变化，已经逐渐从全球性共识转变为全球性行动，全球范围内以煤电、石油化工、钢铁、水泥为代表的碳密集型行业亟须探寻经济可行的低碳转型方案。然而，能源消耗与环境污染的负外部性的存在，决定了绿色低碳转型活动必将困难重重。当前，推动高碳经济活动向脱碳化、零碳化的巨大转变，除了需要重视政府政策的规制与引导之外，利用碳市场、排污权交易机制、用能权交易机制等市场手段纠正"市场失灵"的做法同样不容小觑。无论是依靠有为政府还是利用有效市场，金融资源的有效配置都是必不可少的。换言之，金融资源是推动全球经济社会系统低碳化转型的核心要素，更是新一轮全球产业升级和低碳革命的重要驱动力。

为了能够更加充分地向可持续发展转型提供融资支持，"转型金融"（transition finance）应运而生，这一概念由国际经济合作与发展组织（OECD）于 2019 年 3 月首次提出。之后，随着各方对转型金融的深入认识与实践，目前国际上逐渐形成了对"转型金融"狭义上的内涵界定，即指为了减缓气候变化，用于支持高碳经济主体向绿色低碳化转型的金融活动。从概念可以看出，转型金融与绿色金融的区别主要体现在两个方面：第一个方面是实施目标的不同，转型金融旨在支持减缓气候变化的绿色低碳转型活动，而绿色金融的目标则更为宽泛，旨在支持减缓气候变化、环境的改善以及资源的高效利用等绿色活动。第二个方面是覆盖范围的不同，转型金融主要的覆盖范围为钢铁、冶炼、水泥、石化、电力等这类亟须低碳转型的高碳行业，这些行业的显著特征是具有较强的环境负外部性；而绿色金融主要是覆盖能源节约、环境保护、清洁能源发展、循环经济等环境友好型与资源节约型领域，这些领域具有突出的正外部性。此外，与传统的企业与银行间金融业务相比，转型金融在风险程度、时间跨度和融资工具等方面表现出独有的特征，即所面临的金融风险更具复杂性、投资盈利周期更具有长期性、融资工具开发更加需要融入创新性。可见，在全球经济低碳转型的大浪潮下，无论从理论层面还是实践层面出发，开展转型金融领域的研究与探索已经成为兼具理论与现实价值的重大课题。

2. 国外转型金融的发展现状

从全球视角来看，国际上已有较多国家和地区积极地加入了转型金融实践与探索。转型金融概念提出伊始，便引起了众多国家政府部门、知名金融机构以及国际组织在理论与实践层面的探索。从国际政策的演进历程来看：2020 年 3 月，欧盟委员会技术专家组提出了《欧盟可持续金融分类方案》；同年 9 月，气候债券倡议组织（CBI）发布了《"为可信赖的低碳转型服务提供金融支持"》白皮书；随后，香港绿色金融协会和国际资本市场协会先后陆续发布了《气候转型融资指南》和《气候转型金融手册》；2021 年 5 月，日本经济产业省（METI）发布了《气候转型融资基本指南》；2022 年 11

月，由 G20 可持续金融工作组起草的《G20 转型金融框架》正式获批发布。[6] 随着不同国家和地区的转型金融政策陆续问世，不同类型和规模的转型金融市场也逐渐从无到有地发展起来。目前，国际金融市场上较为典型的转型金融产品包括转型债券、可持续发展挂钩债券、可持续发展挂钩贷款、气候转型基金等。[7] 根据气候债券倡议组织（CBI）的统计数据，针对钢铁、化工、航空、能源、海运、基础设施等碳减排难度较高的行业，2022 年上半年全球总共发行了 23 支转型债券，发行地主要在欧洲、日本和中国。截止到 2022 年 9 月 30 日，全球转型债券累计发行量达到了 127 亿美元，全球可持续发展挂钩债券累计发行量高达 1929 亿美元。2022 年 7 月，德国政府公布了"气候和转型基金"计划，根据计划内容，德国政府将在 2023 年至 2026 年 4 年时间共计投资 1775 亿欧元用于能源转型与气候行动。

由于缺乏科学明晰的转型金融框架和标准，全球转型金融建设仍然面临着诸多问题，例如政策机制不顺畅、市场建设不健全、产品种类过于单一等。在不同的政策环境和市场情境下，转型金融标准的制定思路和总体特征呈现出较大的差异。参照益言 [8] 的划分标准，现有的转型金融标准大致可以分为"原则法"和"目录法"两大类。其中，采用"原则法"的主要包括气候债券倡议组织（CBI）、国际资本市场协会（ICMA）、日本金融厅、马来西亚央行等；而采用"目录法"的主要有欧盟、东盟、英国渣打银行、湖州市政府、中国建设银行以及中国银行等。对比看，这两种转型金融标准各有各的弊端："原则法"由于需要第三方认证机构的介入从而导致其经济成本比较高，"目录法"对技术要求更为严格并且容易造成转型效率的损失。由于不同经济体在政策制度、市场基础、转型金融刚性需求等方面存在较大差异，通过自下而上的方式所形成的国际转型金融标准很难同时满足经济可行性、技术可行性和操作可行性。总体来看，全球转型金融探索刚刚起步，亟须加快建立起一套科学明晰的转型金融框架和标准，通过加强政策的顶层设计以更加科学合理地引导金融资源的高效配置，从而解决碳密集行业在转型过程中所面临的融资约束难题。

3. 中国转型金融的发展现状

中国转型金融发展的战略机遇和风险挑战并存，尚处于探索尝试阶段。与欧洲、美国和日本等发达国家相比，中国拥有更加庞杂的能源系统，身处更为严重的产业结构失衡窘境，加之面对非常紧迫的碳达峰、碳中和时间日程表，中国面临着更加严峻的能源体系变革和产业结构转型压力。过去几十年来，以高消耗、高污染、高浪费为特征的粗放式经济发展模式已然开始掣肘中国经济的高质量发展，中国新一轮产业升级和低碳化转型的浪潮必将催生出众多的产业机会，同时也创造出巨量的投融资需求。在此契机下，中国转型金融即将迎来高速发展的重大机遇期。基于中国在推动绿色金融发展方面积累的丰富经验和优良基础，中国的转型金融探索与实践得以迅速推进，并取得了初步成效。当前，中国转型金融市场上比较典型的金融工具有公募转型债券、具有转型金融元素的煤炭清洁高效利用专项再贷款、可持续发展挂钩债券以及低碳转型（挂钩）债券等。当然，在看到转型金融具有巨大发展机遇的同时，我们也必须清楚地认识到，经济社会系统低碳化转型是一项涉及社会、政策、经济、金融、技术等众多方面的系统性工程，无论是从顶层设计还是具体实施层面，转型金融建设必须做到科学谋划、合理布局、稳步推进。立足于不同高碳行业在技术、资金和政策支持等方面存在显著差异的这一基本事实，转型金融框架与标准的制定必然意味着需要与各个高碳行业的转型路线相契合，同时还要综合考虑整体方案的经济性、技术性和操作可行性，这将成为中国转型金融实践必须面临的核心难题与严峻挑战。

在全球转型金融发展起步之时，中国立足于本国的基本国情和经济社会低碳转型所需，大力推进转型金融建设以助力高碳经济活动的清洁低碳化转型。在转型金融制度创新与政策落实这两个方面，中国较早地开展了转型金融标准制定与政策研究，试图增加对转型金融的政策支持框架，从而建立起系统性风险总体可控、转型金融工具丰富多元、政策激励机制健全有效的转型金融政策体系。目前，已经诞生的创新型政策与指导性文件主要包括：《可持续金融共同分类目录》《可持续发展挂钩债券（SLB）十问十答》《转型债券管理声明》《转型债券框架》以及《关于开展转型债券相关创新试点的通知》等。近期，中国作为主要贡献者参与编制的《G20 转型金融框架》获批发布，由中国人民银行负责制定的钢铁、煤电、建筑建材、农业等四个领域的转型金融标准也即将问世。

从转型金融实践的成果来看，中国转型金融探索成效日益凸显。2022 年 6 月，华能国际电力股份有限公司、万华化学集团股份有限公司、中国铝业股份有限公司、山东钢铁集团有限公司和大唐国际发电股份有限公司成功发行了全国首批转型债券 22.9 亿元。截至 2022 年 9 月，中国人民银行推出的碳减排支持工具贷款累计投放量已经超过 4000 亿元，可以减少 8000 多万吨的碳排放。截至 2022 年 10 月，可持续发展挂钩债券发行量已经突破 700 亿元人民币，贴标转型债券发行量也高达 312 亿元人民币。除此之外，区域性转型金融试点工作也稳步推进。浙江省湖州市在转型金融方面先试先行，以绿色金融改革创新试验区建设为契机，积极探索构建区域性转型金融服务体系[9]，于 2022 年 2 月发布了全国首个区域性转型金融发展路线图。

■ 3.3.2 中国煤电行业低碳转型对转型金融的迫切需求

随着煤电产业高质量发展进程深入推进，煤电系统势必向清洁化、低碳化、数智化方向转型升级，将催生海量的资金需求。[10] 2021 年，中国拥有 11.1 亿千瓦煤电装机，在发电总装机中的比例高达 46.7%[11]，煤电度电煤耗大约为 305 gce/KW·h（克标准煤/千瓦·时），然而煤电装机的平均服役年限仅约为 12 年。综合来看，中国煤电装机"大存量、高效率、新机组"总体特征尤为明显。碳约束条件下，煤电低碳化转型的压力正在逐步突显，煤电系统不仅要承担经济持续增长条件下能源安全稳定供应的任务，还需要兼顾环境友好性与可持续性的要求。尽管以风电、光伏为主的新能源未来将替代煤电成为中国电力系统主体电源，但中短期内煤电系统作为中国电力供应主力军的角色不会动摇。庞大的煤电机组有望成为中国稳步推进碳中和进程的"稳定器"，可以为中国经济的高质量增长"保驾护航"。因此，在系统安全性和整体经济性的双重约束下，煤电系统生存空间在经过平稳有序压缩后仍将保留一定比例，先进煤电机组亟待进行清洁化和低碳化改造。根据华北电力大学经济管理学院的测算数据，为了实现"2060 年碳中和"目标，中国煤电系统的转型升级资金需求将高达 5 万亿～ 12 万亿元。这些巨量资金不仅用于支持煤电机组与碳捕获、利用与封存（CCUS）技术的耦合发展，还将用于支持煤电机组的灵活性改造，使其具备深度调峰能力、快速启动与停机能力以及快速升降负荷能力。然而，在低碳经济背景下，煤电等高碳资产所面临的宏观经济冲击、金融风险和社会风险愈发严峻，煤电项目融资阻力将持续提升。由于煤电属于碳密集型行业，本身不具备"环境友好"属性，在环境规制强度不断加大的外部环境下，煤电机组发电的环境负外部性成本将逐步内化为企业的发电经济成本。近期，在煤炭价格大幅上涨的态势下，众多煤电企业亏损严重，企业竞争力持续下降。在当前国内煤电机组普遍亏损的现实窘境以及高碳行业亟须"降碳减排"的巨大压力下，煤电行业转型不仅面临着窘迫的内源融资困境，还面临着严重的外源融资约束。如何弥补庞大的煤电转型资金缺口已成为政府和煤电行业企业共同面临的难题，而转型金融的出现为破解煤电行业低碳转型资金短缺难题提供了解决方案。

转型金融旨在保障"棕色行业"的低碳转型融资需求，是规避碳约束背景下煤电资产搁浅风险的重要方案。当前形势下，煤电机组快速退出将面临严重的"资产搁浅"风险和资源浪费问题。王艳华等[12] 对中国煤电机组在不同退役情境下的搁浅资产价值进行了估算，发现"提前退役"情境下中国煤电搁浅资产规模将高达 1.9 万亿元。由于煤电资产搁浅不仅会直接导致煤电企业的大额亏损，还会对银行信贷、工人就业甚至地方经济发展造成严重威胁。因此，综合考虑现存煤电机组的运营性能、预期寿命等条件，有序推进煤电资产低碳化转型是避免煤电巨额资产搁浅的首选方案。在煤电低碳化转型进程缓滞不前的窘境下，转型金融的出现将成为解决煤电存量资源二次配置问题的重要推手。中国现存的煤电机组大多数属于优质资产，如果对电力系统进行简单粗暴的"去煤化"处理，将会造成严重的资源浪费问题。现行条件下，亟须利用转型金融机制加快推动煤电系统"三改"联动，即节能降碳改造、灵活性改造、供热改造，以实现"煤炭清洁高效应用"和"有序减量替代"。可见，在推动煤电功能定位由主力电源向基础性电源转变的过程中[13]，转型金融机制有望成为调节中国煤电系统"短期保供"与"长期碳中和"之间关系的"平衡器"。

转型金融对煤电转型的支持，能够同时为"煤电＋CCUS"和"新能源＋储能"两种路径方案赋能。碳达峰、碳中和目标背景下，"煤电＋CCUS"和"新能源＋储能"有望成为推动电力系统"近零"碳排放的两种路径方案。一方面，转型金融是"煤电＋CCUS"路径方案的核心驱动力，有助于全面深入地挖掘煤电资产价值。目前，中国遵循"先破后立"的能源转型总体原则，基本确定了以新能源逐步替代传统化石能源的能源转型思路。然而，随着未来CCUS技术进步和经济成本的下降，结合CCUS技术充分挖掘煤电资产价值也有望成为中国能源转型的重要方案。现阶段CCUS技术具有正外部性、高壁垒、高成本投入等经济特征，其技术突破以及产业化面临较大的资金缺口问题。尤其在"煤电＋CCUS"方案经济性尚不清晰的情况下，亟须国家通过转型金融机制引导CCUS技术攻关，加强CCUS产业培育，进而增强煤电脱碳运行的经济竞争力。煤电系统在节能降碳改造过程中无论是技术研发、人员配置还是设备升级方面，都需要大量资金支持，这意味着转型金融机制有望成为煤电系统清洁低碳化转型的动力来源。另一方面，尽管未来新型能源体系中的发电主力将转变为新能源，但随着风电、光伏等不稳定电源的大比例接入，电力系统的安全性和稳定性则需要煤电、储能系统、氢能等协同保障。在未来的新型能源系统中，煤电机组可以扮演灵活性电源的角色，拥有较强的负荷调节能力，在极端天气、用电需求飙升等紧急情况下能够保障电力安全稳定供应。因此，通过转型金融机制推动煤电机组进行深度调峰灵活性改造，能够推动煤电存量资产为"新能源＋储能"方案提供安全性与稳定性，有助于保障能源安全。根据《全国煤电机组改造升级实施方案》，仅仅在"十四五"期间，煤电灵活性改造规模就高达2亿千瓦，这将催生出巨大的投融资需求，也为转型金融的快速发展提供了广阔空间。

▇3.3.3 转型金融支持煤电行业低碳转型的政策建议

（1）加快建立科学明晰的转型金融界定与监管标准，以尽快化解煤电转型活动面临的融资约束难题，同时也要防范煤电行业的"洗绿"风险。当前转型金融体系建设正处于初步探索阶段，尚未形成对"转型"活动清晰明确的界定标准。转型技术路径不清晰、转型信息披露要求不明确、转型活动目录不完善等问题亟待解决。建立健全转型金融框架及相关标准，是转型金融平稳有效推动煤电行业低碳转型的重要基石。一方面，转型活动界定标准的缺失，会造成金融机构即便是拥有充裕的金融资源也难以向煤电企业提供转型资金支持，最终导致大量煤电资产沦为不良资产或搁浅资产。煤电属于高碳行业，其转型活动具有较高风险，在缺乏科学明晰的转型活动界定标准的情况下，煤电企业很难从金融市场上获取充足的转型资金支持。另一方面，转型金融监管标准的缺失会导致部分煤电企业以"转型"名义获得信贷资金却继续从事高碳经营活动，从而加大了"洗绿"风险。为了获取资金，有些企业利用虚假资料骗取政府的绿色补贴支持，甚至通过"假转型"的手段从金融机构手中骗取转型融资，导致本应该流向节能环保领域的金融资源流入了高污染高能耗企业，这种"洗绿""假转型"的行为严重损害社会公共利益。对此，政府需要进一步完善转型金融制度体系，提供清晰明了的转型金融标准，提升环境信息披露程度，加大监管职能部门的监管强度，以提高转型金融活动的流程规范度和市场透明度。

（2）加快配套多元化的转型金融工具和激励政策，增强转型金融工具的精准性，保障转型活动的可持续性。目前，中国主流的转型金融产品是与可持续挂钩的贷款和债券，形式较为单一；中国煤电系统庞大，低碳转型所面临的内外部环境也错综复杂，现有的转型金融产品难以支撑煤电行业转型活动的全面有序开展。当前亟须结合中国国情和实际需要，积极开发贷款、债券、股权、保险产品等多元化的转型金融工具，进一步丰富资本市场对转型活动的资金支持。例如，针对高杠杆型的煤电转型企业，可以为其提供股权融资支持，引导 PE、VC 投资机构参与到转型金融相关的股权投资活动中；针对转型活动中可能存在的不确定风险，可以通过开发保险类产品建立风险分担机制，设立担保基金以分散转型活动中潜在的技术、市场风险。此外，建立健全转型金融机制的激励政策体系，是保障转型活动可持续性的关键。对于煤电等高碳企业来说，转型意味着企业必须经历重大变革，背后潜藏着市场、技术、政策等多方面的不确定性与风险。尤其在缺乏转型资金支持的情况下，煤电企业向清洁低碳化方向转型的积极性普遍不高。因此，需要推出创新型转型金融产品，纾解煤电企业转型所面临的矛盾与难题，分散煤电系统低碳化转型的潜在风险，引导煤电企业积极参与到碳减排、降能耗等转型活动中；另一方面，通过建立激励合理、评价精细的转型金融激励政策体系，从资金供给侧激发金融机构参与转型投融资业务的积极性，增强金融机构对转型金融的统筹规划与内部协同，进而有助于优化煤电行业融资渠道、提升煤电行业融资效率。

（3）重点关注与防范低碳转型活动可能引起的负面影响，将"公正转型""无重大损害""最低社会保障"等原则纳入转型金融标准。早在 2010 年的 COP16 气候大会上，公正转型的概念就被写入了《坎昆协议》，成为长期全球气候行动共同愿景的重要组成部分。目前，煤电行业提供了约 300 万个就业岗位，根据相关研究估计，到 2030 年煤电行业就业岗位会降至 100 万个左右，到 2050 年将缩减至 20 万个。煤电行业颠覆性变革很可能引发结构性失业、劳动者经济收益锐减等社会不稳定因素，因此在制定转型金融标准时，需要纳入转型活动对就业的影响评估及具体应对措施。此外，煤电转型活动可能对能源供应安全、劳动收入分配、物价通胀以及生物多样性等带来的负面影响同样不容小觑。尤其在中国以煤为主的基本国情下，未来较长一段时间内，煤电系统仍然是保障电力安全稳定供应的主力。在推动煤电行业向清洁低碳化转型的进程中，必须将转型活动对电力供应安全的冲击考虑进来，尽可能避免电力大规模短缺的情况发生。因此，转型金融在助推煤电行业向清洁化、低碳化方向转型的同时，有必要将"公正转型""无重大损害""最低社会保障"等原则纳入转型金融框架，以最大限度减少煤电系统转型活动对生态环境目标、能源供应安全以及其他弱势群体造成消极影响。

▶ 3.4 统筹推进"东数西算"工程，有效助力中国"双碳"目标

气候变化广泛地影响着地球生态系统和人类的生存环境，其影响包括极地冰川融化、森林火灾加剧和土地荒漠化等 [14]，正成为世界各国需要共同应对的严峻挑战。由于粗放型经济增长模式，中国已经成为世界上最大的化石能源消耗与 CO_2 排放国 [15]。2020 年，中国能源消费总量为 49.8 亿吨标准煤，能源相关的 CO_2 排放量约 99 亿吨，占全球总排放量的 30.9%，居世界第一。[16] 为了控制化石能源消费与 CO_2 排放，中国政府已颁布了一系列具有约束力的节能减排政策。2020 年，中国已经提出 2030 年前实现碳达峰，2060 年前实现碳中和的目标。从 2030 年到 2060 年仅 30 年时间，对于中国碳减排工作来说时间紧、任务重。"双碳"目标对中国经济社会来说是一场系统性的变革，要想有效地实现"双碳"目标，需要探索新的经济发展模式。随着现代社会进入信息化、数字化与智能化的时代，数字技术蓬勃发展，数字化正不断融入生产、生活与社会治理的各个方面。根据《中国数字经济发展报告（2022 年）》数据，中国 2021 年数字经济规模达到 45.5 万亿元，占 GDP 比重达 39.8%。数字经济作为数字时代重要的经济发展模式，逐渐成为经济高质量增长的重要驱动力。数字中心与通信基站等基础设施是现代经济社会发展的重要前提与基础。人类社会加速步入数字化时代，数字基础设施也迎来快速发展期。

一方面，在"双碳"目标的约束下，数字基础设施的高能耗问题成为需要被重点关注的现实问题。在数字化进程加速的过程中，数字产业内部需要提升能源效率、优化能源结构，尽早实现产业内部的碳中和。2022 年 11 月 30 日，国家发改委等四

部门联合印发《贯彻落实碳达峰碳中和目标要求推动数据中心和 5G 等新型基础设施绿色高质量发展实施方案》。文件指出通过创新节能技术、优化节能模式与利用清洁能源等手段，推动新型基础设施的绿色化与集约化发展。另一方面，在数字基础设施的帮助下，数字技术可通过数字服务、数字赋能等形式，改变经济发展模式，以数字化、智能化的手段改善资源利用效率，减少 CO_2 排放。根据《全球通讯技术赋能减排报告》的数据，2018 年 ICT 技术通过智慧能源、智慧交通、智慧农业与智慧制造等领域减少温室气体 21.35 亿吨，大约 10 倍于移动互联网自身的碳足迹。数字基础设施以其独特的内在特征，有望成为赋能千行百业实现绿色低碳转型的新兴驱动力。因此，在数字化时代，理清数字基础设施建设与中国"双碳"目标之间的关系，深入探讨数字化与低碳化如何协调统一发展，具有重要的理论意义与现实价值。

3.4.1　数字基建的发展现状与能耗问题

在全球新冠疫情的冲击下，隔离措施使得许多线下活动不得不转为线上，倒逼数字技术与数字产业的快速发展，人类社会加速步入数字化时代。数字基础设施是保障数字化社会运行的重要基础设施与前提保障。根据《数字中国发展报告（2021 年）》数据显示，截至 2021 年底，中国 5G 基站已经建成 142.5 万个，总量占全球 60% 以上。然而，5G 基站、数据中心等基础设施的运行需要消耗大量的电能，其耗电量远超电脑、手机等电子产品。就数据中心而言，其工作过程中的供电、制冷与 IT 设备，均需要消耗大量的电能。但由于数字基础设施是数字时代的新产物，没有被纳入传统高耗能行业，其高能耗问题往往容易被忽视。

在"双碳"目标约束下，数字基础设施的高能耗问题也需要被重点关注。据信通院的相关行业数据测算，我国数据中心每年的耗电量从 2017 年的 270.76 亿千瓦·时增长至 2020 年的 576.7 亿千瓦·时，2020 年的年增速最大（见图 3.7）。随着数字化社会的快速发展，对数据中心的需求日益增长，预计未来数据中心的整体耗电量与 CO_2 排放也将保持较快的增长势头。数据中心与通信基站成为经济社会发展的重要基础设施同时，也消耗了大量能源并排放 CO_2，在"双碳"目标约束下推动数字中心的绿色低碳发展迫在眉睫。

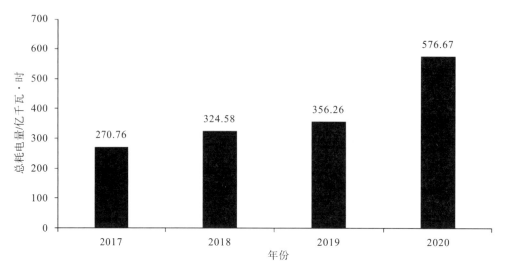

图 3.7　数据中心能耗情况

数据来源：中国信息通信研究院。

■ 3.4.2 "东数西算"工程对于实现数字基建绿色低碳转型的重要意义

国家发展改革委等四部门于 2021 年 5 月 24 日印发的《全国一体化大数据中心协同创新体系算力枢纽实施方案》中提出加快实施"东数西算"工程。"东数西算"是中国在新时代、新格局下提出的数字基建大工程。在数字时代，数据可作为新的生产要素，算力成为重要的生产力。该基建大工程的现实意义在于规划中国数字中心的整体区域布局，实现在西部地区进行基础设施建设，将东部地区的大量数据放在西部计算，统筹数据中心整体区域间绿色、协同发展。"东数西算"工程不仅有助于拉动西部地区的经济增长，推动数字经济与区域经济协调，对高质量发展的意义重大，而且在实现中国"双碳"目标方面也具有重要的现实价值，为数字基础设施的绿色高质量发展提供了新思路。

"东数西算"工程主要可从两个方面推动中国数据中心的绿色低碳发展。首先，西部地区大规模建设数字中心，用电侧可更多地消耗清洁的可再生能源。由于中国东部地区人口密集、土地稀缺与资源禀赋较差等原因，在东部地区继续新建大型数据中心的难度大，用地及用电成本高。西部地区地域辽阔，风能、太阳能等清洁能源的资源禀赋好，具备大规模、低成本地布局数据中心的现实条件。在供电侧难以调整的前提下，通过优化数据中心的区域布局，尽量将其建设在土地资源丰富、可再生能源资源禀赋好的地区，可就近利用当地的清洁能源，以减少 CO_2 排放，较低成本地促进数据中心的绿色高质量发展。其次，"东数西算"工程的建设要求中同时强调相关领域节能、降碳技术的研发与应用，重视提升新建数据中心的能源利用效率。因此，"东数西算"工程有望推动中国数据中心整体协调、绿色、低碳发展。

▊3.4.3　数字基础设施赋能"双碳"目标实现的机遇

在数字化时代，数字基础设施逐渐成为驱动中国经济高质量增长的重要基础设施，也是支撑数字技术发展的硬件基础与前提保障。虽然数字基础设施的高能耗问题较为严峻，但数字技术能够给各行各业提供节能减排的优化方案，在提升能源利用效率、促进产业低碳转型、推动环境治理设备的智能升级、激发技术创新与引导低碳消费等方面均具有较大潜力。[17]

1. 数字基础设施与能源系统

数字基础设施推动数字技术在工业、农业等千行百业等均有所应用。数字技术能够使人类生产、生活更加自动化、智能化。从生产端来看，企业借助数字技术可搭建智慧能源系统，有效地改善能源的配置、协调与利用过程，提升能源利用效率。具体而言，企业预先可模拟产品的生产过程，减少某些生产环节的非必要能源消耗，通过智能化手段优化生产过程的能源消耗。就交通运输领域而言，智慧物流与智慧交通借助人工智能技术可提前模拟配送路线，制定出最优的配送路线，降低实际能源消耗。虽然可再生能源的波动性与不可预测性是制约其发展的重要原因，但是人工智能、机器学习等算法可基于日照、风力等天气因素，提前预测风电、光伏的出力情况。智慧电网能够提升对电力资源的灵活性调度，提升对可再生能源电力的消纳，挖掘可再生能源的发展潜力。

2. 数字基础设施与产业转型

数字化引领着新一轮的产业革命，传统产业的改造升级与新兴产业的培育壮大，赋能整体产业结构的优化升级。具体而言，数字基础设施驱动产业结构变革，可具体体现在产业数字化与数字产业化两个方面。由图 3.8 可知，数字化融入农业、工业和服务业的渗透率逐年提升，产业数字化进程不断加快。以产业数字化为例，传统制造业借助数字技术，可实现机械制造转向高端自动化与智能化制造。在数字技术的帮助下，企业便于评估产品生产全过程的碳足迹，改善生产过程的资源配置效率与利用效率，减少二氧化碳排放。[18] 在数字产业化方面，在新冠疫情的冲击下，网络会议、在线办公与在线教育等数字产业的新业态蓬勃发展。与高耗能产业相比，快速发展的数字产业能源消耗较少，碳排放更低。[19] 智慧交通与智慧物流等新业态也有助于实现循环经济与低碳经济。[20] 总而言之，数字基础设施不仅赋能传统产业向智能化与数字化转型升级，而且加速新业态的产生与发展，实现整体产业结构的绿色转型与节能减碳。

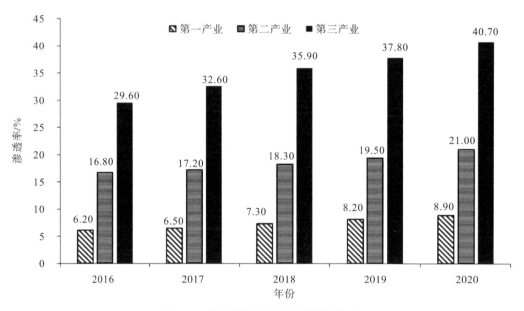

图 3.8 数字经济在不同产业的渗透率

数据来源：中国信息通信研究院。

3. 数字基础设施与环境监管

在环境监管领域，企业能源消耗及污染物排放数据的实时监测与准确收集具有非常重要的现实价值与实际意义。气候变化与环境污染问题愈发严重，生态环境管理愈趋复杂，借助数字化技术与平台能够更加方便、准确地收集、管理与分析污染排放数据。政府及时地掌握与监测企业污染排放的现实情况，可避免企业乱污染与乱排放的行为发生。新冠疫情期间，为了实现污染源监测，中国各级生态环境部门运用无人机巡查、视频监测等手段开展非现场环境监察，用于了解企业的排污行为。与此同时，不同地区、行业及企业的实际用能情况与污染排放行为存在着较大的异质性。数字平台在实现污染排放数据的采集与管理的同时，还能够对环境污染数据进行详细分析，挖掘出有价值的信息，为不同行业与企业提供合适的节能减排政策提供帮助。最后，中国的环境治理体系是以政府管制为主导，公众参与为辅的多层次治理体系。借助数字化、互联网平台，污染排放信息可及时地传递给政府、企业与公众。环境信息公开及透明度的提升，可让公众了解到环境污染的危害，提升其参与到环境治理的积极性。微博、微信以及政府线上投诉平台的出现，也拓宽了公众参与环境治理的渠道。公众通过信访、举报或向有关环保部门投诉等手段倒逼地方政府进行环境治理，可更好地发挥公众力量在环境治理中的作用。在数字技术的帮助下，加速推动传统政府主导下的环境治理模式转变为政府与公众相辅相成的治理格局。极大地提升全社会的环境监督力度，倒逼企业承担环境治理的职责，进行绿色、低碳转型。

4. 数字基础设施与技术创新

"双碳"目标的实现需要技术革新作为支撑，特别是低碳技术。数字基础设施能够突破地理位置的限制，大大提升数据与知识的传播范围与普及程度，降低全社会获取数据与知识的成本。[21]知识的溢出与共享可以显著地推动技术创新，包括低碳技术创新。随着数字化平台的发展，经济社会的信息透明度不断提升。企业创新主体与技术需求者的交流愈发频繁，能够显著降低低碳技术活动的不确定性。因此，数字基础设施在劳动力、人才等生产要素的空间位置不发生变化的情况下，加快知识与信息的传播及溢出，能够缓解信息不对称问题，激发全社会的创新活力，提升技术创新水平。

5. 数字基础设施与金融发展

由于环境治理的外部性，绿色、低碳项目容易陷入融资难的困境。经济绿色低碳转型需要大量的资金投入，仅仅依靠政府财政支持是不够的，有必要引导社会资本投入绿色、低碳项目中，共同助力经济结构低碳转型。以银行为代表的传统金融服务机构，以经济效益最大化为目的，风险承受能力较低。若没有外在的政策推动，银行等金融机构不愿意给高风险、低收益的绿色低碳项目提供贷款。完备的数字基础设施建设可推动数字技术与金融服务相融合，为数字金融的发展提供前提支撑。与传统金融服务相比，数字金融借助信息通信技术（ICT）为客户提供信贷、投资与支付等金融服务。作为新一代金融服务模式，数字金融具备效率高、覆盖的客户群广、准入门槛低、运营成本低以及不受地理位置限制等优点，为缓解绿色低碳项目的融资约束问题带来了新的机遇。[22]数字金融是传统金融的重要补充，是完善金融体系的重要举措，具备普惠效应，可在解决金融资源错配方面发挥重要作用。一方面，与传统金融服务相比，数字金融不需要线下设立机构网点，突破空间地理位置的限制，金融服务线上即可完成，提升了金融服务的便利性与可得性。同时，数字金融能够提高金融服务的覆盖面和渗透率，将更多的长尾群体纳入金融市场，吸收众多小规模投资者的资金，为绿色低碳项目提供多元的融资渠道，也有助于分散项目的投资风险，从而缓解融资约束。另一方面，企业投资绿色低碳项目时可能会存在信息不对称，导致"洗绿"问题的发生。数字金融可利用数字技术，搭建风险控制及监管的数字化平台，将更多的数据及信息纳入风险评估系统，打破资金供求双方的信息壁垒，减少信息不对称问题，精准匹配资金的供求双方，提升项目投资的融资效率与成功率。

6. 数字基础设施与消费者行为

当前，中国的节能减排政策较多地从供给侧发力，如限制高耗能行业生产、拉闸限电、推动可再生能源的发展等。统筹推进"双碳"目标的实现，需要我国供给侧与消费侧同时发力，协同推进经济绿色、低碳转型。一方面，数字化推动环境信息的传播范围与深度，改善公众对环境污染问题的了解与认识，提升公众对环境保护的认知力与执行力。公众逐渐认识到环境污染的危害，对清洁空气与美好环境的需求也不断增加。随后，"用手投票"的行为就会出现，消费者对绿色产品与技术的支付意愿会更强。这种支付意愿可具体体现在股市（投资于可再生能源企业的股票）与日常生活（购买空气净化器、口罩等用品）中。[23] 与此同时，数字化平台可构建更多元化的公众环境参与渠道（如在线社区、网络投诉平台与电子邮件等），帮助公众更便捷、积极地组织、参与环境治理相关的活动。公众通过信访、举报或向上级政府投诉等手段倒逼地方政府进行环境治理。另一方面，数字化平台在培育公众绿色低碳的生活方式，推进共享经济、循环经济，引导公众衣、食、住、行等众多领域的消费行为变革等方面具有较大潜力。以交通运输领域为例，共享单车、滴滴出行、智慧公交等 App 与数字平台的发布在很大程度上改变了民众的交通出行方式，既便捷了人们的日常生活，又从消费侧助力经济低碳发展。在公众有长途出行需求时，电子乘车码方便公众采用公交、地铁等公共交通出行，减少私家车的出行率，既能缓解城市的道路交通拥堵问题，又能协助减少污染物与 CO_2 排放。在短途出行方面，共享单车也逐渐成为大部分公众的出行选择，不仅提高出行效率，而且减少能源消耗与 CO_2 排放。

3.4.4 数字基础设施的政策建议

"双碳"目标是未来中国经济高质量增长的内在要求，也是一场系统性经济社会变革，亟须探索新的实现路径。数字基础设施是当前中国经济发展的"数字底座"，也可以为"双碳"目标的达成提供新思路。本小节将从数字基础设施建设、推动中国经济绿色转型、实现经济绿色化与数字化协调统一发展的角度，提出一些针对性的政策建议。

（1）加快推进数字基础设施建设。在数字化时代，数字基础设施是中国数字经济高质量发展的硬件基础与前提保障，也为实现"双碳"目标提供了新动能。因此，中国政府应持续推进"数字中国"与"网络强国"战略，适度超前建设数据中心、5G 基站等数字基础设施，合理引导社会资本向本领域流动，扩大数字基础设施的投资力度和规模，持续改善互联网普及率，拓宽数字服务的广度与深度。重视 5G、物联网与人工智能等一系列新数字技术的研发与创新，推进大范围普及与商业化应用。

（2）秉持绿色低碳发展理念，合理布局数字基础设施建设。随着数字化进程的持续加快，数据中心与 5G 基站的建设力度也不断加大，其高能耗问题亟待解决。数字基础设施建设是一项谋长远、谋全局的工程项目。在工程建设之前，需要提前布局、合理规划，坚持绿色低碳的发展理念。一方面，可继续秉承"东数西算"工程的建设思路，在风电、光伏资源禀赋好的区域大规模建设数据中心，就近消纳可再生能源，数字基建从源头利用清洁能源，控制二氧化碳排放。另一方面，与国际领先水平相比，我国众多数字中心在供电、制冷等方面均未达到能效最优，减排最少的标准。有必要继续深入数据中心和 5G 基站等数字基建的相关节能技术研发与应用，提升大数据中心和 5G 基站的能源利用效率。总之，建设数字基础设施之前，应充分考虑到其能耗结构与能源利用效率问题，推进数字化的过程中坚持绿色发展理念，使数字基建从源头上成为真正的绿色基建。

（3）借助数字技术赋能"双碳"目标实现。数字技术对于人类社会的生产、生活以及政府治理均会产生深远的影响。与此同时，数字技术在促进节能减排方面也具有较大潜力，为推进经济绿色、低碳转型提供了新动能。因此，企业应积极探索与创新数字技术在环境治理与应对气候变化方面的应用场景，挖掘其应用价值，为全球气候与环境治理提供新的解决方案，更加充分地发挥数字技术的作用，释放信息时代与数字时代的红利。例如，对于能够尽早实现碳达峰并且数字化发展条件较好的地区或城市，鼓励其借鉴世界现有城市应用数字技术推进碳中和的成功经验和路径方案，如哥本哈根建设公众减碳数据平台等，通过数据管理优化城市运行，使得居民节能减排更加便捷与高效。借助数字化技术，催生新产品、新业态，培育居民新的绿色、低碳生活方式。

（4）深度挖掘消费侧的碳减排潜力。目前，中国节能减排的政策发力点更多是从生产端出发，如限制高污染、高能耗项目、拉闸限电以及推动可再生能源电力发展等。统筹推进碳中和目标的实现，消费侧的碳减排潜力也值得深入挖掘。培育公众绿色低碳的生活方式，从消费端倒逼生产端低碳转型，助力实现碳中和目标。数字技术在引导公众绿色、低碳的生活方式方面具有较大的潜力。目前，数字技术融入交通运输领域，推动公众的高碳出行行为向低碳出行行为转变是比较成功的。共享单车 App 推动公众在短途出行时，采用共享单车出行；电子乘车码方便公众采用公交、地铁等公共交通出行，减少私家车的出行率。然而，数字技术引导其他生活领域低碳行为的潜力还未被充分挖掘。首先，积极推动数字技术与碳普惠机制融合。积极推动碳普惠机制在民众衣、食、住、行等领域的应用，深度挖掘我国消费侧的碳减排潜力。搭建数字化平台，向公众明确碳减排行为的奖励方式与办法，通过数字化平台发放碳币或碳积分作为奖励。同时，提前明确对应的低碳行为可兑换的商品或服务，激励民众自愿参与到绿色、低碳的生活方式的积极性。其次，充分发挥我国数字基础设施与数字技术的比较优势，尤其是数据存储、数据计算与场景应用等方面的优势，挖掘数字技术赋能公众低碳行为的潜能。以区块链技术为纽带，加快集成隐私计算、物联网、知识图谱等技术，规范碳标签核算、碳减排行为核准、碳积分核销的标准规则等等，为我国尽早实现"碳中和"目标的达成构建可行解决方案。以城市用电治理为例,可以通过搭载区块链模组的物联网设备实时采集家庭用电数据,并通过云端储存实现与电力公司、电力局等相关机构或部门的数据共享。基于这一技术,电力局等相关部门可以实时分析家庭节约用电情况排名及电能贡献值,并通过建立配套激励措施,实现对居民节能行为的奖励,从而进一步提升居民参与绿色低碳行为的自觉性和积极性。

▶ 3.5 助力能源产业发展,区块链技术该如何深入?

近年来,中国的能源结构正加速向低碳方向转型。《2022 年可再生能源统计》报告显示,2021 年中国光伏和风力发电装机容量位居世界第一,占比分别为 36.30% 和 39.90%。能源互联网作为一种新兴的融合技术,在中国能源结构转型过程中将发挥重要作用。但随着能源互联网的不断深入,能源产业的交易主体及模式日趋多元化,对能源系统的协同合作、数据互通等方面将提出更高的要求。因此,有必要引入新的技术手段以助力能源互联网的进一步发展,从而提升能源系统的综合效率。

近年来,区块链以其安全可靠、公开透明、去中心化等技术特征,逐渐受到产业界的青睐。作为能源互联网的技术补充,区块链技术有望在未来能源领域中得到广泛应用。目前,区块链技术已上升为国家战略[24],推进区块链在能源领域的实际应用具有重要的实践意义。然而,尽管目前已有一些示范项目落地,但仍处于探索阶段。与此同时,学术界和产业界对区块链技术在能源领域应用的必要性和有效性等方面还存在一定争议。因此,为了厘清其在能源领域的发展前景,本节首先系统分析了该技术在能源领域中的适用性;其次,归纳总结了能源区块链的应用现状;最后,总结得出能源区块链所面临的挑战并提出相应的发展建议。

▦ 3.5.1 区块链技术概述

区块链是一种安全可靠、公开透明、去中心化的数据库技术。[25] 如图 3.9 所示,区块链的技术架构根据其实现功能的不同可划分为五层。数据层的功能是记录和存储数据。网络层的功能是进行网络通信,主要包括 P2P 网络(点对点传输)、数据传播和验证机制等。共识层包含了区块链所采用的共识机制,例如:POW、POS、DPOS 等。激励层的功能是发行和分配代币(token)。应用层是区块链的各种应用场景。

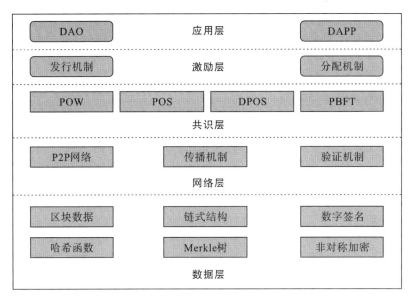

图 3.9　区块链技术架构

资料来源：笔者根据公开资料整理。

之所以将其称之为区块链，是因为数据块之间是按时间顺序、以"链"式进行连接的。区块链的数据结构如图 3.10 所示。每个数据块除了存储所需的数据和记录外，还存储着前一个数据块的哈希值（hash）[26]。因此，若篡改了其中一个数据块的数据，其后所有数据块的信息都会发生改变，从而避免了篡改历史数据的可能性。事实上，区块链技术并非一种全新的技术手段，而是多种信息通信技术的融合，主要包括：

（1）加密算法。包括：非对称加密和哈希函数（hash function）。前者主要是为了保证信息传播的安全性，而后者主要是为了保证区块数据存储的安全性。

（2）共识机制。共识机制的目标是为了实现区块链的去中心化管理，只有投票结果满足"一致性"和"有效性"，数据才能被有效记录。"一致性"是指区块链节点就区块信息达成全网一致。"有效性"是指区块信息必须被记录在其他节点的账本中。

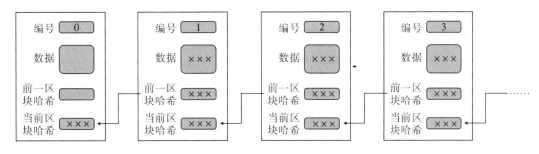

图 3.10　区块链数据结构

资料来源：笔者根据公开资料整理。

（3）智能合约。智能合约是一种汇编语言，其功能是在满足智能合约代码要求的情况下，自动执行相应的操作。智能合约具有公开透明、经济高效、自动执行、去中心化等特点。

目前，区块链包括公有链、联盟链和私有链三种类型。它们在参与者、共识机制、记账人、激励机制、去中心化程度、吞吐量等方面都存在显著差异，如表3.1所示。

表 3.1　三种不同类型的区块链对比

	公有链	联盟链	私有链
参与者	任何节点可自由进出	联盟成员	内部成员
共识机制	POW/POS/DPOS 等	一致性共识算法	一致性共识算法
记账人	所有参与者	联盟成员协商确定	自定义
激励机制	需要	可选	不需要
去中心化程度	高	中	低
吞吐量	3～20 笔/秒	1000～10000 笔/秒	1000～100000 笔/秒
典型场景	虚拟货币	供应链金融、电子政务	企业内部审计、数据库管理

资料来源：笔者根据公开资料整理。

（1）公有链。公有链上的所有数据向所有人开放，采用 POW/POS/DPOS 等共识算法来实现去中心化，从而提高安全性。其优点在于去中心化程度和安全性高，缺点在于吞吐量较低，导致系统的响应速度较慢。

（2）联盟链。联盟链上的数据只允许联盟节点进行读取和记录。联盟链的特点在于数据的处理速度相比于公有链有显著提升，但同时也降低了系统的去中心程度。联盟链是中国国内目前应用最为广泛的一类区块链。

（3）私有链。私有链是指数据的记录和读取权限掌控在某个组织或个人手中，只有被许可的节点才有权限获取区块链上的信息。私有链的特点在于吞吐量较大，数据处理速度较快，但去中心程度最低。

3.5.2　能源区块链应用现状及案例分析

1. 能源区块链的概念

作为当下最流行的数字化技术之一，区块链在现代能源系统的变革中发挥着重要作用。既有研究将能源区块链定义为区块链技术在能源生产、运输、储存、消费等环节的应用。[27]采用能源区块链有助于降低交易成本、推动分布式可再生电网发展、推动环境可持续发展、提高公用事业公司和电网运营商的透明度、提高能源行业效率及灵活度。

2. 能源区块链应用现状

总体而言，能源区块链的应用还处于探索阶段，能源区块链实际落地项目多为示范性应用，且规模较小。从全球来看，目前能源区块链应用项目主要集中于美国、德国、荷兰等欧美国家。近年来，中国也开始加速推进能源区块链项目的应用落地。目前，能源区块链的主要应用场景包括去中心化能源交易、能源加密货币、绿色证书与碳交易、物联网等（表3.2）。

表3.2 能源区块链的应用现状

应用场景	使用区块链的目标
去中心化能源交易	● 去除中间商，降低交易成本 ● 使用智能合约实现能源交易的自动执行 ● 保证交易过程中的数据安全、隐私，并建立信任 ● 增强对单点故障的稳健性
能源加密货币	● 作为支付货币，降低交易费用 ● 奖励绿色生产和可持续使用 ● 吸引可再生能源投资
绿色证书与碳交易	● 验证绿色证书交易 ● 利用其透明性杜绝舞弊 ● 保证交易和数据监管过程的安全性
物联网	● 验证交易数据 ● 保证物联网设备监控数据的完整性与可靠性 ● 增强抵御网络攻击的能力 ● 通过身份验证，保证隐私与安全

资料来源：笔者根据公开资料整理。

（1）去中心化能源交易

去中心化能源交易是能源区块链较为成熟的应用之一[28][29]。基于能源区块链进行能源交易时，生产者（即拥有光伏等发电设备的用户）和消费者可以在不需要中间商介入的情况下进行点对点间的电力交易（如图3.11所示）。在每笔交易存储到区块链账本中之前，都需要交易双方进行身份验证。区块链数据可追溯、不可篡改的技术特征，保证了账本的数据安全。当满足交易条件时，智能合约可以自动撮合交易，不需要第三方的参与。此外，类似的应用场景还包括微电网中的交易、企业对企业（B2B）能源交易。

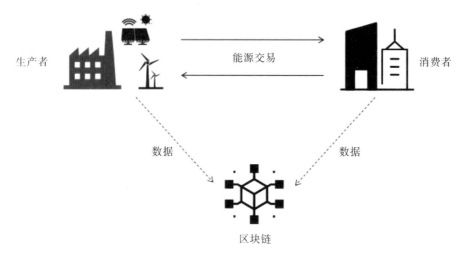

图 3.11　使用区块链平台进行点对点能源交易工作原理

资料来源：笔者根据公开资料整理。

（2）能源加密货币

加密货币是一种以区块链为底层技术的数字资产形式，去中心化的点对点交易模式可以降低交易成本。[30][31]能源加密货币可在新型能源系统中发挥重要激励作用。一方面，生产者和消费者因生产或消费绿色能源而获得加密货币奖励，从而鼓励绿色生产与消费；另一方面，能源加密货币的发行能够吸引和鼓励可再生能源投资。

（3）绿色证书与碳交易

绿色证书可以像商品一样在生产者之间或生产者与客户之间进行交易。[32]基于能源区块链的绿色证书，可以利用区块链去中心的特性取消中央机构审核与颁发绿色证书的环节，从而降低成本。与此同时，信息的透明性和数据的不可篡改可提高可再生能源发电和交易过程的可靠性。此外，在碳交易中使用能源区块链可以保证排放监测数据的完整性和可靠性。[33]

（4）物联网

物联网的快速发展催生了车联网、智能制造、智能电网等多个细分领域。由于海量异构智能设备的介入，传统物联网在数据完整性、隐私性和可靠性方面面临巨大挑战。区块链技术可提升物联网中的能源交易、需求响应和实时控制的安全可靠性、去中心化水平和自动化水平。[34][35]。

3. 能源区块链实际应用案例分析

（1）去中心化能源交易项目

招商蛇口能源区块链项目。招商局慈善基金会联合多家国内机构发起了全球首个基于区块链技术的去中心化能源交易的社区公益项目。该项目的实施旨在促进可再生能源生产与消费。项目总体的逻辑框架如图 3.12 所示。

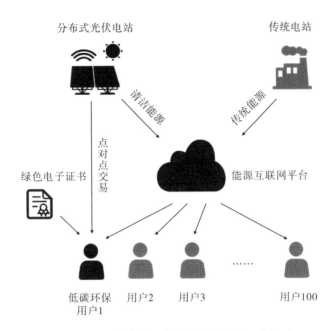

图 3.12　招商蛇口能源区块链项目工作原理

资料来源：笔者根据公开资料整理。

在该项目中，能源供给侧包括分布式光伏电站和传统电站。需求侧为示范社区中的 100 位用户。来自分布式光伏发电站的清洁能源和来自传统电站的传统能源的价格相同，用户可在基于区块链的能源互联网平台上自愿选择使用何种能源。当用户完成能源选择时，智能合约自动触发，完成点对点能源交易。此外，使用光伏发电的电力消费者还可获得由平台官方出具的绿色电子证书，从而鼓励用户使用清洁能源。

局限性：目前该项目正处于示范阶段，整体规模较小，且该项目前期投资成本较高，导致项目资金的投资回收期较长，短时间内难以实现盈利，因而其实际效果有待进一步验证。

（2）能源加密货币项目

SolarCoin 能源加密货币项目。SolarCoin 是由 SolarCoin 基金会于 2014 年发起的能源加密货币项目。其发行的目的是通过奖励太阳能发电，从而激励更多的可再生能源生产。该项目的工作原理如图 3.13 所示。拥有太阳能发电设备的用户首先需要在官方平台进行登记注册，包括记录发电设备等相关信息。随后，官网平台将通过相应的监测系统对用户过去时间段内的太阳能发电量进行核验，并向用户发放相应额度的加密货币奖励。具体而言，用户利用太阳能设备每发 1000 度电，即可获得 1 个 SolarCoin 的奖励。用户收到的 SolarCoin 可以长期存储在电子钱包中，并且参与该项目的用户不需要支付任何费用。此外，SolarCoin 可在外部交易市场与其他虚拟货币进行自由交易。SolarCoin 的最高流通市值一度曾达到 0.74 亿美元。

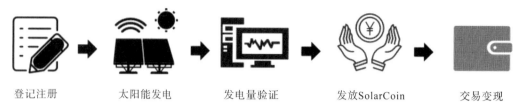

| 登记注册 | 太阳能发电 | 发电量验证 | 发放SolarCoin | 交易变现 |

图 3.13 SolarCoin 项目工作原理

资料来源：笔者根据公开资料整理。

局限性：整体而言，目前 SolarCoin 的币价还处于较低水平，其对用户的激励作用可能不明显。此外，现阶段中国禁止虚拟货币的发行、交易，因此，能源加密货币项目短期内难以在中国落地。

（3）绿色证书与碳交易项目

能源区块链实验室碳票项目。目前，中国 CCER（核证自愿减排量）碳资产开发流程烦琐复杂，开发时间较长，从项目发起到最终实现流通，一般需要花费 10 至 14 个月。2016 年，能源区块链实验室发行了以 CCER 为基础的数字资产碳票，每张碳票通过数字映射，重新建模能源网络，实现精确管理与结算。该项目的工作原理如图 3.14 所示。

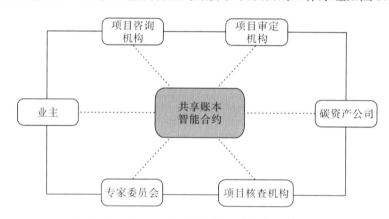

图 3.14 能源区块链实验室碳票项目工作原理

资料来源：笔者根据公开资料整理。

在该项目中，业主、项目咨询机构、项目审定机构、碳资产公司、项目核查机构、专家委员会等作为区块链中的节点，利用区块链公开透明、防篡改、可追溯等特性，在相关主体间建立信任机制，从而提升碳资产开发过程的效率。当业主选择买入碳资产时，将触发相应的智能合约，交易价格、碳量需求等信息将通过智能合约发布，并自动撮合交易。随后，相关交易数据将同步存储在其他节点中。通过引入区块链技术，有助于节省交易时间和降低交易成本，从而提升碳资产管理效率。

局限性：能源区块链实验室碳票项目目前还未实现大规模推广，主要原因在于中国的碳交易市场还处于探索阶段，相关监管机制尚不成熟。CCER 作为碳交易中碳配额的抵消指标，扮演着重要的作用。因此，政府对于区块链技术在 CCER 中的应用推广格外审慎。

（4）物联网项目

德国电动汽车 Share&Charge 项目。目前，德国出台了多项政策以推广电动汽车，并通过了 2030 年后禁售燃油车的提案。然而，现阶段德国电动车行业普遍存在充电桩数量不足、交易过程不透明、支付方式不统一等问题。Share&Charge 是一个基于区块链技术的共享充电桩的平台。该项目采用共享充电桩的形式，并利用区块链技术实现交易自动结算，从而降低充电桩的运营成本。该项目的工作原理如图 3.15 所示。

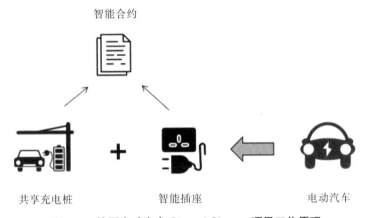

图 3.15　德国电动汽车 Share&Charge 项目工作原理

资料来源：笔者根据公开资料整理。

对于充电桩的供给侧，充电桩运营商（包括家庭个人用户）可以在官方平台上发布出租信息。对于充电桩的需求侧，当车主有充电需求时，可利用手机 APP 自动获取附近的共享充电桩的信息。当完成充电后，交易过程将由区块链技术自动完成，并记录交易数据。车主与运营商可随时查看交易记录，实现了交易过程的透明化。该项目可以激励更多家庭用户共享充电桩，从而提高充电桩的利用率。

局限性：一方面，目前 Share&Charge 充电平台所发行的虚拟货币仅能在本平台中流通，尚不能参与外部市场交易。另一方面，目前相关的监管政策和法律法规尚未出台，一旦出现纠纷，难以切实有效保障用户的合法权益。

3.5.3　能源区块链面临的挑战

能源区块链作为一种新兴技术，在能源领域的应用面临着诸多挑战，这些挑战主要包括：能源消耗量大、存储成本高、响应速度慢、缺乏统一的行业标准以及相关法律法规不完善。

（1）能源消耗量大。区块链是一种分散式账本技术，其通过网络中的多个节点来验证和记录交易数据。这种验证过程通常需要进行复杂的数学计算，以确保数据的安全性和一致性。以 PoW 共识机制为例，PoW 需要节点对由 SHA-256 密码散列函数生产的随机数进行不断迭代计算，第一个获得该随机数正确结果的节点将取得该数据块的记账权。然而，数据的迭代计算是个非常复杂的过程，需要大量的算力支持，从而会造成巨大的能源浪费。此外，区块链网络中的节点需要保持运行以维护网络的安全性和一致性。这意味着节点必须保持在线状态，并且需要耗费大量的能源来支持其运行。若能源区块链得到广泛应用，这些网络节点的数量将非常庞大，从而导致能源消耗大幅增加。

（2）存储成本高。能源区块链涉及大量的数据交换和记录，如能源交易和智能合约执行。随着参与节点的增加和交易量的增加，存储需求将不断增长，导致更高的成本。能源区块链中的每个节点都需要足够的存储空间来保存整个区块链的副本，然而节点之间的存储资源分配可能不均衡，有些节点可能需要承担更多的存储负担，这就会给项目的可行性和可持续性带来问题。随着存储需求的增加，需要更多的存储设备来容纳数据。存储设备的购买和维护成本可能会显著增加，特别是在规模较大的能源区块链项目中。此外，在区块链网络中，节点需要定期进行数据传输和同步以确保数据的一致性，这可能会消耗大量的带宽和网络资源，导致运营成本增加。

（3）响应速度慢。现有的区块链技术的计算能力有限，响应速度较慢，相比于银行支付系统，区块链平台进行交易的响应速度存在一定延迟。在区块链网络中，交易数据需要经过共识机制的验证过程，以确保数据的一致性和安全性。这个过程会受到网络拥塞和交易量的影响，特别是在大规模网络中，可能会导致交易确认的延迟。此外，随着能源产业数据的不断增加，能源区块链需要处理大量的数据。然而，现有的区块链技术在扩展性方面存在一定的限制，无法快速处理大规模的数据交易，导致响应速度变慢。

（4）缺乏统一的行业标准。能源区块链尚处于探索起步阶段，在商业应用、数据互通等方面尚缺乏统一标准。相比之下，能源领域已经建立了一系列标准和规范，用于确保能源系统的安全性、可靠性和互操作性。然而，能源区块链项目尚未充分融入这些标准，导致在不同系统之间的数据交换和互操作方面存在困难。此外，能源区块链需要与各种能源设备和系统进行数据交换和互通，但这些设备和系统可能使用不同的数据格式和交换协议，缺乏统一的标准化，这就给能源区块链的数据集成和交互带来了挑战。与此同时，能源领域对于安全和隐私的保护非常重视，并已经建立了相应的标准和规范。然而，区块链技术的去中心化特性可能与传统能源领域的安全和隐私要求存在冲突。能源区块链项目需要在确保数据安全和隐私的前提下，与现有标准规范进行融合。

（5）相关法律法规不完善。随着能源区块链试点项目的不断落地应用，将对传统的能源生产与运营模式造成一定的冲击，其去中心化的管理模式将逐渐弱化政府机构在其中的监管作用。因此，政府必须在应用能源区块链的同时保持整个能源系统的稳定。然而，目前我国关于能源领域的现有法律法规尚未涉及能源区块链领域，对其监管机制也尚不明确。尤其是在涉及用户隐私和交易安全等方面，尚存在一定的法律漏洞，这就给能源区块链的实施和推广带来了不确定性和法律风险。

3.5.4 能源区块链的发展建议

总体而言，目前区块链在能源产业中的发展应用尚处于探索阶段，为了更好地发挥能源区块链的实际应用价值，提出以下建议。

（1）明确应用能源区块链技术的必要性。在实施能源区块链项目之前，每个能源系统设计者必须回答的第一个问题是部署能源区块链的必要性。正如前文所言，区块链技术本身也面临着一定的挑战，只有符合降低成本、提高效率的目标，才能充分发挥区块链技术的价值。因此，在决定采用能源区块链技术之前，能源系统设计者首先应该准确识别系统所面临的问题和挑战，并分析区块链技术在其中所扮演的角色。例如，能源行业可能存在数据不透明、交易不安全、资产跟踪难等问题，区块链技术可能有助于解决这些问题。其次，能源系统设计者需要综合考虑区块链技术相对于传统数据库技术的优势。区块链的去中心化、不可篡改、可追溯等特点可能在某些场景下具有明显优势，而在其他场景下可能并不适用。若区块链技术在能源系统中仅扮演着安全数据库的角色，完全可以被传统数据库技术所取代。因此，需要根据具体情况评估区块链技术是否真正必要。此外，实施能源区块链项目需要投入一定的资源，包括技术开发、设备维护和人员培训等。能源系统设计者应该进行成本效益分析，评估区块链技术带来的收益是否能够覆盖相关成本，并确保最终的投资回报合理。最后，随着能源系统的发展和需求的变化，区块链技术必须具备良好的可扩展性。能源系统设计者应该考虑项目的长期发展规划，确保所采用的区块链技术能够满足未来的需求。

（2）提升能源区块链产业的技术创新能力。首先，政府应该积极支持能源区块链关键技术的研发，提供配套资金和资源的支持，引导企业加大研发投入。政府可以设立创新示范项目，提供实验场景和数据，推动技术的实际应用。同时要加强对能源区块链关键技术的知识产权保护，建立健全的法律法规和专利制度。这可以激励企业加大研发投入，保护其技术成果，从而推动技术的创新和进步。其次，要加强对能源区块链相关人才的培养和引进。建立人才培养体系，培养具备区块链技术和能源领域专业知识的高素质人才。吸引海外优秀人才，推动国际交流与合作。最后，政府需要营造良好的创新生态，为研发机构和企业提供优惠政策和税收激励，鼓励他们在能源区块链技术领域进行创新实践。通过建立产学研用协同机制，促进学术界和产业界的合作，加速技术的研发和转化。

（3）充分发挥可再生能源优势。近年来，中国可再生能源产业发展迅猛，但由于可再生能源电力供应的不稳定性及区域不平衡性，导致可再生能源电力消纳问题日益凸显。而对于能源区块链项目而言，高耗能是其目前所面临的主要挑战之一。因此，可以利用中国风电、太阳能等可再生能源优势，建立区域智能微电网，将可再生能源的发电设备与能源区块链系统相结合。通过智能监控和管理，将可再生能源的电力供应与能源区块链系统的用电需求进行有效匹配，实现多能互补。一方面，可以有效满足能源区块链系统的用电需求，并减少对传统化石能源的消耗；另一方面，可以在一定程度上促进可再生能源的消纳。

（4）建立健全现有的激励政策和法律法规。政府相关部门应尽快明确区块链在能源领域应用的战略目标和各阶段的发展规划，建立健全相关配套支持政策，以鼓励企业和个人参与能源区块链项目。例如：可以提供财政补贴、税收优惠、专项资金支持等，以降低能源区块链项目的成本，并推动其发展和应用。同时，政府相关部门应尽快出台适用于能源区块链领域的法律法规，包括隐私保护、数据安全、智能合约的法律效力等方面。这将为能源区块链项目的实际应用提供法律保障，降低法律风险，增强投资者和用户的信心。

（5）不断完善能源区块链的标准体系。国家和能源监管部门应积极推动能源领域相关的政府部门、企业、社会团体等各方参与能源区块链的标准制定过程。通过利益相关方的参与，可以充分考虑各方需求和利益，确保标准的公正性和权威性。与此同时，在构建能源区块链的标准体系时，应将能源系统现有的技术规范和标准体系纳入考虑。能源领域已有较为成熟的标准规范与体系，如能源生产、传输、储存等方面的技术规范。将这些现有标准与能源区块链技术相结合，可以形成完整的标准体系，提高能源区块链在实际应用中的适用性和可靠性。此外，在推动能源区块链标准的制定过程中，应注重标准的扩量提质工作。这意味着不仅要制定基本的技术标准，完善具体的操作规程、数据交换协议等细节方面的标准，而且要注重标准的更新和修订，以适应能源行业的发展和技术的进步。还可以通过市场竞争机制，推动能源区块链标准的不断完善。通过鼓励不同标准体系之间的交流与协调，可以促进标准的统一和一致性，降低标准壁垒对市场的限制。最后，要积极参与国际标准化组织和国际能源组织的合作，与其他国家和地区开展能源区块链标准的交流活动。借鉴国际先进标准和经验，促进我国能源区块链标准的国际化和国际标准的本土化。

（6）推动能源区块链项目评价机制的建立。政府和相关机构可以借鉴已经成功应用的能源区块链项目，总结其实践经验，形成评价指标和方法论。通过深入研究和分析已有案例，可以了解区块链在能源生产与管理中的实际应用效果，为评价机制的建立提供参考和依据。在评价机制的建立过程中，需要建立一套完整的评价体系，包括数据采集、指标计算、评估方法等。政府可以组织专家、学者和行业代表共同制定评价标准和流程，确保评价体系的科学性和公正性。此外，政府还可以通过激励政策和支持措施引导社会资本向具有应用价值和良好评价的能源区块链项目倾斜。鼓励投资者、风险资本和金融机构参与能源区块链项目的评价过程，提供资金支持和专业服务。这样可以增强投资者对项目的信心，促进能源区块链项目的推广和应用。

▓ 本章参考文献

[1] 国家统计局 . http://www.gov.cn/gzdt/2012-02/22/content_2073982.htm, 2012.

[2] 国家发改委 . https://www.ndrc.gov.cn/xxgk/zcfb/tz/202202/t20220211_1315446_ext.html, 2022.

[3] 国家能源局 . http://www.gov.cn/xinwen/2016-04/12/content_5063240.htm, 2016.

[4] 全国工商联 . https://baijiahao.baidu.com/s?id=1682212447230897336&wfr=spider&for=pc, 2020.

[5] 罗良文 , 赵凡 . 中国高耗能产业转移的定量测度和影响因素研究 [J]. 学习与探索 , 2020(11): 102-109.

[6] 张弛 . "双碳" 目标下转型金融发展任重道远 [N]. 金融时报 , 2022-06-23(007).

[7] 马骏 , 程琳 , 沙孟维 .《G20 可持续金融路线图》如何影响全球可持续金融的走势 [J]. 国际金融 , 2022 (2): 6-11.

[8] 益言 . 国际转型金融标准现状及启示 [J]. 中国货币市场 , 2022 (9): 65-71.

[9] 吕家进 . 完善绿色金融体系助力商业银行可持续发展 [J]. 清华金融评论 , 2021 (12): 20-23.

[10] 张涛 , 姜大霖 . 碳达峰碳中和目标下煤基能源产业转型发展 [J]. 煤炭经济研究 , 2021, 41(10): 44-49.

[11] 郭相如 , 刘丽 . 新能源背景下我国传统电力发展方向研究 [J]. 科技风 , 2021(20): 189-190.

[12] 王艳华 , 王克 , 刘俊伶 , 等 . 锁定碳排放约束下我国煤电搁浅资产风险评估 [J]. 中国环境科学 , 2022, 42(3): 1427-1434.

[13] 郭水文 . 我国电力系统转型不能忽视供应安全问题 [J]. 中国电力企业管理 , 2021 (25): 52-53.

[14] Jacobson T A, Kler J S, Hernke M T, et al. Direct human health risks of increased atmospheric carbon dioxide[J]. Nature Sustainability, 2019, 2: 691-701.

[15] Liu Z, Guan D, Wei W, et al. Reduced carbon emission estimates from fossil fuel combustion and cement production in China[J]. Nature, 2015, 524: 335-338.

[16] 苏健 , 梁英波 , 丁麟 , 等 . 碳中和目标下我国能源发展战略探讨 [J]. 中国科学院院刊 , 2021, 36(9): 1001-1009.

[17] 裴棕伟，闫春红．新基建助推"双碳"目标达成的逻辑和建议 [J]．价格理论与实践，2022(4)：1-4.

[18] 谢雄标，吴越，严良．数字化背景下企业绿色发展路径及政策建议 [J]．生态经济，2015，31(11)：88-91.

[19] LANGE S, POHL J, SANTARIUS T. Digitalization and energy consumption. Does ICT reduce energy demand?[J]. Ecological economics, 2020, 176: 106760.

[20] ZHAO C, WANG K, DONG X, et al. Is smart transportation associated with reduced carbon emissions? The case of China[J]. Energy economics, 2022, 105: 105715.

[21] TANG C, XU Y, HAO Y, et al. What is the role of telecommunications infrastructure construction in green technology innovation? a firm-level analysis for China[J]. Energy economics, 2021, 103: 105576.

[22] LIN B, MA R. How does digital finance influence green technology innovation in China? evidence from the financing constraints perspective[J]. Journal of environmental management, 2022, 320: 115833.

[23] 董直庆，王辉．城市财富与绿色技术选择 [J]．经济研究，2021，56(4)：143-159.

[24] 杨珂，玄佳兴，王焕娟，等．区块链技术在能源电力行业的研究及业务应用综述 [J]．电力建设，2020，41(11)：1-15.

[25] 张亮，刘百祥，张如意，等．区块链技术综述 [J]．计算机工程，2019，45(5)：1-12.

[26] WANG, T, HUA H, WEI Z, et al. Challenges of blockchain in new generation energy systems and future outlooks[J]. International journal of electrical power & energy systems, 2022, 135(2): 107499.

[27] 颜拥，陈星莺，文福拴，等．从能源互联网到能源区块链：基本概念与研究框架 [J]．电力系统自动化，2022，46(2)：1-14.

[28] 陈子杰，沈翔宇，陈思捷，等．基于区块链的分布式能源交易物理 - 信息仿真平台 [J]．电力系统自动化，2022,46(10):87-96.

[29] LI H, XIAO F, YIN L, et al. Application of blockchain technology in energy trading: a review[J]. Frontiers in energy research, 2021, 9: 671133.

[30] WU Y, LI J, GAO J. Real-time bidding model of cryptocurrency energy trading platform[J]. Energies, 2021, 14(21): 7216.

[31] REHMAN S, KHAN B, ARIF J, et al. Bi-directional mutual energy trade between smart grid and energy districts using renewable energy credits[J]. Sensors, 2021, 21(9):3088.

[32] 杨雪，金孝俊，王海洋，等．基于区块链的绿证和碳交易市场联合激励机制 [J]．电力建设，2022,43(6):24-33.

[33] HUA W, JIANG J, SUN H, et al. A blockchain based peer-to-peer trading framework integrating energy and carbon markets[J]. Applied energy, 2020, 279:115539.

[34] 张元星，江冰，刁晓虹，等．基于车联网平台的分布式能源交易体系 [J]．电力建设，2019,40(7):10-17.

[35] YI B, LIN W, HUANG X, et al. Energy trading IoT system based on blockchain[J]. Swarm and evolutionary computation, 2021, 64: 100891.

第 4 章

体系构建：
碳中和目标下的
绿色金融与低碳交易

气候变化问题愈演愈烈，低碳转型进程势不可挡，绿色金融与低碳贸易发展势如破竹。绿色债券机制的建设现状究竟如何？能否充分发挥其对碳中和进程的支撑作用？全国碳市场的建设工作迫在眉睫，如何利用绿色金融支持碳市场的发展？绿色技术发展可圈可点，如何补齐绿色科技发展短板，促进绿色科技生态系统和正循环？绿色信贷举足轻重，如何应对发展不完善问题，优化政府监督机制？国际竞争愈加剧烈，产业协同创新体系的建设如何推进？如何应对气候保护主义、逆全球化思潮不断涌现的问题，稳步推进低碳贸易和气候治理合作体系建设？

▶ 4.1 国际视域下的中国绿色债券发展

自中国农业银行于 2015 年底在海外市场发行了中国的第一只绿色债券以来，这一新兴金融工具在环境治理的社会背景下受到广泛关注，经过数年发展，中国便成为全球第二大绿色债券发行国。2020 年中国提出"碳达峰、碳中和"目标后，中国的绿色债券发展便逐渐在"致力于解决环境污染问题"的基础上增加了"致力于推动双碳目标"的时代任务，随即一些相对绿色债券更为泛化和概念化的债券品种相继出现，如"碳中和债券""蓝色债券"等，这些债券品种也正在逐渐成为绿色债券的重要组成部分与长期增长拉动点，并不断扩充着绿色债券的外延。随着"双碳"战略的持续推进，多种类别绿色债券将持续协调推动社会资金优化配置，吸引社会责任投资者。但相比发达国家，中国绿色债券市场仍旧存在许多不足之处。为进一步推动中国绿色债券发展，发挥绿色债券在"碳达峰、碳中和"过程中的重要作用，有必要深入研判当前中国绿色债券发展的现实困境，并讨论如何通过规划及政策手段提升绿色债券对中国"双碳"目标的支撑作用。

■ 4.1.1 中国绿色债券发展现状

绿色债券作为全球环境保护及节能减排背景下的独特债券品种，旨在鼓励可持续发展和支持气候相关的具有环境正外部性的项目。一般而言，绿色债券会对债券融资收益的投向有相应限制要求，而且狭义上的绿色债券还需要经过第三方认证，其他规则与传统债券相同，因此具有与传统债券相似的金融属性。具体来说，绿色债券能够为污染预防、可持续农业、生态系统保护、交通清洁化、城市清洁建设、可持续水管理等方面的项目提供融资；同时，绿色债券还致力于培育环保技术和减缓气候变化，清洁能源、减碳项目同样是绿色债券融资收益的重要投向。

2015 年 11 月国家发展和改革委颁布《绿色债券发行指引》后，绿色债券发展加速，发行量逐年增长，2020 年疫情影响下绿色债券发行规模仍然保持逆势增长，年末发行总额已经超过 3600 亿元人民币。"碳达峰、碳中和"目标的提出进一步推动了绿色债券的发展。时至今日，中国已成为全球第二大绿色债券发行国，并在"双碳"背景下展现出良好的发展潜力。2021 年全年，中国债券市场共发行各类债券 61.9 万亿元，其中绿色债券仅为 8014 亿元，占比仅在 1.2% 左右，绿色债券市场规模增长空间巨大。同时，中国绿色债券市场正在涌现出碳中和债券、可持续发展债券等广义上隶属于绿色债券的新兴融资工具,中国绿色债券体系化发展逐渐步入正轨。从 2021 年推出的《绿色债券支持项目目录(2021 年版)》可以看出,中国绿色债券标准正在逐步向国际标准靠拢,虽然与国际标准尚有距离,但这一迹象表明,中国绿色债券的规范化亦成为未来发展的重要趋势。2022 年出台的《中国绿色债券原则》则进一步提升了中国绿色债券标准与国际标准的契合度。随着中国绿色债券市场规模的发展,绿色债券在"碳达峰、碳中和"进程中的作用也将得到进一步重视,并且随着中国社会责任投资体系的逐步建立,绿色债券标准也将逐步调整,最终实现同国际标准的完全接轨并引领国际绿色债券规范及原则的革新。同时,由于绿色债券能够降低项目融资的期限错配问题,对绿色产业的融资方吸引力较强,因此绿色债券的长期发展势头良好。未来,随着碳达峰、碳中和进程的持续推进,绿色债券将愈发受到政府层面的关注与支持,将绿色债券结合担保、补贴、贴息、奖励等政策将成为政府引导绿色债券规模化发展的重要方向,绿色债券将在政策的推动下进一步实现较快发展。

中国绿色债券发展的前景较好并不意味着所有体制机制障碍已经完全破除,目前中国绿色债券仍面临诸多现实问题,政府应当逐步针对性地采取一些手段,尽快实现绿色债券市场的可持续发展并充分发挥绿色债券在碳达峰、碳中和进程中的重要作用,推动绿色债券形成内源性的发展动力。

4.1.2 中国绿色债券发展的困境与问题

1.依赖政策推动特征明显

中国绿色债券市场的发展主要是由中央政府自上而下的政策支持推动的。就近期来看,2021 年政府发布的针对绿色债券的最新法规和指引使绿色债券市场得到又一轮快速增长;随后,证监会为公司绿色债券的发行制定了更为宽松和便利的"绿色通道",使得公司企业利用绿色债券满足自身融资需求的可能性提高,从而促进了交易所绿色债券市场的发展。与此同时,中国各地方政府也都陆续推出了简化绿色债券审批流程或间接降低绿色债券利率的优惠政策。这些政策层面的顶层设计有效实现了对市场的引导和激励,能够在短期内促进市场的繁荣,并且有助于构建基本的绿色债券体系框架;但缺陷在于,如果政府主导特征过于明显,则容易使绿色债券市场的常态化发展和可持续发展变得困难。

中国当前的绿色债券发展正面临这一困境。中国的绿色债券市场经历的数次大规模发展均与相关政策的提出紧密相关,而当政策效应衰弱后,绿色债券市场的热度往往迅速下降,发行量增长速度往往难以保持。表 4.1 展示了中国截至 2022 年 7 月出台的主要绿色债券政策情况,图 4.1 则展示了中国绿色债券发行量的月度变化情况。首先，从表 4.1 可以看出，中国绿色债券相关政策最早起始于 2015 年年末，随后逐年出台一些细化的政策作为补充，且主要以指引政策、试点政策为主；2018 年出台的《关于加强绿色金融债券存续期监督管理有关事宜的通知》（银发〔2018〕29 号）是为绿色债券制定的针对性管理措施，随后绿色债券相关政策逐步从强调指引性向强调体系化转变。2020 年中国提出"碳达峰、碳中和"目标后，绿色债券支持碳中和转型的关键作用进一步受到关注，因此新一轮的绿色债券政策相继出台，并强调绿色债券的规模化、体系化发展。结合图 4.1 可以发现，中国绿色债券的发展往往与绿色债券政策存在着紧密的关系。2016 年之前，由于缺少《绿色债券支持项目目录》，中国的绿色债券始终停留在概念和准备阶段，而当相关政策出台后，中国的绿色债券便迅速进入探索发展阶段；并且，每当新一轮绿色债券政策出台后，往往伴随着绿色债券发行量的迅速上升。2018—2020 年间，中国绿色债券政策的出台频率相对较低，前期绿色债券指引类政策起到的市场推动作用也逐渐减弱，因此这段时间内中国绿色债券发行量、发行支数的增长速度双双下降。而 2020 年提出"碳达峰、碳中和"以及随后出台的一系列绿色债券相关政策则扭转了绿色债券缓慢发展的状态，进一步为绿色债券市场的规模化注入了强劲动力，2021—2022 年，中国绿色债券发行量突破原有的增长速度实现快速上升。因此，到目前为止，中国的绿色债券发展情况存在明显的依赖政策推动的特征，出台指引政策、细化管理政策都能够刺激市场规模的扩大，但过于依赖政策推动不利于绿色债券的长期稳定发展，中国绿色债券发展目前仍旧缺乏足够的内生源动力。

表 4.1　中国绿色债券政策情况

政策出台时间	政策名称	主要内容
2015 年 12 月	《绿色债券支持项目目录（2015 年版）》	中国首个有关绿色债券界定与分类的文件。为绿色债券审批与注册、评估、评级以及信息披露提供初步参考依据
2015 年 12 月	《银行间债券市场发行绿色金融债券有关事宜的公告》（中国人民银行公告〔2015〕第 39 号）	为金融机构法人发行绿色金融债券提供依据与规范
2015 年 12 月	《绿色债券发行指引》	明确绿色债券基本概念与政策支持范围，明确绿色债券发行审核要求
2016 年 3 月	《关于开展绿色公司债券试点的通知》	明确上海证券交易所、深圳证券交易所开展绿色公司债券试点的有关要求
2017 年 3 月	中国证监会《关于支持绿色债券发展的指导意见》	推动绿色债券发展的鼓励支持政策，明确绿色债券发展方向
2017 年 3 月	《非金融企业绿色债务融资工具业务指引》	为非金融企业发行绿色债务融资工具提供规范与指引

续表

政策出台时间	政策名称	主要内容
2017 年 10 月	《绿色债券评估认证行为指引（暂行）》	确定绿色债券存续期认证内容、认证规范、认证原则，提高绿色债券评估认证质量
2018 年 2 月	《关于加强绿色金融债券存续期监督管理有关事宜的通知》（银发〔2018〕29 号）	为存续期绿色金融债券提供监督核查依据，明确核查内容与核查范围，明确存续期披露规范
2021 年 4 月	《绿色债券支持项目目录（2021 年版）》	调整、修改绿色债券的适用范围
2021 年 7 月	《上海证券交易所公司债券发行上市审核规则适用指引第 2 号——特定品种公司债券（2021 年修订）》，《深圳证券交易所公司债券创新品种业务指引第 1 号——绿色公司债券（2021 年修订）》	推动交易所绿色公司债券规范与规则的体系化建设，明确绿色公司债券子品种范围及其单行规则
2022 年 7 月	《中国绿色债券原则》	充分明确绿色债券发行人和相关机构的要求，推动绿色债券标准与国际标准接轨

资料来源：笔者根据公开资料整理。

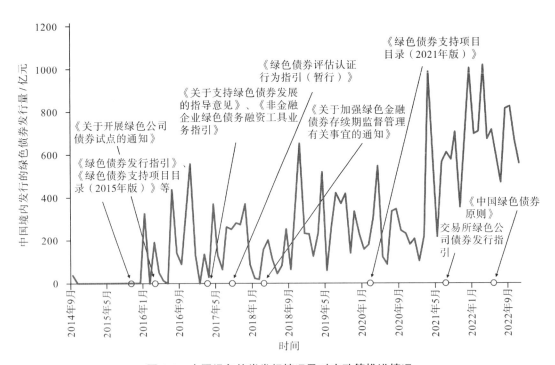

图 4.1　中国绿色债券发行情况及对应政策推进情况

数据来源：CSMAR 数据库。

　　相比之下，国外的绿色债券市场由于管理体系相对完善，有明确的税收等激励机制，因此增长速度往往更为稳定。与外国的绿色债券市场相比，中国的绿色债券市场激励政策更多但却繁杂，缺少统一的激励体系。同时，受限于中国相对保守的金融政策体系，绿色债券在吸引市场投资者参与方面的能力相对不足。作为发展中国家的中国，金融投资者所具有的可持续投资理念和绿色偏好普遍弱于发达国家投资者。在这一现实约束下，以政府为主导推动绿色债券发展虽然能够在短期内有效促进市场建设，但却难以提升市场流动性水平，增加绿色债券的投资关注度，从而难以在政策引领下形成市场发展的良性循环。与依靠政府政策的直接推动作用相比，构建完善的绿色债券法规、运行、监管体系，激活投资者的绿色偏好，拓展绿色债券的应用场景将有助于推动绿色债券的长期发展。长期来看，充分发挥绿色债券在碳达峰、碳中和进程中的作用，就要求其不能持续性依赖政府政策性支持。如何通过制度环境建设的方式使绿色债券保持融资吸引力，提高绿色债券相对传统债券的全流程竞争力，将是中国绿色债券发展的长期任务。

2. 市场准入与认证等规则尚不健全

当前，中国绿色债券市场的相关制度规范主要包括两个方面，一是支持项目目录，二是发行指引。2015 年出台的《绿色债券支持项目目录（2015 年版）》和《绿色债券发行指引》最早明确了绿色债券的具体利用范围与运行基本规范，这为中国绿色债券市场的发展提供了基本的制度保障。为配合碳达峰、碳中和目标，中国进一步出台了《绿色债券支持项目目录（2021 年版）》以取代原先的支持项目目录，对绿色债券的利用范围、支持范围进行了更为深入的限定与划界。但除上述两方面的制度规范外，其他配套制度规范的建设相对缓慢，相比国际主流的绿色债券标准及规范而言，中国绿色债券市场的市场准入与投资规则尚不健全，有关债券收益分配及人证流程的制度也并未完全与国际接轨，一定程度上削弱了绿色债券对碳达峰、碳中和的支持作用。

具体而言，除了上述提到的《绿色债券支持项目目录》及相关文件外，中国并未提供具体化、细则化、专门化的规范，明确有关绿色债券发行方、绿色债券投资方、绿色债券认证监管的相关制度安排，尤其是有关绿色债券认证监管方面的制度缺位，使中国绿色债券第三方评估认证业务缺乏统一标准，尚未形成良性业态。目前有关绿色债券评估认证方面的政策文件主要是 2017 年出台的《绿色债券评估认证行为指引（暂行）》，该指引确定了参与评估认证的机构资质要求、业务承接原则、业务实施流程，并规定了绿色债券发行前、存续期间的认证评估项目内容。虽然这一政策从整体上对绿色债券的评估认证工作提供了基本规范，但由于不同金融机构、认证机构提供的绿色债券认证质量差异较大，且政策中缺少对具体认证评估事项的规范与标准，使各评估机构、认证机构提供的评估认证报告良莠不齐，缺少客观性，进而导致当前中国绿色债券的"绿色性"评估结果缺乏足够的可信度。同时，由于监管制度的不健全，第三方评估机构认证结果可能存在偏差，加之绿色债券融资的市场准入规则尚未建立，缺少对融资方绿色转型能力、绿色转型意愿的评估，使得部分企业通过绿色债券实现"漂绿"成为可能，最终影响绿色债券发展的良性循环。表 4.2 展示了中国当前对绿色债券参与各方的针对性制度安排情况。从表中可以看出，目前政策制度集中于对发行方的管理与规范，对金融中介部门如评级方、承销方，以及市场平台方（交易所、场外市场）和投资者方面的制度安排则相对滞后。尤其是有关绿色债券投资的规范与激励，缺少针对性制度安排，导致绿色债券市场活力难以有效激发，无法有效形成由投资驱动所引发的绿色债券长期发展源动力。由于绿色债券体系是容纳发行、认证、评级、承销、投资、监管、市场平台等多个方面的综合性系统，因此，缺少对任何参与方的具体化制度安排都将不利于绿色债券的长期稳定发展以及发挥绿色债券对绿色低碳项目的融资支持功能。

表 4.2　绿色债券各参与方制度安排

参与方	针对性制度安排内容	政策来源
发行方	绿色债券适用的融资项目范围、发行企业审核要求	《绿色债券发行指引》
认证方	明确绿色债券认证定义及范围、划定绿色债券认证范围、确定绿色债券发行主体认证要求	《绿色债券评估认证机构市场化评议操作细则（试行）》及配套文件
评级方	目前缺少	—
承销方	目前缺少	—
投资方	目前缺少	—
监管方	规范绿色金融债券存续期间监督核查内容条目及方向，建立检测评价机制	《关于加强绿色金融债券存续期监督管理有关事宜的通知》
市场平台方	明确绿色债券上市前审核内容及基本要求	《（上交所、深交所）交易所公司债券发行上市审核规则》

资料来源：笔者根据公开资料整理。

另外，即使 2022 年 7 月系统性的《中国绿色债券原则》由绿色债券标准委员发布后，相关制度安排中在绿色债券收益分配制度、认定标准等方面仍有别于国际标准（如表 4.3 所示）。一般而言，国际通行的绿色债券融资规范中要求绿色债券融资所得应当全部用于绿色项目，但中国的相关制度中则相对宽松。具体而言，在《中国绿色债券原则》出台前，中国的绿色债券运行制度允许融资方将绿色债券募集资金的 30%～50% 用于一般企业用途，如偿还银行贷款和补充流动资金。这就使得融资方可以利用绿色债券募集资金实现对自身运营资金的补充，甚至利用募集资金偿还银行贷款，而真正利用到绿色项目的资金规模则大大受限，出现"漂绿"现象。虽然这种在一定程度上放松对绿色债券募集资金投向的限制能够使绿色债券兼顾融资吸引力并促进解决环境问题，从而更有利于推动绿色债券市场的发展，但是，这样的安排却有可能导致中外绿色债券之间的错位关系，削弱中国绿色债券对投资者的吸引力。《中国绿色债券原则》的出台在一定程度上缓解了这一现象，但由于文件中确定的绿色项目认定标准与国际主流绿色债券标准仍存在一定差异，募集资金用途相关规则仍存在模糊空间等问题，致使中国绿色债券标准仍未完全实现与国际接轨。

表 4.3　中外绿色债券标准的对比

内容条目	《中国绿色债券原则》	国际主流绿色债券标准（如 ICMA、CBI 标准）
绿色项目的认定标准情况	按照绿债目录 2021，包括天然气热电冷三联产、绿色制造、低碳相关服务等	不包括天然气热电冷三联产、核电、绿色制造、低碳相关服务等
国际 CBI 标准贴标情况	节能设备、节能改造、污染处理等项目无法贴标，占比较大	大部分绿色债券可以贴标 CBI 气候债券
募集资金用途情况	可以用于补充项目配套营运资金或偿还绿色项目的有息债务	募集资金需设置子账户，并在 24 个月内投放至指定项目和资产
绿色债券信息披露要求情况	要求对所披露内容进行详细的分析与展示，但规则并不具体	要求披露 ESG 风险识别相关内容，需要包含指定项目和资产预期的环境效益，并需要披露相关绩效指标和度量的方法及主要隐含假设
境内境外标准差异	境内发行人遵循《绿色债券支持项目目录（2021 年版）》，境外发行人依据国际绿色产业分类标准	无限制，均适用统一标准

资料来源：笔者根据公开资料整理。

从长远来看，这样的差异还可能进一步削弱中国绿色债券在国际上的话语权。绿色债券作为成长潜力巨大的新兴金融工具，在全球低碳转型过程中将发挥重大作用，国际话语权的削弱将影响中国参与制定全球统一的绿色债券规范，实现跨国绿色债券融资与绿色主权债券的应用，限制中国绿色债券市场的国际化发展前景。

3. 企业信息披露等配套体系尚不完善

绿色债券全流程包含融资、承销、认证、投资等多个环节，且覆盖企业、银行、政府、评级机构、券商、柜台市场等多个金融主体。目前中国绿色债券整体上沿用了传统债券中各流程的相关制度，使得绿色债券与传统债券的差异性不大，绿色债券在吸引绿色投资者等方面的优势难以体现。同时，由于绿色债券增加了第三方绿色认证等环节，绿色债券相对传统债券的融资过程则更为烦琐。二者叠加使中国绿色债券的投融资吸引力难以充分激活。

绿色债券的独特性在于强调融资收益的利用方向应为绿色项目，因此其重点吸引的投资方为社会责任投资者或具有绿色偏好的投资者。因此，绿色债券应当配备完善的融资利用情况与发行方（企业）社会责任建设情况的信息披露机制，为相关投资者提供充足的参考信息，从而弥补绿色债券因利率较低而对投资热情造成的负面影响。但中国目前尚未建立起针对企业层面的完备的信息披露机制。一般而言，绿色债券往往需要吸引社会责任投资者和绿色投资者，因此其募集资金使用情况的披露频率应该相对较高。但是，目前投资市场上的绿色债券很少按照月报的方式披露相关信息，绝大多数采用季报或半年报的频率披露。同时，在目前各类绿色债券子品种中，只有绿色金融债与绿色债务融资工具对募集资金使用情况的信息披露设置了要求，绿色企业债券、绿色公司债券等运用更为广泛的绿色债券工具则披露信息较少。由于不同的绿色债券在存续期内的信息披露频率和信息丰裕程度明显不同，使投资者难以根据披露信息准确判断绿色债券融资项目的回报率情况及企业绿色项目建设的进展，不利于提升社会责任投资者的积极性。

除此之外，推动绿色债券长期发展还需要构建有效的绿色债券发展生态，如图4.2所示，内容应当包括企业层面的 ESG 信息披露规范、跨国绿色金融合作框架、碳市场及碳金融工具、绿色债券动态认证体系以及数字绿色金融及普惠金融体系。其中，企业 ESG 披露是激励社会责任投资者的主要手段，跨国绿色金融合作框架有助于实现绿色债券的跨国投资与合作，碳市场及碳金融工具是绿色债券的协同性金融工具，绿色债券动态认证体系能够确保绿色债券的规范性及其环境效益，数字绿色金融及普惠金融可以发挥

图 4.2　绿色债券配套生态体系

资料来源：笔者根据公开资料整理。

金融科技优势，扩展绿色债券的应用场景，提高融资效率。但是，到目前为止，中国在上述绿色债券生态体系建设方面的发展相对滞后。

4.1.3　中国绿色债券的前景展望及政策建议

国际视域下中国绿色债券面临的现实困境和问题可以从以下几个方面着手解决。

（1）在适时适度的绿色债券融资优惠政策下引导发挥社会责任投资者的积极作用，促进市场扩容。纵观中国绿色债券发展历程可以发现，政府引导性政策的出台是绿色债券的重要发展推动力，但随着绿色债券市场的成熟化水平不断提升，仅仅依靠鼓励性、号召性政策的出台难以发挥政策的持续性作用。因此，未来中国绿色债券相关政策应当与中国治理环境污染与碳达峰、碳中和进程有机结合，适时适度推出更为广泛的融资优惠政策，提高企业利用绿色债券的积极性。在发挥融资优惠政策作用的同时，通过完善企业 ESG 信息披露规范、健全社会责任投资评价体系，提升相关评价机构的评估能力及数据管理能力，为社会责任投资者提供可度量的绿色项目投资价值，引导市场主体参与绿色债券投资，最终实现融资方与投资方的"双向奔赴"，系统性推动中

国绿色债券发展。

（2）积极完善绿色债券全流程管理标准，形成高效规范的绿色债券融资业态。绿色债券的全流程管理标准是保障绿色债券从发行、认证、承销再到上市、投资、存续管理，最后到退市整个过程的制度保障。完善绿色债券全流程管理标准，既需要整合现有的针对各类绿色债券资产和针对绿色债券单个流程的管理政策，又需要动态调整、更新绿色债券管理标准的具体细则。在"双碳"背景下，绿色债券的利用方向进一步拓宽，环境保护、绿色转型、低碳生产、近零排放等都是绿色债券应当着力支持的商业领域。充分发挥绿色债券在"双碳"中的作用，需要将绿色债券管理标准更为具体化，针对绿色债券的子类如蓝色债券、熊猫债券、碳中和债券等形成专门化管理和认证制度；同时结合中国低碳转型的现实进程，明确绿色债券的丰富化内涵，将绿色债券现行的高效管理规范逐渐延伸至转型金融、转型债券领域，促进规模化、全方位的绿色债券融资业态的形成。

（3）推进绿色债券融资生态建设，发挥金融科技、国际合作的推动作用。应当明确发展绿色债券、增强绿色债券对实体产业的作用，其根本目的在于为中国的"双碳"以及绿色转型服务。因此，绿色债券的长期发展应当同其他绿色金融资产、碳金融资产、可持续金融资产有效配合，相互协同，共同构成完备的针对"双碳"目标的金融系统，在这一系统下发挥独特作用。也就是说，绿色债券应当放置于整个金融系统的视角下以及长期的"双碳"战略下，考虑其发展。培育和建设上市公司 ESG 信息披露制度、提升其他绿色金融工具的作用与能力、在建设活跃碳市场的前提下推动碳金融的发展，都能溢出到绿色债券的发展上，增加全社会对绿色债券融资的需求度与投资的热衷度。另外，在全球化、数字化建设的长期背景下，绿色债券作为新兴金融工具应当积极发挥金融科技的作用，降低融资风险，提升融资效率，融入全球绿色债券体系，并依靠中国强大的低碳转型需求，引领全球绿色债券的发展，形成中国绿色债券的关键话语权。

▶ 4.2 全国统一大市场背景下绿色金融如何支持碳交易

"双碳"目标要求中国的经济发展方式、产业结构、能源结构等各方面以前所未有的力度做出系统性的变革，要实现如此纵深的变革则必然需要巨额的资金作为保障。因此，低成本、高效率的转型之路是我们一直坚持和探索的。以市场化手段助推绿色低碳可持续发展的碳排放权交易市场是实现"双碳"目标的有力政策抓手。2022 年 4 月，我国颁布了多个《中共中央国务院关于加快建设全国统一大市场的意见》（下文简称《意见》），加快统筹布局全国碳市场的建设工作。在此过程中，绿色金融应如何有效地支持碳市场的发展是双碳目标下亟待解决的重要问题。

近年来，气候变化已形成广泛的社会风险，波及范围日益扩大，影响程度逐渐加深。在现如今社会发展过程中，对气候风险问题予以高度关注，并以此作为重要议题是十分重要的。国内对此做出积极响应，2020 年，政府设定了"3060"目标，进行了合理规划，出台了一系列政策方案，将"双碳"目标分阶段面向全社会进行科学分解，确保我们的经济系统平稳、有序、科学地过渡至一个低碳、绿色、高效、可持续的新型清洁系统，实现全方位的变革。转型过程存在较为严重的资金缺口，仅凭政府干涉很难实现，因此需要全社会资源长期且合理有序的支持，特别地，绿色金融无疑在顺利推进这一过程中充当着重要角色。

▓ 4.2.1 "双碳"目标下绿色金融的可持续发展新内涵

近年来，我国绿色金融呈现高速发展的态势，与传统金融有别的是，这样的发展势头吸引了大量的金融资源，为未来绿色低碳的发展奠定了基础，但对传统高污染、高排放的碳密集型行业的资金流入进行限制。[1]金融资源的有序流动更是带动了技术、人才等各类资源的针对性聚集，从而利用资源的倾斜引领社会范围内的绿色变革。与传统金融方式不同，绿色金融是指金融机构针对融资过程中所附加的倡导绿色、低碳、节能及环保等要求，代表了绿色环保建设的重要性。在绿色金融的开发方面，各金融机构与省份合作早已建立起来，同时也进行了碳交易试点，设计出了各种金融产品，其中就有以下几种类型：第一种是碳基金、第二种是碳期权、第三种是碳债券等。[2]我们将目前市场上出现的绿色金融工具种类大致分为以下四类：一、直接投资产品，其中包括碳保险、基金等各种产品投资；二、以资产证券化为特征的资产支持证券，如发行以绿色抵押品为底层资产的债券、气候债券等；三、根据绿色金融的理财功能发行碳结构型理财产品；四、绿色金融工具，如为规避市场波动而开发的碳配额期权、期货等。由于有别于传统金融特殊的要求，绿色金融的发展在很大程度上推动了环保事业的发展，提高了生态治理效率，或是引导资源由最初的高污染行业逐步朝着技术优势部门方向发展。

绿色金融能够助力全社会有效应对气候风险。已有的研究将气候变化所带来的风险分为物理、转型和技术三类，其中，物理风险指的是气候变化特别是极端气候变化直接对社会经济和生命财产安全造成的损害和威胁，比如，洪水淹没了厂房、飓风席卷了村落、冰雹破坏了农作物等。转型风险是指经济系统在加快低碳转型环节存在的一系列不确定性因素造成的巨大损失。比如，资本市场中投资者可能出现的"厌碳"

情绪会导致其抛售高碳资产，在羊群效应的带动下很可能出现碳资产的"搁浅"，形成沉没成本。其次，在"双碳"目标倒逼高碳行业低碳转型过程中会出现诸多的不确定性，可能来自短期政策发布、投资周期、技术瓶颈和外部冲击等。技术风险是指在减碳过程中，势必会出现适应性的技术革新，而新技术的出现对于我们的"双碳"目标来讲是充满不确定性的，无论是研发周期还是商业周期。之所以我们将气候变化视为一种外部风险，归根到底是我们对气候变化的认知尚处于探索性的阶段，对于气候风险冰山一角的认知使得我们无法对于其准确定价，无法实现外部风险内部化。在应对气候变化的条件下，整个经济社会势必要经历深刻的转型，系统性的变革过程将会显现出巨额的资金缺口。在此过程中，绿色金融将发挥出独特的优势，精准识别并引领社会资金有序高效流动。绿色金融的可持续发展使我们更好地进行风险识别或是加强气候管理。具体来说，一方面，可以通过开发新型绿色工具帮助识别及量化风险敞口，开展压力测试，评估风险，积极对公众非理性情绪加以引导和疏解；另一方面，应当做好全方位的风险信息披露方面工作，强化投资者、管理者、政府、公众对于气候变化的认知，积极引导公众正确认识气候风险，引导投资者、管理者、政府尽早将气候风险纳入资产管理决策，从而将气候风险的价格内部化，实现管理和适应气候风险的目的。

■4.2.2 碳交易市场助力"双碳"目标实现的重大使命

碳市场作为我国气候投融资一项非常具有代表性的工具，其在政府政策顶层设计的框架下积极推行市场化手段，以碳价为市场信号，使低碳成本企业或是不同区域进行减排工作，倒逼碳成本较高的企业、产业、地区逐步更新技术设备，优化能源结构和产业布局，并在成本得到合理控制的前提下，创造良好的低碳发展环境。[3]

从2011年第一份关于组建碳市场试点政策文件的出台，到2021年的第1日，我国正式开启了全国性碳市场的新篇章，在首轮履约周期，交易涉及2225家企业，全部列入发电领域的一系列重点排放名单中，覆盖碳排放近40亿吨。7月16日，在10年的发展历程中，国内碳市场完成了线上交易。基于我国碳市场一直以来的发展状况而言，碳排放交易市场的发展包括两个发展阶段，首先是试点阶段，其次是国内碳市场建设阶段。2013年以后，国内在北上广8个省份进行专门的碳排放交易试点。2011年10月，国家发改委颁布了《国家发展改革委办公厅关于开展碳排放权交易试点工作的通知》，其中确立了7个省份开展专门的碳排放交易试点活动，其中有北京、上海、广州等。2013年6月18日以后，第一批7个碳排放权交易试点省份相继进行了碳交易活动。2016年12月，福建地区进行了专门的碳交易市场活动，最后建成了国内排名第8位的碳交易试点地区。

2013 年以后，碳排放交易试点市场经过了 10 多年的发展，参与单位将近 3000 家，均为重点排放单位，包括石化行业、钢铁行业、电力行业等，碳交易设定了具体的碳排放配额，CCER 给予补充。对于碳排放进行的配额，则侧重于免费分配，并将有偿竞价当作后续补充。配额分配制度在各试点之间有所不同，大多是通过企业的各种历史排放数据进行分配，此外，注重行业的基本标准或是减排需要承担的成本。2014 年，试点碳交易市场配额成交规模接近 2000 万吨，此后每年保持 30% 的年均增长率。到 2021 年 6 月，我国开展的试点碳市场设定的累计配额成交量大多控制在 4.8 亿吨二氧化碳当量左右，成交量维持在 114 亿元。尽管碳交易试点覆盖的企业在碳排放中占比较高，但配额的交易量与全国总二氧化碳排放量相比数量较小，碳交易发展的空间较大。另外，碳交易的活跃程度与当地的配额分配有关，配额较为紧张的试点市场交易较为活跃。例如北京市配额分配相对严格，需要服务业或是制造业不断完善基础设施，进行绝对减排。在碳交易的价格方面，大部分试点活动平均价格保持在 20～40 元/吨，而北京的交易价格高于其他试点，可以达到 80 元/吨。对碳交易试点市场而言，覆盖范围的强度呈现出逐步下滑趋势，碳排放量下降明显，将温室气体进行有效控制，使得碳市场实现良好发展。

基于《全国碳排放权交易市场建设方案（发电行业）》，结合统一规划，2021 年 7 月，国内构建了碳交易市场，并逐步发展成为我国第一碳交易市场，与欧盟碳交易比较来看，该碳交易市场交易规模接近 2 倍左右。就总量来看，全国碳交易市场应当做好碳排放配额控制，应考虑到产业结构或是经济建设等。在覆盖范围方面，考虑到发电行业基础数据良好且碳排放占比大，2225 家发电企业归属电力行业，并逐步纳入其他行业领域，预计逐步涉及发电行业或是化工、造纸等行业。监督核查由省级主管部门进行抽查，若未完成履行，则施以更严厉的处罚。

为尽快完成"双碳"目标，与我国排在第 1 位的碳市场交易进行了各种交易活动的不同参与主体引起了社会各界重视。第一周的碳配额成交量维持在 483.30 万吨左右，成交规模接近 24969.68 万元，整体来看交易活跃、运行平稳。国家生态环境局在 2021 年 10 月 26 日颁布了《关于做好全国碳排放权交易市场第一个履约周期碳排放配额清缴工作的通知》，随后应于 12 月 31 日 17 点前，使重点排放履约任务得以完成。配额核定工作设定了具体的排放单位配额，如图 4.3、图 4.4 所示，碳市场交易在 11 月之后迅速活跃，单日成交量屡破新高。同年 12 月 16 日，市场第一天的成交量就超过 2000 万吨，突破了开市以后的成交量纪录。在第一个履约周期内，国内碳排放交易市场在年末截止，同时 2021 年度交易于同日结束，收盘价控制在 54.22 元/吨左右，和开盘当天价格比较，增长了 12.96%。全年总共包括 114 个交易日，重点排放单位突破 1/2 的单位推动了市场交易发展，碳排放配额成交量保持在 1.79 亿吨左右，成交规模维持在 76.61 亿元。在规定时间内，若企业碳排放配额不符合要求，则应当进入碳交易市场完成碳配额的购买，以便对碳排放量起到抵消作用，临近履约期结束时交易最为活跃。在首个履约期，国内碳市场一直保持稳定趋势，并且在金融市场出现很多绿色金融领域的产品及服务创新。

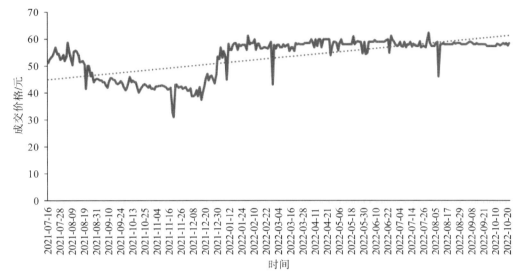

图 4.3　全国碳排放权交易价格

数据来源：CSMAR 数据库。

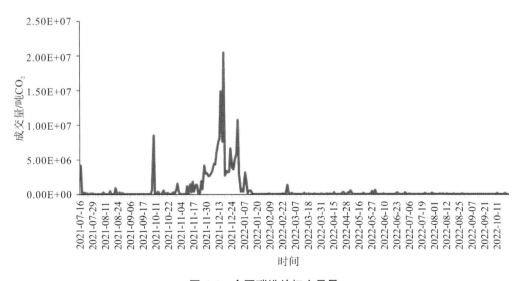

图 4.4　全国碳排放权交易量

数据来源：CSMAR 数据库。

以碳市场为代表的绿色金融引导了社会范围内价格信号的合理区间。[4] 现如今，国内统一碳市场发展有限。从理论上讲，由碳价格所引导的市场信号将会以最低成本在全社会范围内实现最优效率的减排目标，然而这个目标的实现是需要满足特定假设的。首先，目前的碳市场只有电力领域参与其中，无法在系统中实现减碳成本的差异化。目前，中国已经建成世界范围内规模最大、运行最稳定的电力系统。未来，在适应气候变化和如期实现"双碳"目标的要求下，中国势必将建成一个以清洁能源为主导的新型发电系统。在电力供应得到保障的条件下完成这一发展目标，就需要除电力系统以外的社会资源的介入和支持。而碳交易市场仅仅覆盖了电力行业，所有的减碳成本将在该行业内流动和堆积，无法实现成本转移，此时，碳价所反映的市场信号也不是有效的。因此，国内碳交易市场今后需要吸引更多行业参与其中。《意见》于2022年4月发布，该文件更加强调了以市场手段促进全社会范围内资源流通、打通壁垒的重要性，同时也树立了统一碳市场的发展理念，促进全社会碳成本自由流动，力争以市场的手段实现全社会减碳成本最小化。其次，现阶段中国碳市场交易的碳金融产品只有现货合约，导致了产品单一、流动性较差和投资者热情不高等问题。在较为成熟且有效率的金融市场中，交易产品往往是多元化的，同时期货价格也具有价格发现的效果。自碳市场建设活动相继开展，今后将设计出一系列的碳金融产品和碳期货产品。现如今，由于碳价格呈现出的非有效性，较低的碳价也激励了亟待转型企业提前布局碳资产的意愿。在"双碳"目标的要求下，未来碳排放权的总量无疑是一个天花板，经济发展的必然性导致了碳价走高的必然性，社会范围内各个行业积极参与碳交易，提前完成碳资产的战略性布局，既有利于提前积累未来的碳资产红利，又有利于社会性的高效率节能减排。最后，碳市场建设的发展和完善应与其他绿色金融政策相辅相成，绿色金融应最大化支持碳市场发展的长远布局。例如，金融机构应推动碳交易的发展，换言之，金融机构在其中应该扮演怎样的角色？是否应出台相应的绿债政策支持企业参与碳交易？金融机构是否应该给予参与碳交易企业相应的贷款红利或减免优惠？等等。新时代背景下，绿色金融将承担全新的责任和使命，应该发挥出集中并引领社会资源支持碳交易的作用。换言之，其应促进碳转型发展，展现自身的优势，整合一切社会资源，以最低成本完成"双碳"目标。

以碳市场为主导的市场化工具助力以化石能源为主的传统能源系统平稳过渡至以新能源为主的新型能源系统。一方面，未来极端气候事件频发，尤其是极端气象灾害将会给经济社会带来不可估量的巨大损失，为了应对此风险，电力系统的成本一定会有所上升。另一方面，随着风、光等可再生能源接入电网的比例逐渐上升，给原有电网系统带来的不稳定性也逐渐增加，随之而来的如新能源的消纳成本、配套的调峰调频设施、储能设备，包括CCUS等一系列配套的技术设备的增设都会引起电网成本的上升。此外，最为关键的一点是，随着未来经济的发展，全社会用电量将呈现出不断上升的发展趋势。综上，电力系统的革新将不可避免地带来激增的成本。但是，因为国内电力市场改革并未开始，使得这样巨额的成本无法通过市场化的手段转移出去，全部积压在电力系统内部。一直以来，我们高度重视电力供给侧改革，而忽视了需求侧的潜在力量。要充分运用以碳市场为主导的市场化工具，积极发挥需求侧的潜在动能。在新的时代挑战下，绿色金融将承担重要的历史使命，一方面，应大力引导、出台相应红利政策推动社会各界力量积极参与碳交易，从需求端激发企业购买绿电的需求，将电力系统成本引致需求侧，运用市场化手段消化成本。另一方面，除了参与者，未来绿色金融还应充当好市场规则的制定者与监督者，大力推动碳市场与绿证市场协调统一发展，真正做到供需匹配，以需求拉动供给，激发市场动能。

4.2.3 绿色金融支持碳交易发展面临的现实问题和政策建议

（1）政策体制建设不完善。即便现如今的国内碳排放交易市场已稳步运行，然而相配套的法律措施尚不完善。站在国家角度，应当颁布各种法律法规，加大行业监管力度，以创造良好的绿色金融业务发展环境。结合权责划分来看，首先要注重监管部门承担自身责任，对企业污染能耗加大控制力度。就实际情况而言，金融机构应了解环保数据、做好实地考察等，进行全方位监控；监管部门则需要充分发挥绿色金融参与的主体优势，对违法行为进行严厉处罚。

新事物的形成发展需要法律法规的正确指引，结合以上分析来看，碳市场建设的深入推进工作尚且存在诸多问题，包括最开始的顶层设计、碳数据质量的审核、参与机构的惩处机制等等，均缺少完善的政策法规。[5]碳市场本身就属于一种特殊形式的制度创新，以政策性的制度设计为基础架构，以市场化的机制为运行内核。在此基础上，政策体制建设的不完善一方面会导致中国碳市场的建设和运行本身存在问题，使得碳市场难以实现良好发展。法律制度的漏洞，或者说缺乏长期坚定政策的指引会导致投资者无法形成长远的预期，无法坚定投资信心，丧失参与热情。同时，也不利于引导形成有效碳价的合理区间。

（2）国内金融机构参与不足。加快绿色金融发展的过程中，金融机构占据主导地位，但同时也面临几个方面的问题：以银行为主的金融机构并未在业务经营活动中起到促进绿色金融可持续发展的切实作用。[6]具体来讲，首先，金融机构在开展一系列金融活动的环节中侧重于绿色信贷，贷款主体侧重于生产附加值不高的企业。其次，非银行金融机构并没有积极参与其中。与此同时，包括绿色证券、保险现如今只是以试验为主，即便有良好的发展前景，但供给难以保障的缺陷在很大程度上影响了这种产品的可持续发展。金融机构自身未能发挥较为明显的引领作用，而其他市场主体并没有积极配合，形成协调发展的态势，这在很大程度上影响了绿色金融的可持续发展。主要原因就在于企业环保政策实施不到位，激励制度不完善。此外，企业内部因为不具有丰富的金融发展经验，专业能力不足，致使一些企业要依靠国家政策的引领才能得到发展，自主能动力量不到位。

与此同时，在碳市场当中，并没有较多的金融机构积极参与，且在参与的机构中，主要以银行、证券、保险为主，而像各类基金、期货等其他金融机构占比则非常有限。

因此，需要促使金融机构积极开展碳市场交易活动。首先，金融行业为整个经济社会的稳定运行提供基础血液，把控风险，因此，对于一个运行良好的经济系统来说，金融行业是不可或缺的，该行业的参与有利于评估和帮助参与企业对冲和把控当前碳市场运行的风险。其次，以行业的特殊性来说，金融机构有绿色资金引流的作用，能够集中并再分配社会性资源向绿色产业倾斜，积极推动全社会碳中和进程的发展。从碳市场发展的角度讲，金融机构的积极参与也有利于绿色金融助力碳交易的开展。具体来说，大量的期货公司在交易活动中发挥了重要作用，势必会开发出多元化的碳金融产品和交易工具，加速完善市场建设，吸引投资者，也更有利于投资者提前布局碳资产，管理碳风险敞口，长期来看，也有利于给予投资者长远预期，促进合理碳价的形成，以便社会更好地适应气候的转变。

今后中国应当加快绿色信贷发展步伐，同时发放绿色债券或是开展一系列的绿色中介服务等。同时进一步挖掘国内绿色金融发展过程中的潜力，增加市场参与主体，对金融产品进行改革创新。以银行为主的金融机构应加快绿色金融全方位发展，并与业务经营活动相结合，设计出一系列适应市场发展的绿色金融产品。对非银行金融机构，首先要对其市场需求进行全方位把握，促进绿色证券、信托、保险等实现进一步发展等，其次基于此研发出全新的产品，展现行业影响力，增加利润。

（3）低碳项目融资渠道不畅。从现状分析来看，目前绿色金融对引导社会性资金向低碳项目倾斜的力度仍远远不够。以绿色信贷为例，由于发行绿债的审核更为严苛，发行成本更高，即便在国家的影响下，商业机构发行绿债的热情仍较为低迷。对金融机构来讲，一方面要保证盈利性，另一方面要做好风险管控，无论从哪个方面来讲，商业银行都没有较大的动机发行绿债，或通过减少对于低碳项目的贷款以降低转型周期中带来的诸多不确定性。

因此，这也更加说明了在当前阶段，我们的绿色金融政策要相互协调，与碳市场积极配合。当我们将金融机构以法律政策性的手段框定在碳市场的框架下，相当于引入一种正式的外部压力框架，以最低成本和最高效率的手段引导社会资金向低碳项目流动。

（4）碳交易相关数据质量不高。我们一定要充分认识到，碳市场是一种新兴的引领绿色低碳发展、应对气候变化的工具和手段，因尚处于探索阶段，经验不足，不管是建设或是运营，存在的一系列问题需要及时处理。[7] 在现阶段，由于一些法律法规还未颁布，使得企业交易无法正常进行，各方数据尚未能完全透明，无论是在数据的收集、整理、记录，还是后期的审核、奖惩方面，均未形成规范的格式化流程，再加之市场化程度、市场效率、流动性等方面均有所不足，因此，相关的交易和碳排放数据质量普遍不高。

因此，我们鼓励社会各方做好气候风险信息披露工作。首先，不管是碳市场发展，或是气候的变化，都将是一条充满曲折但坚定不移的道路，社会各方都应有强化气候风险认知的觉悟以及积极应对气候变化的责任。无论是政府、国有企业、还是私人投资者，都需要加大风险控制力度，进行全方位的信息披露，为以后在统一的披露标准下归并、审核数据打好坚实的基础，带动社会低碳转型升级。其次，数字化的发展也较好地支持了相关数据工作的记录、存储和后期查验，促进了信息披露的透明度。在全国统一大市场的背景下，数字化的发展增进了各方资源的互联互通，以及信息的流动和反馈，有利于整合资源，提高效率。

（5）政府干预过多，市场动能不足。与国外绿色金融相比，国内绿色金融的发展主要靠相关政策出台扶持。例如，国内金融机构在贷款的过程中会在一定程度上倾向于具有绿色环保特点的行业企业，这种具有强烈政策导向性的做法会使得市场活力下降，未来的发展前景受到一定程度的制约，进而也不利于绿色金融的可持续发展。与此同时，政府干涉力度较大，也直接造成了绿色金融发展过程中出现较为明显的资金价格信号扭曲的现象，扭曲的价格无法为投资者提供准确的市场信息，从而容易误导投资者，使投资者做出错误的决策判断。与此同时，绿色金融是一种为服务于低碳发展而应运而生的新颖的金融模式，从理论上讲，其应该具备引导社会良性循环发展的引导效应。因此，首先要对经济、环境效益的关联性进行平衡，其中，价格应作为最重要的指向标。价格的形成仅仅在市场指引下才能实现可持续发展。其次，为金融建设奠定基础，则应当让政府构建全新的定价制度，出台一系列的法律法规，给予市场更多权力，构建全新的传输机制，并保证其呈现出自下而上的特点，促使未来的绿色金融形成健康、良性、可持续的发展模式。

▶ 4.3　健全政府支持，促进绿色科技生态体系正循环

近年来，全球环境危机日益严峻，气候变化、生物多样性丧失、空气和水污染对人类健康和环境构成严重威胁。气候变化问题愈演愈烈，频繁的极端天气和温室气体导致的全球升温引发了国际社会的关切。随着绿色技术已逐渐演变成世界应对气候变

化问题的重要手段之一，世界各经济体积极关注并促进开发和部署绿色技术。绿色技术通常被定义为"通过提高能源效率、减少浪费和提供清洁能源来减少生产和消费过程对环境影响的技术"。绿色技术在全球经济中越来越重要，中国与欧盟（EU）之间存在着巨大的绿色技术差距。本节开篇意在阐明中国和欧盟之间的绿色技术差距，探讨当前中国绿色科技发展现状与弊病。建立在前文的事实背景基础上，核心内容的前半部分旨在研究标杆国家建立健全绿色科技政策支持的类型、范围和手段，为新兴经济体与后发国家提供一个促进绿色科技生态系统正循环的高效、可行的方案；后半部分考虑到中国正处于"双碳"目标下的高质量发展转型期，同时也是世界气候变化议题下的积极参与者与推动者，需要结合中国国情和发展阶段，进一步明确中国推动绿色科技发展的短板、抓手和应对策略。

4.3.1 中欧绿色科技发展对比

作为世界上最大的发展中国家，中国提出了"双碳"目标。与欧盟、美国和日本等发达国家为自己预留的时间相比，中国给自己预留的时间显然要短得多，也就是说，中国将在非常短的时间内完成世界上最大幅度的减排目标，推动系统性的能源转型与产业升级，实现从碳峰值到碳中和的宏伟目标。

表 4.4 展示了当前部分国家的碳中和进程表，不难发现，中国将在 2060 年之前实现碳中和。这意味着中国计划花费 30 年实现转变。这一雄心勃勃的目标意味着中国将在全球历史上最短的时间内完成世界上最大幅度的碳排放强度降低，实现从碳峰值到碳中和。

表 4.4　各国碳中和日程

国家	碳达峰时间	碳中和时间	任务期
欧盟	1990 年	2050 年之前	60 年
美国	2007 年	2050 年之前	43 年
加拿大	2007 年	2050 年之前	43 年
韩国	2013 年	2050 年之前	37 年
日本	2013 年	2050 年之前	37 年
中国	2030 年之前	2060 年之前	30 年

资料来源：笔者根据公开资料整理。

世界知识产权组织发布了 2021 年全球创新指数，这一指数通过 84 项指标的衡量，评估了 132 个经济体的创新生态系统表现。其中中国得分 54.8，排名 12，位居前列。然而在 2022 年美国耶鲁大学等研究机构联合发布的全球环境绩效指数（EPI）报告中，中国的 EPI 得分仅为 28.4 分，在 180 个国家中排名第 160 位，评分位于尾部。这是很有代表性的有趣现象，这一明显差距的产生在于传统创新绩效没有考虑对环境的影响。因此，随着全球低碳化转型趋势的加速，绿色创新表现衡量越来越重要。在碳中和背景下，提升绿色创新水平被认为是各国政府为创造更可持续和更具竞争力的能源系统和减轻气候变化影响作出贡献的重要选择。近年来，中国和欧盟在绿色技术开发和应用方面都取得了重大进展。在中国，政府已经采取了一系列措施来推广绿色技术，包括成立国家发展和改革委员会资源节约和环境保护司，负责制定和实施节能环保和可再生能源发展政策。中国还大力投资绿色技术研发，科技部为节能、可再生能源和清洁生产相关项目提供资金。根据国际能源署数据，2021 年中国在全球低碳能源技术的投资领域位居前列，耗资 2660 亿美元。在欧盟，为了积极推动、引导和加速欧洲绿色复苏，欧盟委员会（European Commission）已经采取了一系列举措来推广绿色技术，其中包括《欧洲绿色协议》（European Green Deal），该协议旨在到 2050 年使欧盟实现气候中和。欧盟委员会也在绿色技术研发方面投入了大量资金，"地平线 2020"计划为与能源效率、可再生能源和清洁生产相关的项目提供资金。此外，欧盟还采取了一系列政策来促进绿色技术的部署，包括《可再生能源指令》（Renewable Energy Directive，REDII），该指令要求成员国如期达到相关可再生能源生产的目标。

尽管中国和欧盟在绿色技术的开发和应用方面都取得了进展，但双方在绿色技术方面仍存在显著差距。这种差距在绿色技术的采用、投资和研发方面最为明显。在绿色技术采用方面，中国近年来取得了显著进展，2008 年至 2021 年，绿色技术专利数量从 4.3 万余件增长到 15 万余件，增长了 2 倍有余。然而，欧盟在绿色技术应用方面比中国更先进，欧盟在开发绿色技术专利的竞争中仅次于美国。中国和欧盟之间的绿色技术差距对全球环境可持续性具有重要影响。这一差距意味着中国在绿色技术的采用、投资和研发方面落后于欧盟，这可能对全球环境可持续性产生负面影响。如果中国在绿色技术的采用和投资方面未能赶上欧盟，就可能导致温室气体和其他污染物的排放增加，这并不利于全球气候变化。此外，中国和欧盟之间的绿色技术差距可能导致在环境标准方面的"逐底竞赛"，由于各国都通过提供更低的环境标准来吸引投资，很可能会导致全球环境标准下降。为了缩小中国和欧盟之间的绿色技术差距，有必要加大研发投入并采用激励策略。

当前中国区域绿色科技水平参差不齐。本节将从宏观和微观视角分析当前现状与存在的问题。宏观上来看，第一，现有研究通常采用主观划分东、中、西三个区域的方式对中国绿色创新效率进行分析，东部地区的绿色创新效率较高；第二，从绿色创新的环节上来看，绿色创新研发能力较为薄弱，绿色创新商业化水平更具优势；第三，从区域网络结构特征看，各省绿色创新效率网络结构关联进步空间大，同时由于发展差异导致网络等级特征仍然比较明显，推动"全国一盘棋"发展十分有必要。

对当前中国区域绿色创新水平进行测算后，笔者根据集聚特征将其分为四个板块，如图4.5所示。板块之间存在一定空间关联，空间上的极化效应较显著，绿色创新效率水平的巨大差异减弱了板块之间的联动性。中心省份成为绿色创新资源的受益者。中西部省份所处位置相对劣势，主要扮演净溢出的角色，在空间网络中传递绿色创新资源要素。

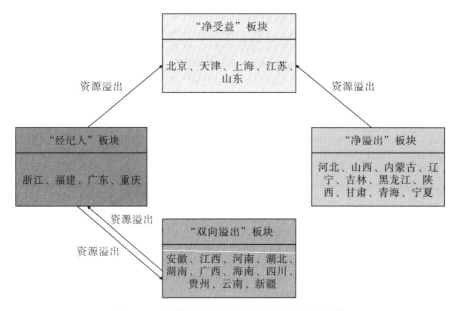

图4.5　中国区域绿色创新水平空间分布聚类

资料来源：笔者根据公开资料整理并测算[①]。

在此基础上，由图4.5可以看出，中国绿色创新空间发展不均衡，存在虹吸效应。北京、江苏和上海等是净受益群组，也就是说其从其他区域获益，但是尚未与其他区域建立良性互动关系，而诸如河北、黑龙江等区域，属于绿色创新资源流出区域。河北接壤北京和天津，但是不同于后两个省份，其属于净收益板块，而北京和天津吸收了绿色创新要素，尚没有有效反哺河北发展。而黑龙江、吉林、辽宁等东北地区省份资源丰富，在绿色创新网络中却较为被动。因此，基于网络分析的研究发现，中国需要进一步加强地区绿色创新合作，以推动区域协调发展。

微观上来看，绿色技术的研发和应用阶段链条较长，绿色技术从研发阶段到真正实现商业化的进程缓慢，协作性不够，具体表现为绿色技术研发难度大、风险高及融资难，例如金融机构和私人投资者对于新兴的零碳、负碳技术等绿色科技的认识不够，投资热情不高，因此在绿色科技发展中，针对资金不足这一问题，政府可以进一步明确其扮演的角色，制定清晰的项目示范资助政策，吸引各方利益相关者参与到绿色科

---

①　由于数据缺失，本节的测算未包括香港、澳门、台湾和西藏地区。

技生态体系建设中来。

■4.3.2 欧盟对绿色科技的示范资助政策

欧盟预期 2050 年使欧洲成为一个气候适应型社会，同时也敦促公民和社会各界参与气候行动。其中，对于实现欧洲气候中和目标的资金计划备受瞩目。研究和创新是应对气候变化、实施绿色产业政策和实现可持续发展的关键。

创新基金（innovation fund）是世界上最大的低碳创新技术示范资助计划之一，联动欧盟碳排放交易系统所得的拍卖资金，为创新低碳技术的商业示范项目提供支持。本节将以这一基金作为重点，阐述其背景、法律支持、运作方式与成果，从而为健全政府支持绿色资本支出提供帮助。

创新基金的前身是欧盟 2010 年发起的"NER300"项目。"NER300"的资金来源是欧盟碳排放交易系统下预留 3 亿配额的拍卖收入。创新基金不仅可以继续使用前身的剩余资金，同样也通过欧盟碳排放体系获得资金。随着气候中和的推进，碳价格的上升将为这一项目提供更充分的资金支持，这也表明欧盟在绿色减排技术方面采取的政策工具持续性良好。

创新基金的投资重点包括能源密集型行业的创新低碳技术和工艺，包括替代碳密集型行业的产品、碳捕集与利用、碳捕集与封存（CCS）的建设和运营、创新的可再生能源发电和储能。创新基金的项目投资类型按照投资金额大小分为大型项目（定义为总资本支出超过 750 万欧元的项目）和小型项目（定义为总资本支出低于 750 万欧元的项目）。创新基金的投资原则可总结为：减排技术有效性、减排技术创新程度、减排技术项目成熟度、减排技术可扩展性、减排技术成本效益评价。

创新基金最多可资助项目有关成本的 60%。对于大型项目，相关成本是项目投入运营后最长 10 年内与创新相关的额外资本和额外运营成本。在小规模项目中，相关成本被定义为项目的资本支出，这意味着剩余项目费用需要由项目发起者从私人或公共来源支付。因此，创新基金运行机制的另一优势是可以与额外的公共融资结合起来。

接下来的重点是梳理欧盟创新基金与其他额外公共融资结合的方式。

第一类是分时间阶段支持绿色科技项目。创新基金的目的是扩大创新清洁技术的规模，并为第一批示范工厂或具有商业规模的项目提供资金。其他欧盟或成员国项目可以资助早期的开发阶段或后期的全面市场部署。在这种情况下，各资助项目为每个不同发展阶段的成本提供资金，没有资金使用的重叠风险，可以促进每一绿色科技方案的最大资助强度。

第二类是合作推动绿色科技项目的创新阶段与非创新阶段。项目可能包括创新部分（如智能电网管理的新技术或碳捕获技术）和基础设施部分（如电动汽车充电站或二氧化碳输送管道）。这些项目的成本可以相应地划分为与创新技术相关的相关成本和基础设施成本。两个独立的项目可以分别提交给创新基金和另外一个基础设施投资支持基金，如 Invest EU。在此情形下，多个基金同时合作可以加快补足项目资金缺口，且没有重复投资风险。

第三类是共同分摊绿色科技项目成本。一些绿色科技项目通常需要高额的资金支持，因此创新基金（innovation fund）和其他公共支持项目也有可能共同为一个项目提供资金。但是，在这种情况下，需要深入分析该项目累计收到的基金情况，避免重复投资。

在此基础上，对于社会投资者而言，这类公共政府支持资金的注入加强了他们对于绿色科技项目的信心，降低了其资金投入的风险，在得到了充足的前期资助后，绿色技术的研发成功率也会得到提升。随着培育成熟的示范性项目的成功，相关项目的商业化落地与大幅推广就顺理成章，从而可以在应对气候变化问题上发挥作用，因此这一基金的设立显著促进了绿色科技生态体系的正循环。

4.3.3 中国绿色科技的投资部署与不足

根据国际能源署（IEA）发布的《2022 年可再生能源》预测，到 2027 年，中国将成为全球新增可再生能源容量的主力军，届时投资占比将近半。2016 年，中国在可再生能源领域投资 885 亿美元，超过世界上任何其他国家。除了可再生能源，中国还在节能技术上投入巨资。2016 年中国在能源效率方面投资 153 亿美元。中国投资绿色技术的动力包括减少排放，改善空气质量，创造一个更有竞争力的经济。首先，通过投资可再生能源和节能技术等绿色科技，中国能够减少对化石燃料的依赖，完成经济高质量转型。同时，对绿色技术的投资有助于创造就业机会，促进经济增长。其次，中国对绿色技术的投资有助于改善空气质量。通过投资可再生能源和节能技术，中国能够减少碳排放，同时也可以有效减少其他不良产出，缓解空气污染，改善空气质量。这在空气污染严重的城市尤为重要。最后，中国对绿色技术的投资有助于创造一个更具竞争力的经济系统。通过投资可再生能源和能源效率技术，中国能够降低能源成本，促进产业升级，符合全球化的绿色标准，同时，这有助于吸引外国投资，创造一个更有活力的经济。综上所述，中国近年来一直在大力投资绿色技术。因此，中国在绿色技术方面的投资是朝着创建更可持续的经济迈出的重要一步。

自 20 世纪初以来，中国政府一直在大力投资绿色技术和资金。政府致力于减少对化石燃料的依赖，推动了以可再生能源为代表的一系列绿色科技相关投资。因此，中国政府已经建立了一些财政补贴和基金来支持绿色技术的开发和应用。相关绿色技术财政补贴和基金旨在鼓励对可再生能源的投资，减少空气污染，提高能源效率。这些补助和资金由中央政府、省级政府和地方政府提供。例如，中央政府为风能和太阳能等可再生能源提供补贴，并为能效项目提供补贴。省级和地方政府也制定了有区别的项目补贴政策。除了补贴，政府还为绿色技术的开发和应用提供基金支持。这些财政补贴和资金在帮助中国实现绿色技术目标方面发挥了重要作用，但也存在一些缺陷和不足。

在中国的绿色技术财政补贴方面，短板可以归结为四个主要方面：各级政府之间缺乏协调、资金不足、融资过程缺乏透明度以及对绿色技术投资缺乏长期规划。

（1）中央和地方政府之间缺乏协调，可能导致绿色技术财政补贴和资金使用效率低下。中央政府为可再生能源和节能项目提供补贴和资金，省级和地方政府也为这些项目提供补贴和资金。然而，各级政府之间往往缺乏协调，导致资金使用效率低下。例如，省级和地方政府可能会对已经由中央政府资助的项目提供补贴，导致工作重复和资金使用效率低下。

（2）中国绿色科技财政补贴资金不足。中国绿色技术财政补贴的推出可能导致某一产业的扎堆投入，造成财政压力，例如资金密集型产业领域风电的发展，这也导致中央财政补贴不能及时下拨，出现补贴拖欠问题。后期发展中，政府提出了补贴退坡政策，引发了产业的"抢装潮"，可能引发产能过剩。同时，中央政府补贴退坡或取消后，地方政府政策乏力，不利于推动产业的平稳发展。

（3）中国绿色科技财政补贴资金过程不透明。获得绿色技术财政补贴和资金的标准和流程往往不透明且缺乏细节，导致公众投资者对该系统缺乏信任和信心。此外，中国政府没有提供用于确定哪些项目有资格获得补贴和资金的标准的详细信息，这使得潜在投资者难以理解这些标准并做出明智的投资决定。

（4）中国绿色技术财政补贴缺乏对绿色技术投资的长期规划。中国政府经常为绿色技术研发具体方向的短期项目提供补贴和资金，而不考虑这些投资的长期影响。缺乏长期规划可能会导致资金使用效率低下，以及绿色技术投资缺乏可持续性。

在当前绿色基金发展方面，进步可圈可点，但仍有改善空间。绿色基金是一种环境保护基金，旨在促进绿色发展，改善环境质量，提高绿色投资水平，促进绿色经济发展，包括政府牵头的国家绿色发展基金和偏市场化的绿色基金。近年来，中国绿色基金发展迅速，规模不断扩大。政府投入大量资金，支持绿色投资，推动绿色发展，改善环境质量。同时，政府还鼓励企业参与绿色投资，不少大型企业集团也纷纷设立绿色产业基金，以推动绿色经济产业发展。目前，绿色基金已经发展成为一个庞大的绿色投资体系，涵盖了绿色能源、绿色建筑、绿色交通、绿色农业等多个领域。绿色基金的发展为绿色经济发展提供了有力支持，为改善环境质量作出了重要贡献。

目前中国已经连续 3 年发布《基金管理人绿色投资自评估报告》，中国证券投资基金业协会数据显示，2019 年 378 家参与绿色投资建设的样本机构给出了有实质性内容的评价，33% 的企业评价超过了均值；2020 年有效样本增加至 475 家，公募机构的绿色投资制度建设较为全面，私募基金参与的绿色投资产品较少，体系建设有待加强；2021 年反馈有效样本达到 712 份，公募基金对于绿色投资负面清单和风险管理等制度建设频频发力，私募基金参与数量和质量也有所提升，不过投资项目主要聚焦新能源产业，由此也反映出当前中国绿色技术项目认知度不高的问题。公众对绿色技术及其潜在效益的认识有限，导致对绿色技术项目的投资热情不足。即使投资人对于这一领域有投资兴趣，但是往往并不付诸实践，因为投资人更注重财务回报率，而非绿色绩效。由于绿色科技项目的创新风险比一般创新项目更高，通常面临更大的不确定性和前期资金投入，由于当前绿色技术的认证和项目分类不明确，企业对于这类高风险投资的积极性不足。在项目商业化的利润不高的情形下，清楚、透明的政府补贴才能增加投资人的信心。

综上所述，中国绿色基金发展迅速，但由于政策倡导不足，基金质量不高，规范性不足，同时前期调研不足，规模虚大，落地较难，导致投资者支持不足以及资金浪费、资金滞留等问题。从政府角度而言，中国应继续加大绿色技术研发投入，完善当前支持绿色基金发展的政策配套，这有助于缩小绿色技术采用和投资方面的差距。参考欧盟对绿色科技的示范补贴政策，改善"重复补贴""扎堆补贴"等可能带来行业产能过剩隐患的补贴机制，明确中央与地方的补贴政策衔接机制，提高财政补贴的透明度，并制定更为长期的产业补贴机制，例如考虑清晰的补贴方案和完善的补贴退坡机制，从而通过激励和补贴等方式促进绿色技术的应用使绿色技术对企业和消费者更具吸引力，确保绿色技术在多区域范围内得到采用和部署，这对中国环境可持续性至关重要。

4.3.4 推动绿色科技生态体系正循环的建议

中国高度重视碳中和进程。绿色创新的发展为这一目标实现提供了可行路径。中国在这一方面有着天然优势和动力：（1）中国有较为完备的全产业链，在每一环节上对绿色科技的推动大有可为；（2）中国有较为广阔的消费市场，消费者愿意为绿色科技买单将是绿色科技生态系统走向正循环的助推剂；（3）中国有较为丰富的资源与潜力开拓绿色创新项目。由此看来，中国政府在其中将发挥很好的润滑剂的作用，可以参考欧盟的绿色科技扶持政策，通过政策引导，将初始资源、企业、消费者等一系列利益相关者串联在一起，打造绿色科技生态系统正循环。通过对中国当前绿色创新发展的分析和欧盟气候行动下绿色科技促进政策的梳理，给出以下相关建议。

政府可以双管齐下，一方面针对当前中国整体绿色科技发展的现状与弊病，政府的政策推手应当从以下几个方面考量：

针对绿色科技发展区域不均衡的问题，需要考虑三点：第一，秉持"发展一盘棋"的理念，在提升单个省份绿色创新效率的同时注重省份间的协同关系；第二，加强省份间资源承载能力的配置；第三，加强交通建设，削弱空间地理约束。

为解决中国绿色技术财政补贴的不足，政府应该采取一系列措施。首先，政府应加强各级政府之间的协调，确保资金得到有效使用。其次，政府应该提高融资过程的透明度，以确保潜在投资者能够做出明智的决定。最后，政府应制定绿色技术投资的长期计划，以确保资金以可持续的方式使用。

为了促进中国绿色基金健康发展，可以从以下五方面着手。第一，建立监管框架。政府应建立监管框架，确保绿色技术投资以负责任和透明的方式进行，防止"漂绿"。这一框架应包括允许的投资类型的明确指导方针，以及监测和报告这些投资进展的规则。第二，提高透明度。政府应通过公开投资信息来提高绿色技术投资的透明度。这包括投资类型、投资金额和投资进展的信息。第三，鼓励公私伙伴关系。政府应鼓励公私伙伴关系以促进绿色技术投资。这些伙伴关系应包括公共部门和私营部门，并应侧重于制定应对环境挑战的创新解决方案。第四，完善并促进公众绿色投资教育和意识。政府应促进绿色技术项目投资的教育和意识，这包括提供有关绿色技术投资的好处以及与之相关的风险的信息。第五，及时监测进展情况。政府应监测其绿色技术投资的进展情况，以确保其实现目标，这包括跟踪投资的进展，并评估其有效性。

另一方面，针对欧盟采用的低碳技术资金支持策略，政府可以参考以下经验总结：

第一，明确当前碳中和、碳达峰的资金缺口，在绿色技术领域制定示范先行政策，明确相关法律框架，保证可持续的多元资金来源，成立专家委员完善项目评价与审查，弥合相关技术从示范到商业化的差距，这样就形成了有法可依、有例可循的良好生态。

第二，政府资本支持可以通过多项目共助的方式，考虑不同的支持重点、不同的支持阶段，使政府的引导更加精准、高效。在解决绿色技术项目资金缺口的同时，吸引多方主体共建，促使社会资本更加积极地参与到绿色技术发展中来。

第三，推动中国碳排放交易系统等建设，推动绿色创新技术价值转换。吸引多方共建的基础是项目的商业化可行性与预期回报率，在当前气候变化问题大背景下，碳排放交易系统的建立健全可以有效削减各方投资绿色技术项目的面临风险。基于理性的预期，碳市场交易价格将随着气候变化问题的严峻程度上涨。因此，政府在推动相关绿色技术发展的同时，就可以保证稳定、持续的政府资金来源，这也显著提升了政策的持续性。同时,加强国际交流合作也有助于使地区间共享知识和资源,加速绿色技术的发展。

▶ 4.4 优化政府监督机制,促进绿色信贷可持续发展

我国自 2007 年开始陆续颁布绿色信贷政策,鼓励和指导商业银行金融机构提高对重污染行业的融资约束,提升节能环保和清洁项目与服务的信贷融资水平。绿色信贷可以有效引导信贷资金在重污染企业与绿色企业之间重新配置,能够在环境治理和节能减排工作中发挥重要作用。图 4.6 展示了 2013 年至 2021 年的全国绿色信贷余额占比情况。

图 4.6 全国绿色信贷余额及占比

数据来源:银保监会。

2022 年 6 月 1 日,中国银保监会颁布了《银行业保险业绿色金融指引》政策,该政策是绿色信贷发展的一个新的引领性文件,被广泛认为是继 2012 年《绿色信贷指引》政策之后的又一次升级,该指引强调了银保监会在绿色金融业务活动中实施监督管理是促进绿色金融发展的有力保障,进一步明确了政府监督在调节市场资源配置中的重要作用。由于现阶段政府监督机制不完善,造成政府与相关利益主体的行为决策中存在一定冲突,阻碍了绿色信贷得到有效实施。因此,考虑如何优化政府监督机制,刺激各经济主体在兼顾自身利益的同时积极开展绿色信贷,对于促进绿色信贷发展非常重要。

4.4.1 绿色信贷下各经济主体监督措施及存在的问题

1. 绿色信贷下中央政府监督措施及存在的问题

在绿色信贷政策的开展过程中，中央政府是制定监督政策的最主要部门，中国人民银行、全国银保监会和生态环境部都会对金融机构的绿色贷款业务实施一定程度的监督，不同部门在监督机制中发挥的职能不尽相同，但从目前来看，中国人民银行、全国银保监会和环保部门在绿色信贷政策颁布与职能履行中都存在一定程度的缺陷，影响了我国绿色信贷的有效实施。

（1）中国人民银行

2018年，中国人民银行建立了绿色贷款专项统计制度，从绿色贷款统计与重大风险企业贷款统计两个方面，分绿色贷款用途、行业和质量三种维度考查各商业银行的绿色贷款情况。同年，中国人民银行颁布了金融机构绿色信贷业绩评价方案，要求商业银行按季度披露绿色信贷业绩评价。翌年，央行又对原专项统计制度进行了修订，终止了按贷款用途划分的指标，增设了按贷款承贷主体及用途划分的相关指标，扩大了绿色贷款统计范围。修订版的绿色信贷专项统计制度自2020年开始实施，含节能环保产业、清洁生产产业、清洁能源产业、生态环境产业、基础设施绿色升级和绿色服务六大主要产业的相关指标，设立了比银保监会公布的绿色信贷情况统计更详细的信息披露要求。2021年，中国人民银行颁布了《金融机构贷款投向统计报告》，分别从分用途和分行业两个层面对商业银行绿色产业贷款余额进行了公布。

由于中国人民银行主要通过集中大型报表来统计商业银行绿色信贷信息，这种统计方式仅能从绿色贷款额度上体现商业银行的绿色信贷水平，忽略了商业银行绿色信贷业务中审核与认定上存在的问题。一方面，目前绿色贷款的审核系统并不完善，容易造成贷款数据失真。人民银行的统计管理制度虽然已经明确要求金融机构将绿色贷款业务进行全流程的披露，同时将绿色贷款业务的开展与银行内部绩效考核挂钩，并要求金融机构绿色贷款项目统计口径符合人民银行颁布的绿色贷款统计制度规定。在实际操作中，存在一些金融机构部门未完全按照要求开展绿色贷款业务，由于监督管理部门缺失，人民银行在报表统计时缺乏核对实际业务开展情况的有效依据，造成绿色贷款数据真实性难以得到保障。另一方面，由于缺乏统一的绿色贷款认定标准，会严重影响数据统计结果。截止到目前，我国尚未建立全国性的绿色金融项目库，金融机构在绿色贷款业务的开展中缺乏统一的认定标准。商业银行对绿色项目的界定标准存在偏差，造成绿色贷款项目的认定、统计、归类方式不统一，严重影响了统计数据的一致性。

（2）中国银保监会

2006 年全国人民代表大会常务委员会颁布的《中华人民共和国银行业监督管理法》确立了中国银行保险监督管理委员会是负责监督银行等金融机构的国家行政机关。中国银保监会分别在 2012 年和 2015 年颁布了《绿色信贷指引》政策和《能效信贷指引》政策，自 2015 年开始，中国银保监会在针对五大行和主要赤道银行（华夏银行、浙商银行、兴业银行和浦发银行）发行绿色金融债券的批复中都提出了要严格按照两大指引政策要求，将发行金融债券所募集资金全部用于绿色信贷的相关规定，同时要求由金融机构高级管理层制定的绿色信贷目标和提交的绿色信贷报告都需要提交审批，此外，银保监会也会对各银行的绿色信贷发展战略执行情况进行监督与评估。

银保监会对各商业银行的业务开展与日常工作构成直接约束，是影响商业银行绿色信贷实施效果的重要力量。但目前我国的银保监会并未出台针对性的政策法规来促进绿色信贷发展，造成地方监管分局在执法时无法可依，各地银行对企业绿色信贷贷款审批掌握较大的自由度，银行在绿色信贷贷款业务办理流程中缺乏信息披露，而在国家层面对此也缺乏具体的处罚监管措施。竞争性的商业银行缺乏主动为他行提供环保信息的动力，且银企之间的关联度不强和银行贷款的门槛过高造成很多符合环保规定的企业未能达到银行的贷款审批标准，绿色信贷制度未能及时有效地推进。

（3）环保部门

2015 年，环境保护部颁布了《关于加强企业环境信用体系建设的指导意见》，提出要通过建立环保激励与约束并举的长效机制，提高企业环境信息的归集共享。2018 年，生态环境部建立了环保部与金融监管部门的信息共享机制，在"信用中国"网站公开企业的生态环境违法信息，并将其与绿色信贷政策联动。2019 年和 2020 年，为解决民营环保企业融资贵、融资难的问题，环保部门陆续推出相关政策，积极推动金融机构创新促进民营环保企业融资的绿色信贷产品。在 2020 年新冠疫情暴发下，环保部门要求不断强化绿色信贷相关的环境监管和服务措施，积极开展经济社会生态环保工作。

我国环保部门主要是负责对企业生产经营中的环境行为予以监督，对企业违法违规行为予以行政处罚，但目前很多地方环保部门在绿色信贷业务的监管活动中都存在监管不力的问题，很多监督仅流于形式，缺乏实地考察，政策落实不到位，执行强度较低，存在一定的"漂绿""洗绿"风险。

2. 绿色信贷下地方政府监督措施及存在的问题

（1）地方绿色信贷监督措施

2021 年，北京监管局推出绿色建筑与绿色金融协同发展战略，积极开展绿色信贷资产证券化。河北监管局为促进绿色金融发展，提出对银行保险机构展开任务目标、信贷投放、产品创新、风险防控和绿色信息披露五个方面的监管。上海监管局通过与地方政府部门建立联合惩戒机制，将企业环保和安全生产失信情况作为银行授信重要参考方式，引导企业低碳发展。福建监管局提出主动激发绿色产品与服务创新潜力，建立"绿色清单"制度，创新绿色信贷产品，构建信息披露与监督机制。厦门监管局要求加大节能建筑、垃圾处理、水环境污染防治等领域的绿色融资支持力度，稳妥开展生态补偿机制。广东监管局通过推进绿色金融改革创新试验区建设，加强绿色信贷统计监测。海南设立了 11 个重点园区与四大重点支持产业，海南监管局要求金融机构不断加大对重点项目的绿色信贷支持力度。新疆监管局对绿色信贷增速提出了严格规定，要求每年的绿色信贷余额增速不能低于 0.5%，且不能低于其他各项贷款业务的增长速度。

2022 年，吉林监管局要求扩宽绿色企业和项目抵（质）押范围，进一步扩大绿色信贷投放规模，资源配置向低碳领域倾斜。黑龙江监管局为促进实体经济高质量发展，提出要国有大型商业银行积极开展能效信贷业务，加大重点产业金融支持力度，加大制造业信用贷款、中长期贷款投放力度。浙江监管局提出扩大绿色信贷业务产品，促进低碳产业发展，增大绿色信贷业务覆盖范围，支持高碳产业绿色转型。江西监管局颁布了绿色信贷工作考核评价办法，从顶层设计、内部管理、自身环境和社会表现、发展成效四个方面进行定量和定性评价，并将绿色信贷情况纳入宏观审慎评估系统。山东监管局出台了绿色银行评价方案，根据 ESG 评价维度设置定量和定性评价标准，由绿色金融业务发展、绿色银行自身建设、成果表现等三个维度展开，按照综合评价结果将山东省绿色银行分类，从而更好引导辖区机构践行绿色低碳发展理念。湖北监管局要求在项目入库、贷款审批和计划配置中严格把关，指导银行机构在信贷全流程各环节严格落实绿色信贷政策制度。深圳监管局提出严格细化绿色信贷业务考核指标，构建绿色信贷考核体系，促进金融机构绿色信贷业务的发展。要求银行对接总行绿色信贷白名单，进一步强化白名单内客户绿色信贷投放，并建立绿色信贷项目库，加强银政企协（绿色金融协会）四方协同。青海监管局运用多种货币政策工具，引导金融机构扩大绿色信贷投放，同时支持符合条件的绿色企业上市融资和再融资，降低融资费用。宁夏监管局提出对绿色信贷成效显著的金融机构给予新增绿色贷款额度 0.3‰ 的奖励，对重大项目贴息标准适度提高，鼓励银行创新绿色信贷产品。

（2）地方监管机制存在的问题

从近两年我国主要省市银保监会实施的绿色信贷监督措施来看，由于各地区绿色信贷水平发展不平衡，我国主要省市银保监会实施的绿色信贷监督措施的侧重点也存在较大差异。北京、福建等地区要求创新绿色信贷产品；新疆、宁夏等地区设置绿色信贷额度要求和补贴机制；河北、上海、湖北等地区设立了监管部门与奖惩机制；广东、江西、山东、深圳等地区构建了绿色信贷考核体系；海南、黑龙江等地区以促进实体经济发展为目标；厦门、吉林、浙江、青海等地区加大了绿色信贷支持力度。总体来看，除少数地区如广东、江苏、山东、上海等地区对绿色信贷提出了比较翔实具体的要求之外，大部分地区提出的绿色信贷监管机制仍然较为笼统，缺少系统详细的政策执行或披露标准。从图 4.7 中可以看出，广东、江西、浙江、山西、江苏和上海的绿色信贷发展水平居于前列，说明在更严格的监管制度下，地区的绿色信贷发展水平也会有所提升。

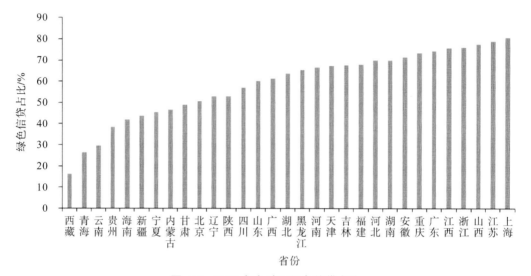

图 4.7　2020 年各地区绿色信贷占比

数据来源：2021 年《中国工业统计年鉴》。

3. 绿色信贷下主要金融机构监督措施及存在的问题

2021 年，我国 21 家主要银行绿色信贷余额 15.9 万亿元，其中六大国有商业银行绿色信贷余额 8.68 万亿元，占比 54.6%，对我国绿色信贷发展发挥重要作用（表 4.5）。工商银行的绿色信贷监管制度的重点是在信贷审批流程中贯彻绿色信贷理念。工商银行于 2002 年成立了专门的行业分析中心来评估行业环保信息，根据行业环保水平确定贷款额度与理论。2007 年，工商银行与环保部门联合建立了企业社会责任沟通机制，帮助银行及其分行识别企业环境信息。同时，工商银行要求各分行严格按照企业环境信息分类标准开展贷款业务。农业银行于 2009 年在全行范围内开展绿色信贷机制建设，构建环保部与企业之间的信息沟通机制，帮助金融机构防范道德风险，缓解信息不对称。2010 年，农行制定了《清洁发展机制顾问业务操作流程》，加大绿色信贷创新，支持中小企业清洁发展。建设银行于 2008 年建立了高碳行业贷款准入名单，并将可再生能源项目作为重点支持对象，同时制定了多项政策为绿色信贷审批提供决策支持。2010 年，建行禁止对环保黑名单企业的新增融资。交通银行自 2007 年开始开展对"两高"行业的授信风险排查，2008 年按照贷款企业环保考核标准来进行客户环保分类，2010 年通过制度建设制定分行业的绿色信贷管理和操作要求。

表 4.5　2021 年六大行绿色信贷水平

银行名称	年末绿色贷款余额 / 亿元	贷款总额 / 亿元	绿色信贷占比 /%	较年初新增 / 同比增长 /%
工商银行	24806.21	206672	12.0	34.40
农业银行	19778	171358	11.5	30.56
建设银行	19631.29	187641	10.5	46.21
中国银行	14086	156750	9.0	57
交通银行	4767.63	65604	7.2	31.37
邮储银行	3722.94	64541	5.8	32.52

数据来源：各大银行年报及 ESG 报告。

一直以来，六大国有行与赤道银行是我国绿色信贷发展的主要推动力，由于除兴业银行和浦发银行之外，我国其他赤道银行成立时间较晚，绿色信贷规模较小，我国绿色信贷发展在近几年内还需大型国有行和赤道银行继续发挥顶层设计和引领作用。但从目前来看，商业银行绿色信贷在全行信贷总量中的占比仍然较低，说明我国商业银行的绿色信贷监督制度仍存在一定缺陷。

一方面，大型国有行由于缺乏机制灵活性和地方适应性，相对于城商行、农商行而言，在推动地方经济绿色低碳转型发展中难以进行细致评估，且大型国有行由于需要在绿色金融投融资领域中考虑过多的因素，因此无法制定非常全面细致的评估监管方案。另一方面，各大行绿色信贷组织架构设计仍需进一步优化。绿色信贷业务开展流程涉及贷前筛选、贷中核查、贷后审批等多个环节，每个环节都需要商业银行提供相应的专业部门与人员参与监督，在统筹管理上，需要成立绿色信贷委员会对接高层决策者，从全局出发，优化资源配置。

4.4.2　绿色信贷政府监督机制主要问题分析

1. 缺乏严格的法律约束

绿色信贷政策的实施主要是通过调整商业银行资金配置，促使银行贷款从污染部门流向环保部门，从而促进绿色可持续发展。经济的可持续发展是我国绿色发展的重要内容，为解决市场失灵带来的环境问题，需要进一步搭建严格的绿色信贷法律体系，推动绿色经济发展。

2. 产品能效较低

目前我国绿色信贷产品较为单一，难以调动市场投资者的投融资积极性，且我国的绿色信贷产品与实际社会需求之间也存在不匹配的问题，产品引入使用进展缓慢，落实层面存在多重障碍，绿色信贷政策效能低，多主体、多目标间的矛盾突出。

3. 信息披露不足

由于银行与环保部门缺乏有效的信息沟通，商业银行与企业之间的信息不对称问题严重，企业贷款审批与经营生产将会受到严重影响。同时，银行在缺乏企业环境信息的情况下对污染企业的投融资行为也会增大商业银行的环境风险，提高不良贷款率。

■ 4.4.3 国外绿色信贷政策监督制度经验借鉴

1. 美国绿色信贷监督机制发展

美国自 1980 年开始实行环境政策，建立了比较完整的绿色信贷政策，并以严格的法律体系为依托，在此基础上开展绿色信贷业务。从图 4.8 可以看出，美国的绿色信贷政策监督制度主要通过法律支撑、政府担保、银行实施、权威机构评估等一系列流程来实现。美国的绿色金融发展起源于 1942 年 Hook 工厂与 Plastics 公司共同引发的大型环境污染问题，为解决该项污染事件，美国国会启用了超级基金并通过了"超级基金法案"，也引起了各国金融机构对环境风险问题的关注。20 世纪中后期颁布的《清洁空气法》和《清洁水法》为美国环境法律搭建了总体结构框架，以这两部法律为基底，美国逐渐形成了完善的绿色金融制度体系。20 世纪末，美国联邦政府逐渐出台市场导向性环境法规，从对污染物实行总量控制与配额交易到面向市场推行可再生能源产品，从末端治理转向源头控制，形成了全新的环境治理模式。步入 21 世纪后，美国道琼斯指数公司发布了可持续发展指数，用于考察上市企业的财务与环境绩效，并将环境绩效作为企业可持续发展能力的考核标准。

图 4.8 美国绿色信贷监督机制发展历程

资料来源：笔者根据公开资料整理。

2. 德国绿色信贷监督机制发展

德国的经验在于其注重对绿色信贷审批时的统一审查标准的建立，通过赤道原则为贷款准则，设立针对绿色信贷的贴息机构，由环保部门进行审核与批准，以调动银行和企业积极开展绿色信贷业务。德国的绿色金融发展起源于1972年政府颁布的《废弃物处理法》，21世纪开始致力于国内能源结构转型，为此颁布了《可持续能源法案》，积极发展可持续金融市场。德国复兴银行从2014年正式开展绿色金融业务，环境保护项目贷款在贷款总额中占比高达45%。在绿色金融业务中，德国复兴信贷银行有效发挥了政策性银行的引导示范功能，通过提供担保的方式，降低投资者风险预期，激励投资者对节能环保项目的投资（如图4.9所示）。运用资本市场和银行间协作，对绿色项目给予金融补贴，缩小绿色融资缺口，支持环境保护与绿色项目开发利用，提高绿色技术创新水平。

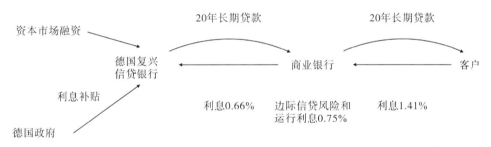

图 4.9　德国绿色信贷监督机制市场运作模式

资料来源：笔者根据公开资料整理。

3. 英国绿色信贷监督机制发展

英国以环境可持续发展作为指导原则，通过设立专业评级机制和污染防治机制，搭配严格的法律体系与统一的管理标准，从而约束企业的环境行为，保障绿色信贷业务的开展。在绿色金融领域，英国强调社会资本与政府力量的有效结合，如图4.10所示，2002年，英国建立了全球首个排污权交易体系，2009年颁布《贷款担保计划》，2012年成立绿色投资银行，致力于解决绿色金融发展中的环境风险问题。由英国政府出资为环保企业提供贷款担保，不断提高绿色授信额度。巴克莱银行推出了绿色信用卡产品，为消费者绿色产品购买提供折旧与优惠借款利率。其通过成立节能减排基金，支持可再生能源发展，刺激节能产品的开发与利用；同时发放"绿色转型贷款"，发行多样化绿色贷款品种，扩大低碳产品的服务与规模。伦敦证券交易所成立"可持续债券市场"模块，提高企业环境信息透明度，降低信息不对称与道德风险问题。

英国政府全资设立绿色投资银行，采取了提供担保、股权投资等方式为绿色项目提供资金，带动私人投资，尝试解决绿色金融发展中的环境正外部性问题和风险问题。

英国政府发布《绿色金融战略》，将金融绿色化和融资绿色化作为核心要素，使私营部门的资金流动更清洁环保，同时加强英国金融业的竞争力。

英国建立全球首个排污权交易体系，开启了绿色金融支持低碳发展之路。

2009年

2017年

2021年

2002年

2012年

2019年

英国政府颁布《贷款担保计划》，明确针对中小企业融资的补贴和担保机制，鼓励中小企业将资金投向绿色产业，促进中小企业绿色生产的资金需求。

英国政府将绿色投资银行出售给私人，标志着英国绿色金融发展开始由"政府引导+公私合作"向"市场主导"转型。

英国政府投资1000万英镑设立绿色金融与投资中心，进一步推动绿色经济发展。

图4.10 英国绿色信贷监督机制发展历程

资料来源：笔者根据公开资料整理。

4.4.4 构建绿色信贷政府监督机制的政策建议

（1）严格绿色信贷立法制度。我国绿色信贷制度的实施缺乏严格的法律制度，造成环保部门在政策执行中缺乏执法依据。在我国，为遏制"两高一剩"企业盲目扩张，以人民银行、环保部、银保监会为政策主体颁布的绿色信贷政策虽对环境问题有很强的促进作用，但仍然缺乏有效的法律支撑作为保障。由于缺乏配套法律法规做后盾，商业银行在绿色信贷业务的执行中呈现出自愿性特征，业务开展面临较大困难，法律体制的缺失在很大程度上限制了绿色信贷业务实施效果。因此，需要政府出台更加严格的法律制度对绿色信贷政策的贷前筛选、贷中监督、贷后审批做出更加严格的要求，规范绿色信贷业务流程。在执法过程中，需要形成双向监督，地方环保部门与银保监会充分履行职责，从而推进绿色信贷业务的开展。绿色信贷不能仅仅停留在政策层面，还需要将法律作为主要调控手段，逐步形成以法律干预为常态的国家干预金融机制。需要设立专门的绿色产业政策部门，使其具有相对独立的法律地位，能够建立全国统一的环保信贷评估标准，不受其他权力机关的影响，以国家信用作为贷款担保，由财政部提供绿色项目所需资金，同时保证其做出的决策能够得到有效实施。

（2）构建绿色信贷风险监督体系。商业银行作为社会责任的践行者与承担者，在社会经济中承担着重要的中介角色，商业银行需要将风险管理意识贯穿到业务发展的每一个流程中，把握经营环节中的潜在风险，建立严格的风险管理体系。由于近年来环境污染问题严峻，金融机构的环境风险逐渐凸显。在投融资项目中，污染企业无力偿还银行贷款，便容易将环境风险转嫁给商业银行，对银行的信贷资产安全造成威胁。商业银行为提高自身风险管理能力，提高内在竞争力，维护银行声誉，降低不良贷款率，应当积极构建绿色信贷风险监督体系。需要构建严格且权威的风险评估标准，提高管理能力，规避绿色信贷业务开展过程中的环境风险问题。激励机制不完善是制约商业银行开展绿色信贷业务的主要因素之一。需要政府建立有效的激励约束机制，充分调动商业银行和企业参与绿色信贷的积极性。同时需要加强组织体系的建设，提升管理水平，评估绿色金融工具的实际实施效果，降低潜在金融风险。

（3）注重绿色信贷区域异质性监督管理。由于我国绿色信贷发展水平存在显著的区域异质性，统一的政策安排并不能因地制宜地促进地方绿色信贷业务开展。因此，应当增强环境信息披露，注重区域异质性监督管理，扬长避短，发挥比较优势，与现有的业务做好衔接。为促进绿色信贷长足发展，需要明确各地方政府、地方环保部以及地方银保监会的具体工作内容，通过政府顶层设立、专业人才引进、金融机构主导、多地方部门协作来共同推进绿色信贷向纵深处发展。为加大绿色信贷产品与模式创新，可以围绕城市绿色转型推出地区针对性绿色信贷产品，创新结构性绿色信贷工具，建立地区绿色信贷风险分担机制，设立地区权威性绿色信贷业务担保企业，帮助投资者和金融机构防范信贷风险，促进绿色信贷发展。

（4）实行适当的政府监督机制。政府对商业银行的过度干预会造成"隐性担保"或"预算软约束"问题。绿色信贷的有效实施需要促进商业银行绿色信贷业务发展。但商业银行作为盈利性机构，传统思维下的过度干预往往在追求绿色化的同时忽略银行绩效，在政府为企业提供隐性担保的情况下，商业银行往往缺乏动力去调查企业信息，造成银企关联度下降。需要施加适当强度的政府干预，促进商业银行金融机构的可持续发展。为促进绿色产业的发展，需要建立有效的银企合作关系，通过多元化融资渠道为绿色项目提供所需资金。为监督引导企业绿色转型，商业银行需要转变传统金融观念，不再以利率和金额作为贷款标准，而是强调可持续发展的重要性。因此，政府需要颁布相关政策激励商业银行将企业环境信息纳入贷款审批标准，同时优化贷款审批流程，营造良好的绿色信贷发展环境。

▶ 4.5 加强协同创新产业体系建设，助力能源低碳转型

在全球"碳中和"背景下，能源低碳转型是中国"双碳"目标实现的关键。能源是社会经济活动的物质基础和动力来源。随着中国经济发展由高速增长转变为高质量发展，能源也进入了转型变革阶段，需要通过调整结构、转换增长动力来实现低碳转型。现代能源体系的核心内涵是：清洁、低碳、安全、高效，关键在于增加清洁能源的供应，减少产业链中化石能源消耗所引起的碳排放，促进能源消费方式向绿色低碳方向发展。一方面，加快建设风电和光伏发电等清洁能源供应基地，增加

和保障清洁能源的生产和供应。另一方面，在原材料开发、产品生产、加工、储运和利用等产业链环节，提升生产效率，降低能源强度。因此，中国需要将科技创新作为核心突破点，增强清洁能源领域的技术创新水平，提高能源利用效率，全面提升产业链现代化水平。因此，除了需要突破国外封锁，在新能源领域取得重大技术突破外，产业协同创新体系的建设同样值得关注。首先，加强产业链、创新链关联程度，在产业链的基础上打造创新链，构建产业链、创新链协同创新体系，解决清洁能源产业链中的难点问题。其次，优化产业结构和产业链结构，加强产业链中部门之间的分工协作能力，提升生产效率，降低能源和碳排放强度，助力能源低碳转型，实现中国经济的高质量发展。最后，加快产业链数字化建设，利用新兴数字技术加速能源生产清洁化，助力能源和电力产业链升级，提升能源利用效率，在保障中国能源安全的同时推动传统产业转型升级和产业链现代化，打造综合性产业体系，实现能源的低碳转型。

4.5.1 协同创新产业体系的内涵

1. 产业链与创新链协同发展

当前，中美贸易争端频发，世界经济格局不断动荡，众多专家指出中国已成为全球价值链和产业链不可缺失的重要组成部分，同时又面临着科技革命、产业调整与产业链结构优化的新局面。发达国家对中国采取的关键技术封锁政策严重限制了中国的发展，随着全球产业链逐步向本土化方向发展，未来国际竞争将更加严峻。在这样的背景下，我国必须坚持创新驱动战略。政府部门多次提出要加快转变经济发展方式的步伐，在完善产业链的同时布局创新链，实现和保障二者的协同共进和相辅相成。[8]这是对产业链和创新链发展的充分肯定，也为未来建设协同创新产业体系指明了方向。为此，《中国 2035 年远景目标纲要》明确指出，要发挥大型企业在整个产业体系中的引领作用，带动中小型企业积极参与创新，从而实现整个产业链上下游企业的创新协同。

产业链与创新链都是基于产品生产过程中的需求和供给而形成的网状形态，在完善产业链的过程中布局创新链，就是在产业链对应的环节开展创新活动。在创新链上布置产业链，就是以科技创新推动产品生产、加工、零售等企业行为。[9]产业链与创新链的关系十分紧密，产业链是开展创新活动的物质基础，而知识创新通过增加产品价值来提升产业链竞争力，二者的融合能够充分挖掘产业和企业潜力，补充链条完整度，扩大市场需求，积极调动创新元素，为产业经济发展提供重要的支撑。二者的协同发展既可以体现在某一时间点上，也可以体现在一段时间序列上。在时间点上，产业链包括上、中、下游企业，创新链也分为基础、应用和产业化研究，此时二者的协同可以分为纵向和横向两种。前者指的是不同层级企业通过相互连接所形成的技术链条，后者指的是同一层面的企业通过技术、服务等方式来相互支撑和合作。在时间序列上，创新链通过积累创新意识，推动产业链各环节的技术进步，在完善产业链结构的同时促进新产业链的诞生。反过来，由于产业链结构的变动，各生产环节为了提升竞争力，开始为了降低成本而关注企业的自主研发，从而衍生出新的创新链。产业链与创新链相互穿插、融合，在横向和纵向两个层面上呈现出相互促进的推动模式。

2. 产业链数字化转型

数字化是加快建设协同创新产业体系的重要手段。随着信息技术的飞速发展，数字化逐步取代传统生产方式，成为驱动经济社会发展的重要力量，也成为实现能源低碳转型的关键动能。[10] 尤其当前全球贸易合作动荡，区域化、内部化趋势严重，世界经济的不稳定性加剧了中国稳链、延链、强链工作的迫切性。产业链数字化指的是通过应用计算机网络、人工智能等数字技术[11]，保障产业链中的各个主体能够依靠实时的立体数据信息，形成更加高效明智的管理决策体系，加强产业协同分工和信息互通共享，通过快速感知产业链各个环节的需求，高效调配人力、机器、物品，从而达到供给推动、需求牵引以及供需平衡和准确的效果。

经济全球化催生了产业链的数字化转型，企业过去为了增强竞争力和追求利润的最大化，高度关注规模效应。但随着全球迈入数字化时代，产业关联和产业链、创新链共生的重要性凸显，已成为新的产业发展趋势。首先，通过数字化赋能产业链，可以提升产业链现代化水平。第一，数字化深化产业链协同。在数字时代背景下，共生成为新的产业链准则，相关利益部门希望借助信息协同、网络协同、线上线下协同等手段，通过增强产业之间的紧密化合作和专业化水平，在提高产业链抵御风险能力的同时，追求协同分工效应的最大化。第二，数字化加速产业集群现象的出现。产业集群将更多的相关产业集中在同一地区，形成区域化的产业链，这些产业链由于运输、通信、沟通的便利性，产业之间的合作更加紧密，通过专业化分工，产业链竞争力得到大大提升，产业链中的相关企业转向共生协同。第三，数字化推动产业链创新。产业链是以无数企业为主体共同构成的，产业链创新取决于各个生产环节的企业创新。其中，企业的数字化创新可以消除传统产业链中各个部门的技术壁垒，从时间和空间两个层面上实现互通互享。尤其是随着互联网技术的发展，万物互联已成为当今社会的常态，这极大地促进了科技产品更新换代的速度，实现了人力、机器、物品的高效调配，降低了产业的边界壁垒，进一步推动产业链创新。第四，数字化重组产业链结构。现有产业链结构受工业化发展的影响，已经形成固有格局。随着工业化逐步被数字化所取代，产业链结构也必然会发生变动，从传统制造体系向新型制造服务一体化方向转型。这种转型的核心思想就是利用数字技术，通过信息共享等手段，实现产业链各个环节的专业化分工，从而实现资源的最优化配置，为传统产业带来新的发展动能，有效促进产业链结构的重组，为产业协同创新体系奠定基础。

其次，数字化能够保障产业链安全。产业链安全是指一个国家的主要产业在全球产业链体系中稳定、可控并具有一定的抗风险能力，核心在于产业链渠道的畅通，产业链关键环节的控制力，以及产业链整体的竞争力。要在保障本国重点产业生存的基础上，进一步实现产业的可持续发展。第一，数字化畅通产业链渠道。在全球产业链区域化、多元化发展的趋势下，数字化可以加强各个国家产业链之间的连接，缓解和降低"断链"和"脱链"的风险，为国际产业链、供应链合作提供机会。对于一个国家内部的产业链上下游企业，数字化可以有效加强企业之间的沟通协同，通过政府相关部门的合理引导和牵线搭桥，企业之间可以实现共同研发和合作共享，从而打通产业链中原本存在的难点问题，全方位提升产业链的适应性、修复性和可重塑性。同时，借助数字化打造新型制造业和服务业体系，畅通资源要素的快速流动，高效促进国民经济循环和经济增长。第二，数字化提升产业链自主可控能力。产业链自主可控是指关键核心技术和品牌不受制于人，拥有自主知识产权。关键核心技术往往是产业链链条中复杂程度高且研发难度大的技术，包含基础研究、技术攻关以及产业化应用等诸多环节。因此，单个企业往往难以独自实现关键核心技术的研发突破，需要产业链其他主体的协同配合。数字化转型可以削弱这种空间影响和制约，使互联网平台成为企业协作的新方式，推动产业链内相关利益主体协同攻克关键核心技术。从当前国内外环境来看，产业链的自主可控不仅可以畅通国内大循环，还可以提升国际话语权，对中国向全球产业链中高端转型具有重要作用。第三，数字化提升产业链竞争力。首先，数字化可以驱动传统制造业不断向中高端迈进，通过对生产线的智能化改造，提高制造业产品的技术含量和产品附加值，推动传统产业链转型升级。其次，数字化可以加快制造业与服务业融合发展速度，建设制造服务一体化产业体系，在重塑产业链结构的同时，增加第三产业产值。最后，数字技术可以打破原本固定的生产模式，将生产要素进行重组来满足新的生产和市场需求。总之，在数字时代背景下，随着数字技术的不断发展，清洁能源产业将迎来新的发展机遇，不仅能使能源结构逐步趋向于清洁化，加速传统产业的转型升级，还有助于提升产业链竞争力。

4.5.2 协同创新产业体系的意义

1. 突破难点问题，提升清洁能源生产供应能力

凭借成本优势和政策红利，中国清洁能源产业链依托强大和完备的制造业体系，充分发挥规模优势，目前已成为全球的清洁能源设备制造业中心。其中，光伏年产值超过 5000 亿元，占全球总产量的 70% 以上，成为中国重要的"国家绿色名片"。如图 4.11、图 4.12、图 4.13 所示，2021 年中国光伏组件产量同比增速高达 46.07%，达到 182 吉瓦；同年，光伏组件产能上升到 350 吉瓦 / 年，增速为 59.09%。出口方面，2021 年中国出口到欧洲的光伏组件为 45.3 吉瓦，是中国光伏组件的主要出口地区。然而，部分高精尖材料和零部件仍然需要从发达国家进口，清洁能源产业链的部分核心环节受制于其他国家，这成为中国产业体系的"断点""堵点""痛点"。另外，"双碳"目标下，清洁能源的发展速度受到极大关注，尤其是风电、太阳能发电的装机规模，必将在未来超过煤电，成为主要的电力供应来源。当这些清洁能源逐步取代煤电，开始成为电网系统的主要电力来源时，清洁能源随机、波动、不稳定的特点将成为维持电力系统安全稳定的主要问题，这不仅给电力系统带来巨大风险，也是未来一段时间内电力企业面临的主要挑战。因此，协同创新产业体系的建设迫在眉睫。

图 4.11 2013—2021 年中国光伏组件产量及增速

数据来源：中国光伏行业协会。

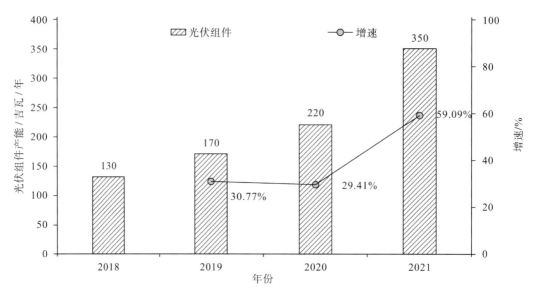

图 4.12 2018—2021 年中国光伏组件产能情况

数据来源：中国光伏行业协会。

2021年中国光伏组件出口市场分布情况（单位：%）

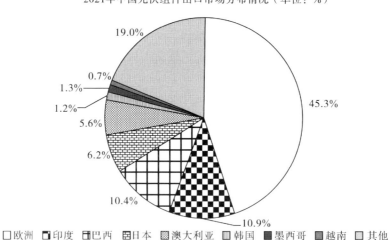

□欧洲 ■印度 目巴西 囲日本 ▦澳大利亚 ▥韩国 ■墨西哥 ▨越南 □其他

图 4.13 2021 年中国光伏组件出口市场分布情况

数据来源：中国光伏行业协会。

在此背景下，首先，集合各个行业的科技研发资源，以光伏、风电、储能等领域为抓手，重点突破清洁能源产业链上的痛点和难点问题，完善清洁能源协同创新产业体系。同时，加大清洁能源领域相关人才的培养力度，推动国内外研发机构、高校等科研资源深度融合，开设清洁能源细分对口专业，为建设清洁能源创新产业体系打好人才基础。其次，顺应国家政策趋势，在清洁能源领域大量普及数字化技术。利用现有的大数据平台，集中检测和控制清洁能源生产过程，保障设备之间的互联互通，实现清洁能源产业链的数字化转型，为清洁能源生产的各个环节提供数字化支撑，全方位监测清洁能源设备的运行状况，通过大数据与数字化平台，智能分析电网运行状况，提升电力系统的调控和决策水平，在消纳更多清洁电力的同时，确保整个供电系统的稳定安全运行。另外，借助数字化技术搭建产业链数字化平台，可以对产业链流量数据进行实时分析和有效利用，科学规划清洁能源布局，合理开发清洁能源资源，充分消纳清洁电力，加速能源的清洁化生产。总体而言，就是在清洁能源产业链的各个环节布置相应的科技创新活动，促进产业链与创新链的快速高效融合，突破清洁能源产业链难点问题，提升中国清洁能源生产供应能力。

2. 提升全要素生产率，降低能源和碳排放强度

一方面，市场需求和国外的技术引进是全要素生产率的重要影响因素，只有当创新效率与市场需求保持同步时，才能有效提升产业链运行效率。企业是产业链生产环节中的基础组成部分，构成了微观层面上创新意识的载体，当企业创新主动性得到增强时，才能通过技术革新，降低对化石能源等传统生产要素的依赖性，提升全要素生产率。[12] 若企业所在的产业链无法与创新链进行协同匹配，就会影响创新意识转变为产品的效率，影响经济的高质量增长。全要素生产率的提升也会在一定程度上对产业链与创新链的协同产生反馈效应。当产业生产效率提高时，产业链就会将多余的资源导入给重点的生产环节，实现资源的错配调节，导致产业链上下游企业因为技术经济联系而更加无法分割，产业关联得到加强。

另一方面，产业链的本质是产业之间的协同分工，产业结构升级的过程就是分工不断深化的过程。[13] 在数字时代背景下，共生成为新的产业链准则，相关部门希望通过信息协同、网络协同、线上线下协同等方式，最大限度地推进产业之间的多元化合作、紧密化结合、专业化分工，追求协同分工效应的最大化。[14] 产业协同分工通过优化产业结构，将技术密集型、高附加值产业逐步提升为产业链中的主导产业。同时，利用更加精细的分工，将先进的生产技术引入到产业链的各个环节，从而促进生产率的提高，间接降低能源和碳排放强度，加快能源低碳转型的进度。另外，产业链数字化的核心是降低成本，提高效率。产业链中的企业可以借助大数据、云计算等数字技术平台，打破产业之间原本存在的技术和贸易壁垒，加强企业之间的协同和专业化分工，在能源技术创新领域取得重大突破，帮助传统制造业不断向中高端迈进，通过对生产线的智能化改造，提升能源利用效率。[15]

3. 推动能源产业链升级，保障能源安全可靠

现有能源产业链结构受工业化发展的影响，已经形成固有格局。随着工业化逐步被数字化所取代，能源产业链结构也必然会发生变动，从合作固定、方式单一向互联互通、产业链集聚化方向发展。首先，数字化可以打破传统能源系统中的物理壁垒，让产业链各部门实时共享市场信息，从而准确了解和对接供给与需求，实现资源的自由、快速、高效流动，在节约时间的同时，实现资源的最优化配置。其次，借助数字化给产业所带来的集聚效应，通过区域集中优势，产业之间可以加强合作，从个体累加转向共生协同，充分发挥竞争优势。除此之外，能源产业链上的各个部门以共生和多元化合作为原则，产业链的集群将吸引更多企业加入进来，这些新元素的注入无疑会加剧企业部门之间的竞争，从而在完善产业链结构的同时激发产业链活力，进一步放大产业链集聚化和协同分工效应，全面推动能源产业链升级。

能源安全是关乎社会稳定、经济发展的重中之重。通过数字化技术，可以在能源产业链的各个环节设置预警系统，利用先进的数字测量技术和高效的通信系统，对产业链的运行状况进行实时监测，将收集到的数据导入机器模型进行整合、处理和分析，得到能源产业链以及电力系统的评估和预测结果，提早发现能源系统中的潜在风险并采取措施或进行战略部署来消除风险，确保能源系统的安全可靠。[16]另外，数字化产业链有利于国家监管部门从时间、产业、地域等多个层面进行监管，实时掌握行业、企业的用能现状，提升监管效率和决策的科学性，在保障国家能源安全的基础上，出台针对性的政策措施倒逼企业进行改造升级，实现能源利用方式的低碳转型。

▓ 4.5.3 产业间协同分工的发展前景

1. 国内产业间协同分工

除了产业链与产业链、产业链与创新链之间的协同外，产业链中产业部门之间的协同分工对于能源低碳转型的实现也十分重要。产业协同发展表现为产业之间相互作用、相互依赖、相互支撑的互动关系，通过共同提高生产技术，降低生产成本，进而增加产品附加值，优化产业链结构，最终推动产业结构转型升级。随着协同分工能力的不断加强，大量新兴产业诞生，并被赋予更专业化的任务，为整个产业系统提供产品和服务。这不仅让生产要素转变为产品的途径更多，还让消费者获取产品时有更多的选择方式。另外，产业体系的生产网络越来越紧密，专业化分工越来越明确，进一步提升了生产效率，间接降低了能源和碳排放强度，极大地加快了能源低碳转型的进度。

产业间的协同分工可以通过多种方式推动能源结构的低碳转型。首先，产业协同分工将产生产业集聚效应，利用成本优势，提升产业效率，进而降低能源强度。其次，通过优化产业结构，重点扶持产业链中的技术密集型、高科技含量产业，将其提升为产业链中的主导产业，利用技术优势提升产品的技术含量，间接推动产业结构的优化升级。最后，产业协同分工能力的加强对于实现产业间的协同创新具有同样重要的作用。具体来说，产业通过互相推动，加快创新进程，借助外溢效应，共同促进清洁能源产业创新效率的提高。总之，只有原材料生产开发业、产品服务业和其他配套产业建立合理的联系，清洁能源产业才能克服内部发展机制，提升产业竞争力和国际地位，为中国能源转型提供充足动力。

2. 国际产业间协同分工

从全球视角来看，受新冠疫情影响，各国为了保障产业链、供应链的稳定以及国内生产活动的有序进行，全球产业链、供应链结构在无形中进行了调整，越来越向区域化和多元化方向发展。[17]以东亚清洁能源产业链为例，随着全球化趋势逐步蔓延和扩展，原本以产业间协同分工为主的模式逐步演变为更加细致和专业的产品内分工。各国根据自身的资源禀赋和比较优势，参与产品的不同生产过程，负责清洁能源产业链的各个环节。日本、韩国依托其科技优势，位于产业链、价值链分工中的上游位置，主要负责研发、设计和投资；而中国和东盟各国作为产业链中、下游国家，依托其廉价劳动力，负责清洁能源产业链中相关产品的加工组装和出口环节。依托东盟强大的资源优势，中国健全的工业、制造业体系，日韩的科技研发优势，东亚清洁能源产业链将会极大地加快全球的能源低碳转型速度。另外，国际产业间的协同分工还可以助力中国清洁能源产业链升级。中国作为制造业大国，可以从日、韩两国学习和引进先进的技术，进一步增加风电机组和太阳能光伏板等清洁能源发电设备的出口能力。同时，在东盟国家布局风电和光伏发电设备制造业，利用东盟国家固有的资源禀赋和劳动力优势，进一步降低清洁能源的度电成本。总之，利用全球产业链内不同国家部门之间的产业协同分工，不仅可以形成一定的资源和技术互补体系，提升区域内清洁能源产业链、供应链的国际竞争力，还可以加快全球能源结构低碳转型的进度。

■ 4.5.4 构建协同创新产业体系的政策建议

（1）政府要充分发挥其领导、组织和协调推动作用，积极有效地掌控和预判产业链、创新链发展方向，满足双链各个环节深度融合的物质需求，充分发挥双链协同效应，加快构建协同创新产业体系。同时，在制定产业结构调整政策时，要重点关注产业链结构的优化，提高产业链中的要素传递效率，使某个产业的生产、技术、创新等要素能快速进入产业系统，提升要素的使用效率，充分发挥产业间协同分工效应在降低能源和碳排放强度中的重要作用，加快结构节能降碳的进程与效率。

（2）产业链中的相关企业要提前制定创新发展的战略规划，避免出现产业链市场需求与创新链研发意识的不同步，提升创新意识到创新产品的转化率。加强与产业链中其他企业在核心技术上的联合攻关，打破国外对清洁能源产业链核心技术的封锁。同时，顺应国家政策趋势，在清洁能源领域大量普及数字化技术。利用现有的大数据平台，集中检测和控制清洁能源生产过程，保障设备之间的互联互通，实现清洁能源产业链的数字化转型升级，助力能源低碳转型。

（3）相关部门要加大对数字信息基础设施的建设投入，在传统产业的基础上大规模融合数字技术，以产业数字化和数字产业化为两条主要导向，建设好产业链数字化转型的基础，这也是未来中国数字经济发展的主要方向。另外，加强数字产业化和数字化产业发展所需的人才队伍建设，鼓励企业与科研机构、高校交流合作，为加速能源清洁化生产，推动能源产业链升级，提升能源利用效率，保障能源安全可靠，实现产业链数字化，营造良好的发展环境。

▶ 4.6 构建全球低碳贸易与气候治理合作体系

为了应对日益严峻的气候变化问题，各国政府都出台了一系列气候政策来减少温室气体排放。总体来说，大部分国家都承诺将在 21 世纪中下旬实现净零排放目标。值得注意的是，尽管各国实现净零排放或者碳中和的具体时间存在一定差异，但能源体系向净零排放转型仍然将导致不同国家的能源结构逐渐趋同，形成以风电、光伏等可再生能源为主力的清洁能源系统。与此同时，由于经济发展和治理理念存在较大差距，发展中国家和发达国家对于气候变化责任的划分以及利益诉求存在十分明显的差异。近年来，发达国家一直未能给予发展中国家充足的资金支持，反而在发达国家的领导下，气候保护主义有抬头趋势。

为了尽快实现全球低碳转型及促进气候合作，国际社会需要从低碳贸易和全球碳市场两个角度共同发力，通过贸易与治理两个抓手实施全球气候治理。一方面，低碳贸易可以为技术、资金流通打通渠道贸易。全球化不仅能够促进发展中国家经济发展，还能够推动低碳技术的扩散、实现低碳资源的优化配置。另一方面，全球碳市场的建立可以有效降低减排成本，促进气候治理。通过碳市场的链接，参与减排的市场主体将明显增加，市场流动性会显著提升。同时，各国能够通过扩大的碳市场进行灵活的减排选择，从而降低自身减排难度。最后，中国作为最大的发展中国家和排放大国，应该肩负起自身责任，努力发展低碳贸易，参与国际气候合作，树立气候负责任大国形象，以自身经验和领导力在应对气候变化领域发挥自身影响力。

4.6.1 各国能源结构变动及气候合作关系梳理

近段时间以来，各国纷纷设定了实现碳中和的时间表。目前，已经有数十个国家在法律及政策中提出实现净零排放的时间。例如，2019年，欧盟在其《绿色新政》（European Green Deal）中宣布到2030年其温室气体排放量相比1990年将至少降低55%，并于2050年实现气候中和。拜登政府于2021年11月向联合国气候变化框架公约提交了更新后的长期战略，正式承诺美国最迟在2050年实现净零排放。2019年，英国正式承诺到2050年实现温室气体净零排放。同时，英国针对性地发布了净零排放战略，并做出了一系列额外承诺：到2035年实现完全脱碳的电力行业和2030年禁止销售化石燃料汽车等。2020年9月22日，在七十五届联合国大会一般性辩论上，国家主席习近平提出中国将争取在2060年前实现碳中和目标；2021年，在第26届联合国气候变化大会上，印度宣布，到2030年，将通过可再生能源满足50%的能源需求并将二氧化碳强度降低45%，到2070年，印度将实现净零排放的目标。2022年9月，俄罗斯政府公布了其2060年温室气体净零排放目标，其假设到2050年森林吸收的二氧化碳排放将达到当前的两倍，这意味着俄罗斯所有其他排放量实际上不必达到零，只需将总排放减半即可达到整体的净零目标。总体来说，大部分国家都承诺将在本世纪中下旬实现净零排放目标。而且，发达国家实现净零排放的时间要稍早于发展中国家。

尽管各国实现净零排放或者碳中和的具体时间存在一定差异，但其实现路径基本会保持一致。众所周知，能源部门是当今全球温室气体排放最主要的来源，是实现气候变化目标的关键。如果要控制全球平均温度的长期增长不超过1.5℃或者2℃，则需要能源生产、运输和消费方式进行彻底转型。一般来说，如果要实现净零排放和能源系统转型，各国都需要以光伏、风电等可再生能源为主导，逐步淘汰化石能源，建立一个净零排放的电力系统，同时将终端消费进行电气化。所以，为了建立这个庞大的电力系统，各国的能源部门将主要依靠可再生能源，大幅度减少对化石资源的严重依赖。在实现碳中和目标的情况下，各国的能源结构将会逐步趋同，即以光伏、风电等新能源为主要组成部分，石油、煤炭、天然气消费将会产生严重的收缩。

目前，对于各国的能源结构变化预测也展现了这一趋同趋势。根据IEA发布的《2021年世界能源展望》（World Energy Outlook 2021）数据显示，在可持续发展情景（sustainable development scenario）下，到2050年左右，各国的清洁能源消费占比将占据主要地位，其中风电、光伏、核电的比例将普遍高于70%（如图4.14所示）。

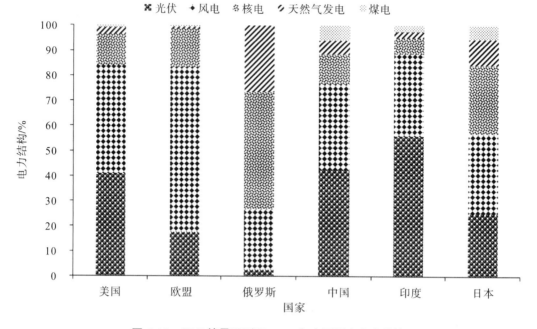

图 4.14   SDS 情景预测下 2050 年主要国家电力结构

数据来源：IEA《2021 年世界能源展望》。

根据 IEA 发布的《全球能源部门 2050 年净零排放路线图》数据，在已宣布承诺情景下，2020 年至 2050 年期间全球能源供应总量将增加 15% 以上，而可再生能源将承担全球能源供应的大部分增长。可再生能源在能源结构中的比例将从 2020 年的 12% 增加到 2050 年的 35%。在电力结构中，光伏、风电将占据可再生能源供应增长的一半左右，而生物质能将达到 30%。全球煤炭用量将出现快速下降。此外，由于电力部门重要性的快速提升，政府将会努力建设具备灵活性、可靠性的电力网络，搭配储能、CCUS 等手段来实现能源系统的稳定。

虽然各国都表现出治理气候变化、转变能源系统的坚定决心，但是发达国家与发展中国家在减排目标、责任分配、气候融资等关键议题方面仍存在一些分歧。由于经济发展和治理理念存在较大差距，发展中国家和发达国家对于气候变化责任的划分以及利益诉求存在十分明显的差异。以中国为代表的发展中国家主张强调，从历史角度来看，发展中国家人均温室气体排放量远低于发达国家，因此，发展中国家认为应该支持公正转型，努力帮助发展中国家来应对减排与经济发展之间的关系。反映在国家气候谈判中，在 1992 年签署的《联合国气候框架公约》中，大多数国家都希望推动发达国家和发展中国家之间的合作。同时，根据 2009 年的哥本哈根气候大会达成的协议，发达国家承诺在 2020 年之前每年至少向发展中国家提供 1000 亿美元的气候资金来帮助其应对全球变暖问题。但是，从目前的合作情况来看，气候合作的进展仍然没有达到预期的效果，反而有分歧加剧的趋势。例如，自2009年哥本哈根气候变化大会以来，发达国家从未兑现每年向发展中国家提供1000亿美元气候资金的承诺，这导致了多数发展中国家的不满与批评。

虽然发达国家未能给予发展中国家充足的资金支持，但是一些气候合作机制仍然发挥了重要作用。例如，联合国《京都议定书》设计了清洁发展机制，作为全球范围内减少温室气体排放的国际合作机制，其也是促进发达国家与发展中国家合作的灵活机制。该机制鼓励发达国家在发展中国家建设相关减排项目，从而将项目产生的核证减排量作为发达国家的减排证书。这一项目在降低发达国家减排成本的同时，还能够让发展中国家更多地从发达国家手中得到气候资金、清洁发展技术及低碳管理经验，在推动发达国家经济增长的基础上，进一步促进其绿色技术创新和可持续发展。中国是清洁发展机制最主要的参与者与建设者，拥有全球近一半以上的项目。截至2016年，经过执行理事会批准的、已注册的中国清洁发展机制项目大约超过3500个。这些清洁发展机制项目在能源类型之间的分布主要倾向于可再生能源领域。清洁发展机制中超过80%的项目与可再生能源有关，特别是风电和水电项目。虽然清洁发展机制的历史使命已经完成，但是作为一种创新的国际灵活合作机制，其在推动气候变化合作和增强气候行动的激励上仍然取得了巨大的成就。

尽管南北国家之间存在一些合作机制，但是当前保护主义却有抬头趋势。最为典型的例子莫过于欧盟准备实施的碳边境调节机制。由于欧盟计划实施碳边境调节机制倒逼发展中国家实施而实现二氧化碳减排，发达国家与发展中国家的分歧日益加剧。众所周知，发展中国家仍处于工业化阶段，其经济发展以大量消费化石能源为代价，而且通过国际贸易、产业转移承接了发达国家的大量二氧化碳排放，造成碳泄漏问题。因此，欧盟希望通过碳边境调节机制来解决全球碳泄漏风险不断升高的问题，以避免高碳排放但承担较低水平监管的欧盟以外生产商抢占欧盟市场，并防止欧盟本土生产商选择将生产转移到监管水平更低的国外市场的情况出现。碳边境调节机制作为欧盟碳排放交易体系的关键补充措施，引发了多方关注与讨论。中国表示欧盟碳边境调节机制本质上是一种单边措施，冲击自由开放的多边贸易体系，不符合《联合国气候变化框架公约》及《巴黎协定》的原则和要求。与中国持相似立场的还有俄罗斯、印度等发展中国家，俄罗斯政府认为对高碳产品征收进口关税本质上属于贸易壁垒，其违背了WTO制定的贸易规则，印度政府同样表示碳边境调节机制的合法性有待商榷。虽然众多国家持反对意见，但欧盟仍积极推行碳边境调节机制。目前，碳边境调节机制已经进入实质性立法阶段。虽然推进碳边境调节机制可能会阻碍气候变化领域正在进行的旨在鼓励其他国家加强多边合作的努力，但是各国仍应该以加强全球贸易合作、推动气候合作为共同发展目标。

总体来说，各国之间在气候变化领域的合作仍然存在诸多不足，特别是对于发展中国家和发达国家两大对立阵营来说更是如此。因此，如何构建促进全球合作的气候行动框架是值得思考的重要问题。

■4.6.2　气候合作中低碳贸易与全球碳市场的前景

对于低碳贸易体系来说，绿色贸易将成为全球贸易的关键增长点，气候、环境领域的相关产品、技术及服务将成为国际贸易的又一大增长动力。虽然国际贸易造成了严重的碳泄漏问题，但是贸易仍然在促进经济发展、减少全球贫困方面发挥着重要作用。在应对气候变化领域，贸易也能够促进环境友好型商品、服务和技术的使用和传播来发挥作用。以服务贸易为例，与绿色低碳发展相关的货物贸易、环境技术咨询、环境标志认证等环境相关服务业将迎来发展机遇。各国在气候变化领域合作空间非常广阔。欧盟、美国和中国等主要经济体在气候变化领域占据着技术优势，其发展清洁能源和科研开发水平均处于世界领先水平。而诸多发展中国家对于清洁能源都有着巨大的需求，其能源转型需要汲取先进国家的相关技术和管理经验。因此，发展中国家与欧美、中国之间供应链和贸易结构有比较强的互补性，在清洁能源发展、低碳技术创新、绿色金融等方面都有很多合作机会。例如，区域全面经济伙伴关系协定（RCEP）通过利用合作程序简化等多种方式，推动合作伙伴之间加快对绿色标准、技术法规和合格评定程序的认可，不仅降低了贸易中的绿色壁垒，而且还拓宽了各国绿色合作的范围，促进了绿色产品、绿色标准、绿色认证等产品、技术和服务在成员国之间的发展，从而最大程度上提高了低碳资源的优化配置。对于发展中国家来说，贸易可以成为其发展绿色经济、低碳转型的重要机会。例如，众多具备绿色竞争力的部门为发展中国家群体带来了提升自身经济实力和产业竞争优势的发展机遇——从有机水果、可再生能源技术到废弃物处理等诸多环境服务、商品，都能够促进发展中国家的进步。发达国家针对发展中国家的气候融资，特别是针对最不发达国家的融资，应该积极支持环境友好型技术和产品的生产、消费与出口。这样的贸易援助或与贸易相关的发展合作可以帮助落后发展中国家的出口商更好地利用其绿色贸易体系，在促进经济发展的同时也能够最大程度上实现对自然资源的保护。

在促进全球环境商品贸易合作的同时，也需要各国积极降低环境商品的贸易壁垒。自多哈谈判以来，环境商品、服务的贸易自由化就频繁地被列入世界贸易组织的工作日程以及讨论议题中。毫无疑问，降低环境商品和服务的关税以及减少其他类型的贸易保护将促进对于生态资源的保护，并且能够鼓励绿色贸易体系的建立。然而，近年来，发达国家以环境保护、产业发展公平等多种理由，对光伏、新能源电池等产品实施较高的贸易保护，对环境商品的公平贸易环境造成了严重的影响。例如，近两年欧盟相继推出"新电池法案"的不同文件与法规条例以气候变化、降低二氧化碳排放等借口为由，提高中国企业相关产品进入欧盟市场的门槛，对中国的相关产业产生了一定的冲击。欧盟委员会的"新电池法案"要求电动汽车电池和工业电池需要申报自身的碳足迹。同时，"新电池法案"也将监管进一步延伸到了电池的整个生命周期。针对这些新规定，企业需要在产品开发、原材料采购等诸多领域及时采取行动。法规将给新能源汽车及动力电池生产企业进军欧盟市场带来不小的挑战。这些挑战或者阻碍都将对发展中国家进入绿色贸易体系造成严重的影响。因此，倡导自由公平的贸易环境对于应对气候变化及促进全球经济增长都具有重要的作用。

对于全球碳市场建设来说，各个国家能够通过全球碳交易市场的链接共同应对气候变化问题的灵活性，并通过大市场的运作更加有效地降低各国的碳减排成本。全球碳市场的链接能够将减排任务从成本较高的司法管辖区转移到成本较低的司法管辖区，从而允许参与者在更大的市场中以较低的成本获得更多的温室气体减排机会。《巴黎协定》第6条规定，允许缔约方利用排放配额的国际交易来帮助实现减排目标，而且在实际操作中已有先例。现实中多个国家都陆续开展了碳市场的链接合作，目前国际上也正在运行着多个不同类型的碳市场链接。例如，2017年，欧盟和瑞士签署了一项连接其排放交易系统的协议，将欧盟ETS（排放交易体系）与瑞士ETS挂钩，双方相互承认彼此的排放配额。美国加利福尼亚州和与加拿大魁北克省的碳市场于2014年实现了双向链接，这两个碳市场在最初成立、建设之时就已经采纳了相似的政策体系与运行框架。挪威在2005年开始了碳排放交易体系的建设，并与欧盟碳市场之间形成了单向链接关系，即挪威碳市场中的主体可以购买欧盟碳市场中的排放配额，但反之则不能实现。

通过组建全球碳市场，各国不仅能够通过交易碳排放权来灵活地完成自身排放的目标，还能够推动全球各国利用自身优势进行碳减排领域的分工协作。目前，部分国家的资源禀赋集中于化石资源领域，其经济发展依赖于化石资源开采，如沙特、俄罗斯等。这些资源型国家的整体清洁能源工业体系并不健全，在清洁能源技术领域更是不占优势。对于这些依赖化石资源、能源转型困难的国家，可以允许其通过全球碳市场进行交易来获得碳排放权，从而最大程度上推动全球范围内的减排分工协作，实现全球碳减排效率的提升。一方面，全球碳市场不仅可以帮助这些国家利用自身优势继续发展经济，降低其减排成本，还可以为具备减排优势的国家提供更多的发展资金，以此推动清洁能源技术的快速发展。另一方面，通过建立全球碳市场还能够提高碳市场应对外部冲击的能力，缓解价格过度波动的问题；而且借助全国碳市场能扩大碳市场交易量，使得更多的主体参与到减排交易中，允许私营部门参与者找到更经济的方法来减少排放，从而增强市场流动性和活力。此外，由于森林等天然碳汇在全球各地的分布存在严重的不均，各国的自然资源禀赋导致的减排成本存在较大的差异。因此，通过碳市场的链接，可以允许各国通过碳汇交易来更低成本地实现其减排任务与气候变化目标。

当然，全球碳市场的建设过程注定是漫长的，且在这一过程中必然存在诸多障碍。首先，各地的碳市场构建体系存在较大的差异，这给碳市场后期的链接造成了沟通和运行方面的挑战。因此，在碳市场链接设计时，需要考虑总量目标、排放配额、排放监测、核查体系、履约机制、价格调控等多个关键机制之间如何进行有机结合和统一。其次，当前国际社会对于减排目标的认识尚未达成共识，对于温室气体减排的权责还存在一定争议。最后，由于各国碳市场机制与实施细则存在较大差异，推动各个碳市场以自发的形式进行整合，并最终构建具备统一框架的交易平台仍然存在众多挑战。因此，从目前来看，短期内建立全球框架下包含世界主要区域的全球碳市场难度很大。

不过，虽然存在诸多困难与阻碍，但建设全球碳市场仍然存在以下诸多突破口。首先，可以在目前成熟的碳市场的基础上进行部分链接，建立区域性的碳市场（如中欧碳市场、中美碳市场）。同时，在链接碳市场时应该努力纳入经济发展水平相近、减排目标类似以及应对气候变化力度类似的国家。其次，应该积极建立并运行全球碳市场的共同制度和执法机构，提高市场制度和监管的完整程度。碳市场的成功链接既需要良好的制度保障，也需要相应的法律文件进行强制性规定。最后，全球碳市场应该保持充分对策透明度，使得各个所有利益相关者能够清楚地了解碳市场运行的基本原理和流程，如对交易者的碳排放数据、政府配额分配情况或是核查机构核查信息、控制排放单位的清单以及履约/违约单位清单的信息进行公开等。

■4.6.3 针对中国参与全球气候合作的政策建议

从中国角度出发，我们应更加积极主动地加强气候治理的国际合作，积极承担推动全球绿色低碳发展的大国责任；积极构建全球低碳贸易的合作格局，加强绿色低碳技术与产业的国际交流；推进应对气候变化的区域合作，在"一带一路"等合作伙伴的基础上尝试构建区域碳市场。

（1）中国需要树立气候负责任大国形象，以自身经验和领导力在应对气候变化领域发挥自身影响力。在具体实践中，中国应该担负起大国责任，积极履行应尽的国际义务和责任，信守应对全球气候变化的承诺。一方面，中国目前的绿色创新进步对于全球实现绿色发展、低碳转型起着至关重要的作用。目前，中国已经深度融入世界经济，并且成为世界经济网络的中心节点。同时，在绿色低碳经济领域，中国也具备较强的竞争优势和创新实力。中国的风电、光伏以及新能源汽车都已经具备高水平的创新能力和竞争优势。因此，中国的绿色创新发展路径在全球绿色低碳转型过程中发挥着极为重要的作用。另一方面，中国应该发挥自身的领导力作用，为发展中国家争取自身利益。作为最大的发展中国家，中国所形成的绿色低碳转型道路给其他的后发国家实现低碳转型提供了宝贵的模板，可以通过南南合作等方式推动落后的发展中国家提高自身绿色经济竞争优势。

（2）中国要加强与"一带一路"沿线发展中国家等合作伙伴的低碳转型合作，充分发挥中国在区域合作与区域治理领域的经验，持续推进应对气候变化南南合作计划。中国可以通过南南合作框架下的绿色低碳技术合作机制，为相对落后的发展中国家技术发展提供相关的技术服务。中国经济向更加清洁高效的低碳发展方向转型还将创造一个巨大的清洁能源技术、产品和服务的国内市场，并形成对发达国家先进的制度、技术、标准和管理经验的大规模需求。中国基于所拥有的全球领先的制造能力和优质产能、相对充裕的资本能力以及庞大的国内市场潜力，通过多边和双边合作，与美欧等国家在低碳技术产业链中加强协作，共同深化全球供应链布局和专业化分工，共同加强低碳技术研发和商业模式方面的创新能力，将大大降低低碳技术的实际成本，并进一步扩大世界范围内绿色技术和环境产品的市场空间，并促进经济繁荣和创造就业机会，从而实现全球经济发展。同时，全球化的技术扩散和低碳贸易发展，也能够推动发达国家完成气候变化目标，最终降低发达国家实现低碳转型的总成本。

（3）中国还应该积极构建公平合理的国际合作机制，进一步推动全球绿色低碳合作，提高自身在气候变化全球治理领域的话语权。伴随着新冠疫情的全球大流行以及俄乌战争引发的地缘政治变化，民粹主义和逆全球化有抬头趋势。同时，近年来发达国家为了保护自身制造业利益，纷纷通过贸易战的方式推动本土制造业回流，这使得发展中国家在贸易合作和全球治理中陷入劣势地位。在这一背景下，一些发达国家想要通过设计气候、贸易政策来降低全球碳排放，减少从发展中国家进口的高碳产品，同时保护和促进本国经济竞争力。对此，一方面，中国要谨慎应对气候变化领域的单边措施，积极提出有利于发展中国家的政策方案。自《京都议定书》通过以来，碳边境调节机制已经成为降低贸易中二氧化碳排放、防止二氧化碳泄漏并保护国内相关能源密集型产业的热门政策，而这一政策推行也使得单边实施贸易制裁披上了减缓气候变化的"合法外衣"，特别是以单方面、非合作的途径进行推进将会使得保护主义和贸易报复频发，最终造成两败俱伤的局面。因此，中国应该积极组织相关智库、学术机构等科研力量，设计实施具有发展中国家特色的气候方案作为替代政策框架，降低应对气候变化被用于保护主义目的的机会，从而为发展中国家绿色转型提供基础。另一方面，中国也要积极构建互通互联的气候合作组织，通过双边、多边等众多合作方式与不同国家建立友好的气候合作关系，从而为重塑全球发展路径作出贡献。中国应该同各国建立绿色合作伙伴关系，多增加绿色低碳技术方面的交流，鼓励智库、企业、高校、科研机构多层面的合作交流。中国可以发挥自身科研优势，牵头构建国际气候科研合作机制，推动与欧美等发达国家低碳技术联合研发与示范，为全球气候治理提供技术支撑并引领新方向。

为应对日益严峻的气候变化问题，各国政府都出台了一系列气候政策来减少温室气体排放。总体来说，大部分国家都承诺将在21世纪中下旬实现净零排放目标。值得注意的是，尽管各国实现净零排放或者碳中和的具体时间存在一定差异，但能源体系向净零排放转型仍然将导致不同国家的能源结构逐渐趋同，形成以风电、光伏等可再生能源为主力的清洁能源系统。与此同时，由于经济发展和治理理念存在较大差距，发展中国家和发达国家对于气候变化责任的划分以及利益诉求存在十分明显的差异。近年来，发达国家一直未能给予发展中国家充足的资金支持，反而在发达国家的领导下，气候保护主义却有抬头趋势。

为了尽快实现全球低碳转型，促进气候合作，国际社会需要从低碳贸易和全球碳市场两个角度共同发力，通过贸易与治理两个抓手实施全球气候治理。一方面，低碳贸易可以为技术、资金流通打通渠道贸易。全球化不仅能够促进发展中国家经济发展，还能推动低碳技术的扩散，实现低碳资源的优化配置。另一方面，全球碳市场的建立可以有效降低减排成本，促进气候治理。通过碳市场的链接，参与减排的市场主体将明显增加，市场流动性会显著提升。同时，各国能够通过扩大的碳市场进行灵活的减排选择，从而降低自身减排难度。最后，中国作为最大的发展中国家和排放大国，应该肩负起自身责任，努力发展低碳贸易，参与国际气候合作，树立气候负责任大国形象，以自身经验和领导力在应对气候变化领域发挥重要作用。

■ 本章参考文献

[1] 王遥，任玉洁."双碳"目标下的中国绿色金融体系构建 [J]. 当代经济科学，2022, 44(5): 1-13, 139.

[2] 段思宇."双碳"目标下绿色金融加速发展 碳市场与碳金融大有可为 [N]. 第一财经日报，2021, 12-03(A03).

[3] 李德尚玉. 建设全国统一的碳市场 构建零碳金融框架 [N]. 21 世纪经济报道，2022-04-20(007).

[4] 张中祥. 碳达峰、碳中和目标下的中国与世界：绿色低碳转型、绿色金融、碳市场与碳边境调节机制 [J]. 人民论坛·学术前沿，2021(14): 69-79.

[5] 丁辉. 双碳背景下中国气候投融资政策与发展研究 [D]. 合肥：中国科学技术大学，2021.

[6] 薛莎莎. 中国碳金融市场规范发展研究 [D]. 济南：山东财经大学，2021.

[7] 郑爽，孙峥. 论碳交易试点的碳价形成机制 [J]. 中国能源，2020(4): 9-14.

[8] 刘志彪. 全球产业链集群战略：中国应对全球供应链重组的政策举措和行动 [J]. 经济研究参考，2020(10): 5-10.

[9] 李雪松，龚晓倩. 地区产业链、创新链的协同发展与全要素生产率 [J]. 经济问题探索，2021(11): 30-44.

[10] LIN B Q, MA R Y. How does Internet development affect green technology innovation in China?[J]. Journal of global information management, 2022, 30(1): 1-21.

[11] MOSCH P, SCHWEIKL S, OBERMAIER R. Trapped in the supply chain? digital servitization strategies and power relations in the case of an industrial technology supplier[J]. International journal of production economics, 2021, 236: 108141.

[12] 倪红福，王海成. 企业在全球价值链中的位置及其结构变化 [J]. 经济研究，2022, 57(2): 107-124.

[13] 倪红福，田野. 新发展格局下中国产业链升级和价值链重构 [J]. China economist, 2021, 16(5): 72-102.

[14] HUO B F, ZHANG C, ZHAO X D. The effect of IT and relationship commitment on supply chain coordination: a contingency and configuration approach[J]. Information & management, 2015, 52(6): 728-740.

[15] ZHANG J N, LYU Y W, LI Y T, et al. Digital economy: an innovation driving factor for low-carbon development[J]. Environmental impact assessment review, 2022, 96: 106821.

[16] WANG J D, WANG K, DONG K Y, et al. How does the digital economy accelerate global energy justice? mechanism discussion and empirical test[J]. Energy economics, 2022, 114: 106315.

[17] 倪红福 . 全球产业链呈现三个新态势 [J]. 经济导刊 , 2021(4): 5.

第 5 章

减污降碳：
生态环境保护的
困境与对策

在"绿水青山就是金山银山"的绿色发展理念以及稳步推进碳达峰、碳中和的宏观背景下，减污降碳迫在眉睫。生态环境保护困境交织状况下如何寻求破解之法？食品行业、森林碳汇、环境保护税齐助力，如何为实现"双碳"目标添砖加瓦？面对错综复杂的气候变化，水污染治理能否切中双减排痛点？乡村低碳大有可为，"碳乡"融合背景下乡村振兴推动乡村发展的绿色低碳转型路在何方？推动生态环境志愿服务发展，他山之石可取吗？

5.1　食品行业助力碳中和：路径与问题

目前，农业与食品消费活动在全世界范围内产生了大约 1/3 的总体温室气体排放。食品产业链中的全生命周期碳排放占全球碳足迹的 25% 左右，食品系统贡献了全球人为温室气体排放总量的 19% ～ 29%。其中，农业生产在全球范围内贡献了 47% ～ 61%，其余来自生产前和加工、包装、冷藏、运输等生产后活动以及零售、餐饮、家庭食品管理和废物处理。对中国来说，随着人口快速增长以及工业化进程加速，加之农粮系统追求产量以保障中国粮食安全的特点，食品行业的碳排放逐年增加。由于地缘政治紧张、气候变化加剧、耕地退化以及水资源紧缺，中国农食系统面临着较大的环境压力。在中国提出 2030 年"碳达峰"以及 2060 年"碳中和"的目标下，食品行业拥有巨大的碳减排贡献潜力。农业生产、化肥使用以及土地利用变化是食品工业上游的主要碳排放来源。同时，中国食品制造与加工、包装等食品工业具有能耗高、能源效率较低以及排放量大的特点；而处在食品产业下游的食品消费碳排放随着居民收入增长和饮食结构改变不断增加。食品消费侧低碳转型刻不容缓。目前中国家庭食物浪费造成了严重的社会、经济和环境问题。随着 2020 年中国城市化率达到 60.8%，大量的城市固体废物导致中国约 2/3 的城市出现"垃圾围城"现象。2018 年，中国收集和转运城市生活垃圾超过 2.28 亿吨，城市生活垃圾总量较 10 年前增长 47.8%。随着居民食物垃圾每年以 10% 的速度增长，食品消费导致的气候变化成为重点关注的议题之一。在未来深度脱碳的情景下，家庭以及个人实现碳中和的愿景与食品碳减排密不可分。目前，由于消费者缺乏食品消费相关的低碳意识以及基础设施的匮乏，我国消费侧食品行业碳减排暂无合理的解决方案。消费者行为的改变需要政府、生产者、气候组织、食品分销商以及消费者的共同努力。

5.1.1　中国食品行业环境影响现状

食品行业主要指的是以酒、饮料和精制茶制造业、食品制造业以及农副食品加工业为大类的食品制造业产业。截至 2020 年，中国规模以上的食品工业企业总共有 35347 家，企业数量同比前年下降约 4.5%。在新冠疫情的持续影响下，中国食品行业的产能并未受到太大的影响。一方面，食品工业保障了全国民众生活的基本需求；另一方面，食品工业也消耗了大量的能源。据中国能源统计年鉴统计，2020 年食品工业能源消费超过 7413 万吨标准煤，较 2019 年降低了约 2.7%。截至 2018 年，中国农业与粮食全产业链的碳排放超过了 10.9 亿吨二氧化碳当量，整体排放水平达到了全国总排放的约 8.2%。从碳强度来看，食品行业的碳强度高于建筑业和金属制品业等 2/3 以上的制造业。从产业碳足迹的角度出发，食品行业不仅在食品制造过程中导致碳排放的产生，同时也在食品工业的上下游生产活动中造成巨大的环境影响。食品行业主要通过上游的农业生产、食品工业的加工转化、下游的农场到餐桌环节及消费者食品消费等四个方面造成能源损失并影响气候变化。首先，处于食品工业上游的食品原材料供应在农业生产和土地利用改变中产生食品的隐含碳排放。农业生产过程中的碳排放主要来自农用化学品（化肥、农药、农膜）、农业耕种机械设备（农耕机、挖泥机、内燃机）、畜牧业（动物粪便、动物肠道温室气体）以及农田作物。另外，由农业生产导致的土地利用变化可能通过改变自然植被和土壤环境影响气候变化。其次，从农场到餐桌的食品碳排放主要来自食品的加工制造、食品包装、食品运输以及食品零售四个环节。虽然食品制造、加工与包装属于劳动密集型的轻工业，但是中国的食品制造业普遍存在能耗水平高、能效低和能源消费量大的特点。食品的制造和加工一方面产生大量的工业废水，而处理工业废水过程会产生碳排放；另一方面，食品制造和加工中需要使用的电力、机械设备、冷却及照明的耗能也会导致碳排放的增加。此外，随着中国消费者收入水平的上升以及年轻食品消费者多元化的食品选择需求，全球食品贸易的加速导致食品运输环节的环境压力日益增加。对于幅员辽阔的中国来说，由省际食品贸易和国际食品贸易产生的食品运输碳排放在不断攀升，尤其是水路运输和航空运输的环境影响不断增加。食品零售则主要包含食品在货架期间产生的运营性碳排放。此外，消费者的食品消费习惯也影响着食品行业的碳排放水平。消费者的食品浪费行为可以追溯到过度购买、不合理的烹饪、餐厨垃圾处理不当、环境不友好的食品消费习惯等一系列行为。综上所述，食品行业产生环境影响有着多源头的特点，企业、政府以及消费者只有通力合作才能在食品行业的全产业链上提升能源效率并降低温室气体排放，为食品行业率先达成"碳达峰"和"碳中和"的"双碳"目标作出贡献。

5.1.2 中国食品行业低碳发展面临的机遇及挑战

中国食品行业在"双碳"约束和厉行节约的政策要求下，具有良好的发展前景。第一，《2022 中国可持续消费报告》显示，中国消费者正逐渐意识到低碳食品消费对于环境保护的重要性。此外，由于"双碳"目标的提出以及政府"光盘行动"的大力推广，政府及消费者的双重倒逼机制为中国食品企业提供了强有力的低碳转型动力。第二，由于低碳技术和低碳模式井喷式的涌现，未来中国食品行业可以结合零碳物流和低碳农业等一系列技术成功实现低碳转型。虽然未来中国食品行业低碳发展前景广阔，但也面临非常多的挑战。如何在政府和公众的支持下有效转型成为中国食品企业、消费者和政府需要共同面对的难题。

（1）农业政策与食物消费转型需求矛盾。保障粮食安全、振兴农村发展、推广合理膳食是我国农业与粮食政策的主要目标。由于地缘政治因素以及人口快速增长，粮食安全对于保障中国整体安全起到决定性的作用。自给自足的粮食生产战略能够有效保证国内的粮食稳定供给和农民的收益。目前，我国的粮食自给率约为 65.8%，在全球范围内位列前茅。但是，相比 2000 年，我国超过 90% 的食物自给率还存在一定的差距。这主要是由于消费者食品选择的转变导致的。随着我国对外贸易自由度的提高与社会经济全方面的发展，消费者购买力的提升和进口食品的多样化导致我国的食品消费特征由主食为主转变为动物性食品消费量大幅增加的趋势。根据中国海关总署的数据，我国目前是全世界第二大食品进口国，而主要的食品进口食物为肉制品与奶制品。由此可见，消费者食品消费结构转型与我国农粮产业战略目标的冲突日益严重。一方面，以高自给率为特点的我国粮农体系逐渐形成了独特的生产保护主义和价格保护体系。过度依靠本土生产的食品系统增加了生态环境压力，加之气候变化带来的影响，导致耕地进一步退化以及水资源的紧缺。另一方面，我国消费者的膳食偏好的改变带来更大量的进口食品需求。从能源的视角出发，虽然进口食品在跨国运输过程中的碳排放大于本土生产的食物产品，但考虑到我国高碳的农业生产过程以及土地用途改变带来的隐含碳排放，进口食品在一定程度上能够缓解我国持续增长的食品数量与种类需求所产生的环境压力。因此，如何在保证我国粮食安全与满足食品消费转型的同时权衡环境效益成为我国未来农食产业面临的重要挑战之一。

（2）居民缺乏低碳食品意识与低碳消费环境，消费侧食品浪费加速气候变化进程。食品浪费是消费者与温室气体排放挂钩的最直接行为。据估计，全球大约有 8% 的温室气体排放由食品浪费直接或间接产生。消费者处于食品供应链的末端，主要通过食品浪费所产生的二氧化碳与甲烷等温室气体排放影响气候变化。一方面，消费者浪费的食品会直接在垃圾填埋的过程中产生甲烷。另一方面，可避免的食品浪费所产生的间接排放是温室气体排放更为重要的来源。可避免的食品浪费是指被丢弃时仍能够食用的部分，这一部分浪费占世界不同地区食品浪费中的 27% ~ 65%，如何控制消费者食品浪费成为政府、气候组织、生产者与最终消费者共同面对的难题。从消费者的角度出发，虽然食品浪费发生在消费者食品相关行为的末端，但食品购买、食物储存、食品垃圾分类以及饮食习惯的决策都会影响到最终可避免食物浪费的多寡。从全球范围来看，欧盟的家庭食物浪费约占食物浪费总量的 53%；英国每年家庭食物垃圾量为 610 万吨，约占英国垃圾总量的 46%；伊朗人均每年浪费约 27.6 公斤食物；马来西亚、巴西、印度、墨西哥等发展中国家的家庭食品浪费占食物垃圾总量的比例均在 50% 以上。

中国作为世界上最大的发展中国家，家庭食物浪费造成了严重的社会、经济和环境问题。随着 2020 年中国城市化率达到 60.8%，大量的城市固体废物导致中国约 2/3 的城市出现了"垃圾围城"现象。2020 年《中国统计年鉴》显示，2018 年中国收集和转运城市生活垃圾超过 2.28 亿吨，城市生活垃圾总量较 10 年前增长 47.8%。虽然城市固体废物同时也包括木材废料、纸制品和纺织品，但居民食物垃圾占城市固体废物总量的比例最高。不同的研究发现，中国城市生活垃圾中，居民食物垃圾占比达到了城市生活垃圾的约 51.1% ～ 74.63%，按目前居民食物垃圾每年以 10% 的增长速度，家庭餐厨垃圾将成为环境治理重点关注的问题之一。目前，我国食品消费者对于低碳食品的观念较为薄弱，主要体现为低碳食品相关知识匮乏、对食品消费碳足迹的关注度较低以及缺少低碳食品消费渠道。一方面，个人和家庭对于食品消费产生的环境影响相比其他能源相关行为更不敏感，消费者容易混淆或低估食品消费对于气候变化的影响。同时，对食物产品标签、食品法规以及环境标准等知识的认知缺乏导致消费者没有意愿在食品消费各环节中降低碳足迹。另一方面，由于缺少促进低碳食品行为的环境与配套设施，部分消费者难以实践低碳食品消费。例如，垃圾分类回收桶、可降解购物袋、动物蛋白替代品等由商户、政府或社区提供的基础设施缺失将导致消费者无法履行相应的环保义务。

（3）新冠疫情外生冲击改变居民食品消费模式，食品安全信任危机与供应链中断导致全球食品低碳合作停滞。过去 20 年间，瘦肉精、地沟油、三聚氰胺奶粉等重大食品安全事件的曝光使得我国消费者对于国产食品安全产生疑虑。因此，食品安全问题一直是中国食品消费者选择食品的首要关注点。由于频繁的食品造假事件降低了公众对国产食品的整体信任度，中国消费者出于食品安全的考虑转向消费更多的进口食品。而新冠疫情的暴发赋予了食品安全新的意义，并同时在一定程度上扭转了我国消费者的食品选择偏好，这种变化在中国尤为明显。2019 年 12 月，全球新冠疫情暴发，食品一度被认为是传染病毒的重要来源之一。由于各国防疫政策的差异，进口食品在我国被认为是重点防控的对象。一方面，因为存在传播疫情的可能，我国消费者对于进口食品的安全性产生了怀疑。另一方面，由于政府对于进口食品的监管力度加大，食品进出口运转的周期加长，食品贸易供应链的中断也导致我国在全球低碳食品供应链中的发展停滞。将生产效率高的食品从较发达地区运输到欠发达地区，国际食品贸易在全球范围内促进了营养转型、粮食安全和环境保护。过去，政治和经济因素是影响国家食品贸易政策的主要原因。例如，关税、非关税措施（NTM）及食品主权运动给全球食品自由贸易设置了障碍。在后疫情时期，随着国际食品贸易逐渐恢复常态，食品在国际运输中产生的碳排放也需要得到更多的关注。

（4）食品行业碳减排缺乏相关法规政策的支持和标准的制定。目前，针对食品行业碳减排的法规较少，无法有效地在整体食品产业链中激发消费者和企业降低碳排放的动力。中国食品行业的碳减排政策始于"十二五"规划。《"十二五"节能减排综合性工作方案》首次明确表示，将推进食品加工等食品制造业的节能减排作为"十二五"规划期间的重要任务。此后，中国农业部和生态环境部等八部门在 2016 年 4 月以及 2018 年 5 月分别出台了《全国绿色食品产业发展规划纲要（2016—2020 年）》和《关于开展供应链创新与应用试点的通知》，《纲要》和《通知》中定义了绿色食品的标准和推进食品绿色包装、绿色物流和发展可持续的食品系统。在消费侧，2021 年 4 月通过的《反食品浪费法》标志着食品行业在个人层面节能减排法规实施落地。但是，中国缺乏的是针对"碳中和"概念食品的认定和核算。随着"双碳"目标的提出，"零碳"或"负排放"等食品标签层出不穷。但截至目前，仍然没有一个统一的认证过程或标准。同时，农业、食品制造与加工企业以及零售商的碳核算标准也缺少相关的理论和框架支撑。在食品行业碳减排政策实施之前，计算食品在全生命周期中的环境影响是首要问题。进一步而言，食品行业不同阶段产生环境影响的责任归属需要政府政策去区分和规范化。

（5）针对食品行业可持续发展的补贴不足且模式单一，导致食品企业缺乏主动减排的意愿。在中国，食品行业过去的补贴主要来自上游农业生产及辅助产品。粮食直接补贴、农业保险补贴以及化肥制造用电补贴等惠农政策保障了农户的利益，同时也刺激了食品行业的生产。但是，食品行业缺乏针对生态及环境保护的补贴，尤其是针对食品加工与制造工艺以及下游零售阶段低碳转型的补贴。一方面，食品企业需要财政补贴进行低碳转型。低碳转型会增加企业的负担，食品企业需要支付额外的成本或者研发投入进行脱碳，这对于在食品产业链上碳强度较低或者能耗较低的企业来说，本身就是缺乏经济性的。另一方面，低碳食品或者绿色食品对社会、经济和环境的发展具有正外部性。而政府是正外部性的受益人，所以政府应该主动帮扶小微食品企业完成低碳转型，提供针对食品行业全链条低碳生产的专项财政补贴，借助金融工具降低食品企业低碳转型成本，建立消费者和食品企业环保相关的联系。

5.1.3　中国食品消费低碳发展的相关建议

（1）借鉴发达国家的低碳食品贸易策略，基于我国食品消费转型与国家粮食安全的现实明确食品行业消费侧减排路径。我国以粮食安全为首要目的的政策方针短时间不会改变，同时食品消费结构转型也同样不可忽视。因此，我国应效仿发达国家建立绿色低碳食品相关的法律法规、衡量标准和贸易机制。一方面，对于进口食品含碳量与食品来源国碳排放限制进行评估与核算，严格限制进口食品进入我国消费市场的环境影响。另一方面，政府需要为本土食品行业技术发展提供资金与平台支持，加速我国食品生产过程低碳发展向发达国家靠拢。同时借鉴欧盟提出的碳边境调节机制，对排放较高或者环境规制较为宽松地区的食品进口征收税款。通过同步降低本土和进口食品消费的碳足迹，打造中国特色的全球绿色低碳食品产业链。此外，中国应效仿国外碳市场的运行，逐步扩大中国碳市场覆盖行业的范围，尽早将农业生产、食品制造与加工、食品零售等食品相关行业全部纳入成为可进行交易的对象。

（2）结合平衡膳食和低碳饮食，倡导塑造环保的食品消费观。随着消费者收入的增高以及食品多样性的增加，中国的食品摄入朝着不均衡的方向发展。从环境角度来说，一方面，以谷物为主的主食、肉类以及食用油等高碳食品远超正常摄入的标准。另一方面，隐含碳较低的水果蔬菜摄入明显过少，且有明显的城乡差异。随着我国食品消费结构逐渐转型为以高糖、高蛋白质、高脂肪为主的动物性食品消费，心血管疾病的发病率、肥胖率以及食品的生命周期碳排放都有大幅提升。居民的健康膳食和低碳饮食不约而同地要求饮食结构转向蔬菜水果等食物，并减少摄入主食、红肉 (牛肉、猪肉) 等含碳量过高的食物。因此，倡导以增加水果和蔬菜消费为核心的健康膳食不但能够促进全民健康，同时能够为消费者低碳食品行为提供转型基础。政府应通过媒体宣传以及社区服务传播低碳饮食对于社会、经济、公共卫生的好处。同时，相关的教育与知识普及应被推广，提升公众低碳食品意识。

（3）为公众提供食品低碳消费环境，基础设施建设助力食品行业碳减排。在公众环保意识与知识水平提升后，消费者需要合适的环境进行低碳行为实践。这需要部署大量基础设施以便利消费者的环保食品行为。国家层面应从购买、储存、垃圾回收等各种食品消费场景中提供帮助。如今消费者购买食品的途径与渠道多样化，政府可以通过可降解包装、可回收餐具、明确的碳标签等方面入手，为消费者在食品购买中提供直观的低碳选择。此外，垃圾分类回收桶和环保垃圾袋等设施也能够有效帮助居民进行食品垃圾分类活动。

（4）加速落地具体的低碳食品生产与消费相关法规，政策配套串联企业和个人实现食品行业碳中和愿景。一方面，中国食品行业需要在可依靠的法规和文件指导下开展低碳生产与运营，这要求政府出台食品企业相关碳核算的计算方法以及在食品加工、包装、运输以及零售的各个生产阶段提供更为具体的排放标准及要求。同时，食品行业在生产侧需要明确碳排放等环境影响的责任界限。另一方面，消费侧的政策法规应延续《反食品浪费法》的势头，规范消费者低碳食品相关行为，从食品购买、饮食习惯、食品贮存、食物外卖、垃圾分类等多个方面着手为消费者的个人碳中和提供指导和建议。目前消费侧有关减少食品浪费的政策与法规仍然着重于食品的供应商、销售商以及事业单位上，并没有过多地从规范消费者的角度设置法规与政策。未来，中国应效法《生活垃圾分类制度实施方案》，持续在居民消费的过程中提出具体及强制性的措施，从源头降低食品消费产生的碳排放。

（5）借助激励性政策提升食品企业低碳转型意愿。从碳排放的角度来说，总量管控和碳排放交易是两种主要控制污染物的政策性方法。但是，目前中国食品行业内部及其前后一体化的程度较低，农户、食品制造加工以及下游的食品零售业的联系不够紧密，所以实施食品全产业链的行政命令式的总量控制的现实意义较小。而市场型的碳排放交易将能够刺激食品制造企业和大型农业企业进行低碳转型。因此，未来中国应该加速完善碳市场的机制建设，扩大碳市场交易对象的范围，尽快将农业、食品制造业和下游食品零售业纳入碳市场的交易框架。对于农户和小型食品企业而言，除了生产侧排放强度的要求之外，激励性政策也能够更有效地帮助企业在维持正常经营的状况下实现低碳转型。绿色低碳的食品具有正外部性的特点，对于社会、经济与环境的发展有正向的作用，但是目前低碳食品还不具备和普通食品竞争的价格优势，这主要是因为绿色有机农业和工业低碳转型存在额外的投入和成本。规模较大的食品企业还能够承受环境规制的压力且能够主动增加环保相关的研发投入，但一些较小的企业由于现金流和企业规模的限制，可能无法对低碳转型规定进行及时反应。因此，政府应该出台食品行业低碳转型的专项补贴及核算、监管等配套辅助服务。

（6）中国粮农行业需要渠道多元化的减排路径。第一，随着未来食品行业纳入碳交易机制，灵活的市场化机制将为二氧化碳提供高附加值，增强食品行业企业减排动力。第二，随着农业碳汇和林业碳汇在中国的快速发展，通过发展低碳农业和降低农业生产碳强度，未来以碳汇为标的物的碳排放权交易一方面能够实现减少农业生产过程的碳排放，还能够提升林农、食品企业、国有林场等碳汇所有者的收入。第三，随着环境、社会和公司治理（ESG）的企业评价机制逐渐在中国形成体系，未来环境、社会和公司治理的评级将成为消费者、投资者、合作伙伴以及政府对于企业形象的重要评估对象。环境、社会和公司治理的概念十分契合食品行业低碳发展的理念。食品一方面是消费者每天接触的对象，另一方面也是国家重点聚焦的民生行业。此外，将环境要素作为反映企业社会责任的一部分一方面能够主动使企业参与低碳转型发展，另一方面，环境、社会和公司治理可以提升企业形象，使得企业获得更大的竞争优势。因此，随着未来国内的环境、社会和公司治理评级逐步形成完善公正的体系并与国际评级机构接轨，消费者、投资者和企业都更加熟悉并信任环境、社会和公司治理评价体系的条件下，中国食品行业企业才有可能将环境效益作为公司践行社会责任的重要组成部分。第四，政府可以通过延伸生态补偿机制到食品产业中实现企业低碳化的财政激励。目前，生态补偿机制多用于退耕还林的补贴或者是空气质量提升的奖励。未来，生态补偿机制应该延伸到可持续农业和绿色食品制造与加工上，并将受益者的主体扩大到企业、零售商甚至消费者上。

碳市场，林业碳汇，企业环境、社会和公司治理评价体系和生态补偿机制是四种直接或间接激励食品企业进行低碳转型的灵活政策。相比总量控制或者行政命令式的减排政策，财政激励型的减排政策更有助于激励食品企业参与碳减排。但是，无论是碳市场、碳汇还是企业环境、社会和公司治理评价体系在中国都仍处于起步阶段。碳市场和碳汇目前只在特定的城市与行业进行试点交易，且食品行业尚未纳入碳市场或碳汇交易之中。同时，中国的企业环境、社会和公司治理评价体系方兴未艾，还未在全球市场中建立相应的影响力，目前能够吸引企业重视的程度远达不到减排的需求。生态补偿政策虽然在中国实施的时间跨度稍长，但其执行上的监管体系和保障机制并不完善，且生态补偿机制主要聚焦于退耕还林以及草原生态保护等方面，尚未涉及食品制造和低碳农业。

▶ 5.2　碳中和目标下中国各省森林碳汇区域发展分析

2020年中国明确提出"2030年碳达峰，2060年碳中和"的"双碳"目标。[1] 碳中和的"零排放"目标要求我们在一段时间内保持碳排放和碳消减的动态清零，因此碳抵消的机制建设就显得尤为重要。森林是自然界最大的碳库，森林碳汇的高质量发展是保证实现碳中和目标实现的重要环节。[2] 自"十二五"以后，中国将林业发展和环境保护列为重要发展规划。2021年中共中央办公厅、国务院办公厅、国家林业和草原局等部门相继发布《"十四五"林业草原保护发展规划纲要》《关于深化生态保护补偿制度改革的意见》等重要文件，对增加森林蓄积量、提高林草碳汇提出了明确要求，增加林草碳汇已成为助力实现碳达峰碳中和目标的重要一环。森林碳汇由于其成本低和分布范围广的特点，已受到我国政府的重点支持发展，但森林的碳汇能力受诸多因素影响。由于林业的自然属性较强，其碳汇能力直接受到自然资源禀赋的影响。我国森林资源分布不均，地区差异较大，有效识别各省的森林碳汇发展情况，可以为进一步完善碳汇交易机制提供一定的研究基础。本部分主要包括以下几个方面内容：（1）深入分析我国各省碳汇的发展情况，利用中国林草局发布的全国森林资源清查数据，对我国各省的碳汇量总量、分植被森林碳汇量、分类型森林碳汇量进行测算。（2）根据以上测算结果，对中国碳汇分布的空间相关性特征进行深入分析。（3）根据碳汇测算结果及空间分布特征，对我国各省碳汇发展提出有针对性的政策建议。

■ 5.2.1 中国各省森林碳汇发展成效

为查清我国森林资源的分布及数量等基本特征，了解并掌握我国森林资源现状和动态变化情况，中国国家林业局自 1973 年后发布的九次《中国森林资源清查报告》涵盖了全国所有省份的森林发展的基本情况，这为本研究进行森林碳汇系统评估提供了坚实基础。因此，笔者结合中国森林资源清查的最新数据及蓄积量法 [3]，测算了全国总体及各省森林碳汇总量及各子系统碳汇量。蓄积量法将森林碳汇分为林木碳汇、林下植物碳汇和土壤碳汇三个子系统进行分别计算，再加总求和。因此，蓄积量法能够比较系统全面地反映森林碳汇各子系统的主要情况。本部分除了对全国和各省森林碳汇总量特征进行刻画之外，还对不同植被和不同类型的森林碳汇进行了系统评估，以观察我国各省森林碳汇的差异性特征；统计的分植被森林碳汇包括乔木林、疏林地、散生木、四旁树的碳汇量；统计的森林类型按是否有人为干预分为天然林和人工林。通过对中国总体及各省森林碳汇现状的测算评估，可以发现当前碳汇发展有如下几个特点：

1. 全国森林碳汇资源总体呈稳步上升趋势，碳汇发展仍以天然林为主体

图 5.1 展示了 1984—2018 年中国碳汇量及发展变化情况。1984—2018 年，中国森林碳汇总量增长稳定且增速也在稳步提升，1984 年为 105.91 亿吨，2018 年达到 203.44 亿吨，森林碳汇总量已增长至原森林碳汇值的 2 倍左右。2018 年，各子系统（林木、林下和土壤）碳储量分别为 83.41 亿吨、16.27 亿吨和 103.76 亿吨，相较 1984 年分别增加了 39.99 亿吨、7.8 亿吨和 49.75 亿吨，各子系统森林碳汇均呈现良性的发展态势。其中，2014—2018 年的增量最为显著，第 9 次清查的碳汇量相较于第 8 次总量增加约 28 亿吨，突破以往 11 亿吨左右的均值。这与党的十八大以来将"绿水青山就是金山银山"理念进行积极实践的努力密不可分。同时，我国将生态文明建设纳入基本国策对全国生态建设与改造进行布局，也极大地促进了我国森林碳汇的快速发展，为我国此后"双碳"目标的实现奠定了扎实的基础。

从全国人工林和天然林的占比来看（图 5.2），当前森林碳汇仍然以天然林作为发展主体，2004—2008 年间，人工林碳汇占比为 14.67%，天然林碳汇占比为 85.33%。2014—2018 年间，人工林碳汇占比为 19.86%，天然林碳汇占比为 80.14%。可见中国人工造林成果显著，人工造林碳汇占比在碳汇发展中增长迅速，具有较大的碳汇发展潜力。天然林虽然在总体森林碳汇中占比呈下降趋势，但天然林碳汇总量依然在稳步上升，且仍然处于中国森林碳汇的主体地位。相较于人工林，天然林具有树种丰富、改善生态能力强但生态演替较慢的特点。因此，未来应在大力推进人工造林的同时，注重维持天然林的有效增长。

从分植被统计的森林碳汇结果来看（图 5.3），乔木林碳汇为森林碳汇主体，且增量明显，2004—2018 年我国乔木林在森林碳汇中的占比均超过 90%，且增速较为明显，疏林地、散生木、四旁树等植被的碳汇占比较小，且碳汇占比逐年下跌。可能的原因是退耕还林政策的实施，导致疏林地面积较 1984 年得到了有效下降，使得其森林碳汇量一直处于低位水平。

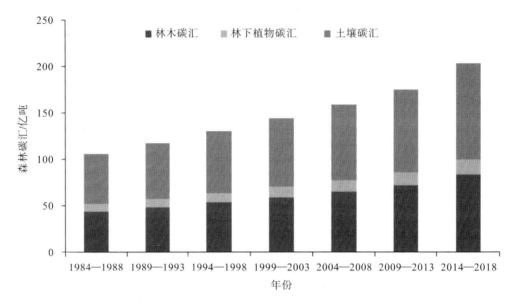

图 5.1　1984—2018 年全国森林碳汇评估

数据来源：根据现有数据计算所得。

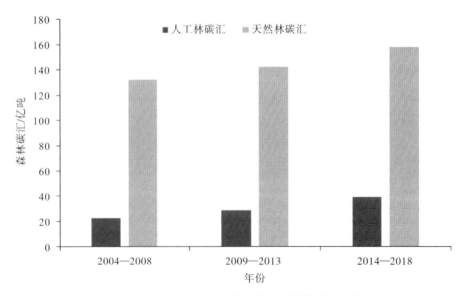

图 5.2　2004—2018 年人工林和天然林碳汇评估

数据来源：根据现有数据计算所得。

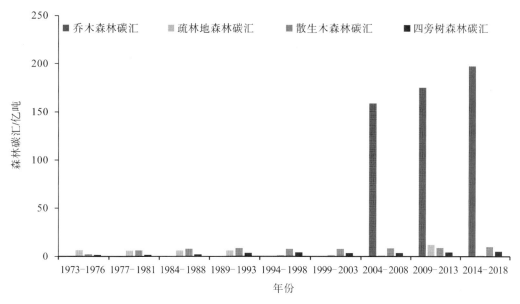

图 5.3　1984—2018 年各类森林植被碳汇评估

数据来源：根据现有数据计算所得。

2. 中国森林碳汇增量可观，"十二五"后增速提升显著

中国碳达峰和碳中和目标的提出要求大力发展森林碳汇，以促进森林固碳能力的提升。森林碳汇量的本质是一定时间内森林碳储量的增量，因而森林碳汇增量的发展对碳消纳体系的构建尤为重要。如图 5.4 所示，从碳汇增量来看，中国整体森林碳汇呈逐年增加的态势。从各子系统增量来看，林木碳汇和土壤碳汇增加幅度较大，而林下碳汇增量基本处于平缓状态。从增量的发展趋势来看，除 1977—1984 年中国森林碳汇增速下降外，自 1984 年起，中国森林碳汇增速持续走高，尤其是 2014—2018 年的碳汇相较于 2009—2013 年的森林碳汇，碳汇增速获得显著提升。这可能是由于 2011 年中国通过"十二五"规划以后，将"绿水青山就是金山银山"的理念纳入基本国策，生态文明建设和环境保护的推进对于植被破坏严重、生态地位重要的区域的碳汇增长起到了重要作用，可见短时期内实现林业的快速稳步发展主要依赖相关林业政策的推行以及配套保障措施的支持。

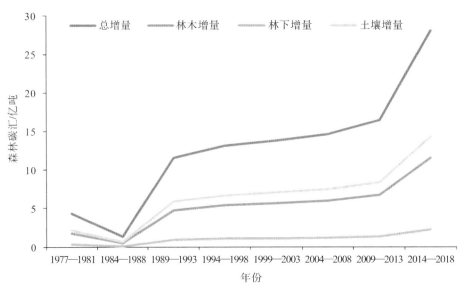

图 5.4　全国森林碳汇增量发展

数据来源：根据现有数据计算所得。

5.2.2　中国森林碳汇发展问题与困境

1. 中国省域间森林碳汇发展不平衡持续扩大，且缺绿地区森林面积增加难度变大

我国的森林资源状况一直以来都备受关注。然而，目前的情况仍然令人担忧，中国仍然是一个缺乏森林和绿色空间的国家。根据数据显示，全国宜林地面积只有 4998 万公顷，其中质量良好的仅占 12%，而质量较差的占比超过 50%。这种情况使得中国林业发展面临着一个严峻的现实，即宜林地的质量普遍不高，且集中分布在西北地区，如青海、甘肃、内蒙古等地。造林和管护的困难度也随之增加，而成本也逐渐上升。这主要是由于宜林地的质量差，造林和管护的工作艰难，需要投入更多的人力和物力资源。随着成本的增加，林业碳汇发展需要更加谨慎地考虑如何有效利用有限的资源，确保造林和管护工作的顺利进行。除了宜林地质量不佳的问题，中国的森林质量和其他国家相比也存在着较大的差距。每公顷的森林蓄积量仅为世界平均水平的 72.38%，远远低于巴西和德国，不仅无法与世界先进国家相媲美，甚至远远落后于其他发展中国家，人工林每公顷的蓄积量仅为 59.3 立方米，因此亟须采取行动以提高森林质量。

通过 1984—2018 年《中国森林资源清查报告》公布的中国 31 省份的森林蓄积量数据进行计算，得出中国 31 省的森林碳汇量。

表 5.1　1984—2018 年中国东部地区森林碳汇总量

单位：亿吨

	1984—1988	1989—1993	1994—1998	1999—2003	2004—2008	2009—2013	2014—2018
北京	0.044	0.052	0.079	0.097	0.120	0.165	0.282
天津	0.013	0.018	0.019	0.016	0.023	0.043	0.053
河北	0.502	0.608	0.689	0.754	0.970	1.248	1.592
辽宁	1.402	1.566	1.870	2.025	2.343	2.902	3.447
上海	0.001	0.001	0.003	0.004	0.012	0.022	0.052
江苏	0.080	0.094	0.100	0.265	0.406	0.750	0.816
浙江	1.021	1.096	1.289	1.336	1.995	2.512	3.257
福建	3.056	3.727	4.228	5.139	5.611	7.043	8.450
山东	0.122	0.174	0.172	0.371	0.734	1.033	1.061
广东	1.478	1.882	2.285	3.286	3.497	4.134	5.417
海南	0.674	0.660	0.766	0.834	0.843	1.032	1.777

数据来源：根据现有数据计算所得。

从表 5.1 可以看出，中国东部地区森林碳汇总量最高的省份为福建、广东、辽宁和浙江，碳汇总量分别为 8.450 亿吨、5.417 亿吨、3.447 亿吨和 3.257 亿吨。可以看出，东部地区碳汇总量较高的省份均为自然条件较好的省份，这些省份的资源优势使得省域碳汇有着较好的发展。森林碳汇总量最低的为上海、天津和北京，碳汇总量分别为 0.052 亿吨、0.053 亿吨和 0.282 亿吨。造成这一现象可能的原因是，上海、天津和北京均为我国直辖市，一方面，这些地区的虹吸效应导致了城市内人口暴增和土地价格的升高，另一方面，林业在这些城市内并非经济发展主要来源，成本高企和收益的有限性导致辖区内的造林绿化难以得到有效提升。

表 5.2　1984—2018 年中国中部地区森林碳汇总量

单位：亿吨

	1984—1988	1989—1993	1994—1998	1999—2003	2004—2008	2009—2013	2014—2018
山西	0.439	0.519	0.654	0.718	0.886	1.128	1.497
吉林	8.230	8.786	9.113	9.459	9.779	10.688	11.735
黑龙江	15.256	15.612	16.343	15.930	17.622	19.056	21.398
安徽	0.828	0.724	0.961	1.202	1.594	2.094	2.570
江西	1.952	2.096	2.584	3.766	4.580	4.731	5.870
河南	0.468	0.558	0.609	0.974	1.499	1.980	2.400
湖北	1.241	1.385	1.532	1.785	2.426	3.320	4.230
湖南	1.630	1.755	2.304	3.074	4.044	3.835	4.717

数据来源：根据现有数据计算所得。

从表 5.2 可以看出，中国中部地区森林碳汇总量最高的省份为黑龙江、吉林和江西，碳汇总量分别为 21.398 亿吨、11.735 亿吨、5.870 亿吨。森林碳汇总量最低的为山西、河南和安徽，碳汇总量分别为 1.497 亿吨、2.4 亿吨和 2.57 亿吨。

表 5.3　1984—2018 年中国西部地区森林碳汇总量

单位：亿吨

	1984—1988	1989—1993	1994—1998	1999—2003	2004—2008	2009—2013	2014—2018
内蒙古	10.023	10.389	11.372	12.762	13.638	15.586	17.691
广西	2.364	2.475	3.209	4.226	5.431	5.901	7.849
重庆	/	/	/	0.978	1.313	1.697	2.396
四川	14.748	15.122	16.755	17.325	18.487	19.463	21.560
贵州	1.251	1.088	1.628	2.062	2.781	3.484	4.539
云南	12.704	12.805	14.871	16.211	18.001	19.615	22.854
西藏	16.225	23.794	24.052	26.253	26.015	26.207	26.444
陕西	2.998	3.234	3.506	3.565	3.918	4.587	5.545
甘肃	1.994	1.912	1.993	2.028	2.243	2.485	2.918
青海	0.343	0.343	0.379	0.416	0.454	0.502	0.564
宁夏	0.063	0.067	0.068	0.046	0.057	0.077	0.097
新疆	2.123	2.266	2.943	3.248	3.487	3.899	4.544

数据来源：根据现有数据计算所得。

从表 5.3 可以看出，中国西部地区森林碳汇总量最高的省份为西藏、云南和四川，碳汇总量分别为 26.444 亿吨、22.854 亿吨、21.560 亿吨。森林碳汇总量最低的为宁夏、青海和重庆，碳汇总量分别为 0.097 亿吨、0.564 亿吨和 2.396 亿吨。

根据第九次中国森林资源清查数据，西藏、云南、四川、黑龙江和内蒙古是中国重要的森林碳汇资源大省，省域森林碳汇总量位于全国前列，这五个省份的森林碳汇总量占全国森林碳汇的比重已超过 40%，碳汇总量分别为 26.444 亿吨、22.854 亿吨、21.560 亿吨、21.398 亿吨和 17.691 亿吨。整体而言，中国东北地区和西南地区的省份是森林碳汇水平较高地区，这其中既有地理位置带来的自然环境优势的原因，也有当地财政支持的因素，一方面，东北地区水土涵养相较于其他省份具有显著优势，林业资源相对丰富。另一方面，根据《中国林业和草原统计年鉴》的相关数据，东三省地区的林业产业总产值位于全国前列，且相关科研机构和专业人员的投入也相对较大。林业产业收益扩大和投入增加的相互促进下，东三省森林碳汇形成良好发展。相对而言，上海、天津、宁夏的碳汇总量最低，分别为 0.052 亿吨、0.053 亿吨和 0.097 亿吨。造成这一现象的原因在于宁夏区位独特，自然生态系统薄弱，缺乏林业建设。并且由于历史因素造成的林业砍伐和耕地开垦，宁夏森林面积持续缩减。而上海则主要依靠服务业和金融等高端产业进行经济建设，林业经济占比较小，且当地人口与城市用地的突出矛盾使得林业发展持续处于落后水平。

根据 2019 年《中国林业和草原统计年鉴》统计数据，在碳汇发展强势的省份，例如吉林、内蒙古和四川等省份，林草机构、科技人员及林业投入均处于全国前列，资金和政策的扶持将助推森林碳汇强省进一步扩大优势。而在一些水土涵养较差、碳汇发展弱势的省份，例如，宁夏、青海、海南和上海等省（区、市），相关科研机构和林业科技人员投入也均处于全国末流位置，而投入不足也将导致这些省份的林业发展难以有所突破。一方面可能是由于经济发展较差的原因导致林业发展投入不足；另一方面可能是由于地方政府对林业发展的重视程度还不够。但无论因为何种主导因素导致当前结果，碳汇越强势的省份投入越多、弱势省份投入越少的情况必将导致我国森林碳汇不平衡发展的情况进一步加剧。面对西部省份林业投入较少、林地质量普遍不高的情况，中国西部省份进一步增加林地面积将面临造林、管护林地的成本持续走高。经济发展弱势与高额造林成本的叠加进一步限制了西部地区林业面积的增加。

2. 中国省域森林碳汇发展空间协同性差，省域合作有待加强

中国各省碳汇发展情况各异，各省份之间的林业发展水平、地形地貌、森林树种类型等方面有显著差异。然而，区域绿化目标的实现离不开临近省域间碳汇的协调发展。[4] 一方面，周围省域的土地利用方式会严重影响当地的土地质量，过度开垦或农业化肥等化学产品的使用会显著降低周围土地的森林生物量。另一方面，周围省域的森林面积、蓄积量以及自然林质量等可以显著影响当地森林的自然更新的速度和质量，从而影响当地碳汇。根据森林资源的发展特性，森林资源的发展不仅依靠省内林业区域的规划和政策支持，也依赖于相邻各省的土地涵养和林业发展。区域内共同向好的林业发展政策可以使得区域内各省林业发展达到事半功倍的效果。从目前的发展趋势来看，我国呈现出东部地区区域发展协同型好、中西部碳汇区域协同性差的格局。尽管在国家相关政策的支持下，中西部地区碳汇发展的空间差异性正在逐步缩小，这有利于中西部地区森林资源的增速进一步扩大。但就目前森林碳汇的发展情况而言，中国森林碳汇的区域发展情况并未达到理想效果。

我们对 1984—2018 年各省森林碳汇的全局 Moran's I（莫兰）指数进行测算。Moran's I 指数可以反映碳汇发展在空间上的相关性，Moran's I 显著大于 0 时，表示森林碳汇在临近空间内呈显著正相关，且 Moran's I 指数越大，碳汇发展的空间相关性越强。全局 Moran's I 指数的测算首先要确定空间权重矩阵，本部分中我们选用了地理距离矩阵来反映区域空间区域效应。其原因在于，森林碳汇的自然属性大于其他属性，森林碳汇的发展很大程度上取决于当地自然资源的丰裕程度以及水土涵养与环境保护情况，而与地方经济发展情况以及其他属性关联性较小。因此，选用地理距离矩阵更加符合森林碳汇的情况。为此，我们以各省地理几何中心构造空间权重矩阵并分别计算了东中西部省份森林碳汇全局莫兰指数，结果如表 5.4、表 5.5 和表 5.6 所示。

表 5.4　1984—2018 年中国东部地区森林碳汇全局莫兰指数

年份	Moran's I	Z 值	P 值
1984—1988	0.166	2.800	0.005
1989—1993	0.145	2.636	0.008
1994—1998	0.148	2.581	0.010
1999—2003	0.109	2.154	0.031
2004—2008	0.153	2.566	0.010
2009—2013	0.165	2.744	0.006
2014—2018	0.157	2.590	0.010

数据来源：根据现有数据计算所得。

依据前文区域划分，中国东部省份包括北京、天津、河北、辽宁、上海、江苏、浙江、福建、山东、广东和海南。从表 5.4 可以看出，东部省份间的森林碳汇总体呈现出显著的空间相关性，且相关性在此区间内表现出由高到低再到高的态势。根据我国林业区域的划分，中国南方林区位于秦岭、淮河以南，云贵高原以东，南方集体林区的森林资源丰富，生态气候条件优越，是中国重要的森林资源分布地区。南方集体林区涵盖了浙江、福建、广东、海南等省份，这些省份是东部森林资源的主要分布区域，因此东部各省的森林碳汇呈现出了较高的空间相关性。1981—1987 年，林业的"三定"改革导致各地擅自划出国有林区，林业承包责任混乱等问题，这使得南方集体林的乱砍滥伐现象日益严重，因此南方集体林遭到了严重破坏，这可能是东部地区森林碳汇空间相关性下降的重要原因。此后，2003 年《关于保护森林发展林业若干问题的决定》的颁布才逐渐使集体林区的责任认定、规范化管理、制度改革等事宜逐步步入正轨，南方集体林区的森林资源得以逐渐涵养恢复，因此集体林区的森林资源呈现出较好的协同发展趋势。

表 5.5　1984—2018 年中国中部地区森林碳汇全局莫兰指数

年份	Moran's I	Z 值	P 值
1984—1988	−0.164	−0.272	0.786
1989—1993	−0.162	−0.241	0.810
1994—1998	−0.161	−0.230	0.818
1999—2003	−0.154	−0.133	0.894

续表

年份	Moran's I	Z 值	P 值
2004—2008	−0.143	0.003	0.998
2009—2013	−0.146	−0.045	0.964
2014—2018	−0.143	−0.005	0.996

数据来源：根据现有数据计算所得。

依据前文区域划分，中国中部包括山西、吉林、黑龙江、安徽、江西、河南、湖北和湖南。从表 5.5 可以看出，中部省份间的森林碳汇呈现出非显著的空间差异性，但中部地区的全局莫兰指数呈现逐次变大的趋势，表明中部省份的碳汇发展空间差异性正在缩小。中部地区中的吉林、黑龙江属于东北地区，其天然林资源丰富，且林业产业经济效益较高，林业发展水平处于全国前列。而其余省份的林业产业相对较弱，尤其山西由于地理原因常年多旱少雨。因此，中部地区各省之间的碳汇发展主要呈现空间差异性发展，而非空间协同性发展。随着环境保护和林业发展的各项政策出台，中部省份的森林资源开始呈现逐步上升的趋势，且增速提升明显。因此中部各省森林碳汇的空间差异性开始逐步缩小。

表 5.6　1984—2018 年中国西部地区森林碳汇全局莫兰指数

年份	Moran's I	Z 值	P 值
1984—1988	−0.058	0.551	0.582
1989—1993	−0.062	0.525	0.599
1994—1998	−0.059	0.570	0.569
1999—2003	−0.062	0.512	0.609
2004—2008	−0.058	0.576	0.565
2009—2013	−0.056	0.608	0.543
2014—2018	−0.049	0.708	0.479

数据来源：根据现有数据计算所得。

依据前文区域划分，中国西部包括内蒙古、广西、重庆、四川、贵州、云南、西藏、陕西、甘肃、青海、宁夏和新疆。从表 5.6 可以看出，西部省份间的森林碳汇发展趋势与中部省份相同，尽管当前碳汇发展呈现空间负相关性，但并不显著，且区域内的碳汇发展差异正在逐步缩小。尽管中部与西部的森林碳汇均呈现空间差异性的特征，但西部地区森林资源的空间差异性显著小于中部地区。因此，从整体来说，西部地区森林碳汇的协同性发展相对而言优于中部地区。

3. 中国碳汇交易制度不健全，交易难的局面仍然存在

当前的政策制度体系在林业碳汇项目方面存在着一些不足之处。当前我国的碳交易市场一直处于试点阶段，全国统一的碳交易市场并未完全成熟。在碳交易尚未发展成熟的阶段，林业碳汇项目在全国碳市场中的地位相对较低，当前的碳交易市场主要以碳排放配额为交易产品，而 CCER 抵消额度在整个交易市场中只占配额的 5%。这表明在碳市场中，林业自愿减排项目的地位和份额相对较低，缺乏相应的政策支持和激励措施，这使得林业企业对于参与碳市场的积极性不高，导致林业碳汇项目的推进进展缓慢。这一情况反映出当前碳交易市场对林业碳汇项目的重视程度不高，缺乏对其潜力和价值的充分认知。相应的，中国对于林业碳汇参与碳交易仍然缺乏相应的政策体系，国家层面指导性意见的缺乏使得林业碳汇参与碳交易市场难上加难。

碳交易机制创建以来，林业碳汇一直存在项目核证难的问题。根据温室气体自愿减排项目审定与核证指南的要求，林业碳汇的项目流程耗时长，大约需要近 1 年的时间才能完成。此外，一般项目每 5 年才能签发一次。这是因为项目的审定和核证过程中存在许多步骤和环节，这些步骤和环节比较烦琐，使得整个项目的开发时间拉长。此外，方法学中的内容也过于严格和复杂，增加了项目开发的难度和成本。另外，项目管理要求也相对较高，需要确保项目的减排量能够真实可靠地被监测和核证。这些要求也进一步拉高了项目的成本，导致项目开发的难度变大。在缺乏国家政策支持和完善的配套体系下，运营碳汇项目的收益甚至难以覆盖项目的开发成本。

5.2.3 助推中国森林碳汇中长期发展的有关建议

（1）稳步推进森林碳汇增长，助力 2060 碳中和目标实现。2060 碳中和目标的实现除了积极发展光伏、风电、CCUS 等技术以促进传统能源替代，进而实现碳减排外，构建合理的固碳及碳消纳系统对于碳中和目标的实现同样尤为重要。从全国碳汇的发展历程来看，1984—2018 年中国森林碳汇总量呈现稳定上升趋势，1984 年中国森林碳汇105.91 亿吨，2018 年达到 203.44 亿吨，森林碳汇增长了 97.53 亿吨，增幅为 92.09%。1984 年中国东部、中部和西部地区森林碳汇总量分别为 8.393 亿吨、30.044 亿吨和64.837 亿吨，2018 年中国东部、中部和西部地区森林碳汇总量为 26.204 亿吨、54.418亿吨和 117.001 亿吨。可见中国森林碳汇呈现稳步上升趋势，且近年来森林碳汇增速明显。自 1984 年颁布《中华人民共和国森林法》后，中国共出台 258 个促进林业发展的相关政策。人工造林和政策干预对中国森林碳汇提升的作用明显。随着全球二氧化碳过度排放带来环境问题加剧，植树造林在 2009 年后进一步成为全球的热点话题。中国于 2009 年颁布的《应对气候变化林业行动计划》也正式将林业发展列入应对气候危机

的重要位置，且相关举措为人工造林的发展带来有效助力。中国幅员辽阔，经济发展落后省份的森林碳汇发展成本低且可带来可观的经济收益，森林覆盖率仍有较大的提升空间。根据当前已有的成功经验及未来森林碳汇的发展空间，中国应进一步规范林业发展，加大林业政策支持，为实现 2060 碳中和目标提供有力保障。

（2）关注区域间碳汇发展差距，制定差异化发展政策。从森林碳汇量来看，地区分布差异较大。中国西部地区森林碳汇量较高，其固碳成本也相对较低。相对而言，北京市、天津市、上海市等省（区、市）的森林碳汇量不高，而其固碳成本又相对较高。针对碳中和低碳经济发展目标，全国应针对各省林业发展情况制定适宜当地发展的绿化支持政策，如在东北和西南等林业产业发达的省份加大人工造林补贴力度，推进森林覆盖率进一步提升；在宁夏、甘肃等自然条件较差的省份则以稳定生态系统为主，逐步修复水土流失、沙漠化等问题，支持政策以草地碳汇发展为主。根据经济发展水平的差异，建立各区域协调配合政策系统以助力碳中和目标实现，如东部沿海地区鼓励低碳技术发展及绿色金融培育，促进新能源企业在光伏、风电等清洁能源领域的技术突破，从而达到降碳目标。而在西北、西南地区鼓励生态涵养及人工造林等技术的发展，从而进一步扩大绿化面积，为碳中和目标的实现提供碳消纳来源。

（3）关注碳汇发展的区域协同性治理，鼓励加强省域间造林合作。由于森林碳汇的自然属性较高，相邻省域间的森林碳汇往往表现出较高的空间相关性，相邻省域的碳汇发展一定程度上可以影响本地的发展情况。因此，省域的碳汇能力的提高离不开区域间财政政策的合作，中央政府应鼓励加强相邻区域间的造林及涵养水土的政策合作，树立省域间合作共赢的发展观念。此外，中央政府应出台相应的财政联合补贴政策，给予省域林业发展资金的合作导向，鼓励省域间积极联合财政支持，充分利用碳汇的空间溢出效应，达到"1+1＞2"的政策效果，以实现区域碳汇能力共同发展。

（4）立足本国国情，完善碳汇交易制度建设。碳中和目标的实现离不开碳减排与碳消纳的互相配合发展。碳中和的本质是碳排放与碳吸收的相互抵消，因此完善碳汇交易制度，将碳汇交易纳入当前碳交易市场是实现碳中和的必经之路。碳中和目标实现必须构建全国统一的碳交易市场，促进各地区减碳手段的相互配合。首先，应明确全国统一的碳汇计量方法，明确碳汇项目核定范围，缩短碳汇项目核准周期，简化碳汇项目核准流程，为碳汇市场规范化建立提供基本保障。其次，促进全国碳市场建立。由国有林场和国有企业牵头参与碳汇交易市场，完善碳市场交易制度，提高碳汇交易补贴，降低市场准入门槛，为全面开展市场交易积累经验。最后，完善相关金融支持政策。开发设计林业碳汇相关金融产品，为林业碳汇项目投融资提供资金支持。

▶ 5.3 环境保护税如何合理收支?

尽管中国较早地认识到财政税收政策在环境保护和生态文明建设过程中的重要作用,但相应的绿色财税体系法制化、制度化进程还比较缓慢。随着财税体制改革纵向推进,深化税收制度改革、构建新型央地政府间财政关系成为财税部门和各级政府精准施策的重点。2022 年 5 月,财政部发布的《财政支持做好碳达峰碳中和工作的意见》中明确指出发挥税收政策激励约束作用,更好地发挥税收对市场主体绿色低碳发展的促进作用。其中,环境保护税作为针对节能减排的特定税种,在实现碳达峰、碳中和目标以及促进经济社会绿色高质量发展的过程中具有特殊重要意义。中国的环境保护税是从 2018 年 1 月 1 日起正式实施,自开征与实施以来受到了学术界和决策部门的广泛关注。必须承认的是,环境保护税的绿色效应十分明显,对于居民、企业具有重要的激励和促进作用。然而,相对于增值税、个人所得税、资源税等传统税种,环境保护税作为新开征且发展历程不久的税收,在具体的执行与改革过程中也存在一些现实困境及挑战。特别是在当前经济下行压力持续加大、国内外经济形势严峻的多重复杂环境下,无论是企业的节能减排还是居民的绿色生活都出现许多新的变化,加快构建适应新发展理念的环境保护税十分必要。

■5.3.1 环境保护税的历史意义

(1)气候变化背景下遏制温室气体排放已经成为世界各国的共识。随着资源环境问题不断加剧,空气污染、水污染、气候变暖等问题已经威胁到了人类的生存与发展,并间接导致庞大的医疗卫生支出。近年来,资源环境事件频发使得能源安全和环境风险等新的挑战不断涌现,自然灾害所造成的巨大损失也不可挽回。如何在维持全球经济增长的同时降低能源环境压力是可持续发展的必经之路。值得注意的是,全球经济不平衡进一步放大了资源环境风险并恶化全球生态环境状况。一方面,发达国家不断将本国的落后产业、污染产业转移到发展中国家,为本国的产业结构调整和能源结构优化奠定基础。另一方面,发展中国家正处于工业化、城镇化的重要阶段,一些国家经济水平较低、产业基础比较薄弱,但依靠本国丰富的劳动力资源、土地资源,积极吸收来自发达国家的落后产业,实现本国经济的跨越式发展。在这个过程中,一些国家被迫降低环境规制的标准,并出台一系列配套政策来支持一些中低端产业发展,使得能源消耗和环境污染不断加剧。不得不承认的是,对于欠发达国家而言，采取这种粗放式的发展模式固然有利于短期内夯实经济结构和产业基础，但从长远来看必然不利于经济可持续发展，并直接影响到全球环境保护和应对气候变化的进程与效果。

（2）从全球环境治理和应对气候变化的历史进程来看，各国解决资源环境问题的方式和工具多种多样。不少国家充分结合本国的实际情况并利用金融、财税、法律等手段来治理生态环境问题，并衍生出了一系列富有针对性和创新性的政策工具。中国自改革开放以来经济增长取得了举世瞩目的成就，但相应的资源环境问题极大程度上影响了经济发展的质量和效率，损失了社会福利和公众健康。中国经济发展带来的各种环境问题已经引起公众和决策部门的高度重视，环境治理体系也在经济增长过程中不断健全和完善，关于环境治理和生态保护的综合制度框架正在逐步建立起来。然而，由于过去几十年的发展和增长使得中国付出了较大的资源环境代价，节能减排的压力比较大，能源环境问题的存量不少、增量仍有发生。不得不承认的是，中国仍然是发展中的大国，当前及今后很长一段时间内，经济发展、民生改善、基础设施建设依然是经济工作的重点与核心，而这些物质资本积累以及公共服务均离不开资源投入、能源消耗，并不可避免地产生污染排放和生态破坏。"双碳"目标背景下中国经济发展必须尽可能实现与化石能源消费和能源电力需求增长脱钩[5]。加快推进生态文明建设以及实现碳达峰、碳中和需要多元化的财税、金融等政策工具进行支撑，为中国经济绿色高质量发展提供有力的政策支持。

（3）从研究意义的角度看，构建科学管用的环境保护税制度具有重要的理论与实践价值。一方面，环境保护税有利于矫正污染的外部性，是各国政府环境治理和可持续发展的有效政策工具。[6][7]中国的环境保护税相对于西方发达国家的开征时间较晚，研究环境保护税有利于健全中国的财税制度框架、强化财政和税收支持"双碳"目标和生态文明建设的重要作用，能够为构建绿色财税体系提供必要的支撑，也为丰富相关的财税理论与实践提供了重要的依据。另一方面，在中国全面推进碳达峰、碳中和的进程中，环境保护税不仅有助于激发企业和个人节能减排的积极性，促进更多的绿色创新产品发展，提升区域绿色高质量发展的综合实力，也有助于优化经济结构，充分发挥政府和市场在绿色发展中的重要作用。有鉴于此，有必要深入分析环境保护税的发展现状、支出效果以及可能存在的问题，并提出相应的对策建议，从而更好地发挥环境保护税的积极作用。下面结合环境保护税的发展历程及综合背景，全面剖析新形势下环境保护税征收和支出过程中可能存在的问题及挑战，归纳整理环境保护税发展的经验，并据此提出一些有针对性的建议。

■5.3.2 环境保护税的发展历程

长期以来，发达国家较早地关注到财税、金融等政策工具在实现一国和地区节能减排、绿色经济发展中的重要作用，并尝试将市场调节和政策约束有效结合，尤其是通过必要的财税政策对经济发展、企业生产以及居民生活产生的资源环境成本进行补偿，从而激励企业改进生产技术，增强居民的环境保护意识，促进生态环境朝着绿色低碳方向发展。从环境保护的制度设计和发展历程上看，西方发达国家的环境保护税的理论与实践较早，早在20世纪70年代，以美国为代表的发达国家便开始征收环境保护税及相关税收，并在20世纪80年代以来环境保护税逐渐成为世界各国治理环境和经济管理的重要方式，形成了比较成熟的环境保护税制度和征收体系。因此，环保税在经济管理、节能减排和宏观调控方面的作用越来越重要。在这个过程中，不少国家充分结合国家和区域的发展实际，不断深化和改革本国的环境保护税制度，出台和发展了不少具体的环境保护税税种，比如日本的能源税、美国的二氧化硫税、意大利的废物垃圾处置税等，这些税收的设置客观上为各国政府积极构建环境保护税制度提供了必要的参考依据。

显然，环境保护税的根本目的并不是简单地扩大税基和增加财政收入，其本质还是希望改善环境质量和减少污染排放。相比于我国以煤炭为主的能源消费结构，西方发达国家主要是以石油和天然气为主，这种特定的能源消费结构迫使西方发达国家必须给予可再生能源发展足够的财税政策优惠，并在化石能源行业和高耗能、高污染企业设置较高的税率，平衡化石能源和可再生能源发展的税收空间，提高化石能源及相关污染企业的资源税收，引导能源消费结构和产业结构绿色低碳转型。例如，2022年美国为清洁氢生产提供每公斤3美元的税收抵免，加拿大也积极出台能源税投资减免政策，为清洁能源技术发展提供税收支持。这些节能减排和环境保护方面的税收激励方式无疑会优化发达国家的能源消费结构和经济发展方式，促进清洁能源发展。不仅如此，污染税等环境保护税也在能源税的发展过程中得到充分重视，针对污染物的专项税收机制也在不断优化。发达国家的污染税的征收对象和范围比较广泛，不仅包括空气、废水、固体废弃物等污染物，还包括化学品、农药等产品。例如，美国决定从2024年开始向甲烷排放进行征税，英国已经开始对垃圾填埋和垃圾桶进行征税。这些举措有利于进一步控制环境污染物的排放，改善生态环境质量。

中国的环保税制度也在世界环保税发展潮流中应运而生，成为财税体系和税种改革的重要补充，对中国生态文明建设和绿色发展起到了不可忽视的重要作用。然而，中国的环境保护税的发展历史相对于西方发达国家较晚，市场化程度和运行质量相对较低，环境保护税对生态文明建设的激励效应和促进作用还没有完全显现出来。很显然，中国的环境保护税的征收、管理和开支是一个复杂的系统性过程，涉及环境保护税的税额、征收对象、日常管理和监督以及支出结构等，既要将工作重心放在环境保护和节能减排方面，也要兼顾企业生产、居民生活以及经济社会发展的方方面面，充分发挥税收的节能减排效应。然而，不合理的环境保护税收支方式不仅会加剧企业和居民负担，削弱其固有的节能减排效应，更会影响到绿色税收体系的构建与完善。

更重要的是，中央政府从制度和体制机制的角度进一步健全环境保护税体系，2016 年 12 月，全国人大通过了《中华人民共和国环境保护税法》，决定在 2018 年 1 月 1 日正式开始实行，环境保护税法治化进程日益加快，顺利推动了排污费向环境保护税的过渡和转移，成为中国绿色低碳发展和生态文明建设的重要制度保障。随着碳达峰、碳中和战略的提出，环境保护税将会发挥越来越突出的作用。然而，环境保护税的实践过程中还出现或存在一些亟待解决的必要问题，如征管范围狭窄、主管部门协作沟通不够顺畅等，直接影响到了环境保护税的实施效果和运行效率。事实上，环境保护税所存在的问题或者缺陷既有税收征管和税种不够健全方面的原因，更有制度设计不合理以及体制机制不完善方面的深层次因素。有必要进一步结合环境保护税的实践过程和现有的制度框架、相关文件，深入分析其中可能存在的问题和挑战，从而加快完善环境保护税的制度设计，推动环境保护税的完善与健全。

■ 5.3.3　环境保护税合理收支的问题分析

（1）环境保护税的征收对象不够全面和清晰，收支不平衡。由于环境保护税是从排污费收入发展和演化过来的新税种，其征管对象主要根据原有的排污费进行设计，主要包括大气污染物、水污染物、固体废物和噪声污染，征收对象相对有限，对于其他污染物的限制和抑制效应不强。虽然环境保护税所针对的四大污染物类型详细包括了具体的子税种，但显然没有将全部的污染物纳入征收范围，这就使得部分环境污染物及类似的产品获得了一定的排放空间，可能会加剧一定的环境污染现象。例如，环境保护税未将二氧化碳纳入监管和规制对象。同时，环境保护税将工业噪声纳入到了监管和税收体系中，但不包括交通噪声、生活噪声、建筑噪声等。随着工业化、城镇化以及各种类型的基础设施发展，相关的噪声污染可能会越来越多，从而影响到人民群众的生活。因此，有必要将更多的污染物纳入环境保护税的管理范围，但现行的环境保护税的征收对象不够明确和完整，很大程度上影响到环境保护税的效果。同时，从表 5.7 可以发现，自环保税开征以来，环境保护税的总体收入相对不高，而相应的节能环保支出却十分庞大。之所以出现这种情况，是由于在排污费向环境保护税的制度衔接过程中，未能充分把握排污费和环境保护税之间的差别以及环境污染的实际情况，而排污费中相关征税对象及范围基本上是直接转化为了环境保护税的纳税主体。从这个角度看，环境保护费改税只是一种简单的平移，导致改革创新不够彻底。

表5.7　各省份总体环境保护税收入和节能环保支出

单位：亿元

年份	2018	2019	2020	2021
环境保护税	151.38	221.16	207.05	203.27
节能环保支出	5870.05	6969.01	5989.17	5251.35

数据来源：中国统计年鉴。

（2）环境保护"费改税"后跨部门协作难题接踵而至。无论是环境保护税的收入与支出，都离不开多部门的分工协作。此前，生态环境部门负责排污费的征收和管理，有关排污费征收的各个环节均由一个部门处置，一定程度上有助于集中决策和提高管理效率。《环境保护税法》将传统的排污费从只具备行政效力的法规提升为法定的具体税收，并明确规定了环境保护税的征收部门及主体，基本形成了税收部门—环境部门的多重主体跨部门征收模式，多部门各司其职又相互协调、相互配合。在此基础上，生态环境部门负责对环境污染事件及具体的污染物进行核算和定性，税务部门主管具体税收的征收以及日常管理，确保环境保护税款及时足额入库。在征收环境保护税之后，地方政府可以自主决定环境保护税的用途和支出。《环境保护税法》明确指出，县级以上政府应建立生态环境部门、税务部门和其他相关单位分工协作的运行机制。从理论和实践上说，税务部门必须与生态环境部门统筹协调、高度协作，才能真正推动环境保护税的征收与支出工作顺利开展、落地见效。尽管税务部门同生态环境部门在环境保护税的征收与核算过程中存在一些合作空间，但在具体操作中，两个部门的主责和职能工作依然存在巨大的差异，而且在行政级别上没有上下级的领导关系，由于缺乏必要的制度激励，因此相互独立。值得注意的是，无论是环境保护税的统计核算、具体定性还是税收的征管，都具有很强的专业性，相关的程序和细节工作也比较复杂，需要生态环境部门和税收部门以及其他相关部门的专业支撑，各部门之间的紧密配合与分工协作是环境保护税有效征管的组织保障。

（3）现有的环境保护税政策不够科学，节能减排激励作用没有得到有效发挥。首先，企业节能减排可以享受到一些税收优惠政策，如税收减免等。在这个过程中，企业可能会不断改进生产技术，提高环境标准和绿色工艺的水平。然而，企业更新设备、改良技术以及增加污染治理投入也需要付出一定的成本，牺牲一定的经济效益。企业享受到的税收优惠如果低于其节能减排的成本，企业主动减排的积极性不会太高。因此，环境保护税率可能需要达到一定的水平才能够激发企业节能减排的积极性和主动性。2018 年，中国的环境保护税收入为 151 亿元，2021 年这一数字上涨到 203 亿元。然而，我国的环境保护税税率偏低，税收规模相对于其他大额税种而言还比较小。综合考虑企业污染的负外部性以及环境保护的重要性，环境保护税的规模和税率还可以进一步提升。更重要的是，环境保护税的税率实行浮动税率，而且不同地区的浮动税率差异较大。一般而言，西部地区环保税税额标准较低，北京、上海、天津、江苏等省市环保税税额较高，环保税税率的差异反映了不同地区在环境保护税的征收和管理上具有一定的策略性互动，而较大的税额和税率差异可能导致高耗能、高污染企业为了降低生产和排污成本而转移到环境标准较低的地区，使得整体的环境福利受损。值得注意的是，中西部地区仍处于经济增长和城镇化加速阶段，经济发展需求和压力比较大，基础设施和公共服务水平亟待完善，较低的环境保护税税率虽然有利于承接来自东部地区和发达城市的产业，增加区域企业的生产性投资，但会牺牲一定的环境质量。

5.3.4　推进环境保护税合理收支的建议

为了更好地推动环境保护税适应新形势的要求与任务，从而服务于生态文明建设和碳达峰、碳中和战略目标，有必要加快推动环境保护税改革与创新。

（1）环境保护税收支应该平衡，不断优化环境保护税支出结构。当前的环境保护税征收体系存在一些问题，如征收对象和范围不够全面、征收程序不够规范等，既影响了环境保护税的支出效果，在一定程度上减少了环境保护税的收入，也降低了环境保护税的支出效率。然而，由于中国的环境污染存量比较大，高耗能、高污染产业比较多，一些地区的环境保护税及其相关税费收入依然十分可观，如果相关的税收收入能够用于扶持绿色产业发展和节能减排，无疑有助于推动中国经济绿色低碳转型。但现有的环境保护税可能并没有完全用于环境保护支出，一些税费可能投入基础设施、城市建设等领域，从而对绿色经济发展产生不利影响。基于此，必须统筹规划环境保护税的支出方式及结构，在程序、方向及配套政策等方面给予足够的保障，推动环境保护税真正投入节能减排及"双碳"目标工作中。一方面，环境保护税的征收范围应该更加广泛，如将化学品、噪声、垃圾填埋等污染物纳入征收和监管范围，不断拓展税源和税基，缓解监管缺失造成的生态破坏，从而增加环境保护税的税收收入。另一方面，制定科学有效的监管标准，完善企业和居民污染物排放的统计工作，加强污染物的产生、排放、处理以及转运情况的调查，建立健全污染排放的核算方法，探索构建企业、居民等各个主体的数据库，为环境保护税的征收奠定坚实的数据基础。

（2）加强不同部门之间的分工协作，提高环境保护税的收支效率。环境保护税的征收、支出和管理牵扯到多个部门如生态环境部门、财政部门和税收部门等，不同部门的职能及责任大相径庭。值得注意的是，这几个部门在行政地位上完全相同，所以分工协作的过程中可能缺乏执行力。因此，有必要加强自上而下的约束和激励。不同部门之间针对环境保护税的支出和管理可以直接建立相应的环境保护税领导小组，由上一级分管财政、税收的领导干部担任组长，统筹调动各个部门协作分工的积极性和主动性。同时，必须从法律法规上明确各个职能单位的责任与权限，相关的《环境保护税法》《税收征管法》以及相应的地方法规条例应该明晰具体的征收、开支和管理程序，促进各个部门之间相互协调、相互合作，确保税收机关、环保部门都能高效履行自身的法定职责。考虑到环境保护税的支出需要较强的专业背景支撑，有必要加强对不同部门的工作人员的培训交流，提升专业本领。环保部门可以及时向税务机关提供必要的数据、资料作为支撑，税务机关可以向环保部门反馈具体的税收情况，提升不同部门的协作治理能力。

（3）制定差异化的税收征收和支出方式，满足不同地区的经济发展需求。各地区必须充分结合本地区的经济发展特点和生态环境状况，考虑资源环境承载力、产业基础以及财政压力来制定和实施有针对性的税收优惠政策。一方面，东部地区和发达城市有着丰富的税源和财政基础，经济发展质量较高，经济增长方式倾向于低碳和清洁，环境保护力度也比较高，所以税务机关和生态环境部门要联合制定和实施科学的环境保护税制度，在经济高质量发展的同时协调环境保护，一体推进经济高质量发展和生态文明建设协同发展。另一方面，中西部地区和欠发达城市经济基础和产业结构还比较薄弱，工业化、城镇化正处于加速发展阶段，经济社会的加速发展可能会给本就脆弱的生态环境造成巨大的压力。中西部省份和欠发达城市要出台科学的环境保护优惠政策，既能引导企业通过绿色创新、工艺更新、设备升级等方式实现节能减排，又不影响企业生产和产业发展。在这个过程中，各级政府要尽力减轻企业的税收负担，做好相关税收和财政政策的衔接，出台一揽子政策来倒逼企业绿色转型升级，促进企业高质量发展。

（4）环境保护税的支出结构和方式应趋于合理，专税专用。随着政府对环境保护和节能减排的重视程度不断提升，环境保护税收入可能越来越多，必须优化环境保护税的支出结构，促进环境保护税更多用于绿色低碳发展。事实上，由于地方政府用于环境支出和节能减排的税收数额较大，而且中国情境下环境分权和财政分权的体制使得地方政府成为环境保护的主体，所以地方政府需要得到必要的资金补偿。中央政府应统筹考虑环境保护税及其相关税种的角色和作用，合理使用环境保护税收入。一方面，构建环境保护税的公共预算制度、基金账户、专项收费等，不仅直接将环境保护税相关的税收收入纳入公共财政预算收入体系，并投入节能减排、产业升级、绿色创新等低碳发展领域，而且对其他一些环境保护税的收入建立必要的资金池或者账户，也能提升资金使用效率。另一方面，在环境保护税的央地划分方面，中央政府应统筹考虑各地区经济发展的不平衡以及环境保护压力，系统安排环境保护税的分成比例，并加强监管和追踪。

▶ 5.4　充分发挥水环境治理的减污降碳效应

2022 年 6 月 10 日，生态环境部印发《减污降碳协同增效实施方案》，《方案》强调了增强污染防治与碳排放治理的有机衔接，明确提出了推进水环境治理环节的碳排放协同控制，以期达成环境效益、气候效益、经济效益的共赢。水环境是当前全球生态系统中的重要碳库，而水处理系统也是温室气体排放的主要来源之一，二氧化碳、甲烷和氧化亚氮三种温室气体排放贯穿水环境治理的多个环节，因此污水处理行业碳排放正成为不可忽视的重点污染与减排问题。碧水保卫战作为中国三大环境污染防控攻坚战之一，已有力促进了水环境质量的显著提升，使中国水环境保护治理局面有了较好的转变。随着"碳中和"目标的提出以及在各行各业的全面落实。水环境治理将成为中国减污降碳与协同治理的重点领域。推动中国水环境治理提质增效以及进一步发挥减污降碳的协同效应，将有力推动中国的碳中和进程、促进水生态环保工作走向崭新的发展时期。

■ 5.4.1　水环境的治理现状

1. 农业灌溉用水、工业废水、生活用水构成我国水污染的主要来源

从资源禀赋来看，我国可利用的淡水资源较为稀缺，且在地域分配上较为不均衡。由于水污染防治技术水平尚且不足以及水资源保护的观念较为淡薄，水资源的利用效率低下，加剧了水资源匮乏与污染问题，不但危及人们生命安全，也给生态环境带来了巨大的损害。农业、工业以及城乡生活是三个重要的用水部门，同时也是我国水污染的主要来源。从图 5.5 可以看出，农业部门用水在用水总量中占有很大比重，远高于工业和生活用水。图 5.6 也表明了农业用水一直以来都是中国用水总量中的重要组成部分，而工业用水量近年来呈缓慢下降趋势，生活用水量正在缓慢增加。

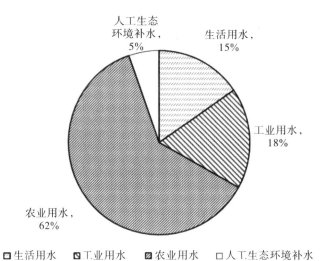

图 5.5　2021 年中国用水情况

数据来源：水利部《中国水资源公报》。

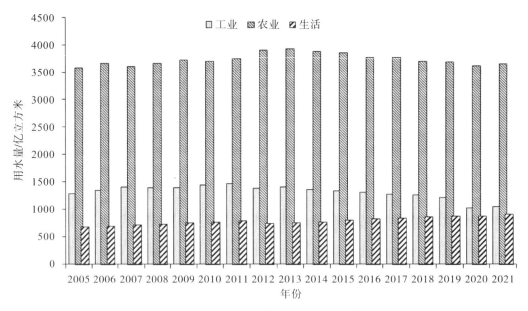

图 5.6　2005—2021 年中国主要用水情况

数据来源：《中国社会统计年鉴》。

　　农业大水漫灌是水污染的主要污染源之一，农业和畜牧业生产使用了地球上约 70% 的地表水供应。农业部门不仅是全球淡水资源的最大消费者，同时也是一个严重的水污染源。自古以来，中国都是采取大水漫灌的方法来发展农业，不仅造成了水资源的浪费，还冲刷了土壤肥力，加上农药和化肥的大量使用，水体中携带的化学元素积聚，从而导致水污染加剧。在世界各地，农业均是导致水退化的主要原因之一。每当下雨时，来自农场和畜牧业的化肥、杀虫剂和动物粪便都会将营养物质和病原体（如细菌和病毒）冲进水道。由水或空气中过量的氮和磷引起的营养物污染，是对全世界水质的头号威胁。其中，磷酸盐是导致水体富营养化的主要因素，进而引发蓝藻暴发，最终减少了水中的溶解氧。而氮肥具有较大的水溶性，富含氮的肥料化合物也会导致河流、湖泊和沿海地区的溶解氧不足。同时，水溶性杀虫剂以及灌溉方式下土壤中存在的重金属如硒等积累并进入水库后，对动物和人类将有很大的危害。这些都将对水生态环境以及水体中的生物造成毁灭性的影响。

工业废水是中国水污染的另一主要污染源。改革开放以来，国家大力发展工业，以经济建设为中心，以生态环境的损失来换取经济的高速增长。工业排放的废水成分复杂，能引发有机需氧物质污染、化学毒物污染、无机固体悬浮物污染、重金属污染、酸碱污染、植物营养物质污染、热污染、病原体污染等多种污染形式。一些污染企业为了追求经济效益的最大化，降低生产成本，将生产过程中产生的污水直接排放到自然水体当中，加剧了水污染。目前国内污水"零排放"的降污形式已逐步推广，部分地区和厂家经过技术的改造，已经实现了水资源的大量回收利用，极大地减少了污染物的排放，甚至可以在一定程度上实现"零排放"。但"零排放"的技术难度以及高昂的处理成本依然是目前主要的限制因素。

城市生活污水排放也引发水污染问题逐渐加深。生活污水所含的污染物以有机物和大量病原微生物为主，主要来源于居民住宅以及公共场所的污水排放。存在于生活污水中的有机物极不稳定，容易腐化而产生恶臭。我国经济的迅速发展带动了城市的发展建设，城市化进程的加速导致大量人口向城市聚集，使得城市规划与管理难度大大加深。而大中城市人口稠密，日常生活用水较多。城市化导致的废水排放总量持续增长。生活污水的治理难度大、成效低，导致了水资源的不充分利用与水污染的进一步加剧。

2. 在国家政策的有效引导下，水环境治理体系建设正在趋于完善

近年来，环保、安全等问题不断引起重视，饮用水不足、水源环境退化与旱涝风险及其影响越来越受到关注。相应地，中国在水环境治理领域也陆续开展了一系列改革试点。2012 年，国务院政府办公室出台了《关于实施最严水资源管理制度的意见》，确立了三个主要控制目标（即"三条红线"）：水资源开发和利用控制、用水效率控制、水功能区污染控制。为强化环境污染管理工作，国务院在 2015 年出台了"水污染防治行动计划"（即"水十条"）。我国也尝试探索创新性的管制政策，如水权与排污权交易制度。2016 年和 2018 年中共中央办公厅、国务院办公厅先后发布《关于全面推行河长制的意见》和《关于在湖泊实施湖长制的指导意见》，构建起了覆盖各级行政区划中的河道与湖水的省、地、县、镇四级河道/湖长体系，全面提高了河道湖水的生态综合防治水平。通过采取强化政府考核问责等社会监管手段，强化了各级政府的管理职责。水利工程部等九部门出台了《"十三五"实行最严格水资源管理制度考核工作实施方案》，确定了水环境指标将成为整体综合性评价的重心，并向社会公开考评结果。国家发改委出台的《"十四五"重点流域水环境综合治理规划》又一次强调湖长职责的落实。水环境保护工作被纳入国家考核体系，健全完善了全国河湖生态环境管理的严厉机制，进一步增强了地方政府对生态整治的重视程度。

3. 中国水污染环境治理在历经数十年的建设后逐步建立起具有专业分工的产业链体系

水环境治理行业受到宏观政策调控以及政策导向影响较为显著。由于水环境保护与治理行业在中国具有社会公共服务的特殊属性，通常由地方各级政府作为业主方针对当地河湖整治、生产和生活污水处理等问题进行项目实施。污水处理建设通常由具有一定综合业务实力或资本实力更高的公司进行投资建设，作为污水处理行业的上游，主要负责项目工程设计、土建人员施工以及采购建设项目所需的机械设备和药剂等。污水处理工程项目在建成后，可由投资建设方以 BOT（build–operate–transfer，建设—经营—转让）等方法开展项目后期管理，或委托专业的第三方机构开展项目运作，也就是行业中游即污水处理设施的建设与运营。而位于水环境治理产业链的上下游的设备供应商主要作为污水处理专用装备细分产业向水处理行业的投资建设方、水处理解决方案供应商等企业提供其工程项目实施所需要的配套设备。进入 21 世纪以来，国家全面加大了污水处理力度，根据图 5.7 可以看出，城市污水处理厂的数量呈明显上升趋势，污水日处理能力也得到了显著提升。

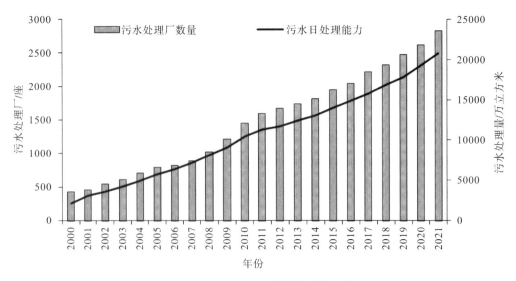

图 5.7　2000—2021 年中国污水处理能力

数据来源：《中国城乡建设统计年鉴》。

■5.4.2 水污染与碳排放的协同治理机制分析

1. 污水处理具有较大的减碳空间

污水处理的主要流程实际上就是对碳排放的再处理过程。作为城市环境卫生的一个重要组成部分，废水处理可产生世界上约 1%～2% 的温室气体（GHG）总排放量。污水处理行业的碳排放量在环保产业中占比最大。为了满足城市人口快速增长以及更严格的废水排放限制的需求，导致污水处理厂能源消耗的平行增加。污水处理过程中会释放二氧化碳、甲烷和氧化亚氮。其中，二氧化碳主要来自水污染物处理设备的能耗过程中，由水污染物降解后形成的二氧化碳也可认定为生源性碳排放。甲烷则主要来自污水处理的厌氧环节，包括管网、厌氧池、化粪池、污泥厌氧消化池等，氧化亚氮则主要来源于污水处理过程的硝化反硝化阶段。废水处理是非二氧化碳温室气体（例如 CH_4 和 N_2O）排放的主要来源，在 2005 年至 2030 年期间每年占 0.56～0.71 千兆吨二氧化碳当量，约相当于全球非二氧化碳温室气体排放总量的 4.6% 至 5.2%，而非二氧化碳气体温室效应方面比二氧化碳强 25～298 倍（100 年时间范围内）[8]。此外，巨大的能源支出正在成为处理废水转储厂管理问题的瓶颈。能源消耗与污水处理厂的规模之间存在密切联系，一般来说，就规模经济性而言，单位能耗与污水处理厂的规模呈负相关。但也有关研究表明，在中国，当污水处理厂的规模增加到 50 万立方米 / 天时，单位能耗将呈反向增长。[9] 这一结论主要归因于在超大规模废水处理厂周围移动废水时造成了过多的电能损耗。

通过优化污水处理的设计和布局，包括优化曝气设备、泵和污泥处理以及增强自发能源，可以最大限度地减少能耗。污水处理的过程主要分为预处理单元、生物处理单元和污泥处理单元。研究测算表明，预处理、生物处理和污泥处理的能耗比分别为 25.08%±3.86%、61.93%±8.02% 和 12.69%±7.63%。[9] 由此可知，生物处理过程的能耗在污水处理过程中占较大比重。预处理单元中，污水提升是重要能源消耗的来源，当前集中式污水处理系统被广泛采用，下水道从家庭、工业和企业收集城市废水，并通过重力和泵送到废水厂。由于废水处理厂通常位于低洼地区，因此必须将回收的废水运回用户区域。抽水需要大量能源，这间接增加了碳排放，同时如果实际运行条件与泵的最佳效率点不匹配，也会产生能量损失。因此，除了优化处理单元的布局以减少输送距离外，还可以通过引入可变频率驱动器来节省能源，使能量输入与实际抽水的需求相匹配。在生物处理单元中最需要能源的环节是使用电力为有氧系统提供氧气。这种能耗取决于有影响的负荷、废水质量、曝气器类型、处理过程和废水处理厂的规模。由于缺乏适当的曝气控制，许多工厂普遍存在过量的曝气。因此，在生物处理环节可以通过设计和操作曝气系统以尽可能接近实际的氧气需求来实现节能。污泥处理作为废水处理厂的最终处理单元，也导致了大量能耗，例如厌氧消化（通常用于加热）和污泥脱水（皮带压榨机等）。虽然污泥本身含有潜在的能量，但由于相关的技术问题和政策支持缺乏，污泥自发电力尚未得到足够的关注。事实上，厌氧消化污泥已成为许多发达国家污水处理厂的常见做法，但在中国这项技术的应用还不足。大多数中国废水选厂的污泥处理基本上是一个"增厚—凝固—机械脱水"的过程。因此，从污泥中回收能源是污水处理过程中一个重要的节能方向。

污水处理本身也是碳减排过程。未经处理的污水直排导致黑臭是个厌氧过程，会产生更多的碳排放。由于城市废水主要由下水道管道收集，下水道管道的空间相对封闭，通风不良。由于很容易形成缺氧环境，污水中的有机物容易发生厌氧发酵以产生大量甲烷。因此，处理污水的过程能够有利于转化温室气体，从而实现碳减排。废水处理的传统目标是去除碳、氮、磷和其他污染物（例如病原体和悬浮固体），使废水符合环境质量法规。目前，中国统计出的污水处理率已达到较高水平，2021年这一指标达到了97.89%，但污水集中收集率仍有较大提升空间。根据《2021年城市建设统计年鉴》公布的数据，2021年城市生活污水集中收集率与处理率差值大于50%以上的省份有3个，污水处理工作任务仍然艰巨。通过提高污水处理综合能效、提高污水集中收集处理率、探索可持续新工艺等手段，实现污水的低碳处理，就是污水处理行业对实现"双碳"目标的重要贡献。例如，德国布伦瑞克市Steinhof污水处理厂通过剩余污泥单独厌氧消化并热电联产获得79%的能源中和率，再通过补充出水农灌、污泥回田等手段额外实现了35%的碳减排量，使碳中和率高达114%。此外，如果能与现有的废水处理基础设施战略性地结合起来，CCU（carbon capture and utilization，碳捕获和利用）有望实现超越全球的环境效益。考虑到每年产生的大量废水及其与人口和工业活动的积极相关性，因此将CCU与废水处理相结合可能会将能源密集型碳排放的废水转储厂转变为综合水资源回收设施，回收具有经济、环境和社会效益的能源、营养素、水和其他有价值的碳产品。在这种情况下，污水处理行业将有可能会成为全球碳市场的主要参与者。

2. 废水再利用未来在碳固存、碳抵消等方面有较大潜力

通过重新使用可利用的废水资源，可以提高水的可及性，有利于缓解水资源短缺问题。处理过的废水的再利用是减轻地下水抽取的重要解决办法，当传统淡水资源相对于抽取地下水在成本上更加具有竞争力时，将有可能完全取代传统的淡水资源。除了提供可靠的和当地控制的水源，废水回收利用可以帮助实现供水和废水处理之间的循环，并带来巨大的环境效益，如减少从脆弱的生态系统引水或废水排放，减少和防止污染，以及创造、恢复或改善湿地和河岸的生态。长远来看，废水的再利用是一种可持续的方法，是具有成本效益的，然而与现有的供水系统相比，将废水处理为适合再利用的质量以及安装新的输水系统的成本仍较为昂贵。此外，废水的再利用还应充分考虑到公众的接受程度以及安全性问题。

作为重要的用水部门，农业部门的废水再利用的应用将在很大程度上改善生态效率。当前世界人口的持续增长给全球粮食生产带来了压力，到 2050 年，全球粮食生产需要翻一番才能维持全球人口需求。淡水资源将面临更大的压力，其中有 70% 均用于农业用地。废水是减轻淡水资源压力的潜在和可行的解决方案，将处理后的废水用于施肥，有助于降低全球变暖潜能值 GWP（global warming potential），减轻水环境负担。研究表明，废水灌溉产生的土壤养分积累促进了土壤有机碳 SOC（soil organic carbon）储量水平的增长。有关研究表明，与采用地下水灌溉的地区相比，经过 80 年的废水灌溉的农田 SOC 增加达到 2.5 倍。[10] 与传统的灌溉方式相比，废水灌溉面积在 25% 和 50% 时减少了有机碳矿化[11]。此外，废水灌溉代替化肥也能抵消使用化肥而产生的碳足迹。

3. 水源保护也是减少碳排放的有效渠道

通过水源保护有助于在河湖湿地生态系统中建立起土地、植被和水域资源等的碳库。河湖湿地生态系统既是地球自然生态体系的主要部分，同时也在碳循环与碳平衡等领域中起到了关键性作用。湿地土壤在缺氧条件下分解缓慢，从而实现有机物的大量积累。因此，湿地可以积累大型碳储存，使其成为自然界的重要碳库，在某些情况下甚至能容纳超过 40% 的土壤碳。[12] 由于河湖湿地土壤中碳的固存方式主要分为土地、植被和水域固碳，因此在河湖湿地生态体系中建立起土壤碳库、植被碳库和水域碳库对世界气候变迁的应对产生了重大作用。但由于人类活动使湿地面积缩减，从而导致碳从土壤中转移到大气中。因此，湿地准确的碳核算对于通过识别和保护拥有不成比例的大量碳储量的湿地系统或湿地景观来降低气候变化贡献的风险至关重要。

水污染源头治理也在源头处减少了碳排放。在人为干预的水循环中，污水经过处理后达标排入自然水体，是一个必经的环节。因此，通过开展水源保护、降低农业面源污染等手段，减少进入水体的污染物含量和污水产生量，用基于自然的解决方法在源头处实现水质的提升，也是在实现碳减排。当前中国的污染源头防治监管体系更加完善，据生态环保部《重点排污单位名录管理规定（试行）》（环办监测〔2017〕86 号）规定，重点排污单位应当强制公开排污信息，从而实现从源头处对废水排放的控制。

4. 海洋环境治理的减污降碳协同效应

海洋作为地球上最大的活性碳库，在应对全球气候变化中发挥重要作用。世界海洋面积大约为 3.6 万亿平方公里，大约为世界表面积的 71%。海洋储存了全球 93% 的二氧化碳，每年吸收人类活动碳排放量的约 1/3。与碳储存时间尺度从几十年到几百年的陆地碳汇相比，海洋碳汇的历史可以追溯到几千年以前。[13] 海洋沉积物是地球上最大的有机碳库，也是长期储存的关键储层。如果不受干扰，储存在海洋沉积物中的有机碳可以保留长达几千年。然而，这些碳储存在受到干扰时可能会将沉积碳重新矿化为二氧化碳，这可能会增加海洋酸化，降低海洋的缓冲能力，并可能增加大气二氧化碳的积累。自 1750 年以来，海洋捕获了相当于化石能源碳排放量的 39%，显著减缓了二氧化碳的增长和相关气候变化。[14] 利用海洋资源优势和海洋碳汇能力，发展海洋经济低碳可持续发展是许多沿海国家的战略选择。中国是海洋大国，有着广阔的领海面积，达 300 余万平方公里，跨越热带、亚热带、南温带、北温带等多种气温带，领海内有长江流域、黄河流域、珠江等主要河流的注入，以及外邻世界二大暖流黑潮。这种天然的海洋生态环境，不但为中国沿海地区带来了巨大的碳汇潜力，还为政府推动实施负排放创造了广阔的政策空间。[15] 随着"双碳"目标下沉到各个行业，海洋有望为中国的气候治理行动作出重要贡献。

海水碳汇系统的开发与利用以及对碳的有效吸收建立在健康的海水生态环境基础上。对海洋生态系统进行的健康性评价相较于陆地生态系统难度更大，因为海洋生态系统的发展规律更具有隐蔽性，海洋生态系统所遭受损害的程度也更甚。而随着人们长期以来对海洋生态环境保护问题的忽视，不少地方的海洋生态系统也正迅速萎缩乃至消失。随之而来的就是海洋生态系统碳汇作用的削弱。根据统计，平均每年有 2% 到 7% 左右的海域碳汇正在消失 [16]，并且增长速度正在明显提高。因此，海洋生态环境保护是应对气候变化的一个重要解决方案，发展海洋碳汇模式必须以海域生态修复为基石，以可持续性为主要目标，并根据海洋技术和产品发展的实际状况，逐步形成统一的海洋生态治理体系。

当前海洋保护区空间布局亟须进一步优化。海洋保护区特别是禁止采掘和破坏性活动的高度保护区可以成为有效的海洋环境管理工具，以保护和恢复海洋生物多样性和相关服务，并作为常规渔业管理的补充工具，通过保护海洋碳储量来帮助缓解气候变化。然而，截至 2022 年 11 月，全球只有约 8.1% 的海洋区域被指定或提议为海洋保护区，而仅 2.4% 被实际作为海洋保护区被完全或高度保护。这一较低水平的海洋保护区建设部分归因于保护和开采之间的冲突。中国的海洋保护区建设和管理起步较晚，在管理经验与顶层设计方面仍有不足，且由于海洋保护区的管理分属农业、环保、旅游、交通等多个部门，对部门之间的协调能力也有较高要求。

海洋渔业作为一个新兴的能源密集型产业，已成为未来重要的节能减排行业之一。海洋经济系统开发涉及各种行业和相关经济活动，例如海洋渔业、海洋化学工业和海洋运输业等。其中，海洋渔业部门被认为是世界三大关键海洋支柱产业之一，同时也是中国海洋产业发展较早的传统产业之一。从图 5.8 可以看出，渔业产值占全社会渔业经济总产值达一半以上。据全国渔业经济统计公报数据显示，2021 年海洋渔业产值为海洋捕捞 2303.72 亿元，海水养殖 4301.70 亿元，是中国海洋经济发展的重要驱动因素。

但随着海洋经济的不断发展，海洋生态系统的运行并不乐观。海洋资源的过度消耗、近海水域的严重污染以及海洋生态系统的恶化使得海洋生态系统面临巨大压力，这也进一步导致了海洋自然净化能力的下降。海洋渔业捕捞、加工和养殖所使用的石油和电力消耗使得海洋经济系统运行过程中产生大量的能源消耗和碳排放。据研究测算，仅在 2016 年，海洋渔船碳排放量达到 2.07 亿吨，几乎相当于 51 家燃煤电厂在同一时间段内所排放的二氧化碳总量。[17] 近年来，中国政府越来越重视并实施了一系列关键措施来解决海洋渔业暴露出的问题。2021 年农业农村部印发《"十四五"全国渔业发展规划》，提出了一系列促进渔业绿色低碳发展的目标，如缩小和规范海洋渔业规模、推进水产绿色健康养殖等。因此，在大力发展低碳海洋经济的背景下，海洋渔业低碳发展对于改善海洋环境、协调陆海发展、建设海洋生态文明、促进海洋经济持续健康发展、探索全球气候治理新领域具有扎实的现实意义。

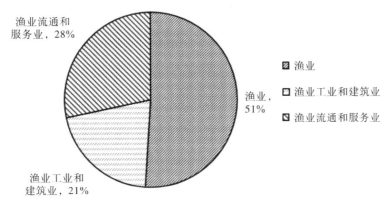

图 5.8　2021 年中国渔业经济总产值构成

数据来源：《全国渔业经济统计公报》。

5.4.3　"碳中和"目标下的水环境综合治理路径

（1）完善污水治理行业的碳减排协同机制。污水治理行业属于能源密集型行业，是水环境治理实现碳中和的重要切入点。推进污水治理行业碳减排，首先要从根本上转变"以能耗换水质"的传统治理观念，注重污水处理过程中的能耗问题。其次要在各个环节优化污水治理技术，协调好污水治理级别与碳排放控制之间的矛盾，尤其注重保障农村地区的污水治理设施水平。加快推进污水余温热能、污泥厌氧消化等技术的推广应用，推动污水处理厂向综合能源工厂的转型。此外，应适当结合绿色金融工具加快推动污水治理基础设施的建设。

（2）强化水源保护，构筑健康的水生态环境以加快水环境治理的碳中和进程。全面降低农业污染源，控制农药、化肥的使用，普及喷灌、滴灌等新的灌溉设施以及引入处理后的污水用于农业灌溉等；严格监管工业污水排放，推进"污水零直排区"、清洁生产工业园区的建设，加快工业企业节能减污的清洁化技术改造，推动工业部门的绿色转型；增强居民部门的节水环保意识，鼓励生活废水的循环利用，强化地方政府部门的水治理责任意识，推进河湖生态湿地保护工程的建设。

（3）加快发展海洋碳汇管理，深化海洋生态环境保护，实现海洋生态、经济效益双赢。在维护海洋生态效益方面，推进海洋自然保护区建设，健全完善海岸带生态系统的保护和管理，避免过度开发，同时在海洋管理中纳入以生态修复为导向的生态补偿机制，最大限度恢复或修复受损区域的海洋生态系统。在发展海洋经济效益方面，推动海洋渔业碳汇建设，开发滩涂和浅海贝藻类增养殖，构建立体生态养殖体系，增强海洋负排放，实现海水养殖由"污染源"向"增汇厂"的转变。

▶ 5.5 提高公众参与生态环境志愿服务主动性

习近平总书记和中国政府十分重视志愿服务工作，将其置于治国理政的重要位置。2021年6月，生态环境部等部门印发《关于推动生态环境志愿服务发展的指导意见》，推动公众积极参与生态环境志愿服务有利于唤醒其环境责任意识，助力全民关心、支持和热心参与生态环境保护的社会氛围的形成。然而，目前生态环境志愿服务的公众参与现状如何？参与渠道有哪些？参与积极性如何？公众参与动机是什么？哪些人群更愿意参与？公众参与有哪些困境？如何激发公众志愿热情？这些问题尚不十分明确，本节对公众参与生态环境志愿服务的现状、困境、成因和特征等进行梳理分析，总结梳理国外志愿服务领域的具有可借鉴性的典型经验做法，以期为政府部门掌握生态环境志愿服务发展的内在规律提供参考。

5.5.1 公众参与现状

广义上来说，志愿服务是一种以集体主义为导向的，体现为自愿、无偿、奉献等特征的利他主义行为。习近平主席指出，志愿服务是社会文明进步的重要标志。志愿服务是社会保障制度的重要补充，同时还是激发社会活力、提高个体生活质量的重要平台。《2022年世界志愿服务状况报告》显示，疫情之下，全球对志愿服务的兴趣并没有减弱。

20世纪60年代以来的"向雷锋同志学习"活动在全国范围内影响较大。20世纪80年代"志愿服务"的概念被引入。1989年，我国第一个志愿者组织诞生于天津。2008年北京奥运会期间，参与提供志愿服务的志愿者达40万名左右。该年被视为"志愿者元年"。此后，中国志愿服务事业得到了快速发展，社会认同度、关注度、参与度大幅提高。中国志愿服务信息系统数据显示，截至 2022 年 8 月，实名注册志愿者 2.24 亿人，志愿队伍总数 129 万个，志愿项目总数 950 万个。志愿者最多的 5 个省份是江苏（2206 万）、山东（1726 万）、四川（1515 万）、河南（1345 万）和安徽（1315 万）。积极参与志愿服务逐渐成为新的社会风尚，公众参与热情也在不断提高，成为社会可持续发展的重要力量。

　　按服务内容分类，志愿服务可分为助老、助残、应急、环保、赛会、医疗等类别。其中，环保志愿服务近年来又被称为生态环境志愿服务。活动内容包括环境监测、生态恢复、濒危动物保护、自然教育、环保宣传、捡拾垃圾、巡河护林等。比较有影响力的生态环境志愿服务可追溯至 20 世纪 80 年代的植树活动。截至目前，中国已有 130 万个生态环境志愿服务项目，占总数的 20%。根据《公民生态环境行为调查报告 2021》（以下简称《报告》），公众参与生态环境志愿服务意愿较高，位列各领域第二。有参与意愿的占总受访者九成，实际参与的超过三成。受访者表示，参与目的主要包括希望为社会作贡献、锻炼个人相关能力和增加社交。参与渠道主要有社会组织、学校和社区。其中，城镇居民、学历在本科及以上者、高收入人群、工作内容与环保相关者、年轻群体和居委会等社区工作人员占比较高。中国社会科学院实施的 2019 年中国社会状况综合调查（CSS 2019）数据显示，在过去一年参与过环境保护类志愿服务的受访者中，参与渠道主要为工作单位和社区居委会。

5.5.2　公众参与困境

　　推动公众积极参与生态环境志愿服务是推动公民全面发展和建设现代环境治理体系的关键组成部分。2017 年 12 月，随着第一部国家层面立法《志愿服务条例》的颁布，中国进入志愿服务全面制度化发展的新时期（党的十九大报告）。生态环境部还于其官网开设专题专栏报道优秀生态环境志愿服务事迹、评选 2022 年百名最美生态环境志愿者、发布《中国生态环境志愿服务宣传片》、举办中国生态环境志愿服务论坛等。这些都体现了政府对推动生态环境志愿服务发展工作的高度重视。近年来，随着相关政策的不断完善，公众参与积极性得到明显提高，成为推动生态环境保护、社会文明和谐、经济社会绿色转型的有力力量。CSS 2019 显示，在空余时间愿意加入环保组织的人群占比由 2013 年的 74% 提高至 2019 年的 86%。

　　当前中国生态环境志愿服务展现出不同于以往的新趋势：数字化信息化技术为公众参与赋能、基于社区的志愿服务体系充分激活社区潜力、呈现出以县城为载体的城乡一体化参与格局、通过深度参与国际交流来推动我国相关标准和体系建设、致力于建设能够应对不确定性环境风险的环境韧性城市。比如，四川泸州于2021年4月起推行"绿芽积分"项目，通过采集用户绿色出行、光盘行动、无纸化业务办理、参与环保志愿服务情况、旧物循环利用及回收情况等多维度环境友好行为数据，打造个人绿色生活积分制度。"绿芽积分"可用于兑换投喂红嘴鸥的爱心鸥粮、认领树苗以及奖品兑换等。认领并种植树苗后该树减碳量可计算在认领人名下。该制度极大地激发了公众参与热情，吸引了超过30万用户的积极参与。再比如广州白云推出的"智慧环保"生态环境信息化管理平台，可有效解决基层环境执法中的污染源难以确定、监管不规范不及时等难点。

然而，总体而言，中国生态环境志愿服务仍处于起步阶段，公众参与率（6%左右）明显落后于发达国家。公众参与生态环境志愿服务存在以下不足：（1）参与频次低、参与的活动类型十分有限。《报告》显示，多数志愿者参与频率不超过2次，且通常参与垃圾清理、动植物保护和宣传教育类，其他涉及较高专业环境知识的活动，如环境咨询、环境监督等，参与比例较低。CSS 2019数据显示，近八成受访者近3个月参与次数不超过两次，参与时长中位数为2小时，平均值为4小时左右。八成受访者参与的环境保护志愿服务属于完全不需要或几乎不需要专业知识技能的类型。（2）对志愿服务工作价值的认可程度不高。《报告》显示，一半受访者表示自身缺乏参与自主性，主要是通过团组织的分配参与志愿活动。

CSS 2019数据中，仅有不到两成的受访者认为他/她参与过的环境保护志愿服务不存在不足之处，可见全面提升生态环境志愿服务活动的质量是提高公众参与积极性的重要前提。当前公众参与主要困境有：（1）参与渠道不畅通。难以获取志愿招聘信息是制约公众参与的主要障碍之一。超过一半的受访者不知道如何参与相关志愿活动。（2）必要的培训保障缺乏。CSS 2019数据显示，仅有1/4的受访者在参与环境保护志愿服务前接受了有关培训。专业训练的缺乏导致志愿服务效果大打折扣。（3）活动组织和管理不规范不透明、队伍松散，引发志愿服务组织公信力危机。《报告》显示，1/3的受访者认为他们参与过的志愿活动计划不充分、组织者和志愿者疏于沟通、未设置科学规范的志愿服务水平考核标准。（4）缺乏有效的激励反馈机制和灵活性，影响活动吸引力。CSS 2019数据显示，1/3的受访者表示，当前的志愿活动存在形式主义，实际成效不足，此外，志愿活动时间与个体工作时间冲突、活动地点对个体来说不方便、贴近生活需要和解决实际问题的志愿活动较少、活动缺乏趣味性也是导致公众环保志愿服务参与度低的重要原因。资金支持力度不足也是制约活动大规模开展的一个重要原因。与此同时，西南财经大学实施的中国家庭金融调查CHFS 2017年调查中，30%左右参与环保志愿服务的受访者自身有承担一定费用。

■5.5.3　公众参与动因分析

了解公众参与动因可为制定更好的推动政策、进一步激发公众参与热情提供有帮助的信息。国内外学者针对"是什么让一个人更愿意做志愿者"这一问题做了许多研究。决定志愿者参与范围的因素大致可以分为志愿者个体特征以及志愿服务组织和志愿活动因素两方面。

（1）在志愿者个体方面，研究者们普遍认为，个体做出利他行为会使自身受益。这可能体现在物质回报或他人赞许上，也可能体现在自我价值认同和实现上。许多志愿者将志愿活动视作一种有价值的休闲活动，可以提升个人幸福感、对社会的理解和洞察程度、促进职业或学业发展。[18] 不仅如此，吕晓俊 [19] 表明，志愿者还怀有将来希望得到回馈的期望。

MUSICK 等 [20] 表示，性格差异可以帮助判断个体是否会从事志愿服务。志愿者往往具有外向、尽责、有同理心、更容易信任他人和亲和等性格特质。自我效能在将同理心和责任感等特质转化为实际行动的过程中扮演重要角色。自我效能指的是个体对自己行为能取得积极改变的预期。具有高效能感的人会更少认为自己是在"浪费时间"，因而会更有信心地认为自己的志愿服务有助于改善生态环境。此外，文化价值取向的作用不可忽视。个体主义以"个体"为核心，集体主义以"群体"为核心。前者的志愿参与动机为实现自我发展；后者更注重利他和维护关系。

研究者发现存在六种持续稳定的志愿参与动机。①表达价值观。参与志愿服务是表达个体价值观的一种方式。通过参与环保志愿服务，个体呈现出其关心环境质量并愿意为此付出努力的价值观。②获得学习经历。关心濒危动植物保护的个体可能会通过参与相关志愿活动的方式来学习如何保护。③满足社交需求。参与志愿服务提供了一个与自己喜欢的人或跟自己有共同理想的人相处的机会，也是结交朋友和积累社会资源的有效途径。此外，赢得社会认可或满足重要的人对个体的期望也是由社交动机所驱动的。如果对个人而言重要的他人表现出环境友好倾向，为了获得认同，个体也可能表现出亲环境行为。对环保组织具有强烈认同感的个体更有可能参与环保志愿服务。对志愿团体的认可可以使个体满足团体规范、降低志愿服务的成本。这表现在富有凝聚力的团体的志愿服务参与率更高。在社区居住时间越长者对社区的归属感越强烈，对参与志愿服务态度越积极。因而可以通过增强团体成员间的团结，如"统一着装"，来克服"搭便车"问题。④获得与职业发展相关的益处。有意从事生态环境治理或保护工作的个体可能会通过参与相关志愿活动来了解行业现状。⑤保护性动机。即可以帮助个体发现自身价值或解决自身烦恼。深受污水雾霾等环境污染困扰的个体可能从事相关环境治理的志愿，以寻求缓解自身较差的环境处境。⑥满足个人成长的需求。如帮助个体挖掘自身优点、收获自我认同、自信。

同一志愿服务可能同时满足个体不同需求。不同年龄、性别、受教育程度、收入的个体可能具有不同动机。早期，人们参与志愿活动多出于社交动机。随着年纪的增长，逐渐转换为知识和经验获取。老年时满足情感需求和加强社会联系的动机又会更明显。受教育程度更高的人更倾向于认为参与志愿服务提供了一种新的视角，更少出于获得他人认可的目的。收入更高的群体更少地从解决自身烦恼的角度来参与志愿活动。正在找工作的个体更多地出于寻求职业发展的目的。加入志愿组织也有助于提高个体参与积极性，因为志愿组织会员身份使个体有更多机会接触那些经常参与志愿活动的人。对志愿组织的归属感越强，参与组织活动的积极性也就越高。

巡河护林护水类活动是公众参与较多的生态环境志愿服务类型之一。例如：四川、重庆等地围绕保护长江黄河流域生态环境等主题，开展针对湖泊、河流、水库、湿地的污染排查、垃圾清理、禁渔禁捕宣传等环境监督和治理志愿活动；海南、内蒙古等地开展清理沙滩垃圾的"净滩行动"、广东惠州组织清理淡水河岸漂浮垃圾。越来越多的公众在亲眼见证河流逐渐清澈的情况下，积极参与到河流修复志愿活动中。其中以家庭为单位报名参加的志愿者逐渐增多。亲子共同参与既可增强感情，又有助于培养青少年爱护生态环境的品质，成为该项活动的一个重要吸引力。

另一类公众广泛参与的活动是文化宣传类。例如：四川阿坝州墙体彩绘志愿者们通过创作墙绘作品、制作生态保护标注牌和画册等资料来展现生态风景，科普湿地保护知识，助力普及环保理念。四川泸州志愿者们通过将典型环境违法案例绘制成漫画、带领学生参观环保科普长廊、设置与垃圾分类有关的游戏互动和知识问答、环保纪念品发放等的形式，在增强活动趣味性的同时实现环保宣传教育的目的。

（2）在志愿组织和志愿活动方面，CLARY[21]指出，志愿组织的使命显著影响志愿者参与范围。志愿者基于自身价值观和动机选择打算提供志愿服务的领域。年轻的学生志愿者通常比年长、有经验的志愿者需要更多的监督和反馈。相比之下，老年志愿者在使用新的信息技术的能力和意愿方面可能受到限制，可能有身体上的限制。有一个总体趋势是，志愿者更倾向于短期或"偶发"参与。

保护生物多样性类志愿活动颇受欢迎的一个重要原因是活动体现出的显著的使命感。例如：四川阿坝州的湿地公园建立的目的是保护生物多样性、改善水质、减少水土流失、发挥科普教育功能等。志愿者们通过协助湿地生态管护员的工作，来维护动植物栖息环境、改善水质、助力生态修复。位于辽宁盘锦的辽河口湿地是我国重要的黑嘴鸥栖息地，位于云南省迪庆藏族自治州的白马雪山自然保护区是濒危物种滇金丝猴的栖息地和许多其他珍稀物种的繁殖地。位于河南开封的柳园口湿地保护区是近百种国家级和省级保护动物的家园。许多志愿者为保护这些濒危动植物坚守数十年，他们参与野生动物救助、制止和举报滥捕乱猎行为，为呵护湿地生态环境作出了巨大的贡献。

此外，NESBIT[22] 发现，志愿活动规划和志愿工作设计至关重要。创造有价值和令人满意的志愿职位、有挑战性和有趣的工作、个人成长和发展的机会以及有吸引力的社会互动十分重要。志愿者管理的一个基本要素是将志愿者的动机和能力与他们被要求完成的志愿工作相匹配。这样可以提高志愿者的满意度并减少人员流失。志愿者招募对参与人群也有影响。志愿组织在招募志愿者时更倾向于选择之前有服务经历的候选者。社会地位较低的群体和少数民族群体很少参与的一个不可忽视的原因是他们较少被招募。

在众多社会机构中，学校对于促进学生参与志愿服务有非常显著的影响。学校承担了培养学生社会责任感的教育责任。在青年时期参与志愿活动的经历有助于学生走出校园后更具公民参与意识。学校是否鼓励学生参与志愿服务以及采取何种鼓励方式在很大程度上影响到学生的参与情况。许多美国和德国的中学生参与较多志愿服务的原因之一是"这是学校的要求"。一种可能的推动学生持久参与的方式是在给予学生充足自主选择的前提下，向学生们提供志愿服务招募信息以及相关支持。

5.5.4　国外可借鉴经验

志愿服务 19 世纪初便在西方社会出现，起初的表现形式为慈善服务，主要是由教会推动起来的具有宗教性质以及致力于救死扶伤、社会救济的志愿服务组织。以下选取了志愿服务体系相对成熟完善的美国和英国，以及对中国而言借鉴意义较大的日本和新加坡进行分析。

（1）美国。美国志愿服务组织和运动普遍存在于社会的方方面面，呈现出法制化、全民化和社区化的特点。大多数美国学校提供各种形式的志愿服务活动。社会工作成为一项专门学科，以期探索理论基础，提供更科学的社会服务。志愿服务组织多采取社团运作的方式，并采取了严格的规章管理制度，包括要求志愿者签订协议或合同，以认真负责的态度对待活动，接受必要的培训，不能谋取个人利益，严格履行义务。

为充分调动参与积极性，美国对于志愿者活动设立了相对完善的激励机制。志愿者经历对于中学生和大学生的毕业、升学、抵免学费、就业、晋升、轻度违法抵免处罚等都有帮助。政府还会提供税收政策优惠。在资金筹措机制方面，已形成全民广泛参与、企业积极支持、政府大力扶持的多元化格局。志愿服务组织与政府合作有三种常见的运作方式：政府购买公共服务、政府委托社会服务、以公私合营形式设立基金。

（2）英国。在政府的大力支持下，英国志愿服务组织网络庞大、管理规范、内容丰富多样，形成了政府部门与民间公益部门一同助力实现公共福利的良性循环。英国的项目体系强调，不仅要让服务对象满意，也让志愿者体会到志愿服务的乐趣并从中获益。这种双向获益的强调使得英国的志愿服务长期处于稳定的可持续发展状态。

活动支持保障体系是以政府资助为主、社会资助为辅。大多数志愿服务组织是以有限公司的形式运作。由于自主经营、自负盈亏，许多组织都在探索经营策略。志愿服务所带来的经济效益已被量化。志愿服务组织吸引公司资金支持的方式有：通过建立稳固的捐赠伙伴关系创造品牌收益；通过信息共享创造市场收益，实现双赢。英国政府还制定了一系列的支持政策，提供强有力的法律保障。志愿服务经历有利于志愿者们就业和升学，获取免公共交通费、免博物馆门票等奖励，以及返还所得税，免征遗产税等优惠。

监督体系方面，董事会负责监督财务，政府负责监督财务报告和审查机构资格。政府与志愿服务组织双方秉持协作原则。志愿服务组织在使用政府资金等公益资源时遵循公开透明的原则。政府保障志愿服务组织有公平机会获得政府资助。

（3）日本。日本是一个志愿服务盛行的国家。志愿组织规模大、覆盖面广，甚至还包括城市交通安全管理、促进欠发达地区经济和社会发展等难度较大的领域。1998年出台的《特定非营利活动促进法》确立了志愿者团体的法律地位，标志着适应现代社会需要的社会支持体系的形成。志愿组织的资金来源包括政府投入、私人和企业赠予三部分。法案对资金来源做出保障，对非营利组织实行低税率或零税率。

组织体系方面，日本志愿活动开展也采取社团运作的方式，施以全流程严格的规章制度进行管理，并设置全方位、人性化的激励措施，如企业捐赠免税制度、表彰优秀志愿者制度、政府承担赴海外从事志愿活动的必要费用制度。队伍体系方面，日本的志愿者构成以家庭主妇为主，还包含学生、工薪阶层、个体经营者等各类社会群体，覆盖各年龄段。高学历人群参与积极，这得益于政府对大学生参与志愿服务教育的重视。志愿服务被纳入学校正式课程，授予学分。

（4）新加坡。新加坡志愿服务以政府为主导、社区为载体，运作有序、组织规范，志愿者素质高、专业性强、社会声誉良好，已成为新加坡公民普遍参与的自觉行动。政府对志愿活动高度重视。政府参与活动组织、项目策划，同时提供活动场所、所需技术、资金支持、税收优惠等。政府官员亲自投身志愿活动并担任组织职务，带头为社区公益事业贡献力量。

政府十分注重对组织管理者和志愿者的培训，以培养他们形成关心群众的价值观和组织群众的领导才能。此外，政府还推行了大量激励措施，包括国人非常看重的社会服务奖励章，以及晋升就业等福利。志愿组织虽然获得政府的大力支持，但在法律意义上相对独立，与政府是合作关系。这种属性既为志愿组织提供了经费保障，又确保了组织运行决策的灵活性。

■5.5.5　促进公众积极参与生态环境志愿服务的政策建议

公众的积极参与是志愿服务持续健康发展的重要动力。政府的高度重视和持续推动是推动志愿服务发展的根本保障。《关于推动生态环境志愿服务发展的指导意见》指出，要广泛动员社会各方力量加入，鼓励建立各类服务组织和队伍。在此基础上，本节进一步提出以下政策建议：

（1）完善志愿组织的管理水平，规范健全管理制度。许多志愿服务内容对生态环保相关的专业知识和技能要求较高。应开发建立更有效的专项人才培训体系，可以通过组织环保研讨会、圆桌会等方式提高对志愿者以及相关组织管理者的专业知识技能、合作沟通能力等全方面培训力度，同时充分借助互联网和数字化信息化技术提高志愿组织的管理水平。

（2）完善志愿服务激励制度等支持保障体系。打造品牌项目，培育品牌团队，推出有吸引力和社会影响力的生态环境志愿服务项目，提高志愿者的获得感。项目宣传阶段重点强调工作意义价值和参与收获，组织先进个人或团体宣讲其先进事迹，打造先进个人与公众的沟通交流平台，发挥意见领袖作用。提升志愿者的生态文明思想认知水平，增强其认同感。吸引优秀人才参与。加大资金支持力度，完善志愿者基本保障。对优秀参与者进行表彰嘉奖，宣传推广。探索设置基于个人、社区和单位的志愿服务评价体系和荣誉制度，同时设置更灵活的志愿工作安排。

（3）鼓励青年大学生积极参与。对青年大学生来说，参加生态环境志愿服务有助于实现自身发展。通过参与志愿服务，青年掌握了生态环保知识，有助于其形成"绿色低碳、简约适度"的生活方式。不仅如此，环保志愿服务经历还是引导青年环保公益方向创业的重要路径。高校有着相对完善的校内志愿服务体系，在动员工作方面具有组织优势和人才优势。应开发有价值的有吸引力的精品栏目，设立更完善的激励机制。同时提高大学生思想认识和志愿活动品质，大力鼓励青年大学生在服务他人、奉献社会、报效国家的事业中实现自身全面发展，形成人人参与志愿活动的良好校园氛围。

5.6 "碳乡"融合背景下乡村低碳发展现状、问题与路径

中国自 2020 年 9 月 22 日向国际社会提出"双碳"目标以来，各个行业部门积极行动，在中央各部委的指导下制定"双碳"行动方案，明确行业"双碳"目标实现时间表和路线图，稳步推进行业领域"双碳"目标实现。此前，党的十九大报告明确提出实施乡村振兴战略，要求推动农业全面升级、农村全面进步、农民全面发展、乡村全面振兴，2022 年党的二十大报告也提出要全面推进乡村振兴。"双碳"和乡村振兴双重背景对乡村发展指明了新方向，也提出了新要求。2021 年 12 月 29 日，国家能源局、农业农村部和国家乡村振兴局联合印发《加快农村能源转型发展助力乡村振兴的实施意见》，2022 年 6 月 30 日，农业农村部、国家发展改革委联合印发《农业农村减排固碳实施方案》，对农业农村的能源转型和低碳发展构建了基本框架和行动路线，助力"双碳"背景下的乡村全面振兴。

乡村振兴和乡村低碳发展是紧密相关的两个概念。乡村振兴是以农村为重点，通过各项综合性的政策措施，各部门配合共同促进农村经济发展，实现农村全面振兴的战略目标。乡村低碳发展作为乡村振兴战略的重要组成部分，则是通过清洁能源转型、改善农业生产和农村生活方式、减少二氧化碳排放进而促进农村经济可持续发展。乡村振兴为乡村低碳发展提供了政策上的战略背景以及经济上的诸多支持，同时也为乡村低碳发展提供了有利的发展环境和机遇，二者相辅相成。"双碳"目标和乡村振兴战略双重背景下，乡村低碳发展的具体现状、可能存在的问题以及具体发展的路径都有待进一步厘清。

5.6.1 "碳乡"融合背景下乡村低碳发展的现状

现阶段，乡村低碳发展的现状可从以下几个方面进行概括：

（1）乡村能源转型取得一定进展。2006 年国家发改委颁布的《国家综合能源保障体系建设规划纲要（2006—2020 年）》最早提到了农村能源问题和可再生能源的利用，为后续的乡村能源转型奠定了基础。2015 年以来，中央陆续颁布各项政策，包括：规划农村生物质能能源发展目标和路径的《农村生物质能源发展规划》、提供乡村能源规划和建设的技术指导方法的《乡村能源规划和建设指南》、规划农村太阳能利用的目标和任务的《农村太阳能利用专项规划》，以及提出了促进农村能源改革和发展总体要求和政策措施的《关于促进农村能源改革和发展的指导意见》等。地方政府也在其乡村

能源发展规划中对省份乡村能源发展的目标和任务进行规划，其中广东、北京和上海等省（区、市）都根据地区实际情况制定政策和规划以推动乡村能源转型和发展。通过这一系列政策的促进作用，乡村清洁能源转型取得一定进展，具体体现为太阳能光伏发电安装量增加、生物质能利用得到推广以及沼气利用的普及等，通过对传统能源的替代实现能源使用清洁化，助力乡村低碳发展。

（2）农业绿色化和可持续发展程度提高。农业绿色化是中国政府关注的重要议题，2016 年以来，国家发改委联合各部门颁布了包括《中华人民共和国农村生态文明建设规划（2016—2020 年）》在内的诸多促进农业绿色化的政策文本，重点内容主要包括：推进农田水利建设、提高灌溉效率、推广节水农业技术和改善农田水利设施；加强农业源污染防治，推动农业化肥等农业产品绿色使用和减量化；推广有机农业以及推进轮作休耕、绿色覆盖、农田防护等生态工程建设。这一系列的举措共同促进了农村文明建设，促进农业绿色化转型，并取得了具体的实践和成效。其中典型的案例包括：中国江西鄱阳湖有机稻农业示范区通过实施有机种植技术，采用有机肥料和生物防治的方式实现无化肥农药生产；河南省南阳市节水灌溉示范项目通过应用滴灌、喷灌等节水灌溉技术，水利用效率提高 30%，节水量达到 40%，农作物产量稳定增加；中国山东垃圾堆肥厂生物质能源项目通过利用农村生活垃圾和农业废弃物，通过堆肥处理转化为有机肥料和生物质能源，实现资源化利用和环境友好；浙江省农村数字农业示范基地通过应用先进的农业物联网、远程监测和精准施肥技术，提高农业生产效率和质量，节约化肥和水资源的使用。以上案例都说明农业绿色化和可持续发展程度有一定程度的提高。

（3）乡村发展开始重视生态环境保护。2018 年，全国人民代表大会常务委员会首次颁布《农村生态环境保护法》，明确了农村生态环境保护的法律责任和监管机制，规定了农村环境保护的基本原则和具体要求，包括农田生态保护、农村生活污水治理、农村环境监测等。在此基础上，《乡村振兴战略规划（2018—2022 年）》等文本进一步要求推动农村生态文明建设，加强生态环境保护，实现乡村生态宜居化，后续地方政府同样出台相关政策促进乡村发展中注重生态环境保护的相关要求并取得了一系列的成就，各地也涌现了一系列生态村建设的示范区，乡村发展的过程中一改以往只注重发展不考虑环境保护的作风，通过改善农村环境质量来提高村民生活质量，在农村垃圾分类、生活污水处理以及发展生态旅游等方面都取得了显著的成效。

（4）乡村居民对低碳发展的认知和意识逐渐显现。2015 年，农业农村部联合国家发改委等部门发布《关于加强农村低碳发展宣传教育的指导意见》，文件强调加强农村低碳发展的宣传教育工作，提高乡村居民对低碳发展的认知和意识，促进低碳生活方式的普及和推广。次年，上述部门再发文《农村环境保护与生态建设"十三五"规划》，进一步提出要加强乡村环境保护宣传教育，培育和践行绿色发展理念。此后，从中央到地方各个层面开展一系列引导乡村居民提高低碳发展认知的举措，通过开展村居宣传教育活动来普及低碳发展概念、意义和方法并传达低碳发展的重要性；通过组织培训班、讲座等向乡村居民传授有关于低碳发展的知识和实际应用的技能；通过展示乡村低碳发展的成功案例让乡村居民体验和了解低碳发展具体的可行性和实际效果；通过设立奖励机制来鼓励乡村居民积极参与低碳发展；通过网络和社交媒体平台等对低碳发展知识进行宣传。以上一系列的政策指导以及具体的实践手段，使乡村居民逐步建立起对乡村低碳发展的认知并有了支持低碳发展的意识。

综合以上四个方面，乡村低碳发展现阶段处于尚不完善但在积极前进的过程中，随着"碳乡"双重大背景的推动，乡村低碳发展的意义进一步显现，但也面临一些问题和挑战。

■5.6.2 "碳乡"融合背景下乡村低碳发展的意义

"碳乡"融合背景下，乡村低碳发展具有重要意义，具体体现在以下方面：

（1）乡村低碳发展有助于缓解气候变化压力。乡村在"双碳"目标中扮演重要角色。第一，乡村是重要的CO_2排放源，乡村生产生活会产生大量的CO_2。一方面，农业生产使用的器械、农业生产投入的化肥农药以及乡村工业生产和基础设施建设投入的原材料以及建设过程都会产生二氧化碳排放；根据联合国粮食及农业组织（Food and Agriculture Organization of the United Nations, FAO）的统计，中国农业温室气体排放主要包括CO_2（二氧化碳）、CH_4（甲烷）和N_2O（一氧化二氮），温室气体排放占总排放量的比例一直超过30%。图5.9展示了1990年到2020年包括土地利用变化与林业吸收汇的所有部门温室气体排放量（All sectors with LULUCF）的变化情况，图中所有温室气体排放物单位都已折算成CO_2当量。从图中可以看出，30年来，中国该部门的温室气体排放从1990年的50亿吨CO_2当量增长到2020年的156亿吨，整体总量翻了两番，经历了惊人的增长。其中变化最快的是CO_2，同样也是占比最大的部分，CH_4和N_2O的增长幅度相对较小，但根据《中华人民共和国气候变化第三次国家信息通报》，中国的CH_4和N_2O的排放都主要源于农业活动。数据表明，2010年农业活动的甲烷排放量为2241.4万吨（相当于4.71亿吨CO_2当量），占总量的40.5%，N_2O的排放量为115.4万吨（相当于3.58亿吨CO_2当量），占总量的65.4%。另一方面，乡村居民生活也会由于家庭成员衣食住行相关的能源消耗而产生CO_2排放。随着居民收入水平的提升和生活水平的改善，农村居民的消费能力也会相应提升，房屋建设品质、生活用品和食品消费量、家用电器使用量以及私人汽车拥有量等方面都会提升，这背后都隐含了大量的

CO_2 排放。现阶段，尚未有明确的数据统计农村居民生活的 CO_2 排放量，但是随着乡村振兴战略的实施，如果不积极配合"双碳"政策的协调，这部分的排放只会继续增加。此外，乡村还有诸多特色产业，产业链上也会产生碳排放。第二，乡村是重要的碳汇来源。乡村的林地、草地、农地以及湿地等，都是重要的碳汇来源，作为自然碳汇，农业碳汇在碳中和的前中后期都扮演着重要的角色。农业用地方面，可以通过合理地轮流使用耕地、增加农业生产中有机肥施用的比例以及秸秆还田等方式来有效提升土壤的固碳能力，增加自然碳汇量。林地方面，可以通过植树造林来增加乡村乃至于全国的森林覆盖率、积极养护乡村林地以及对林地进行有效管理等方式来增加森林碳汇量。对乡村进行低碳管理有助于缓解气候变化压力。

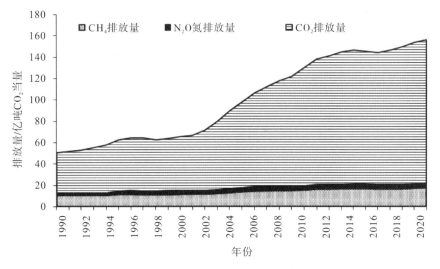

图 5.9　1990—2020 年中国农业温室气体排放量

数据来源：联合国粮食及农业组织。

（2）乡村低碳发展有助于可持续发展与经济增长。农村经济发展在国民经济中占据重要作用，从全国范围来看，第一产业增加值占比，2000 年为 14.7%，2021 年为 7.3%，有逐年下降的趋势，这主要得益于中国城镇化进程的推进以及经济的高速发展，但在黑龙江省、海南省等区域，第一产业发展作为主体部分在各省份占据举足轻重的地位。除了第一产业之外，农村还有第二产业和服务业的发展，农村经济发展的重要性不言而喻。由于中国幅员辽阔，人口众多，大部分的国土面积注定无法成为城市，农村与城市发展之间的差距难以在短时间内弥合。根据国家统计局数据显示，2021 年，城镇居民人均可支配收入为农村居民人均可支配收入的 2.5 倍，这个数字虽然在时间趋势上有持续缩小的趋势，但仍意味着农村居民可支配收入只有城镇居民的 1/4。虽然城镇化可以在一定程度上缩小城乡差距，让更多的农村居民走入城市，享受同等的发展福利，但是历年来，中央政府始终将"三农"问题作为工作重点。农业农村发展取得巨大成就，中国现阶段已经实现第一个百年奋斗目标，处于向着第二个百年奋斗目标全面奋进的关键阶段，农村农业的发展对整体中国经济实现高质量发展、统筹推进"五位一体"总体布局、全面实现百年梦想至关重要，低碳发展在此过程中则可以保障乡村经济发展的可持续性。

（3）乡村低碳发展有助于居民生活改善。中国有 1/3 的人口分布在农村地区。中国作为世界第一的人口大国，由于经济发展、地理禀赋和历史等原因积淀，有大量的人口分布在农村地区。图 5.10 展示了 2005 年以来中国总体人口和农村人口数量的变化以及农村人口占比的趋势情况，从图中可以看出，随着城镇化水平的推进，农村人口占比呈现逐年下降的趋势，但是仍然保持在 35% 的高比例，这在中国人口的大基数现状下，意味着有将近 5 亿人会生活在农村地区，即便是未来全国基本实现城镇化之后，仍将有 30% 的人口会分布在农村地区。通过推广节能设备、提供清洁能源供应和改善基础设施，可以减少能源消耗和能源支出，降低居民的生活成本。同时，推动农业绿色化和有机农业发展，提供更安全、健康的农产品，改善居民的饮食品质和健康状况。农村地区的经济发展和低碳发展情况对实现中国人民对美好生活的向往以及中国推进生态文明建设、实现"双碳"目标都有重要意义。

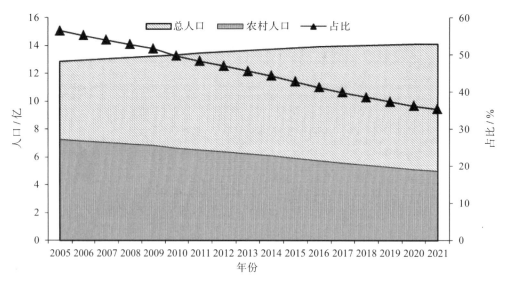

图 5.10　2005—2021 年中国总人口数、农村人口数以及农村人口占比情况

数据来源：国家统计局。

（4）乡村低碳发展有助于实现乡村振兴战略。"双碳"目标的提出要求乡村推进农业生产和农村生活减排固碳，推行美丽乡村建设，建立更加宜居的乡村环境；而"乡村振兴"战略的提出则是坚持农业农村优先发展，创新壮大乡村发展新动能，进而实现让农村成为安居乐业的美丽家园。二者皆为生态文明建设的重要内容，是农业农村

现代化的重要方向，更是实现全体人民共同富裕建设美丽中国的必然选择。其内在的协同性体现在二者是互相促进共同实现的过程，一方面，通过"双碳"目标的推进，大力推进乡村地区固碳减排，强化农村人居环境整理和农村污染整治，转变乡村发展模式和农民生活方式，推动农村高质量发展实现振兴；另一方面，通过"乡村振兴"战略的推进，努力促进农业增效和农民增收，进一步助力"双碳"目标的尽快实现。

综合来看，现阶段"碳乡"背景下乡村低碳发展迎来了重要风口，无论是经济发展要求还是人民生活水平提高的要求，都给乡村低碳发展提供了发展机会，但是现阶段乡村的低碳发展仍旧面临一些问题与挑战。

■5.6.3 "碳乡"融合背景下乡村低碳发展问题与挑战

现阶段，乡村低碳发展面临以下几个主要问题：

（1）乡村低碳发展制度建设不完善。一方面，《加快农村能源转型发展助力乡村振兴的实施意见》和《农业农村减排固碳实施方案》等纲领性文件的颁布将农业农村减排固碳的工作归结为六大任务和十大行动，这是政府部门尝试对乡村低碳发展的制度建设作出的努力，但是后续的落实和监管都没有提出更进一步的明确措施，包括具体的乡村低碳发展路线，严格的乡村低碳发展指标都尚未形成定论。即便是现有的制度，也没有能够形成完善的体系并纳入法律层面来进行约束和管理。另一方面，乡村低碳发展中现有的体系中更重要的问题是，乡村的二氧化碳排放核算和碳汇量的核算体系都不健全，这不仅会导致各项行动和任务制定时不具有合理有效的依据，更会导致各项措施在落实的过程中无法得到合理的评判与监督，这是现阶段乡村低碳发展存在的重要问题。

（2）乡村的基础设施建设水平相对较低。基础设施作为经济发展的重要基础，是乡村振兴的首要抓手，是乡村宜居的首要条件，是乡村低碳发展的重要基石。现阶段乡村基础设施建设水平低具体体现在：首先是乡村的道路设施不够完善，党的十八大以来，国家积极实施农村道路畅通工程，但是乡村的道路仍旧存在人均道路面积低、道路相对狭窄、道路硬化路况不好以及无法应对极端自然灾害（例如洪水冲刷、冬季结冰等）等诸多问题，这也导致了乡村物流设施匮乏的问题；其次是乡村的信息基础设施不健全，随着数字化的发展，未来生活更多地依赖于信息技术，而乡村的数字化水平发展受限的主要原因也是信息基础设施发展相较于城市不够完善，例如 5G 基站更多地分布在城市区域；再次是乡村的能源基础设施有待完善，在全面脱贫的大背景下，仍有一些乡村尚未接入自来水，供水供电的设施相较于城市来说有些许匮乏，而光伏、风电等新能源的使用同样需要布局相应的能源基础设施建设才能有基本的保证，但是农村的天然气和热力管道设施建设仍然落后，居民使用现代能源受到约束；最后是乡村的环境基础设施亟待补充，虽然乡村厕所改造工程卓有成效，有效地改善了乡村的环境质量，但是现阶段，乡村的垃圾分类等环境保护类基础设施的建设情况相较于广大乡村居民对美好生活的期待来说仍有巨大的差距。基础设施建设的不完善对乡村振兴和"双碳"目标的实现来说都造成了一定的阻力。

（3）农村生活用能清洁化水平有待提升。调查数据显示，农村地区居民生活用能主要来自取暖、炊事、生活照明和交通等，其中农村取暖主要的方式是燃烧散煤，虽然 2017 年国家启动了北方冬季清洁取暖的试点工作，但是"煤改气"和"煤改电"在人口不够集中、收入水平较低、供电供气基础设施欠缺的农村地区成本较高，政府也难以实行持续性的大量补贴，现阶段农村取暖的清洁化水平仍然较低。而炊事部分，根据中国健康与营养追踪调查（CHNS）的数据显示，虽然有越来越多的农村居民选择用电力、液化天然气等方式来替代固体燃料进行炊事活动，但是仍有将近一半的农户将煤和柴草等固体燃料作为主要的炊事能源，这导致炊事用能的清洁化水平较低。生活照明方面，农村已经基本上实现了"村村通电"，这部分的清洁化水平与城镇尚无大的差异。交通方面，由于充电桩在乡村地区分布不均匀、收入制约乡村居民在购买乘用车时的预算以及新能源车企业的售后维修点尚未遍布乡村地区，所以乘用车电气化水平在乡村较低，交通用能的清洁化水平也有待提升。

（4）农林牧渔生产的污染水平较高。一方面，随着农业机械化水平的提高，农业机械又多使用柴油或者汽油，农业生产中大规模使用的机械会使得污染物排放增加，这部分的耗能和产生的二氧化碳排放将成为制约农村双碳目标实现的重要因素；另一方面，农业生产投入的化肥、农药也会对环境造成污染，农业部数据显示，2015 年中国消耗了全世界约 1/3 的化肥，并且随着中国水果蔬菜粮食产量的增加，化肥的使用可能会进一步增加。同年，农业部印发《到 2020 年化肥使用量零增长行动方案》和《到 2020 年农药使用量零增长使用方案》，经过五年的努力达到了既定目标，但是现阶段仍需要通过调整化肥农药使用结构、提高化肥农药利用率和改善化肥农药施用等方式和手段进一步改善化肥农药使用给土壤、水源等造成的污染问题。最后，农业生产产生的废弃物，包括秸秆废弃物、包装废弃物、农业薄膜废弃物、畜牧粪便废弃物等对环境有负面影响的污染物的污染水平都较高。

（5）农村生活方式低碳化水平较低。相较于城市居民来说，农村居民的生活习惯会更为随意，加之政策宣传和舆论引导方面的欠缺，会导致农村居民的环保意识不够，在垃圾分类、绿色出行等方面都具有一定的滞后性。

（6）农村的技术创新动力和人才激励政策不足。无论是乡村振兴的经济发展，还是"双碳"目标的努力实现，都需要大量的人才投入和创新技术的引领，但是当下农村技术创新的动力和人才激励的政策都有严重不足。第七次全国人口普查数据显示，中国乡村 60 岁以上老人的占比为 23.81%，65 岁以上老人的占比为 17.72%，都略高于此次普查中的城镇数据，农村"空巢老人"现象严峻，由于农村发展机会少，大多数年轻人在进入城市之后便不再愿意回到乡村发展，导致大量农村人才流失，也带走了活力和创新。长此以往，乡村很可能变成一个空壳，人才的缺失对于乡村振兴和乡村的低碳发展都是极大的考验。

■5.6.4　"碳乡"融合背景下乡村低碳发展建议

构建"双碳"目标和乡村振兴战略协同发展的低碳农村，应主要聚焦于节能减排和固碳增汇两个重要抓手，从农业生产和农村生活两个主要角度，立足于政府、企业和居民三个主体参与来协同推进，具体体现在以下几个方面：

（1）政府加强乡村低碳政策的制定、监督和引导。首先，中央政府应当完善乡村低碳制度的体系设计。结合"双碳"目标和"乡村振兴"战略双重背景，借鉴其他部门、其他国家乡村发展和二氧化碳减排的优秀经验，加快制定并完善政策法规，从顶层设计上将"双碳"目标纳入乡村振兴战略规划中，并制定相应的监督监察政策，保证各地方政府积极坚定落实。基于中国幅员辽阔、区域发展不平衡以及各地资源禀赋和生活习惯差异大的基本情况，有针对性地设计适应不同乡村的有特色的低碳发展路径，积极调动地方政府、企事业单位以及乡村居民的积极性，协调多方参与。其次，中央政府应当完善乡村低碳监测评价体系，梳理总结现阶段乡村二氧化碳排放清单和碳汇清单，建立乡村生产生活的碳排放核算体系，统筹中央和地方的力量进行数据的核算和更新，形成真实有效的碳排放监测体系。

（2）政府应当加强乡村基础设施建设。2022 年 10 月 26 日，农业农村部等八部门联合印发《关于扩大当前农业农村基础设施建设投资的工作方案》，就加强农村基础设施建设以推动农业农村高质量发展提出纲领性指导意见，但该《方案》主要集中于农村的水利设施、灌溉设施与种植业、畜牧业和渔业生产设施以及农村平仓储保鲜冷链物流设施的建设和改造升级，这些作为农业发展和乡村振兴的重要基础，是乡村基础设施建设的重点。除此以外，为了促进乡村经济发展，需要加大乡村道路基础设施和信息基础设施建设投资，实现村村通公路，让乡村公路更好地连接到城市主要运输道路中，增加乡村信息基站的建设，实现数字经济发展带动乡村发展转型。为了增加乡村清洁能源使用，增加乡村可再生能源使用，还需要增加乡村能源基础设施建设，例如优化乡村电网规划，推动乡村地区电网升级建设；增加乡村分布式能源建设，升级可再生能源使用设备；完善乡村天然气管道铺设，优化乡村炊事用能结构；增加乡村新能源电动车充电桩分布等。为了优化乡村人居环境方面，也需要加强环境保护方面的基础设施建设，如垃圾分类和处理站建设、厕所改造等。

（3）多方协同提高农村清洁能源使用。政府方面应当在宏观规划时考虑到乡村丰富的风、光、水、地热和生物质能等可再生能源资源，应加强政策引导乡村进行可再生能源建设和投资以及使用。具体的措施为在农村地区推广分布式能源建设，充分推动农村地区风光发展；同时要推动农村地区电网升级建设，促进分布式能源的充分利用；此外，还需要加快农村地区用能设备更新换代，推广清洁工具使用，致力于打造绿色、多元、稳定的农村能源体系。同时，进一步限制乡村散煤、秸秆和薪草等燃料的使用，引导居民使用天然气、电力等作为生活用能的主要来源。

（4）要倡导绿色生产生活方式。绿色生产方面，通过优化投入和积极回收来实现绿色生产。优化农业生产投入结构来减少高碳和高污染产品的使用，如优化农机使用效率、更新换代老旧农机设备、提升农药化肥的利用效率等来减少污染物的排放。为了减少对于化肥和添加剂的依赖，应当通过种养结合、农牧循环和综合利用等手段来提高农业生产整体的绿色水平。对于农业生产的废弃物，类似于塑料薄膜、农业生产包装废弃物、秸秆等，应当进行合理且有效的回收利用，通过技术手段，变废为宝。在农产品生产、加工、包装和运输的全部过程中，都应当积极践行绿色低碳环保的生产方式，实现全链条低碳。绿色生活方面，通过政策宣传、舆论引导等方式，积极倡导农村居民践行低碳生活方式，增加乡村绿色公共交通建设和新能源汽车保障措施建设，引导乡村居民绿色出行；增加节能减排宣传，引导乡村居民生活中节约用水用电，养成节能环保的生活习惯；增加垃圾分类政策宣传，通过引导和强制的方式督促乡村居民积极践行垃圾分类等。

（5）构建低碳金融保障体系和创新人才引进体系。乡村振兴和新型农村能源体系的建设都离不开绿色金融的支持，金融作为促进乡村振兴和加强乡村环境有效治理、夯实各项建设资金来源的重要部分，是农业低碳化、农业智慧化、农民生活富裕化的重要助推器。在基础设施建设、分布式能源建设初期，金融保障体系应当加大资金投入和政策支持力度，缓解能源转型和产业结构变动前期资金不足而导致的止步可能；在乡村低碳发展后期，金融保障体系应当整合多种绿色金融工具，将绿色信贷、绿色债券、绿色发展基金和绿色保险等多种绿色金融工具实现协同融合进而推进乡村绿色低碳发展。创新和人才是乡村振兴和低碳发展的主要动力，政府应当积极设立相关人才引进政策，乡村政府也应当积极进行政策创新，通过更新乡村发展模式、增加乡村生活吸引力、增加对创新型人才的补助等方式吸引更多的人才参与到乡村建设中。

（6）创新乡村发展新模式。传统乡村的发展模式主要为农业生产和农民生活，且多数以个人经营的形式存在，但在"双碳"目标和乡村振兴两大背景下，乡村应当积极创新发展新模式，例如通过结合传统的种植业畜牧业养殖业与生态旅游业，结合增加乡村碳汇、植树造林优化环境形成的天然氧吧，开展绿色生态旅游的发展模式。通过转变传统小农经济，实现大规模集体生产和提高乡村生产效率。也可通过互联网和数字经济发展，将乡村特色农业产品以网络的形式进行宣传和销售，实现农业产品增值增销量、农民增收的发展模式。

总的来说，乡村低碳发展依赖于乡村地区能源绿色转型，需要多方协同推进来实现，推动乡村绿色发展作为实现美丽乡村建设和乡村振兴的必然选择，通过能源转型和产业升级带动乡村实现高质量发展，进而提升农民生活质量，是"双碳"和乡村振兴背景下的最终目标。

▓ 本章参考文献

[1] 刘斌，赵飞. 欧盟碳边境调节机制对中国出口的影响与对策建议 [J]. 清华大学学报 (哲学社会科学版),2021, 36 (6): 185-194, 210.

[2] 杜之利，苏彤，葛佳敏，等. 碳中和背景下的森林碳汇及其空间溢出效应 [J]. 经济研究 ,2021, 56 (12): 187-202.

[3] 张颖，吴丽莉，苏帆，等. 我国森林碳汇核算的计量模型研究 [J]. 北京林业大学学报 ,2010, 32 (2): 194-200.

[4] 薛龙飞，罗小锋，李兆亮，等. 中国森林碳汇的空间溢出效应与影响因素：基于大陆 31 个省 (市、区) 森林资源清查数据的空间计量分析 [J]. 自然资源学报 , 2017, 32 (10): 1744-1754.

[5] 林伯强. 碳中和进程中的中国经济高质量增长 [J]. 经济研究 , 2022, 57(1): 56-71.

[6] 潘楠，蒋金法.OECD 成员国环境税收发展趋势及经验借鉴 [J]. 税务研究 , 2022(8): 82-87.

[7] 刘贵贤，鲁玺，孔朝阳. 基于经济、环境与创新协同发展视角的最优环境保护税税率设计 [J]. 中国人口 ·资源与环境 , 2022, 32(9): 66-78.

[8] LU L, GUEST J S, PETERS C A, et al. Wastewater treatment for carbon capture and utilization[J]. Nature sustainability, 2018, 1(12): 750-758.

[9] HE Y, ZHU Y, CHEN J, et al. Assessment of energy consumption of municipal wastewater treatment plants in China[J]. Journal of cleaner production, 2019, 228: 399-404.

[10] FRIEDEL J K, LANGER T, SIEBE C, et al. Effects of long-term waste water irrigation on soil organic matter, soil microbial biomass and its activities in central Mexico[J]. Biology and fertility of soils, 2000, 31(5): 414-421.

[11] ROOHI M, RIAZ M, ARIF M S, et al. Varied effects of untreated textile wastewater onto soil carbon mineralization and associated biochemical properties of a dryland agricultural soil[J]. Journal of

environmental management, 2016, 183: 530-540.

[12] NAHLIK A M, FENNESSY M S. Carbon storage in US wetlands[J]. Nature communications, 2016, 7(1): 1-9.

[13] MORAN M A, KUJAWINSKI E B, STUBBINS A, et al. Deciphering ocean carbon in a changing world[J]. Proceedings of the national academy of sciences, 2016, 113(12): 3143-3151.

[14] MCKINLEY G A, FAY A R, EDDEBBAR Y A, et al. External forcing explains recent decadal variability of the ocean carbon sink[J]. AGU advances, 2020, 1(2): e2019AV000149.

[15] 焦念志. 研发海洋"负排放"技术支撑国家"碳中和"需求 [J]. 中国科学院院刊, 2021, 36(2): 179-187.

[16] 赵云, 乔岳, 张立伟. 海洋碳汇发展机制与交易模式探索 [J]. 中国科学院院刊, 2021, 36(3): 288-295.

[17] GREER K, ZELLER D, WORONIAK J, et al. Global trends in carbon dioxide (CO_2) emissions from fuel combustion in marine fisheries from 1950 to 2016[J]. Marine policy, 2019, 107: 103382.

[18] MOJZA E J, SONNENTAG S, BORNEMANN C. Volunteer work as a valuable leisure-time activity: A day-level study on volunteer work, non-work experiences, and well-being at work[J]. Journal of occupational and organizational psychology, 2011, 84(1): 123-152.

[19] 吕晓俊. 非营利组织志愿者动机的考察：基于文化价值取向的视角 [J]. 上海交通大学学报：哲学社会科学版, 2012(1): 58-64.

[20] MUSICK M A, WILSON J. Volunteers: a social profile[M]. Indiana University Press, 2007.

[21] CLARY E G, SNYDER M, STUKAS A A. Volunteers' motivations: findings from a national survey[J]. Nonprofit and voluntary sector quarterly, 1996, 25(4): 485-505.

[22] NESBIT R, CHRISTENSEN R K, BRUDNEY J L. The limits and possibilities of volunteering: a framework for explaining the scope of volunteer involvement in public and nonprofit organizations[J]. Public administration review, 2018, 78(4): 502-513.

第 **6** 章

协同发展：
绿色"一带一路"
与能源合作

在当前全球政治动荡、经济衰退和环境恶化的大背景下，"一带一路"倡议下的新能源合作将成为未来我国与共建国家能源合作的重要方向。同时，自共建"一带一路"倡议以来，我国政府部门颁布了一系列政策措施文件，不断增强"一带一路"的绿色属性。那么，在"一带一路"倡议下，我国新能源产业将面临什么样的机遇和挑战？"一带一路"协同绿色低碳发展将如何破局？能源投资是如何促进"一带一路"建设的？如何坚持"一带一路"倡议，助推绿色低碳发展？"一带一路"视域下新能源汽车行业是如何发展的？中国与共建"一带一路"国家油气合作呈现何种特征？

▶ 6.1 "一带一路" 新能源合作——机遇与挑战并存

近年来，新冠疫情肆虐全球，极端天气频发，区域间政治冲突加剧，人类与自然关系正逐渐失衡。在全球政治和经济格局动荡不安的大背景下，世界各国的能源安全正遭受着巨大威胁，全球碳排放的形势有所恶化。全球环境治理绝不是个别国家的努力所能够达成的，实现《巴黎协定》的 1.5℃ 目标需要世界各国共同加强国际气候合作，加快清洁能源发展，建立绿色发展理念。

中国作为目前世界上碳排放量最多的国家，深刻认识到经济绿色发展与区域间绿色合作的重要性，近年来致力于构建人类命运共同体并向世界传播低碳发展理念。2013 年习近平主席提出了 "一带一路" 倡议，这使得国际社会开始密切关注中国在 "一带一路" 倡议下的区域发展合作。中国于 2016 年进一步地将习近平生态文明思想与 "一带一路" 倡议相结合，希望将共商、共建、共享绿色 "一带一路" 的思想传播到各参与国家之中。当前，"一带一路" 倡议的大多数共建国家仍未达到发达国家水平，正受困于经济发展与能源结构转型的两难局面。作为兼顾经济与环境的未来关键能源技术，新能源领域的合作得到共建国家的大力支持。

在中国早期产业战略布局与 "双碳" 目标的积极推动下，其新能源的技术水平和产业发展都已经步入世界前列。"一带一路" 倡议下的新能源合作将成为未来中国与共建国家能源合作的重要方向。为此，本节立足于 "双碳" 目标与 "共商、共建、共享" 原则，首先系统梳理当前共建国家的低碳经济与能源转型现状，其次在 "一带一路" 倡议的基础上探究区域能源合作为中国新能源产业所带来的机遇和挑战；最后提出保障和加强 "一带一路" 新能源合作的政策建议，以期为未来 "一带一路" 倡议下的新能源合作发展模式与方向提供参考。

■ 6.1.1 "一带一路" 共建国家的新能源转型难题

1. 共建国家低碳经济发展亟须绿色能源转型

"一带一路" 的大部分国家和地区都与中国处于相同或者相似的发展阶段。在沿线 65 个国家和地区之中，仅有 11 个国家为发达国家，其余的沿线国家仍然需要维持较高的能源消费以保证经济的持续增长。例如，近年来处于经济高速发展阶段的印度，2006—2020 年的一次能源消费总量增长率高达 62.1%。1992—2020 年期间，沿线国家和地区的温室碳排放量从 93.7 亿吨增长到 211.3 亿吨，现已占全球碳排放的 60.7%。如今沿线国家的碳排放量仍然在持续升高，未来将面临极大的环境治理压力，共建"一带一路"中的发展中国家如何摆脱困境，统筹兼顾能源、经济与环境，实现高质量的可持续经济发展？能源结构转变、大力发展新能源、实现绿色低碳经济势在必行。

2. 共建国家的传统能源安全观亟须改变

当前国际能源形势波谲云诡，"北溪-1"天然气管道遭受破坏将欧洲的能源安全恐慌情绪又推向高处。与此同时，疫情肆虐与地缘政治动荡加快了传统能源安全观念的更迭，为了保障本国的能源安全，世界各国正将能源结构偏向本土资源量较多的能源进行转移。然而根据世界银行的数据，在"一带一路"的 65 个国家中（除 6 个缺失数据的国家和地区外），一半以上的国家在近 20 年以来始终处于能源的净进口状态。对于其中的能源净进口国来说，参与国之间长期稳定的能源合作固然是保障能源安全最重要的因素，但与此同时，仍需拥有一条本国自身能够完整生产的能源供应"生命线"。不少"一带一路"共建国家拥有较为丰富的新能源资源储备，例如，哈萨克斯坦富含大量铀矿及风电、太阳能资源，阿拉伯地区拥有全球最好的太阳能和风能资源禀赋。将这些本土新能源资源加以利用，建设与打造属于本国的新能源产业和新能源基础设施，是保障各沿线国家能源安全的优质选项。此外，如今建立在化石能源基础上的传统能源安全观已经无法适应如今纷繁复杂的全球能源形势，全新的能源安全观念需要将新能源的重要作用纳入考量，未来"一带一路"共建国家的新能源合作发展趋势不可避免。

3. 新能源技术瓶颈正在阻碍共建国家的新能源转型

根据世界银行的数据，1996—2019 年共建国家的可再生能源占能源消费总量的比例普遍表现为先升后降的趋势。自 2010 年以来，大部分国家的可再生能源消费占比陷入停滞或是开始下降，仅有少数国家（如立陶宛、拉脱维亚等）仍在增长。近年来，多数共建国家的可再生能源消费出现了停滞或下降现象，这主要是因为前期新能源项目成本低廉并且目前开发形式已经趋于饱和，但是这些国家受到了新能源技术水平和产业链的限制，后期的新能源项目成本相对传统能源行业过高，新能源项目缺乏市场竞争力，新能源的发展也陷入停滞。在新能源的快速发展阶段，大多数共建国家尚未打破新能源的技术瓶颈，新能源项目的开发成本仍处于高位，新能源发展缓慢甚至有所倒退。与此同时，各国的最新规划中展现出了发展新能源的强烈意愿。例如，泰国政府 2019 年通过的《泰国电力发展规划 2018》指出，到 2037 年光伏装机容量将达到 15 吉瓦，届时光伏发电将占到可再生能源总发电量的一半以上。同年，新加坡也制订了《新加坡可持续能源供给 2030 计划》，预计到 2030 年光伏装机容量将最低提升至 2000 兆瓦。沙特阿拉伯在"2030 愿景"发展战略中表示，可再生能源比例将占 2030 年国家能源结构的 50%。埃及也希望将自身清洁能源发电量在 2035 年提升至占总发电量比例的 40%。综上所述，目前共建国家的新能源发展正处于重要阶段，但却受制于新能源的先进技术瓶颈。深化与共建各国在新能源领域内的交流合作能够帮助中国新能源企业走出国门，有利于中国与共建国家新能源行业之间的产业融合与技术进步，共同提升新能源发展的速度和质量。

6.1.2　中国新能源发展的现状

1. 新能源投资全球领先，新能源规划进展显著

根据彭博新能源财经（BNEF）的报告，2022 年上半年，中国在大型太阳能项目上的投资额超过 400 亿美元，同比增长 173%；新增风力发电项目投资 580 亿美元，较 2021 年上升了 107%。中国不仅在风电光伏领域投资规模巨大，在全球的可再生能源投资领域也处于第一梯队。2022 年 1—6 月，全球可再生能源投资创历史新高，总额为 2660 亿美元，其中中国投资占比为 43%。与巨大的投资规模相对应的是中国新能源转型规划的显著成效：国家能源局数据显示，截至 2021 年 9 月底，中国水电、核电、风电以及太阳能发电共计装机容量 10.1 亿千瓦，占电力总装机容量的 44.1%。为实现 2030 年之前全国碳排放量达到峰值的目标，中国计划在 2030 年风电与光伏发电总装机容量达到 1200 吉瓦以上。国际可再生能源署的研究表明，至 2021 年底中国的风力与太阳能的发电能力已经达到了 635 吉瓦，超过了规划目标的一半。中国新能源发展迅猛，节能减排成效颇丰，新能源转型之路正按照规划稳步地前行。目前中国的新能源已经布局全国且新能源基础设施较为完善，这在一方面缓解了中国能源短缺导致的能源安全困境，另一方面也为 "一带一路" 共建国家的新能源合作建设提供了宝贵的实践经验。

2. 新能源技术与产业链完备，新能源企业竞争力国际领先

随着新能源在中国的能源结构中的占比越来越大，中国也在持续推进新能源的科技创新和产业升级。如今，中国太阳能发电、风力发电以及核电的关键技术均已实现突破并位列国际前茅。在风电光伏方面，中国风电技术的关键零部件已基本实现国产化，光伏产业突破了多晶硅的技术封锁，实现了国内全产业链发展。据日本国际贸易和工业部研究，中国的下一代太阳能技术以及海上风电技术的知识产权竞争力已经达到全球第一。在核电方面，采用中国自主创新的第三代核电技术建成的 "华龙一号" 机组已经开始运行，年发电能力接近 200 亿千瓦·时，减少碳排放 1632 万吨。中国新能源企业的产品不仅能够保证国内的大量需求，而且在海外市场的竞争力也十分强劲。BNEF 最新报告指出，世界十大风力涡轮机的制造商中有六家是中国企业，世界十大太阳能组件的制造商中有八家是中国企业。目前，中国新能源企业已经走出国门并与其他共建国家开展了一系列的新能源合作。持续稳步推进绿色 "一带一路" 的建设不仅能够帮助共建国

家实现能源低碳转型，同时还能够促进本国新能源产业与技术的持续健康发展。

■6.1.3 "一带一路"带来的新能源合作机遇

1."一带一路"国际对话为新能源合作创造稳定的发展环境

随着全球环境治理形势的愈加严峻，同时逆全球化的思想逐渐盛行、各国经济增长逐渐乏力，"一带一路"倡议为各国在百年未有之大变局下提供了充满活力与强大韧性的商业发展环境，其重要性正逐渐彰显。新能源作为未来世界各国可持续发展的重要能源供给途径，正在成为近年来"一带一路"共建国家顶层会议的讨论重点之一。由于各参与国新能源基础设施建设与技术发展情况有所差异，同时新能源也是当前刺激经济的一个重要新增长点，因此，绿色"一带一路"的共同建设离不开广泛的新能源合作。目前中国与东盟、阿盟和中东欧的沿线国家之间正在积极推动与实施多项区域间新能源合作计划，全球能源监测组织2022年的报告表明，位于中东和北非的阿拉伯国家计划到2030年新增5倍以上的公用事业规模的新能源项目装机容量，其中中国是主要的新能源合作对象。近期"一带一路"能源合作伙伴在山东青岛举办的会议更是将新能源项目投资和对接合作列为讨论重点。中国与共建国家和区域之间积极开展的双边和多边的顶层新能源合作对话，能够积极引导新能源的投资与产能合作，加强新能源基础设施的互联互通，扫清新能源合作的国际壁垒和政策障碍。"一带一路"倡议为共建国家的新能源合作政策沟通建设了一个国际对话平台，为共建国家的新能源合作创造了稳定良好的发展环境。

2."一带一路"产业合作基地为新能源合作提供新的场地与载体

近年来中国与沿线国家商贸往来的日益增多，各国互利互信的"一带一路"伙伴关系逐渐加深，大量的双边合作产业基地也应运而生。中国商务部数据显示，截至2019年底，中国在沿线国家和地区投产建成了超过80个主要经贸合作园区。这些经贸和工业合作园区在促进"一带一路"新能源合作方面已经产出了丰厚的合作成果，例如其中的中白工业园、泰中罗勇工业园以及埃塞俄比亚的阿达玛工业园。此外，中国也在积极推进新能源相关的先进技术培训基地走进"一带一路"倡议之中，新能源技术培训项目与合作研究成果丰厚。例如，中阿清洁能源培训中心不仅帮助"一带一路"沿线的阿盟国家提升了新能源领域的自主创新能力，而且以此为平台共同组织了多个风电、光伏、智能电网等方面的能源建设项目。大量"一带一路"经贸合作区、工业园区以及科技中心的建成，能够为合作双边新能源产业链的分工协作、新能源科技与基础装备的共同研发提供新的合作场地与载体，激发"一带一路"新能源合作的区域效应和规模效应。

3."一带一路"投融资平台为新能源合作带来丰富的启动资金

新能源项目由于投资金额大、回收期长等特征而经常面临融资困难的风险，国际间的新能源合作则更可能由于其跨国合作的不确定性导致金融机构的融资限制。为解决这一问题，中国与沿线国家正在以"一带一路"倡议建设为契机，给新能源合作带来广阔的绿色投融资平台。目前中国的政策性银行与开发性金融机构已经成为"一带一路"绿色金融的先行者和引导者。截至 2019 年底，中国进出口银行的"一带一路"绿色信贷余额已经达到了 2500 亿元。与此同时，亚投行也将可发展的基础设施建设列为投资项目的第一选择，丝路投资也将关注的基础建设看做其四大重要原则之一。此外，在中国共有 39 家国际性银行签订了《"一带一路"绿色投资原则》，其中不仅包括了沿线国家的政策性银行和商业银行，一些沿线国家以外的银行也积极参与。目前"一带一路"新能源合作前景正逐步向好，沿线国家的绿色金融机构对话合作平台也逐渐建立完全，未来"一带一路"绿色投融资平台的快速发展将克服沿线国家之间新能源项目的融资困难，能够为中国与沿线国家的新能源合作提供丰富的启动资金和良好的金融环境。

4."一带一路"发展理念为新能源合作促进民意相通

国际可再生能源署称，未来十年可再生能源将新增近 1 倍的就业机会，并且光伏行业就将创造约 1200 万个岗位。由此可见，未来"一带一路"的新能源合作将为共建国家的人民创造更多的就业岗位，为他们带来更加美好的生活前景，并将绿色发展理念在新能源合作项目中传递给这些国家的人民，实现共建国家的经济合作与绿色思想宣传活动的结合。在支持绿色产业与技术发展的同时，把资源节约、环境友好的原则与传统的国际新能源产业合作相融合，能够真正做到兼顾经济发展与环境保护。

6.1.4 "一带一路" 新能源合作的现实挑战

1."一带一路"新能源合作政策体系仍需完善

当前"一带一路"体系的建设虽然在各方的努力之下已经在国际贸易、交通物流和能源合作等领域初具成效，但"一带一路"的制度体系总体上呈现出"碎片化"的特征。新能源合作作为"一带一路"能源合作领域的最新热点，其合作制度的建设尚且处于摸索与学习借鉴的阶段，正在经历"碎片化"的新能源合作制度建构期。虽说"碎片化"的新能源合作制度有助于新能源合作的多样化发展，但是随着时间的推移和新能源合作的深入，"碎片化"的新能源合作体系将逐渐无法承受庞大数量的新能源投资和项目，最终可能会产生国际合作政策的衔接不当或冲突。这种情况一方面会造成新能源企业由于过度担忧"碎片化"政策的不明显性与不确定性从而减少或放弃对于"一带一路"新能源合作项目的投资。另一方面，未来国际政府间需要重新对于"碎片化"的政策体系进行重整，可能会将本就"碎片化"的新能源合作制度重新打乱，从而增加了额外的政府成本与社会学习成本。

2."一带一路"新能源合作法规仍然缺失

目前，"一带一路"倡议中的新能源合作项目正面临着严重的合作法规缺失问题，这一问题也同样阻碍着"一带一路"新能源合作的脚步。如果"一带一路"新能源合作中出现了争端，现在的新能源合作体系中仍缺少一个对各方都具有约束力的法律法规体系解决这类问题。虽然目前"共商、共建、共享"的合作原则能够避免许多"一带一路"新能源合作的冲突的产生，但是随着未来"一带一路"新能源合作的持续深入，法律法规缺失的不足之处将逐渐显现，并很可能对沿线各国的新能源合作造成负面影响：一方面，当前新能源的国际规范仍处于不完善的状态，无法依靠国际法规对"一带一路"的新能源争端的各方进行约束。另一方面，新能源不同于传统能源，应用模式尚不成熟，应用场景尚不稳定，"一带一路"新能源合作法律法规的缺失更容易造成新能源合作企业的恐慌心理，从而导致新能源合作停滞不前。

3."一带一路"新能源合作的融资渠道尚显单一

虽然目前中国的可再生能源投资正在持续增长，但是"一带一路"的新能源合作项目融资供应主要还是以中央银行与政策性银行为主体，商业性银行与民间资本的参与度较低。由于新能源合作项目的回收期长、不确定性较大，一些商业金融机构对于这类项目的金融服务呈现出保守态势，加之"一带一路"倡议下的新能源合作项目涉及多个政治经济体，加剧了民间资本的担忧与恐慌心理，导致当前新能源合作项目的融资渠道单一。若这一问题无法得到很好的处理，未来政策性银行的资金供给将无法撑起逐渐庞大的新能源合作项目体量，从而对后续"一带一路"新能源项目的深入合作与持续发展造成严重阻碍，导致国际新能源合作项目陷入资金短缺的尴尬局面。

▌6.1.5 保障和加强"一带一路"新能源合作建议

中国新能源领域在国际社会拥有极高的产业优势和技术优势，是当前绿色能源革命的引领者和先驱者。与此同时，"一带一路"倡议为中国新能源产业的可持续发展提供了一个广阔的对话平台与发展前景。"丝绸之路经济带"未来将为中国创造全新的绿色经济增长点，为全球新能源产业的发展注入新动能。中国必须牢牢抓住这次机会，深化"一带一路"沿线的新能源合作，将绿色低碳发展与生态文明建设的理念传递给沿线国家和地区，打造"一带一路"绿色低碳走廊，通过国际新能源合作从"能源大国"晋升成为"能源强国"。因此，本节提出以下几点建议，希望能够为保障和加强"一带一路"新能源合作提供参考。

（1）坚持 "共商、共建、共享" 的合作原则。由于 "一带一路" 共建国家政治、经济、社会和文化等因素有所不同，中国的 "一带一路" 新能源合作必然会受到地区差异的影响。因此，首先，各国需要构建平等沟通的政治对话平台，共同商议双方新能源合作的长期目标与未来期许，摒弃民粹主义和零和博弈的逆全球化思维，树立起 "和平、发展、合作、共赢" 的思路理念，建立起政治互信的长期伙伴关系。这需要各国顶层设计者意识到 "人类命运共同体" 的深层意义与精神内涵，继续完善 "丝绸之路经济带" 高层领导的政治合作体系，保障 "一带一路" 新能源合作的长期利好趋势，创造一个稳定的新能源技术与产业合作环境。其次，各国新能源合作方需要积极地互相贡献，避免出现单方付出的情况。通过新能源产业的共同建设，共同探索最佳的新能源技术互助、产业交融的合作方式。最后，各参与国在新能源合作之中要做到平等互利，让各方都能在合作中体会到参与感和获得感，建立起互惠互利的长期合作伙伴关系，走出一条具体完善的新能源合作道路。

（2）构建与完善 "一带一路" 新能源合作机制与法律约束体系。为摆脱 "碎片化" 新能源合作体系的未来风险，各国需要考虑完整的 "一带一路" 新能源合作体系建设，本节在此提出一个建立高层决策、中层规划、底层执行的具体实施路径。首先，新能源合作的高层通常为各国中央政府，通过 "一带一路" 顶层会议的协商与谈论，探讨各方新能源合作的最终目标与合作方式。顶层设计者需要形成新能源合作的共识，达成并签署国际合作协议，为中层的具体规划提供指导意见。其次，新能源合作的中层通常为各国的各级政府及专家智库，他们根据高层的协定设计出具体的新能源合作路径方案，组织合作项目的管理与监管，发布审核各新能源合作项目招投标信息。最后，新能源合作的底层包含各大公司企业和高校，建立产研融合的研发基地，实施并完成新能源工程的具体项目。

对于法律法规约束的缺失，则需要合作各方在具体实施的时候协商完善，共同探索、互信互任、友好交流，逐步完善 "一带一路" 倡议下的新能源合作法律法规体系。新能源企业也要进一步提高自身的国际合作能力，加强风险管理意识，系统评估国际社会突发事件的危害，系统制订合作纠纷的解决方案，同时加强与政府新能源合作部门的沟通协作，真正做到防患于未然。此外，"走出去" 的中国新能源企业要注意遵守当地法律法规，积极履行社会责任，为本土居民带来福祉，与各国的人民 "打成一片"，保证 "一带一路" 新能源合作项目的民意基础。

（3）政策助融，以 "产" 助 "融"，持续拓宽 "一带一路" 新能源融资渠道。实现 "一带一路" 新能源合作融资渠道的拓展，需要大胆的国际实践尝试以及持续增强的国际实力。国家政府需要继续完善 "一带一路" 金融国际合作政策体系建设，为民间金融资本提供政策保障，并以政策性银行的成功案例为引导，鼓励各金融机构大胆尝试

"一带一路"新能源合作项目,实现国际金融借贷的创新突破。当"一带一路"新能源融资项目的成功案例越来越多,各国金融行业能够通过这些宝贵的经验避免各类风险,届时各类资本将有信心、有底气为新能源项目提供金融服务,"丝绸之路经济带"上的新能源合作金融市场将充满活力。新能源产业也可积极运用融资租赁等长期金融工具,有效淡化"一带一路"新能源合作项目回收期时间长的缺陷,同时加强与国内外金融机构的沟通,实现以产助融、产融结合的创新合作机制,在国际化实践中建立自身信心,打造自身产业硬实力。

▶ 6.2 "一带一路"协同绿色低碳发展

2022年3月,国家发改委等四部委共同印发《关于推进共建"一带一路"绿色发展的意见》,明确了未来"一带一路"绿色发展的主要目标,对共建"一带一路"高质量发展提出了新的要求。自2013年提出共建"一带一路"倡议以来,中国政府部门颁布了一系列政策措施文件以不断增强"一带一路"的绿色属性。2016年6月,中国首次向全球提交了有关携手建设"绿色丝绸之路"的倡议。"绿色丝绸之路"建设以绿色治理为核心,积极开展各领域范围内的绿色合作。当前,中国面临着日益变化的气候情况和复杂国际局势,"一带一路"绿色低碳发展也遇到新的困难和挑战,如何破局,继续深化低碳发展合作,是绿色"一带一路"建设中必须攻克的重要难题。图6.1展示了"一带一路"绿色发展政策路径。

2015年3月,国家发展改革委、外交部、商务部联合发布《推动共建丝绸之路经济带和21世纪海上丝绸之路的愿景与行动》,要求企业主动承担社会责任,严格保护生物多样性和生态环境。

2017年5月,国家环境保护部发布《"一带一路"生态环境保护合作规划》,提出生态环保合作是绿色"一带一路"建设的根本要求,是实现区域经济绿色转型的重要途径,也是落实2030年可持续发展议程的重要举措。

2022年3月,国家发展改革委、外交部、生态环境部、商务部联合发布《关于推进共建"一带一路"绿色发展的意见》,围绕推进绿色发展重点领域合作、推进境外项目绿色发展、完善绿色发展支撑保障体系3个板块,提出15项具体任务。

2013年2月,商务部、环境保护部印发《对外投资合作环境保护指南》,指导中国企业进一步规范对外投资合作活动中的环境保护行为,遵守东道国环境保护法律法规和标准要求,支持东道国的可持续发展。

2017年4月,环境保护部、外交部、国家发展改革委、商务部联合发布《关于推进绿色"一带一路"建设的指导意见》,提出应在"一带一路"建设中突出生态文明理念,推动绿色发展,加强生态环境保护,共同建设绿色丝绸之路。

2021年7月商务部、生态环境部发布《对外投资合作绿色发展工作指引》,系统地将绿色发展理念正式纳入对外投资合作政策体系并进行详细规定。鼓励企业开展境外绿色投资,把绿色理念贯穿至对外投资合作全过程。

图 6.1　"一带一路"绿色发展政策路径[1]

资料来源:笔者根据公开资料整理。

6.2.1 "一带一路"绿色低碳发展现状

气候承诺是实现降碳减排发展的必要前提。[2] 面对气候变化的客观大环境影响，中国政府已明确提出了力争在 2030 年前实现碳达峰、2060 年前实现碳中和的重大战略决策。作为世界上最大的能源生产国和消费国，中国的气候承诺起到了重要的表率作用，推动了各国特别是发展中国家积极应对气候变化问题。除了气候承诺，中国也致力于推动"一带一路"共建国家参与绿色低碳发展，促进国际合作，增速全球环境治理进程。2021 年 6 月 23 日，包括中国在内的 29 个沿线成员国联合发起了"一带一路"绿色发展伙伴关系倡议。2017 年 5 月，中国国家主席习近平在"一带一路"国际合作高峰论坛倡议成立"一带一路"绿色发展国际联盟，该联盟于 2019 年 4 月在第二届"一带一路"国际合作高峰论坛绿色之路分论坛上宣布正式成立。截止到 2022 年，已有 26 个国家的环境主管部门加入"一带一路"绿色发展国际联盟。表 6.1 展示了"一带一路"国家参与绿色发展的情况。

表 6.1 "一带一路"国家参与绿色发展情况

"一带一路"绿色发展伙伴关系倡议发起国家	"一带一路"绿色发展国际联盟合作国家
阿富汗、孟加拉国、文莱、柬埔寨、智利、中国、哥伦比亚、斐济、印度尼西亚、哈萨克斯坦、吉尔吉斯斯坦、老挝、马来西亚、马尔代夫、蒙古国、缅甸、尼泊尔、巴基斯坦、菲律宾、沙特阿拉伯、新加坡、所罗门群岛、斯里兰卡、塔吉克斯坦、泰国、土库曼斯坦、阿联酋、乌兹别克斯坦、越南	安哥拉、亚美尼亚、柬埔寨、中国、古巴、爱沙尼亚、埃塞俄比亚、芬兰、冈比亚、危地马拉、伊朗、以色列、意大利、肯尼亚、老挝、马尔代夫、毛里求斯、蒙古、缅甸、尼泊尔、巴基斯坦、俄罗斯、新加坡、斯洛伐克、多哥、阿联酋

资料来源：笔者根据公开资料整理。

推动"一带一路"国家的绿色低碳建设，是中国应对气候变化、完成联合国可持续发展战略的关键举措之一。中国以外的"一带一路"国家的 GDP 总额约为全世界 GDP 总额的 1/4，但其碳排放总量大于这一比例[2]。推动"一带一路"国家达成绿色低碳发展承诺对于全球实现碳减排和气候变化目标具有重要意义。首先，"一带一路"共建国家大多数为发展中国家，经济发展水平较低；其次，这些国家自然环境与气候状况差异较大，易受严重气候灾害冲击，对风险的抵御能力较差，受气候变化影响较大；另外，国家能源结构总体偏重传统能源和单一资源[3]，经济发展的客观要求，导致人们对各种能源资源和设施的需求量逐渐增长，使得能源消耗和碳排放水平居高不下，并且普遍缺乏对绿色低碳发展的经验和认识。通过"一带一路"建设，中国正在积极寻求与共建"一带一路"国家在气候变化问题上的共识，努力推进建立全球气候治理体系。这一做法特别有利于帮助发展中国家在能源转型中促进经济社会发展，提升应对气候变化能力，达成长期可持续发展目标[4]。

■6.2.2 "一带一路"绿色低碳发展合作的前景及机遇

从提出共建"一带一路"倡议至今，中国已与沿线各国在能源领域展开了广泛、深入的合作交流。越来越多的大型能源合作项目落地，随之与各国能源多边、双边的协作关系越来越健全，能源发展和科技交流也日益频繁，促进了"一带一路"相关国家的经济发展和社会稳定。绿色"一带一路"建设的提出又进一步对推进清洁能源和新能源开发、强化生态环境质量保障、建设绿色金融服务体系提出了更高的要求。

（1）绿色低碳发展是突破"一带一路"国家能源困境的重要途径。对发展中国家来说，保障国民经济增长和人民生活水平提升是基础要求。许多发展中国家本就存在着能源贫困问题，新冠疫情更加剧了这些国家的经济与民生困难。在后疫情时代，如何实现能源可及是许多国家要面临的严峻挑战。撒哈拉以南的非洲拥有全世界 75% 的无电人口，疫情还使更多的有电人口重新陷入能源贫困，许多非洲国家更难实现到 2030 年普及电力的可持续发展目标。中国在能源可及和可再生能源开发方面世界领先，可再生能源发电累计装机规模在多领域均为世界第一。由中国能建承建的肯尼亚加里萨光伏发电站，是中国"一带一路"优惠贷款在肯尼亚共和国支持的首个发电项目，也是目前东非地区规模最大的光伏发电项目。电站每年帮助肯尼亚减少了大量的能源消耗和碳排放，并且为加里萨地区提供了稳定的电力供应，对地方经济社会发展具有重要积极意义。借助绿色"一带一路"的能源政策协同、知识资源共享和绿色投融资，中国可以帮助非洲各国提出适合自身具体情况的能源开发计划，为缓解能源贫困问题创造与其经济水平相适应的绿色发展经济复苏参考方法和公共服务需求。

（2）"一带一路"推动能源国际合作绿色低碳转型发展。近年来，中国对"一带一路"共建国家和地区可再生能源建设的支持力度不断加大。根据"一带一路"绿色发展国际联盟研究报告，过去的 20 年间，中国在 81 个"一带一路"国家投资的非化石燃料电厂的投资额约占能源基础设施总投资的 70%。并且中国已承诺停止新建海外煤电项目，审慎推进在建项目。政策导向能源投资低碳化，有利于支持"一带一路"国家的能源转型和新能源发展。结合各国的资源禀赋和发展需要因地制宜，中国大力推进在"一带一路"国家中的水电、光伏和风电等可再生能源设施建设。老挝和泰国分别在水电和光伏领域获得最多投资项目。2022 年 7 月，中国电建在老挝投资建设的南欧江全流域梯级水电站发电超过了 100 亿千瓦·时，为老挝的生产生活提供了安全稳定清洁的电力保障。除了直接投资建设，中国还加强在基建、交通运输、金融等全行业的绿色低碳水平，鼓励"走出去"中企充分考虑环境因素，贯彻落实绿色低碳标准，使用国际标准或更高的标准在中国开展环境保护工作。

（3）金融市场为"一带一路"绿色发展搭建支撑性平台。中国金融机构通过直接间接融资和绿色债券等金融工具为"一带一路"国家的可再生能源开发和基础设施建设提供了资金支持。[5] 例如，中国银行参与投资建设了位于阿布扎比的全球规模最大的光伏电站，金融机构也为政策落实提供资金引导。在中国宣布全部停建国外煤电建设项目之后，作为中国海外投资和建设项目的主要政策性融资机构的中国进出口银行发放了 30 多亿元的"清洁能源"专项绿色金融债券，为水力发电、风能发电等可再生能源设施建设和经营提供融资保障。多家商业银行则宣布将不再向国外新增煤矿开采和新增煤电建设项目进行融资。在绿色金融合作方面，中国绿金委与伦敦金融城牵头多个金融机构联合出台了《"一带一路"绿色投资原则》，鼓励"一带一路"各国制定绿色金融战略框架和政策，推动绿色信贷和绿色债券等绿色金融工具开发。[6]

此外，由于共建"一带一路"国家的碳排放量约占全球总排放的 1/3，绿色"一带一路"建设也意味着巨大的国际碳排放权交易市场潜力。碳交易市场具有自身的优势和灵活性，能够利用市场行为使碳减排的效益达到最优。[7] 当前中国正大力推进碳交易市场及交易机制的建立。在进行小范围的碳市场试点后，2021 年全国碳排放权交易市场开始正式启动。在"一带一路"的发展中国家中，哈萨克斯坦等国已经同样开始建立碳市场，部分东南亚国家也在计划发展碳交易市场。通过绿色"一带一路"的建设，可以在推行中国的碳交易标准体系的基础上，支持"一带一路"国家建立适应自身国情的碳交易体系。

6.2.3　绿色"一带一路"发展面临的挑战

目前来看，绿色"一带一路"的发展已经收获了显著的成效，但是仍然面临诸多风险与挑战：

1. 疫情冲击持续影响全球经济

新冠疫情对全球的经济产生长期影响，如何恢复民生、促进经济复苏是各国政府面临的重要问题。对于以发展中国家为主体的"一带一路"国家，后疫情时代的经济复苏将是其面临的更为严峻的挑战。面对能源贫困和能源安全问题，高成本的低碳发展加重了发展中国家的负担。从供给角度，新冠疫情造成的经济冲击导致绿色低碳项目的开发更加难以获得资金支持，新项目难以推广立项；全球供应链受到影响，中企

"走出去"难度加大，许多已经开展的工程项目交付期不断延后。从需求角度，生产生活的暂停导致能源需求自然减少；"一带一路"共建国家由于面临严重的经济和民生压力，往往对成本更高的清洁能源需求降低，转投成本相对低廉的化石能源。总体来看，自疫情以后，"一带一路"各国对恢复经济发展的要求越来越迫切。从另一方面来说，如果在这一窗口机遇期帮助"一带一路"国家进行清洁能源的发展建设，也可能为促进沿线国能源结构转型、提高绿色与低碳发展程度带来新的机遇。[8] 同时，经济下行带来的影响是长期持续的，绿色"一带一路"的推行将在未来面临更多的障碍。

2. 中美冲突影响国际能源格局

中美两国是世界最大的经济体和能源消费国。在过去的数十年间，中美的差距不断缩小，中国对美国的贸易逆差也在迅速扩大。能源是一国发展的重中之重，随着中美贸易摩擦升级，美国不断压制中国的能源发展。美国作为世界最大的油气生产国，对全球石油和天然气及页岩气资源具有绝对的掌控权。中国在可再生能源领域的发展和领先严重冲击了美国的能源优势地位。自 2013 年"一带一路"倡议提出以来，中俄能源合作迅速推进，建成亚马尔液化天然气（LNG）等项目。在"一带一路"沿线，中国也加速了同俄罗斯、中亚等地区的能源合作步伐，并广泛推动发展中国家可再生能源项目开发。中国对于推动"一带一路"绿色低碳发展的决心可能会进一步打破美国的能源霸权。所以，美国在"一带一路"沿线不断挑起争端，其运用经济霸权和长臂管辖法律特权对中国和其他国家的能源、经贸合作制造障碍。未来，中国的能源安全问题和"一带一路"共建国家的长期稳定发展都将与美国的战略转变息息相关。

3. "一带一路"沿线地区地缘政治风险加剧

当前已经有近 150 个国家、超过 30 个国际机构同中国政府签订了"一带一路"合作文件，"一带一路"国家和地区贯穿亚欧大陆，地缘政治关系错综复杂。在"一带一路"沿线，中东国家拥有丰富的能源资源，同中国在能源方面合作密切，中国也在以阿联酋为首的中东国家积极开展光伏发电等可再生能源建设，帮助中东国家提高绿色低碳水平。但中东地区由于长期遭受政局变动和战争风险的影响，项目建设存在风险。同样，"一带一路"核心区的中亚各国也频繁发生政治动荡。在南亚地区，克什米尔问题随时可能激化印巴关系，进而影响"一带一路"的重要连接点中巴经济走廊。更为严重的是俄乌冲突，直接影响着全球的能源供应链，给中亚和欧洲的发展都带来了极大的不确定性。在长期俄乌冲突的影响下，"一带一路"，特别是以低碳和新能源为主导的绿色"一带一路"，很可能面临更大的尾部风险。共建"一带一路"坚持开放包容的宗旨，在建设过程中欢迎每一个国家和地区的参与。但由于参与主体的跨地区性和跨文化性，在实际推进的各领域都难以形成一个统一的系统性规则体系以供各国共同执行。在较高的地缘政治风险下，许多共建项目因各种原因被迫中断，风险和矛盾持续加大。

4. 国际合作中金融和法律上的风险隐患日益明显

当前世界经济面临下行风险，全球市场波动，通货膨胀严重。部分"一带一路"共建国家在项目资金和债务偿还方面愈加陷入困境。一方面，金融机构是"一带一路"合作的重要支撑，为发展中国家提供能源转型的资金支持，保障可再生能源项目的建设开展。现在除了需要关注投资项目财务上的回报和风险外，金融机构还要特别注意及时识别境外国家风险和完善防范机制，避免已投入资金难以回收。另一方面，许多国家对为减排付出更大成本的绿色项目的需求减退，低碳发展更难达成共识，东道国在政策、金融和法律等方面的支持力度下降。此外，绿色产业在大多数发展中国家仍属于新兴产业，缺乏成熟的经验和操作方案。尽管中国在可再生能源建设和低碳发展领域已经积累了一定的经验，但是在与"一带一路"国家合作的过程中，不能只是将其经验进行简单的移植，从顶层设计到最终立项各个环节都需要全面地考虑东道国的基本国情和资源禀赋情况，确保合作的可行性，尊重东道国的环境保护要求。在国际合作中，国家层面的多边安保机制和法律保障措施也普遍缺失。一旦遇到冲突，项目的维权压力和维权成本也成为棘手难题。

5. 中国推进绿色"一带一路"建设软实力不足

尽管中国在"一带一路"绿色合作中拥有强大的硬实力，如资金充足、科技发达、经验丰富，有能力带领沿线国家积极开展绿色低碳建设，但中国的各项标准和规则缺乏国际社会的普遍认可，并没有形成共识，难以实现推广。在共建国间也没有形成统一的、系统性的规则体系。目前在标准问题上两项重要的成果为《"一带一路"项目绿色发展指南》和《"一带一路"绿色投资原则》，但这两项成果仍不够全面。如何在绿色"一带一路"发展过程中推行中国标准、中国规则，使国际社会认可和采纳中国绿色体系，是长期发展的重要议题。另外，国际社会对绿色"一带一路"仍存在许多的误解和偏见，导致部分参与主体存在质疑，参与积极性不高，合作不够深入。因此，对于"一带一路"绿色低碳发展的积极正面宣传还有待加强，从综合软实力提高"一带一路"绿色发展程度。

6.2.4　深化"一带一路"绿色低碳合作的建议

当前"一带一路"低碳发展机遇与挑战并存。虽然困难重重，但一旦把握住能源转型的重大机遇，将大大利好中国在世界能源治理体系中的地位，更有助于完成碳减排目标以及应对气候变化承诺。

面对能源发展的新形势与新挑战，中国应增强与沿线各国的合作意识，提升中国企业国际化程度，防范能源安全问题。进一步加大在绿色低碳和新能源领域的数字化、智能化研发投入，提高低碳技术水平。应积极参与国际绿色标准体系建设，推动构建"一带一路"能源国际合作标准。同时打通上中下游完整的产业链体系，深度开拓"一带一路"低碳发展市场。

（1）统筹完善"一带一路"绿色发展支持保障体系。第一，强化顶层政策支撑，在"一带一路"政策设计中积极考虑绿色发展因素，加强对共建"一带一路"环境经济项目的统筹协调和整体实施，协调多种力量完善有关优惠政策、创新服务，形成协调统一又各具特色的绿色"一带一路"政策路径，将保障政策落到实处，取得丰富成果。第二，搭建对话合作平台。加强与联合国、世界银行、国际货币基金组织等多边国际组织的沟通交流。深入建设"一带一路"绿色发展国际联盟，主动构建"一带一路"的绿色经济战略交换协作与信息沟通网络平台[9]，以继续增强全球竞争力。通过强化与沿线各国政府和各方间的信息共享、科技交流和合作，进一步发挥"一带一路"资源合作伙伴关系以及"一带一路"可持续城市联盟等协作平台功能，构建多元化交流与合作网络平台。第三，健全资金支撑保障。在国内绿色金融市场发展的基础上，有序推进"一带一路"各国间绿色市场建设，形成双向绿色金融支持体系。同时引导国内银行向全球客户发展绿色贷款服务，协助世界银行与跨国机构发展绿色经营业务，支持绿色"一带一路"。第四，完善绿色发展能力建设基础保障。依托国内外绿色技术，支持环境科技交流和转化培训基地、绿色科技示范推广基地和绿化科技园区等平台建设，提高技术发展能力保障。同时增进低碳科技和环保管理的相关科技人员相互交流学习，提升"一带一路"共建国的低碳生活意识和技术水平。同时组织共建绿色"一带一路"发展专项技术培训，加强对组织共建绿色"一带一路"发展的人才的支持力度。建立绿色丝路新兴人才智库，构筑共建"一带一路"绿色发展知识支持系统。

（2）提升绿色"一带一路"建设软实力。针对在"一带一路"推进中软实力不足的问题：第一，应该深化国际交流合作，与各国政府、相关国际机构积极开展可再生能源发展的全球性标准对接[10]，借鉴国际先进经验和国内已有的优秀成果形成中国标准，在制造、认证、建设和运营管理等方面努力贯彻落实，推动中国标准成为国际通行的规则和准则。在绿色低碳合作和项目建设过程中帮助东道国学习和适应中国标准，营造有利于可再生能源发展的国际合作氛围。通过国际论坛、会议等方式，使用政策法规等方法将规则准则制度化。进行中国标准的宣传教育和人才培养，推动东道国认可并采用中国标准。第二，在"一带一路"国际舆论方面加强宣传引导。面对质疑和不实消息，应当及时澄清。在国内加强绿色"一带一路"的案例和数据整理，形成系统性总结报告，量化可视化成果。与国际媒体和社交平台加强合作，积极宣传真实的绿色"一带一路"成果，鼓励绿色"一带一路"成果展示。

（3）以能源结构转型带动高质量绿色 "一带一路"。中国拥有全球最庞大的能源系统，目前化石能源占比仍在 80% 以上。"双碳" 目标对中国能源结构转型提出了高要求。[11] 同时，中国积极开展能源结构转型工作也将加速全球清洁能源开发，推动 "一带一路" 低碳发展。中国的能源结构转型方式能够为 "一带一路" 国家特别是发展中国家提供可借鉴的低碳发展经验。当前中国已经宣布彻底停止建设国外煤电项目，稳慎实施在建国外煤电项目，推进建设国外煤电企业的低碳建设。同时应该积极引导高排放企业提高燃煤清洁高效利用，发展二氧化碳捕集、利用和封存等领先科技，提高环境保护设施。鼓励更多新能源企业 "走出去"，加快 "一带一路" 项目建设。进一步加强在绿色低碳和新能源领域的数字化、智能化研发。当风能光伏等清洁燃料开发技术大量发展使用时，储能、数字化以及智慧电网将是未来能源体系安全运转的重要技术手段。打通清洁能源上中下游完整的产业链体系，保障每一环节的低碳技术水平和稳定供应，形成良性低碳发展生态，深度开拓 "一带一路" 低碳发展市场。

（4）完善境外项目风险防控支撑保障。首先提高企业自我的风险意识，在境外项目上严格执行所在国立法和环境标准，引导公司按照全球通用准则或国内较高水平标准进行环保项目。[12] 做好国外建设项目环境生态管理工作，在项目建设中进行环境评估，有效发现并预警问题，并采取相应的生态环境保护政策，定期公布环保信息，对于已开展的工作及时评估，做出相应调整和反馈，规避重大风险。重视国际政治和社会问题，可以通过专业第三方机构评估潜在风险并做好后备方案。合理运用金融工具，谨防各类金融陷阱。强化风险防范培训，增强风险防范意识。重点产业和商会等机构可制定产业内绿色可持续发展指引，对企业切实做好境外建设项目环境影响管理，利用产业自律指导企业规范环保活动。当遇到风险问题时，可以提供服务和指导。政府相关部门确保为中企 "一带一路" 投资建设保驾护航。积极与 "一带一路" 国家政府达成绿色发展协议，保障中企正常经营。开发项目风险评估指南标准，为境外项目提供指导。协同政府部门、多边组织、金融机构、环保机构以及能源基建企业等多主体共商共建共享、风险共担。

（5）加强 "一带一路" 国家绿色金融系统建设。绿色金融在低碳发展建设中起到关键作用。当前 "一带一路" 国家普遍绿色金融发展程度较低，未来仍有很大的开发建设空间。首先国内需要形成一套系统的绿色金融标准体系，用以指导对外投资。再通过中国的实践为国际绿色金融发展提供有益借鉴，以达成在绿色投资标准、绿色投融资评估、绿色金融工具等多领域的共识和统一准则。与此同时，中国金融机构在 "一带一路" 项目投融资建设中应充分考虑绿色因素，综合评估项目的低碳化水平，将资金更多地投向低碳企业，鼓励高耗能企业通过综合技术满足环境保护和低碳减排标准。与国际金融机构进行合作，设立国际金融领域的绿色发展平台。[13] 应加强碳核算和环境评估标准等量化工具开发，为绿色投融资提供清晰标准。重视绿色金融人才培养，在金融机构内部对绿色金融进行业务培训，设立专门部门，为绿色"一带一路"投融资提供专业化指导。

6.3 能源投资推动"一带一路"建设：合作共赢与可持续能源发展

2022 年，中国对"一带一路"共建国家的金融投资项目和合同建设项目共超过 200 笔，贸易总额约为 678 亿美元。中国通过金融投资的方式参与"一带一路"倡议的比例在 2022 年达到最高水平，金融投资约占贸易总额的 48%。参与"一带一路"倡议的重点行业仍然是基础设施领域，特别是能源领域和交通领域。2022 年，"一带一路"倡议中能源领域的贸易总额约为 241 亿美元，大多数是能源贸易支持天然气相关项目，其次是太阳能、风能以及石油。天然气相关投资达到了"一带一路"倡议历史上的第二高水平，约为 48 亿美元，相当于中国能源投资的 60%；与天然气相关的建设合同金额达到 68 亿美元，项目涉及阿根廷、伊拉克、泰国等沿线国家。新能源方面，中国对"一带一路"倡议的参与总额约为 58 亿美元，投资金额从 2021 年的 13 亿美元增至 23 亿美元，建设项目金额从 2021 年的 14 亿美元增加到 35 亿美元。石油相关项目约占中国参与"一带一路"倡议的能源贸易总额的 17%，约 36 亿美元。2022 年，中国宣布在"一带一路"沿线新建 1.5 吉瓦燃煤发电厂，同时为巴基斯坦燃煤电厂提供财政支持，并参与印度尼西亚煤炭开采。中国通过能源投资与"一带一路"共建国家共同面对化石能源枯竭和新能源发展等挑战，为地区和全球能源安全与可持续发展作出积极贡献。

6.3.1 "一带一路"能源投资对中国和东道国的意义

1. "一带一路"能源投资改善中国的能源供应结构

中国能源需求增速日益增长，而供应方面却面临着挑战，这导致能源供需关系日益失衡。通过在"一带一路"沿线进行能源投资，中国能够获得多元化的能源供应渠道。多样化的能源来源有助于减少对少数国家的过度依赖，降低能源进口的风险。这将有助于改善中国的能源供应结构，提高能源供给的稳定性和可靠性。"一带一路"能源投资为中国提供了更广阔的市场和资源开发机会。通过在"一带一路"沿线投资建设能源项目，中国能够利用当地的资源和市场，促进能源的合理开发和利用，有助于缓解中国境内能源资源供应压力。通过推动可再生能源的开发和利用，中国能够减少对传统能源的依赖，实现能源供需关系的平衡。在"一带一路"能源投资中，可再生能源项目的推动将对中国能源结构的调整起到重要作用。太阳能、风能等可再生能源的利用不仅可以减少对化石能源的需求，还有助于减少环境污染和气候变化的影响。"一带一路"能源投资对中国能源供需关系的平稳发展具有重要意义，通过多元化能源供应渠道、开拓新的市场和资源开发机会以及推动可再生能源的发展，中国能够降低能源压力，实现能源供需关系的平衡和可持续发展。

2."一带一路"可再生能源投资为东道国的发展提供多重助力

通过建设风电和光伏等可再生能源项目，中国能够为东道国提供技术、资金和经验支持，促进可再生能源产业的发展和升级，为其他国家提供更多的清洁能源供应，减少对传统能源的依赖，并推动能源转型和绿色发展。此外，可再生能源投资还将为沿线国家带来大量就业机会，预计中国在这些国家的风电和光伏投资将创造 15 万至 31 万个就业岗位，改善其就业状况。同时一些国家存在能源供应不稳定、能源贫困和能源效率低下等问题。通过合作开发可再生能源项目，可以帮助这些国家减少对进口能源的依赖，提高能源安全性，并推动可持续发展目标的实现。同时，通过技术合作和经验分享，协助其提升能源管理和能源治理水平。"一带一路"能源投资为中国和其他共建国家提供了广阔的合作空间。通过共同推动可再生能源产能合作、创造就业机会和解决能源发展等议题，中国与沿线各国可实现互利共赢、共同发展。这将为沿线国家的经济发展、能源转型和社会福祉提供有力助力。

6.3.2　"一带一路"能源投资的发展机遇

1."一带一路"共建国家能源储量丰富，开发经济社会价值大

"一带一路"共建国家化石能源储量充足，石油、天然气和煤炭探明储量分别占世界探明储量的 58.8%、79.9% 和 54.0%。同时，"一带一路"共建国家的可再生能源潜力巨大，这些可再生能源投资还具有尚未开发的重大经济社会潜力。随着可再生能源利用的逐渐普及，电力短缺和能源安全问题有望得到缓解。从长远看，教育、保健服务和就业的改善将对整个国家产生积极的经济影响。在货币利益方面，来自中国的能源投资增加了当地的现金流，为当地企业提供了更多的机会来分配资源，以便将资金用于为其他行业提供电力。

2."一带一路"部分共建国家经济形势低迷，亟需能源基础设施建设资金

受全球经济大环境和新冠疫情影响，"一带一路"部分共建国家经济形势低迷，许多地区尚未充分开发和利用自身的资源。由于资金短缺，他们往往无法满足日益增长的能源需求，经济增长和社会发展面临重大压力。老旧的能源基础设施限制了工业和生产能力的增长，同时也阻碍了经济多元化和可持续发展。能源基础设施的欠缺制约了跨国贸易和区域合作的发展，阻碍了沿线国家之间的经济互联互通。这些国家亟需资金投入能源基础设施建设，但内部资源和财力限制了他们无法独自承担这样的巨额投资。"一带一路"能源投资为这些国家提供了一个广阔的合作平台，通过与国际社会的支持和合作，它们可以获得更多的资金和技术援助，改善能源领域的现状，推动经济可持续发展，使能源基础设施能够稳定和持续地满足本国需求。这种合作也将促进全球能源治理体系的建设和完善，为世界各国的能源安全和可持续发展作出积极贡献。

■ 6.3.3 "一带一路"能源投资面临的现实挑战

1."一带一路"能源投资绿色化转型阻碍大

发展中国家的城市化水平较低，能源需求高涨，但经济技术落后，存在严重的能源短缺问题。在一些"一带一路"国家，尽管能源需求迅速增长，但由于经济技术水平相对滞后，缺乏先进的清洁能源技术和设施，绿色能源的发展受到一定的限制。这些国家对于低成本的煤炭能源投资有强烈的依赖性，但这也进一步加剧了传统能源的使用与环境污染问题。中国减少或撤出化石能源投资，可能对东道国的能源供应带来不利影响，造成当地能源系统的崩溃，这可能对中国在当地的地区公信力和合作伙伴关系产生负面影响。此外，新能源投资面临商业模式和回报周期长的问题，新能源项目的商业模式和回报周期仍然面临挑战。相比传统能源项目，新能源项目往往需要更长的回报周期，并且存在技术成熟度和市场规模不足等问题。这使得一些投资者对新能源项目的投资风险较高，也限制了绿色能源项目的融资和实施。

2."一带一路"能源投资面临着政策和监管环境的挑战

不同国家在能源政策、法规和监管方面存在差异，这给跨国能源投资带来一定的挑战。政策的多样性和不确定性增加了投资者对能源投资环境的风险感知和评估难度。政策的频繁变更和不一致性可能导致投资计划的调整和延误，进而增加了投资决策的不确定性。同时，不同国家在能源行业的监管方式和监管标准上存在差异。投资者在不同国家间进行能源投资时，需要适应和遵守不同国家的监管规定和要求，这可能涉及技术标准的适应性、环境和社会责任的履行等方面的挑战。因此，在"一带一路"共建国的能源投资中，涉及多个国家和地区的合作与合规问题是一个复杂的挑战。不同国家的法律体系、法规要求和商业惯例之间存在差异，很可能增加项目实施和运营的复杂性，导致企业在多个国家的运营中面临法律风险和合规挑战。

3."一带一路"共建国家的复杂政治经济形式造成投资风险

中国向"一带一路"共建国家进行能源投资时，面临着政治、经济和社会风险，这些风险对投资的可持续性和回报构成重要影响。首先，政治风险对能源投资具有显著影响，由于涉及多个国家，各国政治环境的不稳定性可能导致投资计划的不确定性。政府政策的改变、新的法律法规的出台或政治动荡都可能对能源投资产生负面影响。地缘政治因素也可能对投资造成不确定性，这可能导致投资项目的延迟或取消。其次，经济风险是能源投资中的关键因素，"一带一路" 共建国家的经济发展水平和金融体系存在差异，财政脆弱性和债务问题也普遍存在。这可能导致投资项目面临资金不足、项目运作困难以及政府无法兑现承诺的风险。经济的不稳定性和市场波动也可能对投资造成风险。宏观经济因素如通货膨胀、汇率波动和政策变化等都可能对投资回报和项目运营产生重大影响。最后，社会风险也是一个重要因素，一些国家民众对外国投资有疑虑或不信任，如可能对投资项目的社会影响、就业机会、土地征用和文化冲突等问题表示不满，这可能引发社会抗议、示威活动和安全问题，对投资造成负面影响。社会不稳定性和安全问题可能导致项目延迟、损失或无法顺利运营。

6.3.4 推动 "一带一路" 能源投资的政策建议

（1）促进 "一带一路" 共建国家的可再生能源政策协同。加强政策对话与合作平台建设，设立 "一带一路" 可再生能源合作机制，定期举行高层对话和专题研讨会，共同研究和制定可再生能源政策标准、技术规范和监管措施。通过政策的协调与一体化，推动可再生能源的跨国合作与交流。制定个性化的可再生能源发展目标，针对不同国家的资源禀赋和消纳能力，制定符合其实际情况的可再生能源发展目标和计划。对于资源丰富的国家，可以鼓励大规模开发利用特定的可再生能源技术。对于资源相对匮乏但消纳能力强的国家，可以注重发展可再生能源的储能和智能电网技术，以提高能源利用效率和供应稳定性。推动跨国可再生能源项目合作，通过建立跨国能源合作伙伴关系和共同投资机制，推动 "一带一路" 国家之间的可再生能源项目合作。共同开展大规模可再生能源项目的开发，如太阳能和风能发电场建设，并共享技术、资金和市场资源。同时，促进技术转移和经验分享，提高各国在可再生能源领域的技术水平和产业竞争力。促进 "一带一路" 共建国家之间的可再生能源政策协同，为实现绿色能源转型奠定坚实的基础，推动可持续发展目标的实现。

（2）注重政策支持体系与市场化机制的有效衔接。加强政策的整合与协调，确保可再生能源与传统能源的有序衔接和协同发展。深化电力市场体制改革，通过推进电力市场的市场化改革，建立公平竞争的电力市场环境，促进可再生能源的市场化交易和接入。引入竞争机制，推动电力企业之间的自由竞争，提高电力市场的效率和灵活性。同时，鼓励发展新型的电力市场交易模式，如直接交易、交易平台等，提升可再生能源的竞争力和市场份额。完善电价市场化机制，通过建立合理的电价机制，提高可再生能源的经济性和市场竞争力。逐步推进电价市场化，确保电力价格反映供需关系和成本情况，鼓励企业和个人选择可再生能源。同时，建立包括可再生能源在内的多元化电力市场定价机制，为可再生能源项目提供可持续的收益和回报。

（3）充分发挥金融市场机制，拓宽能源领域融资渠道。加大绿色金融产品的支持力度，推动金融机构加大对符合条件的可再生能源项目的绿色信贷支持，降低项目融资成本。同时鼓励发行更多绿色债券，为清洁能源项目提供可持续融资支持。通过引导资金流向绿色能源领域，激励社会资本积极参与可再生能源项目的投资。加强国际金融机构的参与，鼓励丝路基金、亚洲基础设施投资银行等国际金融机构积极履行绿色投资原则，加大对可再生能源项目的支持力度。探索新型融资模式，积极探索以项目资产作为还款担保的项目融资方式，将项目的未来现金流作为还款来源，提高项目的融资可行性和吸引力。同时通过与多边机构和商业银行的混合式融资，将政策性金融与商业资本相结合，共同承担项目融资风险，降低社会资本的资金压力。

（4）加强国际合作，促进国际金融的参与。与国际金融机构、多边开发银行和其他实施伙伴建立更紧密的合作关系，通过三方合作机制，共同支持"一带一路"倡议项目。国际金融机构可以提供财政资源和专业知识，帮助满足项目融资需求。同时，实施伙伴的参与可以分担项目风险，增加投资者信心，吸引更多私营资本的参与。拓宽非国有企业的融资渠道，针对非国有企业在获得中国大型金融机构投资方面负担较重的问题，应推动建立更广泛的融资渠道，包括与国际金融机构、跨国银行、私募基金和股权投资机构的合作。通过引入多元化的投资者和融资渠道，提供更多融资选择，降低非国有企业的融资成本，促进其更好地参与"一带一路"倡议项目。加强国际合作，扩大与新兴市场的合作，通过与新兴市场的开发合作，中国投资者和开发商可以与各个经济体的公共和私营金融机构加快合作。这包括与目标国家的政府机构、开发银行和商业银行之间的合作，共同推动"一带一路"倡议项目的融资和实施。通过分享经验、风险分担和资金合作，提高能源项目的可行性和吸引力。加强信息共享和政策协调，建立信息共享机制，促进各国间的项目合作和经验交流。加强政策协调，推动相关国家在金融合规、税收优惠、投资保护等方面制定一致的政策和法规，为国际合作提供良好的环境和框架。通过建立更紧密的合作网络，共同应对项目实施中的挑战，提高能源项目的效率和成功率。

▶ 6.4 "一带一路"视域下的新能源汽车产业发展路径

随着"碳中和、碳达峰"目标与"一带一路"倡议的不断推进，发展新能源汽车

已成为 "一带一路" 国家车企转型的共识。中国提出的 "双碳" 目标要求二氧化碳于 2030 年达到峰值和 2060 年前实现碳中和，届时将形成 "清洁低碳、高效安全" 的新型能源系统。产业结构转型是推动新型能源系统创新发展的有效方式，这一过程中会不可避免地涉及新能源汽车产业的发展。该产业不仅是创新成果产出重要领地，还能推进全球气候政策和能源系统转型政策的落实。2021 年国务院发布的《新能源汽车产业发展规划（2021—2035 年）》描绘了中国转向汽车强国的伟大蓝图，指明了传统车企转型的方向。由此可见，随着中国在该领域激励性政策的不断落实，新能源汽车产业的发展在未来将更上一个台阶，将以更快的速度实现中国汽车产业的弯道超车。

"一带一路" 共建国家大多都存在的一些问题，如能源普及率低、新能源产业发展水平不高、汽车产业结构落后和人均能耗较少等，已成为制约其经济发展的重要障碍。但借助 "一带一路" 这股春风，各国贸易往来将会拥有更便捷的通道，汽车企业全球化的步伐将会明显加快，经济发展受到制约的问题将得以改善。另一方面，中国借助 "一带一路" 通道使得新能源汽车产业有了更进一步的发展。在 2015 年至 2022 年期间，中国新能源汽车年总销量从 32.8 万增加至 687.2 万辆，呈现出跨越式发展的特征。因此，如何设计科学、有效的新能源汽车产业发展路径、有针对性地提出制度改革的完善措施来实现汽车强国的建设和经济的高质量发展是至关重要的。

6.4.1　"一带一路" 视域下新能源汽车产业发展现状

"一带一路" 国家均在主动地制定政策推进传统燃油车向新能源汽车转型发展。虽然这些国家的汽车市场主要是传统燃油汽车，但随着全球 "碳中和" 进程的不断推进，各国逐步出台了一系列针对新能源汽车的政策措施。如泰国多措并举推广新能源汽车，统计数据显示泰国 2021 年共售出 3994 辆电动汽车，环比增长 278%；其政策目标要求 2030 年实现国内电动车产量达到 75 万辆，占泰国汽车总产量的 30%。2023 年 4 月 13 日，新加坡在政府施政方针中指出将进一步鼓励市民使用较环保的电动汽车，逐步淘汰内燃式引擎车辆。在 "一带一路" 国家中，中国作为新能源汽车贸易网络的中间人，也积极地出台了各种扶持性政策来推动新能源汽车产业的健康发展。例如，2023 年 4 月 28 日中共中央政治局召开会议时指出，在加快建设现代化产业体系时，要巩固和扩大中国目前拥有的新能源汽车发展优势，加强相关基础设施和配套电网的改造。随着各国政府对新能源汽车领域扶持力度的不断加强，"一带一路" 沿线各国之间的新能源汽车贸易网络得到拓展。同时，在多种因素的作用下，中国在新能源汽车的贸易网络中的链接作用更加明显，为 "一带一路" 国家间新能源产业合作贡献了中国智慧。

然而，沿线国家的产业合作多是企业自发进行，且各国新能源汽车产业发展水平参差不齐。一方面，沿线国家进行产业合作的方式大多是与新能源产业大国进行分散化的合作，政府决策很少从引导企业进行国际合作的角度出发。另一方面，许多沿线国家的新能源产业仍处于初期，产业水平有待进一步发展。对于俄罗斯、泰国等经济发展水平相对较好的国家，新能源汽车产业的发展态势较好，将发展新能源汽车产业作为国家政策体系的重要组成部分。例如，泰国作为东盟的汽车生产中心，出台了许多支持用户使用新能源汽车的举措；但在老挝、柬埔寨等经济欠发达的地区，带动该产业的发展的政策措施还处于商讨阶段。有益的是，自"一带一路"倡议提出以来，各国的企业响应号召纷纷加快推进走出国门，刺激了沿线地区新能源汽车产业结构的升级。综上，考虑到沿线国家新能源汽车产业的发展特点有差异，实现各国汽车产业向新能源技术的快速转型亟须通过多方合作的方式。

首先，为在新能源汽车市场抢占竞争优势，共建国家在产业发展过程中愈加重视关键核心技术。鉴于动力电池是新能源汽车的核心部件，新能源汽车行业聚焦动力电池技术并取得了较为显著的成果，例如，柔性电池技术、电芯能量密度等方面都有了较大的发展，使得新能源汽车在里程数的突破上有了新的可能性。其次，与传统燃油汽车相比，新能源汽车的动力系统占总车质量较高，明显高于传统燃油汽车，因此新能源汽车的轻量化技术，及车身材料的深入研发也至关重要。目前，中国开始在新能源汽车上使用新型材料，在保证安全的基础上降低了车身重量，达到了延长续航里程和增强车辆性能的目的。中国的新能源汽车在技术领域上已经取得了许多突破，但仍需要继续攻破关键技术难题，才能实现新能源汽车核心技术的稳步提升。

■6.4.2 "一带一路"视域下新能源汽车产业发展面临的困境与挑战

1. 海外市场形势复杂，新能源汽车行业竞争正逢热潮

目前，新能源汽车的转型发展正逢产业竞争的关键时期。随着许多传统车企和互联网等新势力纷纷加入新能源汽车市场，跨界造车的队伍不断壮大导致新能源汽车产业竞争愈加激烈。再者，中国汽车绝大多数属于中低端产品，出口到沿线各国需要支付各类税费和出口杂费，导致竞争优势不明显。全球范围内的车企都在加速推进技术创新，虽然中国在新能源汽车的研发方面取得了一定的先发优势，但其在技术研发和创新方面仍有待加强。

受新冠疫情反复、地缘政治冲突等因素的影响，"一带一路"共建国家经济增速普遍放缓，内需持续疲弱，使得各国新能源汽车市场需求萎缩、投资空间遭受挤压。再者，中国新能源车企进入各国发展时容易受到传统势力的抵制，可能会出现产业融资困难等问题。最后，国际形势扑朔迷离，新能源车企发展受到制约。例如，2022年美国

启动的 "印太经济框架"（IPEF）包括了 14 个成员国，但却将中国排除在外。该框架包含的四个关键支柱即互联经济、弹性经济、清洁经济和公平经济均将对中国—东盟经贸关系产生影响。例如，供应链在贸易活动中发挥关键作用，中国与东盟双边贸易以跨国公司主导的价值链贸易为基础，美国以 "友岸外包" 建立供应链将侵蚀这一基础。

2. 共建国家配套条件不完善，制约中国新能源汽车企业发展空间

新能源汽车的普及使用率与充电网络的完善程度紧密相关，即不完善的充电网络将制约新能源汽车发展。受经济发展水平、市场需求因素和政府激励性政策等因素的影响，大多数共建国家仍未建立完整的工业体系，且辅助工业发展相对滞后，制约了新能源汽车充电网络的完善构建。如泰国电动车协会的数据显示，截止到 2022 年年底，泰国仅有 3739 个公共充电桩，这严重地限制了居民对新能源汽车的需求。此外，在许多 "一带一路" 共建国家中，电力蓬勃发展与电网建设滞后存在矛盾，偏远山区与人口聚集区的电力生产和消纳存在矛盾，可能导致新能源汽车和电网难以实现有效协调发展。值得一提的是，物流通达度对一个地区的经济发展和贸易活跃度有着重要的影响，较高的物流通达度不仅能够提高物流效率，还可以为 "一带一路" 共建国家的新能源汽车贸易顺畅流通提供保障。

3. 全球贸易法律滥用倾向严重、共建国家汽车标准法规体系具有差异，限制了车企的投资步伐

随着 "一带一路" 倡议的深化落实，汽车标准在推动中国车企参与 "一带一路" 建设中的作用也愈加重要。2021 年，中共中央、国务院印发的《国家标准化发展纲要》指出，深化标准化合作，积极推进与共建 "一带一路" 国家在标准化领域的对接合作，支持发展中国家提升利用标准化实现可持续发展的能力。但这些国家的汽车标准规范体系有所差异，大部分国家会在一定程度上采用某些国际标准，同时结合本国国情认同其他国家较为完善的汽车法规标准，这导致电动车在充电方面无法满足车流量出口与国际标准的统一要求。随着碳中和目标的逐步落实，虽然中国已制定较为完善的电动汽车标准体系，但大多数国家的汽车标准体系仍不完善。其次，随着中国在全球能源建设领域参与日渐深入，虽然新能源技术产业得到了迅速的发展，但同时与之相关的知识产权纠纷、针对中国境外投资开展的反规避调查也纷至沓来。例如，特斯拉与小鹏前员工的知识产权纠纷。最后，降低公司所得税是共建国家吸引跨国公司的重要举措，但近年来美国借公平贸易之名对来自东盟国家的进口商品进行贸易检查和加征关税，将直接影响中资企业的海外投资行为。

4. 国际思维、风险认识和规避能力不足

多数车企尝试在国际市场打开海外市场时，可能会遇到一系列的挑战：缺乏全方位的国际化发展思维、国际化战略不明确、风险意识不足、国际化人才不足和规避风

险的能力有限等问题。无论是选择在海外设立制造工厂，还是进行跨国并购等商业活动，他们都需要应对政治、经济、文化和法律等各种投资和经营风险。例如，2015年奇瑞汽车与伊朗本土制造商 IRANKHODRO 共同出资建厂，但由于没有充分评估投资风险而蒙受了巨大损失。共建"一带一路"国家的社会文化、宗教信仰、新能源汽车相关的法律法规各有不同，这对管理团队在进行海外市场拓展时的系统分析提出了更高的要求。因此，如何准确认识共建"一带一路"国家的当地文化、准确识别投资行为中的风险和提高回避能力是新能源车企走向全球化的一大挑战。

6.4.3 "一带一路"新能源汽车产业发展的政策建议

（1）合作共赢：协同制定新能源汽车领域相关政策。目前，共建"一带一路"国家新能源汽车产业发展水平普遍不高，相关的法规体系呈"政策驱动大于市场驱动"的特征。中国应积极发挥在新能源汽车贸易中的"桥梁"作用，既要通过完善相关的法规体系达到刺激和保护新能源汽车领域的创新活力的目的，也要加强与"一带一路"国家的政策协同制定。一方面，应积极参与国际标准的修订，加强汽车标准联通的具体条款的协商制定，分享中国新能源汽车标准制定经验，最大限度地保障中国新能源汽车的合规性以更好地满足各国市场的管理要求。另一方面，考虑到知识产权制度能够激发新能源汽车创新发展过程中创新主体的积极性，进而促进具有自主知识产权的新能源汽车相关技术的快速发展，最终推动新能源汽车产业的发展。因此，亟须从中国的基本国情出发，结合新能源车企的发展需要，有针对性地提出知识产权制度改革的完善措施和有效率地提高知识产权执法运作效率，提出更完善的新能源汽车产业的知识产权制度来保护车企的利益。

（2）精准施策：充分把握各国国情，因地制宜发展新能源产业。鉴于"一带一路"共建国家的市场需求、技术发展水平各有不同，有必要结合各国新能源产业的特点，因地制宜地推进各国之间的合作交流。一方面，可以选择重点区域建设新能源汽车产业园区和研发基地，打造跨境产业链助力"一带一路"国家新能源汽车创新发展。另一方面，考虑到中国车企存在海外金融服务短板问题，有必要联合金融机构、国际组织开展新能源汽车投资合作，创造出符合当地市场情况的金融产品。最后，进行新能源汽车贸易网络建设时，应该根据各地区消费习惯，精准地投放具有竞争优势的产品。例如，针对经济发展水平较高的国家，可以加大智能电动汽车的投入力度以顺应市场需求；相反，针对经济欠发达地区，可以将性价比高的电动车投入当地市场中以满足实际需求。当然，先进的管理团队对企业是否能精准投放产品至关重要。通过聘用先进的管理团队，企业不仅能够主动地融入当地文化，快速响应顾客需求，保证车企在激烈竞争中取得胜利，还可以增加企业防范风险的能力，以在新能源汽车创新发展的未来中取得一席之地。

（3）互联互通：完善共建国家各地配套设施，保障新能源汽车产业有序发展。"一带一路"国家普遍存在充电基础设施建设相对滞后、充电桩数量与新能源汽车数量不平衡的问题，这将对新能源汽车的普及、使用产生消极作用。因此，有必要加强各国政府之间的深度交流和合作，优化充电桩等基础设施的规划布局以充分满足各地区新能源汽车客户的充电需求。事实上，新能源汽车产业的健康发展和电网建设也是紧密相关的。通过推进电网建设以提高灵活性，能够促进新能源汽车相关基础设施的布局和建设。此外，考虑到物流通达度是保证贸易活动有序进行的重要条件，中国应该积极发挥大国担当，帮助各国推进物流交通网络的建设，实现沿线国家之间物流网络、跨境电力和输电通道的有效衔接，为中国与共建国家的新能源汽车产业合作提供坚实的基建保障。最后，新能源汽车产业的飞速发展伴随着动力电池回收利用的问题，共建"一带一路"国家可以共建大数据网络系统，提高动力电池的回收再利用率，从而促进循环经济的发展。

▶ 6.5   中国与 "一带一路" 共建国家的油气合作

随着中国经济的不断发展，其对石油和天然气的需求逐年上升。中国作为世界上最大的能源进口国和消费国，2022 年油气进口量分别为 5.08 亿吨和 1.09 亿吨，与 2021 年相比分别下降 0.9% 和 9.9%，对外依存度分别达到 72% 和 41%，油气安全问题不断引起重视。自 "一带一路" 倡议实施以来，共建国家纷纷响应并广泛参与其中，中国和 "一带一路" 共建国家的油气合作不断扩大和深入。2022 年，中国进口原油的十大来源国是沙特、俄罗斯、伊拉克、阿联酋、阿曼、马来西亚、科威特、安哥拉、巴西和哥伦比亚（图 6.2），其中 8 个国家是 "一带一路" 共建国家。天然气十大进口来源国分别是澳大利亚、卡塔尔、俄罗斯、土库曼斯坦、马来西亚、印尼、美国、巴布亚新几内亚、缅甸和阿曼（图 6.3），其中，除美国和澳大利亚以外，均为 "一带一路" 共建国家。

"一带一路" 共建国家丰富的油气资源和双方强烈的意愿为油气合作提供坚实基础。中东地区石油资源丰富，石油资源可采储量剩余 1132 亿吨，占世界石油资源总储量的 48.3%。2021 年中东国家石油产量为 13.16 亿吨，为世界石油总产量的 32%，而中国则是中东国家原油出口的第一大国家，约占总出口量的 20%。中东地区天然气资源也很丰富，其剩余天然气可采储量为 8075.8 万亿立方米，占全球探明储量总量的 40.3%，2021 年中东国家天然气产量为 7149 亿立方米，占全球天然气产量的 17.7%（图 6.4）。此外，中亚五国的油气资源也十分丰富，其中以哈萨克斯坦、土库曼斯坦、乌兹别克斯坦 3 个国家为多。哈萨克斯坦主要有石油资源，已探明储量 40 亿吨；土库曼斯坦的天然气资源占主导地位，已探明储量 13.6 万亿立方米。与此同时，"一带一路"倡议提出后，世界上已有 140 余个国家与地区主动参与并给予了大力支持。目前，已与有关国家建立多个双边或多边能源合作机制，高层互访过程中也签署了多个合作协议。在《"十四五"现代能源体系规划》中也明确指出以共建"一带一路"为引领，运营好"一带一路"能源合作伙伴关系。

目前，中国在与"一带一路"共建国家油气合作上已经取得不少重大进展与成果。跨境油气通道建设作为重大合作成果之一，以中东、俄罗斯、中亚等资源国为中心，分别向欧洲、东南亚、东亚等地区延伸。在中哈、中俄、中缅以及中国—中亚等陆上油气管道建设继续加快和深化的同时，海上油气通道建设也不断突进。[14]缅甸皎漂深水港及工业区、吉布提港口码头、巴基斯坦瓜达尔港以及中国和马来西亚组建的"港口联盟"等港口都是全球石油供应通道的重要支点。[15]从合作范围上看，油气上下游产业链的延伸合作不断深化，随着"一带一路"建设，油气合作正朝着炼化、管道、工程技术服务等全产业链合作的方向发展，并带动设备、仪器、材料的出口，到目前为止，覆盖上中下游全产业链的中亚—俄罗斯、中东、非洲、亚太、美洲、欧洲等六大油气合作区已基本建成，20 余家海外企业已参与 200 多个油气投资业务。

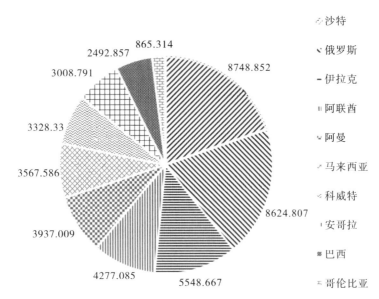

图 6.2　2022 年中国进口原油十大来源国及进口量（单位：万吨）

数据来源：中国海关总署。

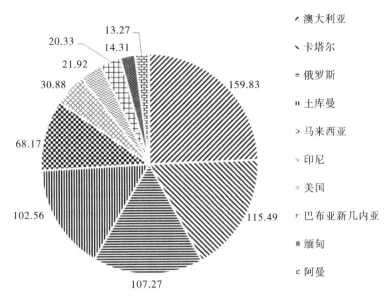

澳大利亚
卡塔尔
俄罗斯
土库曼
马来西亚
印尼
美国
巴布亚新几内亚
缅甸
阿曼

图 6.3　2022 年中国进口天然气十大来源国及进口额（单位：亿美元）

数据来源：中国海关总署。

内圈：石油产量 / 百万吨
外圈：天然气产量 /10 亿立方米

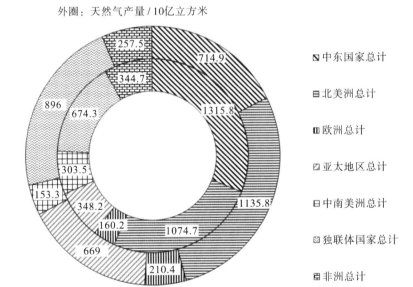

中东国家总计
北美洲总计
欧洲总计
亚太地区总计
中南美洲总计
独联体国家总计
非洲总计

图 6.4　全球油气产量及占比

数据来源：BP 世界能源统计年鉴 2022。

■6.5.1 "一带一路"共建国家油气合作的前景机遇

"一带一路"共建国家在油气产业链中蕴含着油气勘探、管道建设、炼油化工、油气贸易和装备制造等合作诉求,中国需要主动把握机遇,积极营造合作崭新局面。

面对油气对外依存度持续攀高的局面,加大跨国油气勘探开发是必然选择。"一带一路"沿线上的特提斯域油气剩余探明可采储量占全球总量的70.6%,待勘探油气资源巨大,但多数国家经济难以独立支撑其庞大的投资计划,这为中国企业参与上游合作提供了大量机会。"一带一路"共建国家和地区是未来发现油气田的重要地区,中国可积极关注油气田的招标合作机会。共建国家生产历史长、产量递减快的老油田对资金和技术也有着迫切的合作需求,可以积极关注其老油田提高采收率计划。

目前共建"一带一路"各国油气管网建设仍然呈现出区域化和碎片化趋势,区域管网互联互通工作任重道远。陆上跨国油气管道以俄罗斯及中亚地区为主,近九成石油通道和七成天然气通道是针对欧洲及独联体国家的,亚太地区比例较小。俄罗斯、土库曼斯坦、伊朗和伊拉克等油气出口国追求石油出口的多样化,蒙古国、阿富汗等过境国希望获得稳定的经济利益,塔吉克斯坦、巴基斯坦等国内油气管道建设不成熟的国家都存在建设油气通道的诉求。同时,"一带一路"共建国家是全球重要的炼油化工产品的生产区和消费区。目前这些国家炼油能力总体过剩,又面临产能建设、技术改造和产品质量升级等发展要求,其炼厂生产的油品标准总体低于发达国家,各国能力和水平有待提高,存在较多合作机会。

这些年中国同"一带一路"共建国家贸易自由化、便利化程度不断提高,贸易畅通达到了一个新高度。中国成品油市场供过于求,"一带一路"共建国家对成品油的需求迫切,预计"一带一路"成品油进口总量将达到3亿吨,中国未来成品油可出口国家主要是巴基斯坦、缅甸、印度尼西亚等南亚与东南亚国家,这为中国发展成品油贸易提供了良好契机。但必须注意的是,目前亚太地区的日本、韩国、印度、新加坡等国炼油能力过剩,市场竞争较为激烈。同时,中国石化工业相对其他共建国家较发达,石化产品生产能力居世界前列,而如俄罗斯、印度等国虽然存在一定基础,但存在产品单一、门类不全和产业链不完善等结构性问题,有石化产能合作的诉求,故中国可以在石化贸易中获得更多市场份额。[16]

■6.5.2 "一带一路" 共建国家油气合作的问题与挑战

1. 外部挑战

（1）地缘政治风险。共建 "一带一路" 国家的北非、中东及中亚地区由于丰富的资源优势，成为大国政治博弈的多发之地，给中国与沿线国家的油气合作带来了极大的不确定性。乌克兰危机凸显美国、欧盟与俄罗斯博弈的复杂性，俄罗斯和乌克兰作为 "一带一路" 的重要部分，俄乌冲突短期内会直接影响陆路及航空运输，进而影响油气贸易，同时也可能将导致中资企业在乌克兰境内的能源合作项目停滞。若北约国家与美国的亚洲盟国紧密合作，这将从东、西两个方向对 "一带一路" 施压，原来相互依存的俄罗斯与欧洲的能源供求关系也会被美国和北约干扰，全球能源格局会发生重大改变。目前，中国油气合作中面临的地缘政治风险正从以中东、北非为主的局部不稳定转变为美国欧洲俄罗斯博弈加剧、中东动荡变革等多地点动荡不安，油气合作面临的地缘政治风险不断增加。[17]

（2）经济风险。石油价格的波动作为重要风险之一，美国页岩气革命改变了全球油气格局，一段时间内国际油价连续下挫后一直维持低位徘徊，对中国石油公司的海外投资造成了严重的影响。同时，世界各国主要中央银行采取不同的利率政策，加剧了资金的流动性与汇率的波动性，使国外油气合作的经济利益受到了极大的损害。一些国家的主权信用状况还需要进一步提升，存在着金融体系薄弱、资金链紧张等问题，因此，在合作过程中，中国有可能会被拖累，继而出现资金问题。

（3）法律风险。首先，海外投资经营活动发生在多个国家，共建国家法律体系各异，导致海外油气合作的法律风险大大增加，同一事件在不同法律体系的处理方式不同，法律适用性给中国油气企业造成较大困惑；其次，部分国家法制水平较低，存在法律体系不完善、法律的制定与执行层面存在差距、歧视外资企业等问题；最后，是贸易保护主义，在多年的海外油气合作中我们可以看到，一些国家为了让石油收益达到最大，不断利用外贸、财政、国际收支与汇率等政策手段，甚至修改法律法规来对国外石油公司的经营进行限制，剥夺石油利润，这些都极大地影响了海外油气合作的正常运行，使公司效益受到严重影响。

2. 内部问题

（1）经营管理水平跟不上企业规模的扩张。经历过高油价时期的快速发展，中国油气企业规模大大增加，但企业资本运营和商务运作能力不足，不利于海外发展的质量效益，以至于给后期项目实施留下隐患。一方面，中国油气企业 "走出去"

时间相对较晚，管理的标准化程度有待提高，信息化水平滞后，在企业组织的各方面都存在管理粗放的现象；另一方面，在经济、政治、安全风险不断增加的现状下，海外业务不断扩大与企业管理水平之间的矛盾不断突出，需要建立高效的风险预警与防控机制，再加上高端管理和技术人才的结构性短缺，一定程度上不利于海外业务的高质量发展。

（2）技术创新水平跟不上对外合作的节奏。虽然中国企业已经形成一套具有中国特色的勘探开发主体技术，有效解决了海外业务中的不少瓶颈问题，但是目前在深水、LNG 和重油、煤层气、页岩气等非常规能源等新兴领域，中国油气企业才刚刚起步，与国际石油公司相比，暂时缺少进入上述领域的核心技术与项目管理经验。

（3）企业经济效益与政治责任之间不匹配。以中石油、中石化、中海油三大石油公司为代表的中国油气企业在油气合作过程中，为保障国家能源安全，积极发展国际贸易，较好承担了政治责任。但是，合作过程中的部分项目出于国家能源安全的战略角度考虑，企业的投资回报没有得到保障，导致企业活力不足，故需要慎重制定海外投资策略。

6.5.3 "一带一路"共建国家油气合作的政策建议

（1）积极参与国际能源治理体系，增强风险意识与管理水平。随着全球能源生产及消费格局的深刻变化，我们应更主动、深入地推动国际能源治理，并在重要问题的讨论中提出中国的建议与观点，努力引领全球治理，不断提升国际能源治理水平，为能源企业的国际合作提供有力支持和良好的发展环境。对于涉及地缘政治风险的能源合作项目，必须加强风险评估和管理，及时应对不可预见的挑战，包括外部政治因素、纠纷解决机制和应急预案等。尤其是针对一些较为危险的地区或国家，应在合作之前制定明确的退出机制，降低损失风险。

（2）完善投资评估体系，增强法律交流与合作。在油气合作中，各国之间的法律和法规存在着一定的差异，所以在油气合作项目的投资决策中，要建立审慎的投资标准，这就包括对合作对象的背景调查与数据验证、风险评估、可行性分析、项目融资等方面进行审慎评估，以确保投资的合法性和合规性。在借鉴国际组织运作机制的同时，中国应以"一带一路"倡议和现有的亚洲金融体系为支撑，建立起一个区域性的国际能源合作机构，通过完善议事、决策规则来提高效率，使得国际能源合作能够更有效地推进和实施。

（3）加强油气重大专项技术的攻关，强化产学研用深度融合。为了缩短与国际领先水平的差距，国家和地方应该积极投资和支持油气重点专项技术攻关的研发机构，并以此为依托，加大技术攻关力度。特别是在非常规、深水技术与装备、跨界技术的集成创新以及数字化、网络化、智能化与油气行业的深度融合等关键领域方面，应加大投入力度，使其达到国际领先水平；油气重大专项技术攻关需要各方协同作战，应建立联合攻关机制，避免重复研究，提升科研效率。在油气重大专项技术攻关过程中，应在发挥好科研院所、高等院校的骨干作用的同时，改进技术转化机制，尤其是加强技术与产业的联系，为研发成果转化和产业化做出努力。

（4）企业作为 "一带一路" 建设的直接参与者，要不断提高风险防范能力和国际化水平。首先，企业应该从自身做起，加强调研，做好风险评估，了解投资所在国的法律、人文环境和民族风情，特别是仔细研究合同条款，正确掌握工程标准、环保要求等，并充分利用专业机构发布的专业信息。其次，有条件的企业要设立风险管理部门，专门履行风险管理职能，制订风险解决方案和应对预案。最后，对于海外业务的发展，企业应该注重以项目为核心的业务线和以人才为核心的管理线。在项目管理方面，石油企业应该在全球范围内寻找机会，系统地学习国际公司的管理体系，并积极借鉴国际同行们在发展中积累的管控经验，提升管理专业能力和本地化运营效率。另一方面，企业也要将自身的管理特点和业务实际情况相结合，构建出与发展规模、业务能力和发展阶段相适应的管理模式。

▦ 本章参考文献

[1] 国家发展改革委, 外交部, 商务部. 推动共建丝绸之路经济带和 21 世纪海上丝绸之路的愿景与行动 [N]. 人民日报, 2015-03-29(4).

[2] IPCC. Climate change 2007: synthesis report[R]. Contribution of working groups I, II and III to the fourth assessment report of the intergovernmental panel on climate change, 2007: 104.

[3] 黄秀路, 韩先锋, 葛鹏飞. "一带一路" 国家绿色全要素生产率的时空演变及影响机制 [J]. 经济管理, 2017, 39(9): 6-19.

[4] 蓝庆新, 梁伟, 唐琬. 绿色 "一带一路" 建设现状、问题及对策 [J]. 国际贸易, 2020(3): 90-96.

[5] 林伯强. 碳中和进程中的中国经济高质量增长 [J]. 经济研究, 2022, 57(1): 56-71.

[6] 吕越, 马明会, 李杨. 共建 "一带一路" 取得的重大成就与经验 [J]. 管理世界, 2022, 38(10): 44-55, 95, 56.

[7] 王文, 杨凡欣. "一带一路" 与中国对外投资的绿色化进程 [J]. 中国人民大学学报, 2019,

33(4): 10-22.

[8] 王文涛, 滕飞, 朱松丽, 等. 中国应对全球气候治理的绿色发展战略新思考 [J]. 中国人口·资源与环境, 2018, 28(7): 1-6.

[9] 汪万发, 张剑智. 疫情下国际绿色复苏政策动向与影响分析 [J]. 环境保护, 2020, 48(20): 64-67.

[10] CHENG C Y, GE C Z. Green development assessment for countries along the belt and road[J]. Journal of environmental management, 2020, 263: 110344.

[11] 李昕蕾. 德国、美国、日本、印度的清洁能源外交比较研究：兼论对中国绿色 "一带一路" 建设的启示 [J]. 中国软科学, 2020(7): 1-15.

[12] 林伯强. 碳中和背景下的广义节能：基于产业结构调整、低碳消费和循环经济的节能新内涵 [J]. 厦门大学学报 (哲学社会科学版), 2022, 72(2): 10-20.

[13] 清华大学与 Vivid Economics 课题组, 马骏, 谢孟哲. 支持 "一带一路" 低碳发展的绿色金融路线图 [J]. 金融论坛, 2020, 25(7): 3-15.

[14] LI J, DONG X, JIANG Q, et al. Natural gas trade network of countries and regions along the belt and road: where to go in the future?[J]. Resources policy, 2021, 71: 101981.

[15] ZHANG J. Oil and gas trade between China and countries and regions along the "Belt and Road": a panoramic perspective[J]. Energy policy, 2019, 129: 1111-1120.

[16] GUO Y, ZHAO B, ZHANG H. The impact of the Belt and Road initiative on the natural gas trade: a network structure dependence perspective[J]. Energy, 2023, 263: 125912.

[17] ZHAO L, LI D, GUO X, et al. Cooperation risk of oil and gas resources between China and the countries along the Belt and Road[J]. Energy, 2021, 227: 120445.